Der Prozeßbetrug im Zivilprozeß

Europäische Hochschulschriften
Publications Universitaires Européennes
European University Studies

Reihe II
Rechtswissenschaft

Série II Series II
Droit
Law

Bd./Vol. 2535

PETER LANG
Frankfurt am Main · Berlin · Bern · New York · Paris · Wien

Xenia Piech

Der Prozeßbetrug im Zivilprozeß

PETER LANG
Europäischer Verlag der Wissenschaften

Die Deutsche Bibliothek - CIP-Einheitsaufnahme

Piech, Xenia:

Der Prozeßbetrug im Zivilprozeß / Xenia Piech. - Frankfurt am Main ; Berlin ; Bern ; New York ; Paris ; Wien : Lang, 1998
(Europäische Hochschulschriften : Reihe 2, Rechtswissenschaft ; Bd. 2535)
Zugl.: Kiel, Univ., Diss., 1998
ISBN 3-631-34166-0

D 8
ISSN 0531-7312
ISBN 3-631-34166-0

Meinen Eltern

Inhaltsverzeichnis

Abkürzungsverzeichnis

a. A.	anderer Ansicht
Abs.	Absatz
a. E.	am Ende
AG	Amtsgericht bzw. Aktiengesellschaft
AktG	Aktiengesetz
AK-ZPO	Alternativkommentar zur Zivilprozeßordnung
Anm.	Anmerkung
AnwBl	Anwaltsblatt (zitiert nach Jahr und Seite)
Art.	Artikel
AT	Allgemeiner Teil
Aufl.	Auflage
BAG	Bundesarbeitsgericht
BAGE	Amtliche Sammlung der Entscheidungen des Bundesarbeitsgerichts (zitiert nach Band und Seite)
BayObLG	Bayerisches Oberstes Landesgericht
BB	Betriebs-Berater (zitiert nach Jahr und Seite)
Bd.	Band
BFH	Bundesfinanzhof
BGB	Bürgerliches Gesetzbuch
BGBl. I	Bundesgesetzblatt, Teil I (zitiert nach Jahr und Seite)
BGH	Bundesgerichtshof
BGHSt	Entscheidungen des Bundesgerichtshofs in Strafsachen (zitiert nach Band und Seite)
BGHZ	Entscheidungen des Bundesgerichtshofs in Zivilsachen (zitiert nach Band und Seite)
BRAGO	Bundesgebührenordnung für Rechtsanwälte
BT	Besonderer Teil
BVerfG	Bundesverfassungsgericht
BVerwG	Bundesverwaltungsgericht
bzw.	beziehungsweise

CR	Computer und Recht (zitiert nach Jahr und Seite)
DB	Der Betrieb (zitiert nach Jahr und Seite)
ders.	derselbe
d. h.	das heißt
Diss.	Dissertation
DJZ	Deutsche Juristen-Zeitung (zitiert nach Jahr und Spalte)
DR	Deutsches Recht (zitiert nach Jahr und Seite)
DRiG	Deutsches Richtergesetz
DRiZ	Deutsche Richterzeitung (zitiert nach Jahr und Seite)
DRZ	Deutsche Rechts-Zeitschrift (zitiert nach Jahr und Seite)
DStR	Deutsches Strafrecht (zitiert nach Jahr und Seite)
E	Entwurf
f., ff.	folgend(e)
FamRZ	Zeitschrift für das gesamte Familienrecht (zitiert nach Jahr und Seite)
Fn.	Fußnote
GA	Goltdammer´s Archiv für Strafrecht (zunächst zitiert nach Band und Seite, ab 1953 zitiert nach Jahr und Seite)
GG	Grundgesetz für die Bundesrepublik Deutschland
GmbH	Gesellschaft mit beschränkter Haftung
GmbHG	Gesetz betreffend die Gesellschaften mit beschränkter Haftung
GKG	Gerichtskostengesetz
GoA	Geschäftsführung ohne Auftrag
GrSenBGHSt	Entscheidungen des Großen Senats für Strafsachen (zitiert nach Band und Seite)
GS	Der Gerichtssaal, Zeitschrift für Strafrecht und Strafprozeßrecht (zitiert nach Jahr bzw. Band und Seite)
GVGA	Geschäftsanweisung für Gerichtsvollzieher
HansOLG	Hanseatisches Oberlandesgericht in Hamburg
HGB	Handelsgesetzbuch
h. M.	herrschende Meinung

HRR	Höchstrichterliche Rechtsprechung (zitiert nach Jahr und Nummer)
i. S.	im Sinne
i. e. S.	im engeren Sinne
i. V. m.	in Verbindung mit
i. w. S.	im weiteren Sinne
JA	Juristische Arbeitsblätter für Ausbildung und Examen (zitiert nach Jahr und Seite)
JK	Jura-Rechtsprechungskartei, Beilage der Zeitschrift Juristische Ausbildung (zitiert mit Angabe des Verfassers nach Gesetz, § und laufender Nummer)
JR	Juristische Rundschau (zitiert nach Jahr und Seite)
Jura	Juristische Ausbildung (zitiert nach Jahr und Seite)
JurBüro	Das Juristische Büro (zitiert nach Jahr und Spalte)
JuS	Juristische Schulung (zitiert nach Jahr und Seite)
JW	Juristische Wochenschrift (zitiert nach Jahr und Seite)
JZ	Juristen-Zeitung (zitiert nach Jahr und Seite)
KG	Kammergericht
LAG	Landesarbeitsgericht
LG	Landgericht
LH 3	Lehrheft Band 3
LK	Leipziger Kommentar zum Strafgesetzbuch
LM	Lindenmaier-Möhring, Nachschlagewerk des Bundesgerichtshofs
LZ	Leipziger Zeitschrift für Deutsches Recht (zitiert nach Jahr und Spalte)
MDR	Monatsschrift für Deutsches Recht (zitiert nach Jahr und Seite)
m. E.	meines Erachtens
MüKo-ZPO	Münchener Kommentar zur Zivilprozeßordnung
n. F.	neue Fassung
NJW	Neue Juristische Wochenschrift (zitiert nach Jahr und Seite)
NJW-RR	NJW-Rechtsprechungs-Report Zivilrecht (zitiert nach Jahr und Seite)

Nr.	Nummer(n)
NStZ	Neue Zeitschrift für Strafrecht (zitiert nach Jahr und Seite)
NStZ-RR	NStZ-Rechtsprechungs-Report Strafrecht (zitiert nach Jahr und Seite)
o. J.	ohne Jahr
OLG	Oberlandesgericht
PflVG	Gesetz über die Pflichtversicherung für Kraftfahrzeughalter (Pflichtversicherungsgesetz)
PartGG	Gesetz über Partnerschaftsgesellschaften Angehöriger Freier Berufe (Partnerschaftsgesellschaftsgesetz)
PresseG	Pressegesetz
Recht	Das Recht, Rundschau für den deutschen Juristenstand (zitiert nach Jahr und Seite)
RG	Reichsgericht
RGBl. I	Reichsgesetzblatt, Teil I (zitiert Jahr und Seite)
RGSt	Entscheidungen des Reichsgerichts in Strafsachen (zitiert nach Band und Seite)
RGZ	Entscheidungen des Reichsgerichts in Zivilsachen (zitiert nach Band und Seite)
RhZZP	Rheinische Zeitschrift für Zivil- und Prozeßrecht des In- und Auslandes (zitiert nach Band und Seite)
Rn.	Randnummer(n)
RPfleger	Der Deutsche Rechtspfleger (zitiert nach Jahr und Seite)
RPflG	Rechtspflegergesetz
Rspr.	Rechtsprechung des Deutschen Reichsgerichts in Strafsachen (zitiert nach Band und Seite)
RStGB	Reichsstrafgesetzbuch
S.	Seite(n)
SchlH	Schleswig-Holstein
SchlHA	Schleswig-Holsteinische Anzeigen, Justizministerialblatt für Schleswig-Holstein (zitiert nach Jahr und Seite)
SchlHOLG	Schleswig-Holsteinisches Oberlandesgericht
SchwZStr.	Schweizerische Zeitschrift für Strafrecht (zitiert nach Band und Seite)

SK-StGB	Systematischer Kommentar zum Strafgesetzbuch
sog.	sogenannte(n)
Sp.	Spalte
StGB	Strafgesetzbuch
StrAbh.	Strafrechtliche Abhandlungen
StV	Strafverteidiger (zitiert nach Jahr und Seite)
u. a.	unter anderem
usw.	und so weiter
u. U.	unter Umständen
U. v.	Urteil vom
UWG	Gesetz gegen den unlauteren Wettbewerb
v.	vom
VerbrKrG	Verbraucherkreditgesetz
VersR	Versicherungsrecht, Juristische Rundschau für die Individualversicherung (zitiert nach Jahr und Seite)
vgl.	vergleiche
VwGO	Verwaltungsgerichtsordnung
wistra	Zeitschrift für Wirtschaft. Steuer. Strafrecht (zitiert nach Jahr und Seite)
WM	Zeitschrift für Wirtschafts- und Bankrecht, Wertpapier-Mitteilungen Teil IV (zitiert nach Jahr und Seite)
ZAkDR	Zeitschrift der Akademie für Deutsches Recht (zitiert nach Band und Seite)
z. B.	zum Beispiel
zit.	zitiert
ZPO	Zivilprozeßordnung
ZRP	Zeitschrift für Rechtspolitik (zitiert nach Jahr und Seite)
ZStW	Zeitschrift für die gesamte Strafrechtswissenschaft (zitiert nach Band und Seite)
ZZP	Zeitschrift für Zivilprozeß / Busch, Zeitschrift für Deutschen Civilprozeß (BuschsZ) (zitiert nach Band und Seite)

Einleitung

"Prozeßbetrug ist ein Betrug, der dadurch begangen wird, daß eine Prozeßpartei das Gericht durch bewußt falsche Angaben oder Beweismittel zu einer für ihren Gegner oder Dritten nachteiligen Entscheidung veranlaßt."[1] Damit ist der sogenannte Prozeßbetrug i. e. S. bezeichnet.

Der Prozeßbetrug i. w. S. umfaßt neben dem Prozeßbetrug i. e. S. den sogenannten "Betrug im Prozeß"[2]. Darunter ist die Täuschung des Prozeßgegners zu verstehen, durch die dieser selbst veranlaßt wird, irrtumsbedingt zu seinem Nachteil über sein Vermögen zu verfügen, sei es durch den Abschluß eines Prozeßvergleichs i. S. von § 794 I Nr. 1 ZPO[3], die Erklärung eines Klageverzichts i. S. von § 306 ZPO[4], die Abgabe eines Anerkenntnisses i. S. von § 307 ZPO oder eines Geständnisses i. S. von § 288 ZPO, die Rücknahme der Klage nach § 269 ZPO oder eines eingelegten Rechtsmittels (§§ 515, 566 ZPO)[5], die Abgabe einer Erledigungserklärung i. S. von § 91 a ZPO, ein Nichtbestreiten i. S. von § 138 III ZPO[6], die Nichterhebung von Einwendungen oder die Nichtwahrnehmung eines Termins[7]. Dieser Prozeßbetrug i. w. S. gegenüber und zum Nachteil des Prozeßgegners fällt unproblematisch unter den Betrugstatbestand und soll daher nicht Gegenstand dieser Untersuchung sein[8].

Was den Prozeßbetrug i. e. S. angeht, so ist zu klären, ob (und inwieweit) auch dieser unter den Tatbestand des § 263 StGB zu fassen ist, ob also die oben angeführte Definition zutreffend ist.

---

1 *Creifelds*, "Prozeßbetrug".

2 Dieser Begriff wurde insbesondere von *Lenckner*, Prozeßbetrug, S. 170 geprägt.

3 BayObLG, MDR 1969, 500.

4 Vgl. RG, LZ 1915, 1028 (1029); vgl. auch RG, Rspr. 9, 232 (233): Nichtweiterbetreiben des Verfahrens.

5 Vgl. BGH, NJW 1958, 1352.

6 RGSt 72, 133 (138).

7 Diese enthält über § 331 ZPO eine Geständnisfiktion.

8 Vgl. dazu *Ganske*, Prozeßbetrug, S. 170 ff.; *Gebhardt*, Prozeßbetrug, S. 41; *Koffka*, ZStW 54 (1935), 45 (62 ff.); *Lenckner*, Prozeßbetrug, S. 170 ff.; LK-*Lackner*, § 263 Rn. 304; Schönke/Schröder-*Cramer*, § 263 Rn. 70; vgl. auch RGSt 65, 33. – Die Möglichkeit eines Betrugs im Zivilprozeß durch Täuschung des Prozeßgegners lehnt allein *Köstlin*, Abteilung II, S. 149 f. ab. Er meint, das Aufstellen unwahrer Behauptungen erfolge nicht in Täuschungsabsicht, sondern nur, um den Gegner zum Beweis zu drängen. "Läßt sich der Prozeßgegner dadurch täuschen, so wird er nicht von dem Andern getäuscht, sondern täuscht sich selbst; indem er auf den Beweis verzichtet. In keinem solchen Falle dürfte eine solche Täuschung als verbrecherisch angesehen werden, da ein dolus, der sich noch dem gesetzlichen Formengange des Prozesses unterwirft, noch nicht den kriminellen Typus hat." *Köstlins* Begründung zur Ablehnung des Prozeßbetrugs bezeichnete *Ganske*, Prozeßbetrug, S. 4 allerdings schon 1931 als "völlig veraltet".

Das Institut des Prozeßbetrugs ist heute allgemein anerkannt[9]. Der Prozeßbetrug wird regelmäßig neben anderen besonderen Arten des Betrugs wie z. B. dem Anstellungs-, Eingehungs-, Erfüllungs-, Scheck-, Bettel-, Spenden- oder Provisionsvertreterbetrug genannt[10]. Umstritten ist lediglich in Teilbereichen der Umfang der Strafbarkeit. So wird die Behauptung von Rechtstatsachen nur teilweise als Täuschungshandlung i. S. des § 263 StGB angesehen. Weiterhin ist umstritten, ob auch im Versäumnis- oder Mahnverfahren ein Irrtum des Richters bzw. Rechtspflegers möglich ist. Dieses erscheint fraglich, da im ersten Fall lediglich eine Schlüssigkeitsprüfung und im zweiten nicht einmal eine solche stattfindet. Uneinigkeit besteht insbesondere auch bei der Frage, wann ein die Versuchsstrafbarkeit begründendes unmittelbares Ansetzen zur Tatbestandsverwirklichung vorliegt. In Betracht kommt insoweit zum einen der Zeitpunkt der Einreichung der Klage bzw. eines vorbereitenden Schriftsatzes und zum anderen der Vortrag in der regelmäßig stattfindenden mündlichen Verhandlung, der grundsätzlich mit einer Bezugnahme auf das schriftsätzlich Vorgetragene verbunden ist.

Die Frage, ob ein Prozeßbetrug überhaupt ein nach § 263 StGB strafbares Verhalten darstellt, wird nicht mehr (in nennenswertem Umfang) erörtert. Anders als zu Beginn dieses Jahrhunderts ist heute allgemein anerkannt, daß die Entscheidung des Richters oder Rechtspflegers eine Verfügung über das Vermögen der unterlegenen Partei darstellt. Diese falle auch unter den Tatbestand des § 263 StGB. Unterschiedlich sind lediglich die Begründungen für dieses Ergebnis. Im folgenden soll im

---

[9] Vgl. aus der Rechtsprechung nur BGHSt 3, 160; 7, 245; 24, 257; BGH, JR 1958, 106; NJW 1952, 1148; NJW 1997, 750; NStZ 1985, 407; NStZ 1992, 233; wistra 1994, 344; BGH bei Dallinger, MDR 1956, 10; MDR 1975, 197; BayObLG, NJW 1996, 406 (408); NJW 1996, 2244 f.; OLG Bamberg, NStZ 1982, 247; OLG Düsseldorf, NStZ 1991, 586; OLG Frankfurt a. M., NJW-RR 1997, 1084; OLG Hamm, FamRZ 1997, 373; NJW-RR 1988, 8; NJW-RR 1994, 901 (902); NJW-RR 1996, 198 (199); OLG Karlsruhe, NStZ 1996, 282 (Prozeßbetrug im Rahmen eines verfassungsgerichtlichen Verfahrens); OLG Koblenz, FamRZ 1997, 371 (373); OLG Zweibrücken, NJW 1983, 694; NJW-RR 1996, 1219; LG Konstanz, NJW 1984, 1767; aus der Literatur *Amelung*, GA 1977, 1 (15 f.); *Arzt/Weber*, LH 3, Rn. 481 f.; *Backmann*, Abgrenzung, S. 136; *Blei*, BT, § 61 IV 3; *Bockelmann*, BT 1, S. 69/78; *Dästner*, ZRP 1976, 36 ff.; *Eisenberg*, Festschrift für Salger, S. 15 ff.; *Eser*, StR IV, Fall 12, A 34 ff.; *Frisch*, Festschrift für Bockelmann, S. 647 (666); *Giehring*, GA 1973, 1 ff.; *Graul*, JZ 1995, 595 (602); *R. Hassemer*, Schutzbedürftigkeit, S. 175 ff.; *Hefendehl*, Vermögensgefährdung, S. 410; *Herzberg*, ZStW 89 (1977), 367 (406); *Joecks*, Vermögensverfügung, S. 133 f.; *Kindhäuser*, JR 1997, 301 (302 ff.); *ders.*, ZStW 103 (1991), 398 (420 Fn. 66); *Krey*, BT 2, Rn. 419 ff.; *Lackner*, § 263 Rn. 17/29; *Lampe*, ZStW 77 (1965), 262 (263 ff.); LK-*Lackner*, § 263 Rn. 304 ff.; *Maurach/Schroeder/Maiwald*, BT 1, § 41 Rn. 81; *Nierwetberg*, NJW 1996, 432 ff.; *Otto*, Grundkurs, § 51 VI 5; *ders.*, JZ 1993, 652 (654); *Preisendanz*, § 263, Anm. IV 3; *Samson*, JA 1978, 469 (474); *Schmidhäuser*, BT, 11/18; *Seier*, ZStW 102 (1990), 563 ff.; SK-StGB-*Samson/Günther*, § 263 Rn. 98; Schönke/Schröder-*Cramer*, § 263 Rn. 69 ff.; *Tröndle*, § 263 Rn. 21 f.; *Welzel*, Lehrbuch, S. 113/371; *Wessels*, BT 2, Rn. 567; aus der zivilprozessualen Literatur Baumbach/Lauterbach-*Hartmann*, § 138 Rn. 66; MüKo-ZPO-*Peters*, § 138 Rn. 16; *Rosenberg/Schwab/Gottwald*, Zivilprozeßrecht, § 65 VIII 7 b; Stein/Jonas-*Leipold*, § 138 Rn. 14; *Wieczorek*, § 138 Anm. C II b; Zöller-*Greger*, § 138 Rn. 7. Zweifelnd *Fahl*, Jura 1996, 74 ff.; ablehnend nur *Hartmann*, Vermögensverfügung, S. 60 ff.

[10] Vgl. etwa die Kommentierung von *Lackner* in: LK zu § 263 StGB.

Anschluß an die Darstellung der Reichweite des Prozeßbetrugs auf der Grundlage der h. M. im Rahmen der Erörterung des Prozeßbetrugs als Dreiecksbetrug diese Behauptung in Frage gestellt werden, da die allgemeine Überzeugung nicht die erforderliche Begründung zu ersetzen vermag.

Anschließend soll auf die – abgesehen vom Betrug – de lege lata bestehenden Möglichkeiten, das täuschende Verhalten der Prozeßpartei strafrechtlich zu erfassen, und auf die Rechtslage de lege ferenda eingegangen werden.

Zunächst soll kurz die geschichtliche Entwicklung des Prozeßbetrugs dargestellt werden, da diese die Grundlage für die auch heute noch bestehenden Kontroversen bildet.

1. Teil: Die geschichtliche Entwicklung des Prozeßbetrugs unter der Geltung des heutigen Betrugstatbestands

Der Betrugstatbestand in seiner heutigen Fassung gilt bereits seit der Schaffung des RStGB im Jahre 1871. Er fand sein Vorbild in § 241 des Preußischen StGB von 1851. Dieser lautete: "Wer in gewinnsüchtiger Absicht das Vermögen eines anderen dadurch beschädigt, daß er durch Vorbringen falscher oder durch Entstellen oder Unterdrücken wahrer Tatsachen einen Irrtum erregt, begeht einen Betrug."

Seit der Schaffung des RStGB gab es verschiedene Versuche, den Betrugstatbestand zu ändern[11]. Diese blieben jedoch alle ohne Erfolg, so daß der ursprüngliche Text bis heute beibehalten worden ist.

Das Reichsgericht hat, ebenso wie die herrschende Literatur[12], nie an der grundsätzlichen Möglichkeit des Prozeßbetrugs gezweifelt und von Anfang an die Ansicht vertreten, daß auch im Zivilprozeß ein Betrug durch Täuschung des Richters verübt werden könne[13]. Dieses folgerte das Reichsgericht aus der Allgemeinheit des Betrugsbegriffs, der eine Einschränkung nach keiner Seite hin enthalte und daher auch auf Betrügereien, welche bei Führung eines Rechtsstreits verübt würden, Anwendung finde[14].

---

[11] Vgl. nur § 310 E 1925 (*Materialien*, Bd. 3, S. 34), § 343 E 1927 (*Materialien*, Bd. 4, S. 36), § 343 E 1930 und § 252 E 1962 (*Materialien*, Bd. 15, S. 115). – Mit diesen Entwürfen wurde allerdings keine inhaltliche Änderung, sondern lediglich eine Klarstellung im Gesetzeswortlaut angestrebt, vgl. nur Begründung zu § 310 E 1925 (*Materialien*, Bd. 3, S. 164) und zu § 343 E 1927 (*Materialien*, Bd. 4, S. 177).

[12] *Binding*, BT 1, S. 344/350 f. Fn. 2; *Brinkmann*, Wahrheitspflicht, S. 62; *Dahm*, Bericht, S. 458 (471 ff.); *ders.*, Tätertyp, S. 48 f.; *Ebermayer/Lobe/Rosenberg*, § 263 Anm. 5 d; *R. Frank*, § 263 Anm. IV; *Gebhardt*, Prozeßbetrug, S. 3 ff.; *Goedel*, JW 1937, 1760; *Görres*, ZZP 34 (1905), 1 ff.; *Hagemann*, DJZ 1933, 1487 (1488); *Hegler*, VDB VII, S. 405 (437); *Hellwig*, Lehrbuch, Bd. 2, S. 46; *v. Liszt*, Lehrbuch, S. 493; *v. Liszt/Schmidt*, Lehrbuch, S. 672; *Lorenz*, JW 1934, 875 (876); *Merkel*, Abhandlungen II, S. 204; *Michel*, Betrug, S. 16; *Mühlmann/Bommel*, § 263 Anm. 5; *Olshausen*, § 263 Anm. 40 a; *Philipsborn*, Festschrift für v. Liszt, S. 188 ff.; *Rietzsch*, DStR 1934, 9 ff.; *Rubo*, S. 875; *Schaffstein*, JW 1938, 1386; *Scheffler*, DStR 1939, 204 ff.; *Stenglein*, "Betrug" Anm. a; *Weh*, JW 1935, 956 (957); *Wolf*, JW 1938, 1921. Anders insbesondere *Grünhut*, JW 1925, 1498; JW 1927, 905 (906); JW 1931, 3557 (3558); RhZZP 13 (1924), 127 (147 ff.); SchwZStr. 51 (1937), 43 (71 f.). Vgl. auch *Hamm*, DJZ 1908, 1020 (1021); *Kohler*, Josef, Treu und Glauben im Verkehr, Berlin 1893, S. 50, zit. nach *Lenckner*, Prozeßbetrug, S. 10 f. zu Fn. 1.

[13] Vgl. nur die erste Entscheidung des Reichsgerichts zum Prozeßbetrug: RGSt 1, 227 (U. v. 25.02.1880).

[14] RGSt 16, 193 (194 f.). – Das Reichsgericht hat damit die Rechtsprechung des Preußischen Ober-Tribunals fortgeführt, das unter der Geltung des § 241 des Preußischen StGB die grundsätzliche Möglichkeit des Prozeßbetrugs angenommen hat (vgl. nur die Entscheidungen in GA 11 (1863), 502 und GA 13 (1865), 805, letztere mit umfangreichen Rechtsprechungsnachweisen).

In der Literatur gab es jedoch auch vereinzelt Stimmen, die die Konstruktion des Prozeßbetrugs überhaupt ablehnten. Die Begründungen waren nicht einheitlich. *Kohler* stellte darauf ab, daß die Kausalität der Täuschungshandlung für den Irrtum des Richters nicht nachweisbar sei, da der Richter aufgrund des sich aus der ganzen Prozeßentwicklung ergebenden Gesamteindrucks entscheide und die freie Beweiswürdigung eine mathematische Zurückführbarkeit des Urteils auf einzelne Behauptungen und Beweismittel nicht zulasse[15]. *Hamm* lehnte die Möglichkeit eines Prozeßbetrugs wegen Fehlens einer Vermögensverfügung ab[16]. Die Partei bringe durch ihre unwahren Behauptungen und falschen Beweismittel zwar einen Irrtum des Richters hervor, der ihn zu einer falschen Beurteilung und zu einer falschen Entscheidung der Sache bringe, die Partei bestimme den Richter durch den Irrtum aber nicht zu einer die Gegenpartei schädigenden Willenshandlung, da richterliche Urteile keine Verfügung über das Vermögen einer der Parteien darstellten.

Der entschiedenste Gegner des Prozeßbetrugs durch Täuschung des Richters war *Grünhut*[17]. Nach *Grünhut* paßt der auf den privaten wirtschaftlichen Vermögensverkehr zugeschnittene Betrugstatbestand nicht auf den Mißbrauch der staatlichen Rechtspflegeeinrichtungen[18]. Es sei "eine unmögliche Vorstellung, die Partei könne im Richter, der das Urteil fälle, den Gegner betrügen"[19]. Die Konstruktion des Prozeßbetrugs scheitere an der öffentlich-rechtlichen Stellung des Richters[20].

Grünhut ist der Ansicht, beim Betrug müsse zwischen dem Getäuschten und dem Geschädigten ein rechtlich wirksames Vertretungsverhältnis, eine "relative Identität" bestehen; die Vermögensverfügung müsse als des Geschädigten[21] eigenes Werk erscheinen[22]. Eine relative Identität liege nicht vor zwischen dem Richter und der unterliegenden Partei oder gar einem durch das Urteil betroffenen Dritten[23], denn der Richterspruch sei ein Rechtsakt mit Wirkungen, wie sie die Partei niemals her-

---

[15] *Kohler*, Josef, Treu und Glauben im Verkehr, Berlin 1893, S. 50, zit. nach *Lenckner*, Prozeßbetrug, S. 10 f. zu Fn. 1. Dagegen *Gebhardt*, Prozeßbetrug, S. 5: Da sich die Überzeugung des Richters auf den bewiesenen Tatsachen gründe, könne sie durchaus nachgeprüft werden.

[16] *Hamm*, DJZ 1908, 1020 (1021).

[17] JW 1925, 1498; JW 1927, 905 (906); RhZZP 13 (1924), 127 (147 ff.); SchwZStr. 51 (1937), 43 (71 f.).

[18] *Grünhut*, SchwZStr. 51 (1937), 43 (72).

[19] *Grünhut*, RhZZP 13 (1924), 127 (149).

[20] *Grünhut*, JW 1931, 3557 (3558); *ders.* RhZZP 13 (1924), 127 (149).

[21] In der Anmerkung heißt es "Getäuschten", wobei es sich aber um eine Verwechslung handeln muß.

[22] *Grünhut*, JW 1925, 1498. Dieses bezeichnet *Gebhardt*, Prozeßbetrug, S. 5 als herrschende Lehre. Er ist aber, anders als *Grünhut*, der Ansicht, eine relative Identität sei im Verhältnis zwischen dem Richter und der unterlegenen Partei gegeben. Das Urteil des Richters sei eine Verfügung über das Parteivermögen, da die Parteihandlung Grundlage des Richterspruchs sei, Richterspruch und Parteihandlung trotz ihrer grundsätzlich unterschiedlichen Natur also in enger Beziehung und gegenseitiger Abhängigkeit stünden.

[23] *Grünhut*, JW 1925, 1498; vgl. auch *ders.* RhZZP 13 (1924), 127 (149).

vorbringen könne und deren Tragweite in vielen Fällen die individuelle Interessensphäre der einzelnen Partei beträchtlich übersteige. Ein großer Teil der Parteien empfange sein Urteil "wider Willen"[24]. Es hieße die Stellung des Prozeßrichters völlig verkennen, wollte man annehmen, er vertrete den Willen der Partei und sein Urteil sei eine Verfügung über das Parteivermögen[25]. Der Richter vertrete allenfalls den Willen des Staates, aber nicht den der Partei[26]. Niemals sei das rechtskräftige Zivilurteil der tatbestandsmäßige Erfolg einer strafrechtlich oder bürgerlichrechtlich relevanten Parteihandlung[27]. Der Richterspruch sei herausgehoben aus der Sphäre privater Rechtsbeziehungen[28]. Der durch das unrichtige Urteil hervorgerufene Vermögensschaden beruhe nicht auf einer Handlung des als Partei im Prozeß auftretenden Täters, sondern – gerade in seinen gefährlichen Wirkungen: Rechtskraft und Vollstreckbarkeit – auf der Autorität des staatlichen Richterspruchs[29]. Der urteilende Richter sei nicht das Werkzeug der täuschenden Partei[30].

Grünhut bejaht allein die Möglichkeit eines Prozeßbetrugs gegenüber und zum Nachteil des Staates durch Erschleichen des Armenrechts[31]. Da in diesem Fall der Fiskus durch Täuschung des zuständigen Beamten unmittelbar geschädigt werde, würden seine Überlegungen gegen die grundsätzliche Möglichkeit des Prozeßbetrugs hier versagen[32].

Wesentlichen Einfluß auf die Behandlung des Prozeßbetrugs durch die Literatur und insbesondere die Rechtsprechung hatte die Einführung der zivilprozessualen Wahrheitspflicht in § 138 I ZPO durch das Gesetz zur Änderung des Verfahrens in bürgerlichen Rechtsstreitigkeiten vom 27. Oktober 1933[33].

A. Die Zeit vor dem Erlaß der Zivilprozeßnovelle vom 27.10.1933

Das Reichsgericht bejahte einen Prozeßbetrug, wenn durch die Partei in betrügerischer Absicht falsche Beweismittel in den Prozeß eingeführt wurden. Eine Fälschung der Beweisgrundlage wurde etwa angenommen bei der Vorlage gefälschter Urkunden[34] oder der Vorlage echter Urkunden in Verbindung mit der gleichzeitigen

---

[24] *Grünhut*, RhZZP 13 (1924), 127 (149).

[25] *Grünhut*, JW 1925, 1498.

[26] *Grünhut*, RhZZP 13 (1924), 127 (151).

[27] *Grünhut*, JW 1925, 1498; *ders.* RhZZP 13 (1924), 127 (151).

[28] *Grünhut*, RhZZP 13 (1924), 127 (151).

[29] *Grünhut*, JW 1927, 905 (906); vgl. auch *ders.* JW 1931, 3557 (3558); SchwZStr. 51 (1937), 43 (72).

[30] *Grünhut*, JW 1927, 905 (906).

[31] Vgl. dazu unten 3. Teil C.

[32] *Grünhut*, JW 1931, 3557 (3558).

[33] RGBl. I, S. 780.

[34] RGSt 2, 91; 3, 169 (171).

Vorspiegelung falscher oder Unterdrückung wahrer Tatsachen[35], da der Richter auch in diesem Fall durch die formelle Beweiskraft der Urkunde getäuscht werden könne[36]. Auch bei der Benennung eines falschen Zeugen wurde Betrug angenommen, und zwar selbst in einem Fall, in dem der Zeuge seine Aussage verweigert hat, weil es sich hierbei um ein in seiner prozessualen Wirkung einem eigentlichen Beweismittel i. S. der ZPO nahekommendes Täuschungsmittel handle[37].

Das Reichsgericht schied jedoch ursprünglich einseitiges, nicht mit Beweismitteln unterstütztes Vorbringen aus dem Betrugstatbestand aus[38]. Die Einordnung des unwahren Parteivorbringens als straflose Vorbereitungshandlung wurde teilweise damit begründet, daß es für sich allein noch keine Täuschungshandlung sei, da der Richter in einem von der Verhandlungsmaxime beherrschten Verfahren einer einseitigen Behauptung keinen Glauben schenke und deshalb nicht getäuscht werden könne[39]. Überwiegend wurde die Verneinung des Betrugs aber mit einer Unterbrechung des Kausalzusammenhangs begründet. Das Reichsgericht nahm an, die eigentliche Ursache des Fehlurteils liege in der pflichtwidrig unterlassenen Beweiserhebung, wenn der Richter, obwohl er dem bloßen Parteivorbringen nicht glauben dürfe, seine Entscheidung trotzdem lediglich auf eine einseitige, vom Gegner bestrittene Parteibehauptung gegründet habe. Dann sei die Partei durch die Pflichtwidrigkeit, nicht aber infolge einer Täuschung seitens des Gegners geschädigt worden[40].

In den Fällen des Versäumnis- und Mahnverfahrens lehnte das Reichsgericht zunächst grundsätzlich die Möglichkeit eines Prozeßbetrugs ab. Da in diesen Verfahren der benachteiligende Erfolg kraft gesetzlicher Notwendigkeit infolge der mangelnden Verteidigung des Gegners eintrete, fehle es an der Erregung eines Irrtums[41] bzw. an dem Kausalzusammenhang zwischen Irrtum und Vermögensbeschädigung[42]. Eine

---

35 RG, Rspr. 1, 808 (809); Rspr. 2, 421 (423); vgl. auch RG, Rspr. 1, 479 (480 f.).

36 RGSt 16, 193 (196).

37 RGSt 36, 114 (119); 40, 9 (10).

38 *Binding*, BT 1, S. 350 Fn. 2 sah den rechtspolitischen Grundsatz dieser Judikatur in einer "sehr achtenswerten Betonung der Richterpflicht". Ihm zustimmend *Wolf*, JW 1938, 1921.

39 RGSt 2, 91; 5, 321 (322); 20, 391 (392).

40 RGSt 1, 227 (229); 5, 321 (324); 16, 193 (195); 29, 291 (292); 36, 114 (118). Anders nur RGSt 50, 95 (97) für einen Fall, der die Unterbrechung des Verfahrens betraf. – In anderen Fällen des Verstoßes gegen eine Prüfungspflicht durch den Getäuschten entschied das Reichsgericht uneinheitlich. Teilweise wurde eine Unterbrechung des Kausalzusammenhangs angenommen (vgl. RG, GA 46 (1898/1899), 31), teilweise aber auch die Kausalität trotz der Pflichtverletzung bejaht (vgl. RG, Rspr. 1, 499 (500); GA 53 (1906), 174).

41 RGSt 20, 391 (392 f.).

42 RGSt 42, 410; 65, 33 (34). Für das Mahnverfahren ebenso R. *Frank*, § 263 Anm. VI 2. Vgl. auch *Ebermayer/Lobe/Rosenberg*, § 263 Anm. 5 d, die annehmen, im Versäumnis- oder Mahnverfahren werde "der ursächliche Zusammenhang durch den Willen oder die Nachlässigkeit des Gegners unterbrochen". Anders nur *Görres*, ZZP 34 (1905), 1 (51) mit dem Hinweis darauf, daß der Richter kein Automat sei. Ebenso *Wurzer*, ZZP 48 (1920), 463 (494).

Ausnahme wurde nur für den Fall der Täuschung über das Vorliegen der Prozeßvoraussetzungen angenommen[43].

Die überwiegende Literatur beschränkte die Annahme des Betrugs, ebenso wie das Reichsgericht, auf die Fälle unwahren Parteivorbringens, das mit der Einführung falscher Beweismittel in den Prozeß verbunden war. Teilweise wurde dieses damit begründet, daß die einfache unwahre Parteibehauptung kein Vorspiegeln falscher Tatsachen enthalte[44] bzw. daß durch bestrittene und unbewiesene Parteibehauptungen nicht auf die Vorstellung des Richters eingewirkt werden könne[45]. Andere verneinten einen adäquat-ursächlichen Zusammenhang zwischen Täuschungshandlung und Irrtum, da der Richter nach objektivem Wahrscheinlichkeitsurteil in einem Verfahren, in dem grundsätzlich nur nach Beweis entschieden werden dürfe, in der Regel durch eine bloße Parteibehauptung nicht getäuscht werden könne[46], oder nahmen, wie das Reichsgericht, eine Unterbrechung des Kausalzusammenhangs an[47].

Von einem Teil der Lehre wurde Betrug auch angenommen bei einfachen, durch Beweismittel nicht unterstützten unwahren Parteibehauptungen, da nicht einzusehen sei, warum der Richter nicht auch durch isoliertes Parteivorbringen getäuscht und dadurch zu einer für den Gegner nachteiligen Vermögensverfügung bestimmt werden könne[48]. Teilweise wurde danach differenziert, ob die täuschende Partei die bestimmende Wirkung ihrer Behauptung vorausgesehen hat. War dieses nicht der Fall, so wurde das Aufstellen der unwahren Behauptung als straflose Vorbereitungshandlung angesehen[49].

B. Die Zeit nach dem Erlaß der Zivilprozeßnovelle vom 27.10.1933

In Folge des Gesetzes zur Änderung des Verfahrens in bürgerlichen Rechtsstreitigkeiten vom 27.10.1933 kam es zu einer grundlegenden Änderung der Rechtsprechung des Reichsgerichts im Hinblick auf den Prozeßbetrug. Die Neufassung des § 138 ZPO beendete den lange geführten Streit um das Bestehen einer zivilprozes-

---

[43] RGSt 2, 436 (437 f.); 42, 410 (411); 59, 104 (106).

[44] *v. Liszt/Schmidt*, Lehrbuch, S. 672; vgl. auch *v. Liszt*, Lehrbuch, S. 493; *Schwarze*, GS 1866, 105 ff.

[45] *Görres*, ZZP 34 (1905), 1 (49). Vgl. auch *Köstlin*, Abteilung II, S. 149 f., der annimmt, daß eine wahrheitswidrige Behauptung im Zivilprozeß nicht dazu bestimmt sei, den Richter zu täuschen, sondern den Gegner zum Beweis zu drängen.

[46] *Ganske*, Prozeßbetrug, S. 48 ff.

[47] *Ebermayer/Lobe/Rosenberg*, § 263 Anm. 5 d; *Olshausen*, § 263 Anm. 40 a; *Wach*, Grundfragen, S. 33.

[48] *Binding*, BT 1, S. 350 f. Fn. 2; *Eckstein*, GS 78 (1911), 145 ff.; *Hellwig*, Lehrbuch, Bd. 2, S. 46; *Philipsborn*, Festschrift für v. Liszt, S. 188 (197 f.); *Wurzer*, ZZP 48 (1920), 463 (497 ff.).

[49] R. *Frank*, § 263 Anm. VI 2 a; *Michel*, Betrug, S. 14 ff.; vgl. auch *Brinkmann*, Wahrheitspflicht, S. 70.

sualen Wahrheitspflicht, indem § 138 I ZPO n. F. die Parteien ausdrücklich verpflichtet, "ihre Erklärungen über tatsächliche Umstände vollständig und der Wahrheit gemäß abzugeben".

Die Rechtsprechung des Reichsgerichts hat bis 1938 eine stetige Entwicklung erfahren, in der das Reichsgericht die Reichweite des Prozeßbetrugs immer weiter ausgedehnt hat.

Erste Bedenken gegen seine bisherige Rechtsprechung hat das Reichsgericht bereits in einer Entscheidung vom 11.05.1934[50] geäußert, in der es zwar ausdrücklich offen läßt, ob die von den Strafsenaten sonst vertretene Bedingungstheorie mit der bisherigen Praxis vereinbar sei, aber weiter feststellt, daß diese durch rechtspolitische Erwägungen beeinflußte Rechtsprechung mit Rücksicht auf den neuen § 138 I ZPO einer Überprüfung bedürfe.

In einer späteren Entscheidung[51] wird erstmals in folgerichtiger Anwendung der Bedingungstheorie erklärt, daß für die Ursächlichkeit einer bewußt falschen Zeugenaussage für die Entscheidung unerheblich sei, ob der Richter bei der Verwertung derselben richtig oder fehlerhaft gehandelt habe[52]. Gleichzeitig wird festgestellt, daß dieses an sich auch für die Beurteilung der Frage von Bedeutung sei, ob durch eine bewußt falsche Parteibehauptung ein Prozeßbetrug verübt werden könne, soweit nicht etwa ausnahmsweise – wie z. B. im Mahn- oder Versäumnisverfahren – der Richter ohne Rücksicht auf Glauben oder Nichtglauben verpflichtet sei, auf eine Parteierklärung hin eine Entscheidung zu treffen. Das Reichsgericht läßt allerdings ausdrücklich offen, ob die Erwägungen, die der bisherigen Rechtsprechung zugrundelägen, als richtig anzuerkennen seien und ob sie nicht jedenfalls durch die Neufassung der ZPO, insbesondere des § 138 ZPO, ihre Bedeutung verloren hätten[53].

Diese Frage wurde auch in einer weiteren Entscheidung[54], in der ein Prozeßbetrug durch falsche Angaben im Rahmen einer Parteivernehmung nach §§ 445 ff. ZPO angenommen wurde, offen gelassen[55].

Erst in einer Entscheidung vom 11.10.1935[56] gibt das Reichsgericht unter Hinweis auf § 2 des Gesetzes zur Änderung von Vorschriften des Strafverfahrens und des Gerichtsverfassungsgesetzes vom 28.06.1935[57] seine bisherige Rechtsprechung

---

[50] RG, JW 1934, 1853.

[51] RGSt 69, 44 (U. v. 21.12.1934).

[52] RGSt 69, 44 (48).

[53] RGSt 69, 44 (49).

[54] RGSt 69, 191 (U. v. 07.05.1935).

[55] RGSt 69, 191 (192).

[56] RG, JW 1936, 196.

[57] RGBl. I, S. 844. – Art. 2 der Strafprozeßnovelle hat folgenden Wortlaut: "Befreiung des Reichsgerichts von Bindungen an alte Urteile: Das Reichsgericht als höchster deutscher Gerichtshof ist berufen, darauf hinzuwirken, daß bei der Auslegung des Gesetzes dem durch die Staatserneuerung eingetretenen Wandel der Lebens- und Rechtsanschauung Rechnung getragen wird. Damit es diese Aufgabe ungehindert durch die Rücksichtnahme auf die aus einer anderen Lebens- und

auf und stellt fest, daß bei folgerichtiger Durchführung der vom Reichsgericht vertretenen Grundsätze über den Ursachenzusammenhang ("Bedingungstheorie") es auch möglich sein müsse, durch Aufstellung bewußt falscher Behauptungen im Zivilprozeß einen Prozeßbetrug zu verüben, auch wenn diese Behauptungen nicht durch Benennung falscher Zeugen oder Vorlegung gefälschter Beweisstücke gestützt würden. Voraussetzung sei nur, daß die falsche Parteibehauptung das Gericht tatsächlich irgendwie, wenn auch neben anderen Umständen, in seiner Entscheidung beeinflußt habe.

Den Endpunkt der Entwicklung bildet eine Entscheidung vom 20.12.1937[58], indem sie auch die letzte Einschränkung, die noch in der Entscheidung RGSt 69, 44 (48) zum Ausdruck kommt, fallen läßt und die grundsätzliche Möglichkeit eines Prozeßbetrugs im Versäumnisverfahren anerkennt. Dieses wird mit der neuen Auffassung des Verfahrensrechts begründet, die sich auf das Gesetz über die Änderung des Verfahrens in bürgerlichen Rechtsstreitigkeiten vom 29.10.1933 gründe. Die bewußt falsche Parteibehauptung habe überhaupt keinen Anspruch auf Rechtsschutz. Da der Richter auch im Versäumnisverfahren das Urteil zu versagen habe, wenn er die Klagebehauptung für bewußt falsch halte, könne von einem Fehlen des ursächlichen Zusammenhangs nicht mehr gesprochen werden[59].

In einer Entscheidung vom 31.03.1938[60] wird noch einmal bestätigt, daß Prozeßbetrug auch durch einseitiges, nicht mit Beweismitteln unterstütztes Vorbringen möglich sei. Abweichend von den vorangegangenen Entscheidungen wird allerdings, ebenso wie schon in einer früheren Entscheidung[61] angedeutet, angenommen, daß diese Möglichkeit nicht erst seit der Aufnahme der Wahrheitspflicht in die ZPO gelte, sondern auch schon für die Zeit vorher bejaht werden müsse[62].

Rechtsanschauung erwachsene Rechtsprechung der Vergangenheit erfüllen kann, wird folgendes bestimmt: Bei der Entscheidung über eine Rechtsfrage kann das Reichsgericht von einer Entscheidung abweichen, die vor dem Inkrafttreten dieses Gesetzes ergangen ist." – Diese Vorschrift ermöglichte dem Reichsgericht, in "grundsatzbedingten" Entscheidungen von einer Entscheidung eines anderen Senats ohne Anrufung des Großen Senats abzuweichen (vgl. *Schäfer/Lehmann/Dörffler*, Novellen, S. 49).

58 RGSt 72, 113.

59 RGSt 72, 113 (115). Im Ergebnis ebenso für das Versäumnis- und Mahnverfahren *Rietzsch*, DStR 1934, 9 (19); *Scheffler*, DStR 1939, 204 (206). Abweichend nimmt etwa *Lorenz*, JW 1934, 875 (876) an, daß ein Prozeßbetrug im Versäumnisverfahren nicht möglich sei, da der Richter sich ein Urteil über die Wahrheit oder Unwahrheit der Behauptung nicht zu bilden brauche und das Urteil sogar erlassen müsse, wenn er die Klagebehauptung für unwahr halte.

60 RGSt 72, 150.

61 RG, JW 1937, 2391 (2392).

62 Ebenso *Goedel*, JW 1937, 1760.

Diese Ergebnisse der Rechtsprechung werden von der herrschenden Lehre gebilligt[63]. Es bleiben jedoch auch kritische Stimmen, die weiterhin Zweifel an der grundsätzlichen Möglichkeit des Prozeßbetrugs äußern[64].

Die grundsätzliche Frage, "ob "Prozeßbetrug" wirklich Betrug ist", wurde als nicht geklärt angesehen[65]. Auch wegen der Schwierigkeiten, die Fälle des Prozeßbetrugs unter den Betrugstatbestand zu fassen[66], wurde teilweise die Schaffung eines eigenständigen Tatbestands für die Täuschung des Gerichts durch eine Prozeßpartei gefordert[67]. Dieses wurde insbesondere damit begründet, daß der Unrechtsgehalt des Prozeßbetrugs in erster Linie nicht, wie beim gewöhnlichen Betrug, in der Schädigung des Vermögens der Gegenpartei, sondern in dem Mißbrauch des Rechtspflegeorgans liege[68]. Aus diesem Grund sollte der neue Tatbestand nicht den Eintritt eines Vermögensschadens der Gegenpartei voraussetzen, sondern es sollten auch diejenigen Fälle erfaßt werden, bei denen es an einem Vermögensschaden des Gegners und einer Bereicherungsabsicht der täuschenden Partei fehlt[69]. Die Befürworter eines neu zu schaffenden Tatbestands beurteilten dessen Umfang jedoch im übrigen nicht einheitlich. Teilweise wurde vorgeschlagen, ein Delikt für sämtliche Fälle des Mißbrauchs der Rechtspflegeorgane durch Verletzung der prozessualen Wahrheitspflicht zu schaffen[70], während andere nur das Verhalten derjenigen Partei, die arglistig die Beweisführung beeinflußt oder in einem Scheinprozeß zum Nachteil eines Dritten über ihre Person täuscht, unter Strafe stellen wollten, da darüber hinaus unwahre Angaben der Partei im Zivilprozeß nicht strafwürdig seien[71].

Diese Forderungen nach einem eigenständigen Tatbestand des Prozeßbetrugs[72] wurden von dem Gesetzgeber nicht erfüllt. Statt dessen blieb es bei einer Bestrafung der im Zivilprozeß täuschenden Partei nach dem Betrugstatbestand.

---

63 *Benkendorff*, DRiZ 1934, 205; *Dietze*, JW 1934, 1853; *Goedel*, JW 1937, 1760; *Hagemann*, DJZ 1933, 1487 (1488); *Lorenz*, JW 1934, 875 (876); *Meyer*, DRiZ 1934, 203 ff.; *Mezger*, JW 1938, 1515; *Rietzsch*, DStR 1934, 9 ff.; *Schaffstein*, JW 1938, 1386; *Scheffler*, DStR 1939, 204 ff.; *Weh*, JW 1935, 956 (957); *Welzel*, Wahrheitspflicht, S. 22.

64 Vgl. insbesondere *Grünhut*, SchwZStr. 51 (1937), 43 (72 ff.).

65 *Dahm*, Bericht, S. 458 (472); vgl. auch *ders.*, Tätertyp, S. 48 f.

66 *Dahm*, Bericht, S. 458 (472); ihm zustimmend *Wolf*, JW 1938, 1921.

67 Vgl. etwa *Binding*, DJZ 1909, 161 (166); *Dahm*, Bericht, S. 458 (472 f.); *Grünhut*, SchwZStr. 51 (1937), 43 (72 ff.); *Scheffler*, DStR 1939, 204 (208); *Wolf*, JW 1938, 1921 (1923); vgl. auch Brinkmann, Wahrheitspflicht, S. 94. – Näher dazu unten 4. Teil B III.

68 *Grünhut*, SchwZStr. 51 (1937), 43 (72); *Scheffler*, DStR 1939, 204 (208); *Wolf*, JW 1938, 1921 (1923); vgl. auch *Boldt*, ZAkDR 5 (1938), S. 441 (442); *Dahm*, Bericht, S. 458 (472). *Ders.*, Tätertyp, S. 48: "Aber um Betrug und Betrüger handelt es sich hier im Grunde nicht."

69 *Scheffler*, DStR 1939, 204 (208); *Wolf*, JW 1938, 1921 (1923); vgl. auch *Grünhut*, SchwZStr. 51 (1937), 43 (74). Gegen die Strafbarkeit der Prozeßlüge in nichtvermögensrechtlichen Streitigkeiten *Philipsborn*, Festschrift für v. Liszt, S. 188 (206).

70 *Scheffler*, DStR 1939, 204 (208); *Wolf*, JW 1938, 1921 (1923).

71 *Grünhut*, SchwZStr. 51 (1937), 43 (73 f.).

72 Näher dazu unten 4. Teil B III.

Die Rechtsprechung des Reichsgerichts wurde ohne Unterschiede vom Bundesgerichtshof fortgeführt. In der Literatur gab und gibt es jedoch beachtliche Stimmen insbesondere gegen die generelle Möglichkeit eines Prozeßbetrugs im Versäumnis- und Mahnverfahren[73].

[73] Siehe dazu unten 2. Teil B I und II.

2. Teil: Der Prozeßbetrug in verschiedenen Verfahrensarten

Auf der Grundlage der h. M., die die grundsätzliche Möglichkeit des Prozeßbetrugs anerkennt[74], soll im folgenden untersucht werden, unter welchen Voraussetzungen die Partei des Zivilprozesses einen Betrug gegenüber dem Gericht zum Nachteil des Prozeßgegners (oder eines am Prozeß nicht beteiligten Dritten) begeht. Dabei sollen die einzelnen Tatbestandsmerkmale des § 263 StGB und die in ihrem Zusammenhang bestehenden einzelnen Probleme in bezug auf den Prozeßbetrug zunächst anhand des Normalfalls des streitigen Verfahrens dargestellt werden. Anschließend soll auf die in den sonstigen Verfahrensarten bestehenden Besonderheiten eingegangen werden.

A. Der Prozeßbetrug im streitigen Verfahren

Um als Betrug i. S. des § 263 StGB gelten zu können, muß der Prozeßbetrug sämtliche Merkmale dieses Tatbestands aufweisen. Die Prozeßpartei muß über Tatsachen täuschen, dadurch einen Irrtum des Gerichts hervorrufen, welcher dieses zur Verfügung über das Vermögen des Prozeßgegners veranlaßt; diese Vermögensverfügung muß ihrerseits zu einem Vermögensschaden bei dem Prozeßgegner führen. Nicht zuletzt ist erforderlich, daß die Prozeßpartei dabei vorsätzlich und in der Absicht handelt, sich oder einem Dritten einen rechtswidrigen Vermögensvorteil zu verschaffen.

I. Die Täuschungshandlung

Eine Täuschung i. S. von § 263 StGB besteht nach dem Wortlaut des Gesetzes in der Vorspiegelung falscher oder Entstellung oder Unterdrückung wahrer Tatsachen. Diese vom Gesetz genannten Täuschungsarten lassen sich unter dem Oberbegriff Täuschungshandlung zusammenfassen[75]. Darunter ist ein Verhalten zu verstehen, das irreführen oder einen Irrtum unterhalten und damit auf die Vorstellung eines anderen einwirken soll[76].

Neben einer ausdrücklichen Täuschung über Tatsachen kommt eine konkludente Täuschung und – im Fall des Bestehens einer Garantenpflicht – eine Täuschung durch Unterlassen in Betracht.

---

[74] Vgl. die Nachweise oben Fn. 9.

[75] SK-StGB-*Samson/Günther*, § 263 Rn. 7.

[76] *Tröndle*, § 263 Rn. 6.

1. Ausdrückliche Täuschung

Im Rahmen des Prozeßbetrugs kann die ausdrückliche Täuschung in erster Linie in der wahrheitswidrigen Behauptung anspruchsbegründender, anspruchshindernder oder anspruchshemmender Tatsachen bestehen[77]. Diese ist regelmäßig – zumindest wenn die vortragende Partei erwartet, daß der Prozeßgegner das Vorliegen der behaupteten Tatsache bestreiten wird – mit einem entsprechenden Beweisantrag verbunden. In Betracht kommt weiterhin das wahrheitswidrige Bestreiten der von dem Prozeßgegner aufgestellten tatsächlichen Behauptungen, sofern dieses substantiiert, also mit einer eigenen Sachverhaltsdarstellung der Partei verbunden ist[78]. Daneben ist eine ausdrückliche Täuschung auch im Bereich der von Amts wegen zu prüfenden Prozeßvoraussetzungen möglich, etwa durch die Behauptung, daß eine tatsächlich nicht vorliegende Gerichtsstandsvereinbarung[79] getroffen worden sei, oder durch unrichtige Angaben in bezug auf die Partei- oder Prozeßfähigkeit[80] eines der am Prozeß Beteiligten.

a) Fälschung der Beweisgrundlage

Die Partei führt in den meisten Fällen zur Unterstützung ihres unwahren Vorbringens falsche Beweismittel in den Prozeß ein. Das wird sie meist dann tun, wenn der Prozeßgegner die von ihr aufgestellte tatsächliche Behauptung wirksam bestritten hat und sie die Beweislast für das Vorliegen der von ihr behaupteten Tatsache trägt. Die Überzeugungsbildung des Gerichts schließt nach § 286 I ZPO die Würdigung der etwaigen Beweisaufnahme ein, so daß die Partei durch die Einführung falscher Beweismittel auf die Vorstellung des Richters einwirkt.

In Betracht kommt eine Fälschung der Beweisgrundlage durch die Manipulation an Augenscheinsobjekten (§§ 371 ff. ZPO)[81], die Benennung "präparierter"[82] Zeugen (§§ 373 ff. ZPO)[83], die unzulässige Beeinflussung eines vom Gericht bestellten

---

[77] Vgl. RG, JW 1938, 855.

[78] BGH, wistra 1994, 344; SchlHOLG, SchlHA 1952, 67 (68).

[79] Vgl. §§ 38 ff. ZPO.

[80] Vgl. §§ 50 ff. ZPO.

[81] Etwa die Veränderung an einem Pkw mit dem Ziel, einen Verkehrsunfall vorzutäuschen und den angeblich entstandenen Schaden von der gegnerischen Haftpflichtversicherung erstattet zu bekommen. Oder die Beseitigung der Unfallfolgen mit dem Ziel, erfolgreich die Beteiligung an einem Unfall, der tatsächlich stattgefunden hat, zu leugnen.

[82] Vgl. die Formulierung von *Eisenberg*, Festschrift für Salger, S. 15 (19).

[83] RGSt 40, 9. – Der Zeuge – wie auch der Sachverständige – kann sich, sofern er bewußt falsch aussagt, auch – entweder neben der Partei oder auch allein, wenn diese gutgläubig ist – wegen Prozeßbetrugs strafbar machen, sofern die sonstigen Voraussetzungen, insbesondere die Bereicherungsabsicht gegeben sind. Vgl. OLG Celle, NJW 1959, 399: falsche uneidliche Aussage eines Provisionsvertreters in einem von der auftraggebenden Firma gegen den Besteller geführten Zivilprozeß. Vgl.

Sachverständigen (§§ 402 ff. ZPO)[84], die Vorlage unechter oder unwahrer Urkunden (§§ 415 ff. ZPO)[85] aufgrund des der täuschenden Partei selbst obliegenden Beweises (§ 420 ZPO) oder aufgrund des Beweisantrags des Gegners (§§ 421 ff. ZPO)[86] und – nicht zuletzt – die falsche eidliche[87] oder uneidliche[88] Aussage der Partei im Rahmen der Parteivernehmung (§§ 445 ff. ZPO)[89].

Bei einem Beweisantrag, der auf die Vernehmung eines Zeugen zu einem bestimmten Beweisthema gerichtet ist, ist unerheblich, ob der Zeuge aussagt oder von seinem Zeugnisverweigerungsrecht Gebrauch macht[90], da auch dieses vom Gericht frei zu würdigen ist[91].

Hinsichtlich des Urkundenbeweises gilt, daß allein die Fälschung oder das Erschleichen der Urkunde zu dem Zweck, in einem später zu führenden Prozeß das Gericht zu täuschen, für den Beginn des Versuchs des Prozeßbetrugs nicht ausreichend ist. Es handelt sich dabei um eine bloße Vorbereitungshandlung. Erforderlich ist, daß die Partei die unechte oder unwahre Urkunde dem Gericht im Rahmen der Beweisaufnahme tatsächlich vorlegt, da das Gericht nur dann die Möglichkeit hat, von dem täuschenden Inhalt der Urkunde Kenntnis zu nehmen.

Entsprechendes gilt für den Beweis durch die Einnahme eines Augenscheins. Allein die Manipulation an einem Augenscheinsobjekt ist für die Annahme eines Betrugsversuchs nicht ausreichend. Erforderlich ist, daß die Partei das Augenscheinsobjekt zum Beweis für eine von ihr aufgestellte unwahre Tatsache bezeichnet[92] oder, da die Anordnung einer Augenscheinseinnahme auch von Amts wegen zulässig ist[93], daß die Partei dem Gericht ermöglicht, im Rahmen einer Beweisaufnahme von dem veränderten Augenscheinsobjekt Kenntnis zu nehmen. Letzteres ist erforderlich, da die Augenscheinseinnahme – abgesehen von der Abstammungsuntersuchung nach § 372 a ZPO – prozessual nicht erzwingbar ist[94], so daß das

---

auch RGSt 58, 295; 69, 44; 72, 113 jeweils für einen Fall, in dem die uneheliche Kindesmutter im Unterhaltsprozeß ihres Kindes gegen den angeblichen Vater unwahre Angaben macht.

[84] Etwa wenn die Partei den Sachverständigen zur Erstattung eines unrichtigen, für sie günstigen Gutachtens bewegt, z. B. durch Drohung oder finanzielle Anreize.

[85] RG, Rspr. 2, 421 (423): Vorlage eines echten, aber noch nicht fälligen Wechsels; RGSt 1, 227 (228); 16, 193 (195 f.): Vorlage einer echten Quittung, die sich auf eine früher gezahlte Kaufpreisrate bezog; RGSt 3, 169 (171): Vorlage eines verfälschten Frachtbriefs; RGSt 52, 88 (92): Einreichung der von einem Kaufmann verfälschten Handelsbücher; BGH bei Dallinger, MDR 1956, 10: Vorlage eines gefälschten oder erschlichenen Schuldscheins.

[86] RGSt 3, 169 (171); 52, 88 (92).

[87] RGSt 69, 191 (192).

[88] RGSt 72, 324; SchlHOLG, SchlHA 1952, 67 (68).

[89] Hierunter fallen alle unwahren Behauptungen der Prozeßpartei, die sie bei ihrer Vernehmung als Partei aufstellt.

[90] RGSt 36, 114 (118 f.).

[91] *Lenckner*, Prozeßbetrug, S. 84.

[92] So auch *Lenckner*, Prozeßbetrug, S. 84 Fn. 4.

[93] Vgl. § 144 I ZPO.

[94] Vgl. *Thomas/Putzo*, Vorbem § 371 Rn. 2.

Gericht, wenn die Partei die Einnahme des Augenscheins verweigert, sich kein Urteil über die Beschaffenheit des – manipulierten – Augenscheinsobjekts bilden kann, das bei der Beweiswürdigung nach § 286 I ZPO berücksichtigt werden könnte.

Die Bedeutung, die die Fälschung der Beweisgrundlage im Rahmen der Rechtsprechung des Reichsgerichts zum Prozeßbetrug hatte, kommt ihr heute nicht mehr zu[95]. Insbesondere ist allein die Einführung falscher Beweismittel in den Prozeß nicht ausreichend, um das Gericht zum Erlaß einer unrichtigen Entscheidung zu bestimmen. Daneben ist erforderlich, daß die Partei die unwahre, durch das falsche Beweismittel bestätigte Behauptung tatsächlich aufstellt, da das Gericht nicht allein das Ergebnis der Beweisaufnahme berücksichtigen darf, sondern an das Vorbringen der Parteien gebunden ist. Solche Tatsachen, die keine Partei vorgetragen hat, gehören nicht zur Entscheidungsgrundlage für das Gericht.

b) Einseitiges, mit Beweismitteln nicht unterstütztes Vorbringen

Heute ist allgemein anerkannt, daß eine Täuschung auch durch einseitiges, mit Beweismitteln nicht unterstütztes Vorbringen möglich ist[96]. Diese Möglichkeit folgt daraus, daß die Beweiswürdigung nach § 286 I ZPO nicht nur auf dem Ergebnis der etwaigen Beweisaufnahme, sondern auf dem gesamten Inhalt der Verhandlungen beruht. Auch nicht bewiesene, insbesondere nicht beweisbedürftige Tatsachenbehauptungen können Gegenstand der richterlichen Überzeugungsbildung sein. Jede Parteibehauptung kann zur Grundlage des Urteils gemacht werden[97]. Dem Richter ist es nicht aus Rechtsgründen verwehrt, eine Parteibehauptung ohne Beweisaufnahme als wahr anzusehen[98].

---

95 Siehe dazu oben 1. Teil.

96 OLG Bamberg, NStZ 82, 247; *Arzt/Weber*, LH 3, Rn. 481; *H. Braun*, Versäumnisurteil, S. 147; *Eisenberg*, Festschrift für Salger, S. 15 (21); *Eser*, StR IV, Fall 12, A 34; *Lackner*, § 263, Rn. 17; *Lenckner*, Prozeßbetrug, S. 54; LK-*Lackner*, § 263, Rn. 307/312; *Seier*, ZStW 102 (1990), 563 (581); Schönke/Schröder-*Cramer*, § 263 Rn. 71; so auch schon *Binding*, BT 1, S. 350 f. Fn. 2; *Ganske*, Prozeßbetrug, S. 37 f.; *Gebhardt*, Prozeßbetrug, S. 29 f.; *Koffka*, ZStW 54 (1935), 45 (52); *Welzel*, Wahrheitspflicht, S. 19 ff. Ebenso auch RG, JW 1936, 196; JW 1937, 2391 (2392); JW 1938, 855; offengelassen von RGSt 69, 44 (48 f.); anders noch RGSt 5, 321 (322); 16, 193 (195); 63, 391; RG, JW 1931, 3557 (3558). Anders heute nur *Schmoller*, JZ 1991, 117 (128), der unter Berufung auf die österreichische h. M. zum Prozeßbetrug einen Betrug im Falle bloßer falscher Parteiangaben im kontradiktorischen Verfahren vor einem Gericht ablehnt, da es sich dabei nicht um "schadensbegründende Täuschungen" handle.

97 *Welzel*, Wahrheitspflicht, S. 20 ff.; Zöller-*Greger*, § 286 Rn. 14.

98 BGHZ 82, 13 (20); BGH, NJW 1969, 100; NJW 1974, 1248; AG Westerstede, FamRZ 1994, 645; Baumbach/Lauterbach-*Hartmann*, § 286 Rn. 5; *Schellhammer*, Zivilprozeß, Rn. 560; vgl. auch BGH, LM Nr. 14 zu § 138 ZPO. Dagegen *Wieczorek*, § 138 Anm. D I mit dem Hinweis, dieses verstoße gegen die Neutralität des Richters; vor Gericht sei grundsätzlich jede Partei gleichberechtigt.

Die Feststellung, ob der Vortrag der einen oder der anderen Partei wahr ist oder nicht, darf, wenn beide Parteien Beweis angeboten haben, ausschließlich aufgrund des streitigen Parteivortrags allerdings nur in Ausnahmefällen erfolgen, wenn der vorgetragene Sachverhalt beider Parteien klar, widerspruchsfrei und überzeugend ist[99]. Wenn es daran fehlt, der Richter aber dennoch ohne jede Beweiserhebung den einseitigen Vortrag einer Partei als wahr zugrundelegt, handelt der Richter fehlerhaft. Diese Pflichtwidrigkeit ändert nichts daran, daß eine Täuschung des Richters durch eine nicht mit Beweismitteln unterstützte Parteibehauptung möglich ist. Das pflichtwidrige Verhalten des Richters führt nicht zu einer Unterbrechung des Kausalzusammenhangs zwischen der Täuschung und dem Irrtum des Richters[100]. Die Täuschungshandlung ist zumindest mitursächlich für den Irrtum des Richters und die von ihm zu treffende Entscheidung. Wenn jedoch eindeutig eine Sachlage gegeben war, bei der das Gericht nicht auf eine Beweisaufnahme hätte verzichten dürfen, könnte man annehmen, daß die Entscheidung des Gerichts allein in dessen Verantwortungsbereich fällt[101]. Die Pflichtwidrigkeit des Richters könnte bewirken, daß die unrichtige Entscheidung der täuschenden Partei objektiv nicht zurechenbar ist.

Objektive Zurechenbarkeit ist nur gegeben, wenn der Täter eine rechtlich mißbilligte Gefahr des Erfolgseintritts geschaffen und diese sich in dem tatbestandsmäßigen Erfolg realisiert hat[102]. Allein die Behauptung der unrichtigen Tatsache durch die Partei ist in den Fällen, in denen der Gegner diese Behauptung substantiiert bestritten hat und das Gericht nicht ausnahmsweise von einer Beweiserhebung absehen darf, nicht geeignet, den Richter zum Erlaß der unrichtigen Entscheidung zu veranlassen. Es muß noch die Pflichtwidrigkeit des Richters als selbständiger Rechtsverstoß hinzukommen. Der Richter ist verpflichtet, Beweis über die bestrittene Behauptung zu erheben. Die unrichtige Entscheidung liegt daher allein in dem Verantwortungsbereich des Richters[103].

Zwar gilt regelmäßig, daß dem Täter auch solche Erfolge zuzurechnen sind, die sich trotz des Dazwischentretens eines Dritten noch als Realisierung der von ihm gesetzten Ausgangsgefahr darstellen. Der Täter wird von seiner Verantwortung für das weitere Geschehen nicht schon deshalb frei, weil auch andere falsch gehandelt

---

[99] BGHZ 82, 13 (20 f.).

[100] *Binding*, BT 1, S. 350 f. Fn. 2; *Brinkmann*, Wahrheitspflicht, S. 67; *Gebhardt*, Prozeßbetrug, S. 30; *Koffka*, ZStW 54 (1935), 45 (52); *Lenckner*, Prozeßbetrug, S. 86 ff.; LK-*Lackner*, § 263 Rn. 312. Anders *Ganske*, Prozeßbetrug, S. 49 ff., der einen inadäquaten Kausalverlauf annimmt.

[101] Vgl. *Schmoller*, JZ 1991, 117 (128), der unter Berufung auf die österreichische h. M. zum Prozeßbetrug ausführt, daß die betreffende gerichtliche Entscheidung ungeachtet der falschen Parteiangaben in den alleinigen Verantwortungsbereich des Staats, der die Gerichte und das jeweilige Verfahren geregelt habe, falle. Daraus ergebe sich, "daß nicht ein durch die (Gegen-)Partei zugefügter Vermögensschaden anzunehmen" sei, so daß aus diesem Grund kein Betrug vorliege.

[102] LK-*Jescheck*, Vor § 13 Rn. 64; SK-StGB-*Rudolphi*, Vor § 1 Rn. 57.

[103] Vgl. Schönke/Schröder-*Lenckner*, Vorbem §§ 13 ff. Rn. 100.

haben[104]. Es ergibt sich jedoch eine Einschränkung insoweit, als die objektive Zurechenbarkeit entfällt, wenn der Erfolg aufgrund einer Fehlreaktion eines Dritten eintritt, die nicht im Rahmen der Ausgangsgefahr liegt, da mit ihr nicht im allgemeinen gerechnet zu werden braucht. Dieses ist allerdings nur bei grob pflicht- oder sachwidrigem Handeln des Dritten anzunehmen[105].

Auch durch einseitiges, mit Beweismitteln nicht unterstütztes Vorbringen der Prozeßpartei wird die Gefahr eines falschen Urteils und damit die Gefahr eines Vermögensschadens der unterlegenen Partei geschaffen, diese realisiert sich jedoch nur durch das Hinzukommen des pflichtwidrigen Verhaltens des Richters. Wenn der Richter von dem allgemeinen Grundsatz der Beweisbedürftigkeit bestrittener Behauptungen absieht, obwohl dieses nach der gegebenen Sachlage eindeutig ausgeschlossen ist, handelt er grob pflichtwidrig. Mit diesem Verhalten braucht im allgemeinen nicht gerechnet zu werden, auch wenn es im Einzelfall vorkommen mag, daß der Richter sich entsprechend verhält. Daher ist der täuschenden Partei die fehlerhafte Entscheidung zumindest dann nicht zuzurechnen, wenn das Verhalten des Richters unter keinem in Betracht kommenden rechtlichen Gesichtspunkt gerechtfertigt ist[106].

Die Prozeßpartei verwirklicht den Tatbestand des (vollendeten) Betrugs durch einseitiges, mit Beweismitteln nicht unterstütztes Vorbringen nur dann, wenn dem Gericht aufgrund der Sachlage ausnahmsweise gestattet ist, die schlichte Parteibehauptung ohne jede Beweisaufnahme für wahr zu halten. Anderenfalls fehlt es an der objektiven Zurechenbarkeit der Entscheidung.

c) (Un-)substantiiertes Vorbringen

Die Täuschung kann durch jede Behauptung falscher Tatsachen erfolgen. Nicht erforderlich ist, daß das Vorbringen der Prozeßpartei substantiiert ist[107], soweit es sich nicht um offensichtlich ungenügendes Vorbringen handelt[108], da letzteres nicht geeignet ist, den Richter zum Erlaß einer der täuschenden Partei günstigen Entscheidung zu bestimmen. Ebenso wie in dem Fall, daß der Richter pflichtwidrig von einer Beweisaufnahme abgesehen und allein das einseitige, mit Beweismitteln nicht

---

[104] Vgl. BGHSt 3, 110 (115): Für den Betrug sei unerheblich, ob der Getäuschte rechtmäßig oder rechtswidrig handle. Vgl. auch RGSt 69, 44.

[105] Schönke/Schröder-*Lenckner*, Vorbem §§ 13 ff. Rn. 102; vgl. auch *Roxin*, AT I, § 11 Rn. 111.

[106] Vgl. *Seier*, ZStW 102 (1990), 563 (575). *Lenckner*, Prozeßbetrug, S. 130 nimmt an, vollendeter Betrug entfalle wegen "fehlenden Kausalitätsbewußtseins" in "atypischen Fällen einer offensichtlichen Pflichtwidrigkeit des Richters bei der Verwertung von unbewiesenen Parteibehauptungen", die die betrügerische Partei in dem Glauben aufgestellt habe, der Richter werde nicht schon diesen allein sondern erst in Verbindung mit den noch zu benennenden Beweismitteln glauben.

[107] OLG Zweibrücken, JR 1989, 390 (391); *Keller*, JR 1989, 391 (392); *Seier*, ZStW 102 (1990), 563 (583/594); anders *Eisenberg*, Festschrift für Salger, S. 15 (20).

[108] *Seier*, ZStW 102 (1990), 563 (583/594).

unterstützte Vorbringen der Partei seiner Entscheidung zugrundegelegt hat, muß auch bei einem offensichtlich unzureichenden Vorbringen der Prozeßpartei ein selbständiger Rechtsverstoß des Richters hinzukommen, damit es zum Erlaß einer dem Gegner nachteiligen Entscheidung kommt.

Der Richter ist verpflichtet, das offensichtlich ungenügende, unsubstantiierte oder unschlüssige Vorbringen zurückzuweisen und die Klage abzuweisen bzw., wenn es sich um offensichtlich unerhebliches Vorbringen des Beklagten handelt, bei Schlüssigkeit der Klage dieser stattzugeben. Allein durch die unwahre Behauptung der Prozeßpartei kann der zu verhindernde Erfolg nicht eintreten.

Soweit es sich um Vorbringen handelt, daß rechtlich gesehen nicht nur möglicherweise unschlüssig oder unsubstantiiert ist, sondern offensichtlich unzureichend, handelt der Richter, wenn er dieses dennoch seiner Entscheidung zugrundelegt, grob pflichtwidrig. Auch wenn das Verhalten der Partei für die Entscheidung des Richters kausal ist, kann ihr die für den Gegner nachteilige Entscheidung objektiv nicht zugerechnet werden[109], wenn das Gericht pflichtwidrig seine Entscheidung auf das offensichtlich unzureichende Tatsachenvorbringen der Partei stützt; die Entscheidung fällt dann allein in die Risikosphäre des Richters[110].

Anders ist es zu beurteilen, wenn es lediglich zweifelhaft ist, ob das Vorbringen in dem erforderlichen Maße schlüssig bzw. substantiiert ist. Wenn das Gericht einen solchen Vortrag als ausreichend ansieht, liegt eine Pflichtverletzung nicht vor. Der objektiven Zurechenbarkeit steht dann nichts entgegen[111]. Mangels Tatsachenqualität schon nicht als Täuschungshandlung anzusehen ist jedoch unsubstantiiertes Vorbringen, das keinen bestimmten greifbaren Tatsachenkern vorspiegelt[112].

Sofern das Vorbringen (möglicherweise) substantiiert ist, kommt die Verwirklichung des Betrugstatbestands durch die Partei in Betracht; nicht hingegen bei offensichtlich unsubstantiiertem Vorbringen, da die daraufhin ergehende Entscheidung der Partei objektiv nicht zugerechnet werden kann.

d) Rechtsausführungen

Neben dem Sachvortrag macht die Partei im Zivilprozeß häufig Rechtsausführungen. Für diese gilt § 138 I ZPO, der sich seinem Wortlaut und seinem Sinn nach nur auf tatsächliche Umstände bezieht, nicht[113]. Die Partei könnte jedoch auch durch

---

[109] Siehe dazu oben 2. Teil A I 1 b.

[110] *Seier*, ZStW 102 (1990), 563 (580).

[111] *Seier*, ZStW 102 (1990), 563 (582).

[112] OLG Zweibrücken, JR 1989, 390 (391); LK-*Lackner*, § 263 Rn. 306.

[113] BGH, JR 1958, 106; OLG Stuttgart, NJW 1979, 2574 (2575); Baumbach/Lauterbach-*Hartmann*, § 138 Rn. 14; *Roth*, Wahrheitspflicht, S. 54 f.; *Schröder*, JR 1958, 106 (107); *Wieczorek*, § 138

Rechtsausführungen den Richter täuschen, wenn und soweit diese als Tatsachen im Sinne des Betrugstatbestands anzusehen sind.

Bei den Rechtsausführungen ist zu differenzieren: Unter den Begriff der Tatsache fällt unproblematisch die Verwendung allgemein gebräuchlicher Rechtsbegriffe, wie z. B. Kauf, Schenkung, Miete oder Leihe[114]. Solche Rechtsbegriffe sind auch dem Laien geläufig und werden von der Partei mitunter zur ausschließlichen oder ergänzenden Darlegung des tatsächlichen Hergangs verwendet[115]. Sie stellen Werturteile mit Tatsachenkern dar[116] und haben sich insoweit zu Tatsachen verdichtet, daß z. B. in der Behauptung, es bestehe ein Mietvertrag, die Behauptung enthalten ist, die Parteien hätten sich über die entgeltliche Überlassung einer Sache auf Zeit geeinigt. Durch den Vortrag, es bestehe ein Kauf-, Miet- oder Darlehensvertrag, kann die Prozeßpartei daher über Tatsachen täuschen[117].

Anders liegt es bei reinen Rechtsausführungen. Sie gehören zu den Werturteilen und kommen daher nicht als Gegenstand einer Täuschung in Betracht, sofern sie sich auf die bloße Kundgabe einer eigenen Rechtsansicht beschränken[118]. In diesem Fall fehlt ihnen jegliche Tatsachenqualität.

Mit einer reinen Rechtsbehauptung kann die – ausdrückliche oder konkludente – Behauptung der inneren Tatsache verbunden sein, daß der Urteilende von der Richtigkeit seiner Behauptung überzeugt ist[119]. Da sich jedoch die Wahrheitspflicht des § 138 I ZPO nicht auf Rechtsbehauptungen bezieht, kann durch eine entsprechende Täuschung im Zivilprozeß gegenüber dem Gericht der Betrugstatbestand nicht verwirklicht werden. Den Richter darf eine Überzeugung der Partei oder eines Prozeßbevollmächtigten nicht zum Erlaß einer bestimmten Entscheidung veranlassen. Die

---

Anm. B II c. Ebenso *Rosenberg/Schwab/Gottwald*, Zivilprozeßrecht, § 65 VIII 1, die es allerdings für sachgerecht halten, § 138 ZPO auch auf Rechtsausführungen zu erstrecken.

114 *Keunecke*, Prozeßbetrug, S. 12; *Lenckner*, Prozeßbetrug, S. 52 f.; LK-*Lackner*, § 263 Rn. 12; *Seier*, ZStW 102 (1990), 563 (568); Schönke/Schröder-*Cramer*, § 263 Rn. 9; *Welzel*, Lehrbuch, S. 369; vgl. auch *Grunsky*, Verfahrensrecht, S. 185; Zöller-*Greger*, § 138 Rn. 2.

115 *Keunecke*, Prozeßbetrug, S. 12; *Lenckner*, Prozeßbetrug, S. 52 f.; Schönke/Schröder-*Cramer*, § 263 Rn. 9; vgl. auch BGH, NJW 1962, 1395.

116 LK-*Lackner*, § 263 Rn. 12; *Seier*, ZStW 102 (1990), 563 (568); SK-StGB-*Samson/Günther*, § 263 Rn. 12.

117 *Lenckner*, Prozeßbetrug, S. 53; *Seier*, ZStW 102 (1990), 563 (568); SK-StGB-*Samson/Günther*, § 263 Rn. 12.

118 RGSt 30, 95 (98); BGH, JR 1958, 106; OLG Frankfurt a. M., NJW 1966, 2172 (2173); OLG Stuttgart, NJW 1979, 2573 f.; OLG Zweibrücken, JR 1989, 390; *Eisenberg*, Festschrift für Salger, S. 15 (20); *Keller*, JR 1989, 391; *Keunecke*, Prozeßbetrug, S. 12; *Lenckner*, Prozeßbetrug, S. 52; LK-*Lackner*, § 263 Rn. 14/306; *Müller*, JuS 1981, 255 (258); *Schröder*, JR 1958, 106 (107); *Seelmann*, JuS 1982, 268; SK-StGB-*Samson/Günther*, § 263 Rn. 16 a; Schönke/Schröder-*Cramer*, § 263 Rn. 9; *Welzel*, Lehrbuch, S. 369.

119 OLG Stuttgart, NJW 1979, 2574 (2575); *Lenckner*, Prozeßbetrug, S. 52.

durch die Täuschung herbeigeführte entsprechende falsche Vorstellung des Richters ist der äußernden Partei daher objektiv nicht zurechenbar.

Möglich ist weiterhin eine Täuschung durch Rechtsausführungen, die mit der Behauptung von Rechtstatsachen verbunden sind, sofern diese einen objektivierbaren, nachprüfbaren Tatsachenkern enthalten[120]. In Betracht kommt etwa die Mitteilung einer bestimmten Rechtslage[121] oder einer gefestigten Rechtsprechung[122], der Existenz einer Rechtsnorm[123] oder der Ansicht der Rechtsprechung zu einer bestimmten Auslegungsfrage. Um die Behauptung von Rechtstatsachen handelt es sich z. B. bei der Äußerung, die höchstrichterliche Rechtsprechung entscheide in dem vorgetragenen Sinne oder es handle sich um eine Ansicht, die von einem bestimmten Senat in ständiger Rechtsprechung vertreten werde. Da der Behauptende in allen diesen Fällen für seine normative Erklärung ausdrücklich oder dem Sinn nach in Anspruch nimmt, sie sei durch einen amtlichen Text zu belegen ("So steht es im BGB." "So hat das BVerfG entschieden." "Hier hat das OLG Hamm auf Eigenbedarf erkannt."), könnten diese Täuschungen über Rechtstatsachen betrugsrelevant sein[124]. Mit derartigen Äußerungen gibt die Prozeßpartei nicht lediglich eine eigene Überzeugung wieder. Auch sind diese Behauptungen – obwohl sie im Zivil- oder Strafprozeß nicht beweisbedürftig sind, ja nicht einmal bewiesen werden können[125] – empirisch zu überprüfen. Dieses könnte für die Einordnung der Rechtstatsachen unter den Begriff der Tatsache ausreichend sein.

Tatsachen im Gegensatz zu Werturteilen oder Meinungsäußerungen werden richtigerweise als Geschehnisse oder Zustände der Außenwelt sowie des menschlichen Innenlebens, die dem Beweis zugänglich sind, beschrieben[126]. Eine darüber hinausgehende Einschränkung des Bereichs der Tatsachen dahingehend, daß nur solche Äußerungen, die einen objektivierbaren, gerichtlicher Beweisführung zugänglichen Kern haben, erfaßt werden[127], ist nicht geboten. Diese strenge Anlehnung an das prozessuale Beweisrecht (§§ 244 StPO, 286 ZPO) hat seltsame Konsequenzen und ist aus sich heraus nicht einsichtig[128]. Wenn man konsequent wäre, müßte man nach

---

[120] *Müller*, JuS 1981, 255 (258); vgl. auch *Graul*, JZ 1995, 595 (602).

[121] RG, Rspr. 1, 196 (197); RGSt 4, 227 (229); *Seelmann*, JuS 1982, 268.

[122] *Ranft*, JA 1984, 723 (729); *Seelmann*, JuS 1982, 268.

[123] RG, Rspr. 3, 579; *Müller*, JuS 1981, 255 (258); *Ranft*, JA 1984, 723 (729).

[124] *Seier*, Kündigungsbetrug, S. 455; *ders.*, ZStW 102 (1990), 563 (570).

[125] Dieses ergibt sich aus dem Satz "iura novit curia" und aus einem Umkehrschluß aus § 293 ZPO.

[126] OLG Düsseldorf, JR 1965, 302 (303); OLG Stuttgart, NJW 1979, 2573; *Samson*, JA 1978, 469 (471); vgl. auch BGH, NJW 1965, 35 (36).

[127] *W. Hassemer*, JuS 1979, 907; LK-*Lackner*, § 263 Rn. 12, die für dieses prozessuale Erfordernis allerdings keine Begründung liefern. Ebenso BGHSt 6, 357 für § 186 StGB; dagegen Schönke/Schröder-*Cramer*, § 263 Rn. 9. *Seier*, ZStW 102 (1990), 563 (584) bezeichnet diese Ansicht als "offensichtliche Fehlinterpretation".

[128] *Seier*, Kündigungsbetrug, S. 456; *ders.*, ZStW 102 (1990), 563 (571).

dieser Definition auch eine Täuschung über "offenkundige" Tatsachen aus dem Betrugstatbestand ausblenden. Diese sind gemäß §§ 244 III 2 StPO, 291 ZPO nicht beweisbedürftig und daher gerichtlicher Beweisführung nicht zugänglich. Gegen eine Verkürzung des Tatsachenbegriffs auf Beweisbedürftiges spricht außerdem, daß sonst keine Täuschung vorliegen würde, wenn eine Prozeßpartei im zivilrechtlichen Rechtsstreit die unwahren Angaben nicht bestreitet mit der Folge, daß der Beweis sich erübrigt[129]. Auch eine Differenzierung danach, ob die Rechtslüge auf ausländisches Recht, Gewohnheitsrecht oder Statuten (§ 293 ZPO) Bezug nimmt oder aber normale, der Beweiserhebung entzogene Rechtssätze betrifft, ist nicht sachgerecht[130]. Es handelt sich in jedem Fall um die Äußerung einer Rechtstatsache, die empirisch überprüft werden kann. Die Annahme der Tatsachenqualität und damit einer Täuschung sagt noch nichts darüber aus, ob im Ergebnis ein Betrug durch die Täuschung des Gerichts zu bejahen ist, wenn es seine Entscheidung auf die Rechtsausführungen einer Partei stützt. Es ist jedoch nicht ersichtlich, was der Rechtsbehauptung zur Tatsachenqualität fehlen sollte.

Die Beschränkung des Begriffs der Tatsache auf solche Umstände, die der gerichtlichen Beweiserhebung zugänglich sind, erscheint nicht erforderlich. Aus dem Wortlaut des § 263 StGB läßt sich eine derartige Beschränkung nicht herleiten. Auch steht es nicht dem Wesen des Betrugs entgegen, wenn auch die Täuschung über Rechtstatsachen erfaßt wird. Allein die Möglichkeit, die Wahrheit der Äußerung empirisch zu überprüfen, ist ausreichend. Bei der Behauptung von Rechtstatsachen handelt es sich daher, auch wenn sie im Zusammenhang mit Rechtsausführungen aufgestellt wird, um eine Tatsachenbehauptung, die eine Täuschungshandlung i. S. des § 263 StGB darstellen kann[131].

Ob entsprechende Äußerungen geeignet sind, einen Irrtum des Gerichts herbeizuführen, ist damit noch nicht festgestellt. Das Gericht, daß sich bei der Entscheidungsfindung ohne Prüfung allein auf die Rechtsausführungen der täuschenden Prozeßpartei stützt, befindet sich in einem durch die Täuschung verursachten Irrtum. Die Fehlvorstellung über Tatsachen besteht darin, daß das Gericht von der Wahrheit der vorgetragenen (Rechts-)Tatsachen ausgeht, obwohl diese in Wirklichkeit nicht zutreffen.

Die Frage ist jedoch, ob diese falsche Vorstellung des Richters der Partei, die lediglich über Rechtstatsachen täuscht, objektiv zurechenbar ist. Dagegen spricht die Aufgabenverteilung im Zivilprozeß. Diese ist zwischen den Parteien und dem Gericht eindeutig in dem Sinne festgelegt, daß die Parteien dem Gericht das Material

---

129 *Seier*, ZStW 102 (1990), 563 (584).

130 *Seier*, Kündigungsbetrug, S. 456; *ders.*, ZStW 102 (1990), 563 (571); so aber Schönke/Schröder-*Cramer*, § 263 Rn. 9.

131 *Seier*, ZStW 102 (1990), 563 (570); SK-StGB-*Samson/Günther*, § 263 Rn. 13/16 a; so auch *Graul*, JZ 95, 595 (602); *Loos*, NJW 1980, 847 (848); vgl. auch LK-*Lackner*, § 263 Rn. 14; Schönke/Schröder-*Cramer*, § 263 Rn. 10.

seiner Beurteilung zu unterbreiten, d. h. den Prozeßstoff herbeizuschaffen haben, während es nach dem Satz "iura novit curia" Aufgabe des Gerichts ist, das Recht auf den festgestellten Sachverhalt anzuwenden und die rechtlichen Schlüsse aus den beigebrachten Tatsachen zu ziehen[132]. Aufgabe des Richters ist es gerade, eine Entscheidung aufgrund einer eigenen rechtlichen Wertung ohne Rücksicht auf die Rechtsausführungen der Parteien zu treffen[133]. Der Richter kann und darf sich nicht auf die Rechtsausführungen der Parteien verlassen, zumal für diesen Bereich auch die prozessuale Wahrheitspflicht nicht gilt. Die Rechtsausführungen der Parteien, die dem Richter im Wissen um die rechtliche Situation in keiner Weise überlegen sind, erfolgen ohne einen Anspruch auf Richtigkeit und Verbindlichkeit. Sie dienen dem Gericht lediglich als Anregung für eigene rechtliche Überlegungen. Das Ergebnis dieser Überlegungen hat seinen Ursprung von Rechts wegen allein in der Person des Richters. Es wäre mit der durch die Zivilprozeßordnung vorgesehenen Arbeitsteilung nicht zu vereinbaren, wenn sich der Richter für eine falsche rechtliche Bewertung auf die Aussagen der Parteien stützen könnte. Bei unwahren Rechtsausführungen ist der Irrtum des Richters dem Täter daher nicht objektiv zurechenbar[134]; der Richter durfte von Amts wegen nicht irren, die Fehlvorstellung fällt allein in seinen Organisationskreis[135].

Abweichendes könnte für die Tatsachenbehauptungen in bezug auf ausländisches Recht, Gewohnheitsrecht und Statuten gelten. Allein die Tatsache, daß § 293 ZPO dem Gericht das Recht und die Pflicht auferlegt, in diesem Bereich von Amts wegen zu ermitteln, führt nicht dazu, daß die Ermittlung und Anwendung des fremden Rechts allein in den Verantwortungsbereich des Gerichts fällt. Es ist dem Gericht sogar gestattet, den übereinstimmenden Vortrag der Parteien zum Inhalt des anzuwendenden ausländischen Rechts als richtig zugrunde zu legen. Darin liegt keine Verletzung seiner Ermittlungspflicht[136]. Der Annahme der objektiven Zurechenbarkeit steht daher die Aufgabenverteilung im Zivilprozeß nicht entgegen. Für die Täuschung der Partei über den Inhalt des fremden Rechts ergibt sich aus diesem Grund keine Abweichung gegenüber dem Normalfall der Täuschung durch das Aufstellen unwahrer Behauptungen.

Im Ergebnis kommt ein Prozeßbetrug durch unrichtige Rechtsausführungen grundsätzlich mangels Tatsachenqualität bzw. objektiver Zurechenbarkeit nicht in Betracht. Allein durch die Verwendung von Rechtsbegriffen der täglichen Umgangs-

---

132 *Schröder*, JR 1958, 106 (107).

133 *Graul*, JZ 95, 595 (602 Fn. 75); *Müller*, JuS 1981, 255 (258).

134 *Seier*, Kündigungsbetrug, S. 450; *ders.*, ZStW 102 (1990), 563 (573 f.); im Ergebnis ebenso *Graul*, JZ 95, 595 (602 Fn. 75); *Loos*, NJW 1980, 847 (848); *Müller*, JuS 1981, 255 (258); *Samson*, JA 1978, 469 (471); *Seelmann*, JuS 1982, 268 (269).

135 *Seier*, ZStW 102 (1990), 563 (574).

136 BAG, NJW 1975, 2160.

sprache oder die Behauptung von Tatsachen, die sich auf fremdes Recht beziehen, ist die Verwirklichung des Betrugstatbestands möglich.

2. Konkludente Täuschung

Neben einer ausdrücklichen Täuschung ist eine Täuschung des Gerichts durch konkludentes Verhalten der Prozeßpartei möglich. Eine konkludente Täuschung[137] ist gegeben, wenn der Täter die Unwahrheit zwar nicht expressis verbis zum Ausdruck bringt, wohl aber durch sein Verhalten miterklärt[138]. Bei dem Vorspiegeln durch schlüssiges (konkludentes) Verhalten handelt es sich – wie bei der ausdrücklichen Täuschung – um eine Täuschung durch positives Tun, da dem Verhalten des Täters ein Erklärungswert zukommt, aus dem sich die unwahre Behauptung erschließt[139].

a) Grundlage für die Annahme einer konkludenten Täuschung: Die Wahrheits- und Vollständigkeitspflicht (§ 138 I ZPO)

Für den Umfang der Täuschung ist die in § 138 I ZPO normierte Wahrheits- und Vollständigkeitspflicht maßgebend[140]. Die Wahrheitspflicht ist durch das Gesetz zur Änderung des Verfahrens in bürgerlichen Rechtsstreitigkeiten vom 27. Oktober 1933[141] in die ZPO eingefügt worden. § 138 I ZPO normiert eine Wahrhaftigkeitspflicht, eine Pflicht zur subjektiven, der Überzeugung der Partei entsprechenden Wahrheit[142], ein Verbot der Prozeßlüge[143]. Die Parteien sind sowohl gegenüber dem

---

[137] Gegen die Möglichkeit einer konkludenten Täuschung *Reese*, Täuschung, S. 72 ff., der allerdings teilweise die Fälle konkludenter Täuschung unter die ausdrückliche Täuschung oder die Täuschung durch Unterlassen subsumieren will (S. 93 ff.).

[138] Schönke/Schröder-*Cramer*, § 263 Rn. 14.

[139] Schönke/Schröder-*Cramer*, § 263 Rn. 12.

[140] *Lenckner*, Prozeßbetrug, S. 59 f. Vgl. auch *Gebhardt*, Prozeßbetrug, S. 36: "Was nun aber nach der ZPO Recht ist, kann nicht nach dem StGB Unrecht sein." – Der Verstoß gegen die Vorschrift des § 138 I ZPO deckt sich allerdings im übrigen nicht in vollem Umfang mit dem Betrugstatbestand: So ist etwa in den Fällen des Selbsthilfebetrugs § 138 I ZPO verletzt, nicht aber § 263 StGB verwirklicht (vgl. *Lenckner*, Prozeßbetrug, S. 43 f.; siehe dazu auch unten 2. Teil A III 3), andererseits kann die Partei auch durch das Behaupten von Tatsachen, die sie nur für möglich hält, einen Prozeßbetrug begehen, obwohl ihr das Aufstellen derartiger Behauptungen nach den Vorschriften der ZPO nicht verwehrt ist (siehe dazu unten 2. Teil A IV 1).

[141] RGBl. I, S. 780. In der Präambel heißt es in den Absätzen II und III: "Die Parteien und ihre Vertreter müssen sich bewußt sein, daß die Rechtspflege nicht nur ihnen, sondern zugleich und vornehmlich der Rechtssicherheit des Volksganzen dient. Keiner Partei kann gestattet werden, das Gericht durch Unwahrheiten irrezuführen oder seine Arbeitskraft durch böswillige oder nachlässige Prozeßverschleppung zu mißbrauchen. Dem Rechtsschutz, auf den jeder Anrecht hat, entspricht die Pflicht, durch redliche und sorgfältige Prozeßführung dem Richter die Findung des Rechts zu erleichtern."

[142] BGHZ 116, 47 (56); *Arens*, ZZP 96 (1983), 1 (5); Baumbach/Lauterbach-*Hartmann*, § 138 Rn. 15; *Baur/Grunsky*, Zivilprozeßrecht, Rn. 43; *Jauernig*, Zivilprozeßrecht, § 26 III; *Keunecke*, Prozeß-

Prozeßgegner als auch gegenüber dem Gericht[144] verpflichtet, ihre Erklärungen über Tatsachen entsprechend ihrer Vorstellung wahrheitsgemäß und vollständig abzugeben[145]. Neben den Parteien obliegt die prozessuale Wahrheitspflicht auch den Vertretern und Beiständen der Partei, insbesondere den als Prozeßbevollmächtigte tätigen Rechtsanwälten[146].

Aus der in § 138 I ZPO normierten Wahrheits- und Vollständigkeitspflicht ergibt sich, in welcher Weise und in welchem Umfang die Partei im Zivilprozeß vorzutragen hat. Die Gesamtheit des Vortrags einer Partei läßt daher den Schluß auf das Vorliegen oder Fehlen bestimmter Tatsachen zu. Wenn diese Tatsachen falsch sind, liegt in dem – in der Regel unvollständigen – Vortrag der Partei eine konkludente Täuschung über diese Tatsachen.

Da sich der Inhalt der konkludenten Täuschung im Rahmen des Parteivortrags im Zivilprozeß unter Berücksichtigung des § 138 I ZPO ergibt, ist auch der Ansicht genüge getan, die verlangt, daß die für das Täuschen durch Unterlassen konstitutiven

---

betrug, S. 22; *Lenckner*, Prozeßbetrug, S. 68; MüKo-ZPO-*Peters*, § 138 Rn. 2; *Nikisch*, Zivilprozeßrecht, § 53 IV 2; *Olzen*, ZZP 98 (1985), 403 (415); *Rosenberg/Schwab/Gottwald*, Zivilprozeßrecht, § 65 VIII 4; *Roth*, Wahrheitspflicht, S. 14 ff.; *Schneider*, DRiZ 1963, 342 (343); Stein/Jonas-*Leipold*, § 138 Rn. 2; *Thomas/Putzo*, § 138 Rn. 3; *Weimar*, MDR 1963, 189; Zöller-*Greger*, § 138 Rn. 2. Anders *H. Braun*, Versäumnisurteil, S. 149 und *Wieczorek*, § 138 Anm. A, die § 138 I ZPO als Wahrheits- bzw. Wahrhaftigkeitslast begreifen.

143 *Musielak*, Grundkurs, Rn. 348; *Olzen*, ZZP 98 (1985), 403 (415); Stein/Jonas-*Leipold*, § 138 Rn. 2; Zöller-*Greger*, § 138 Rn. 2.

144 LAG Hamm, BB 1994, 2072 (2073); Baumbach/Lauterbach-*Hartmann*, § 138 Rn. 3; *Brinkmann*, Wahrheitspflicht, S. 41; MüKo-ZPO-*Peters*, § 138 Rn. 1; *Olzen*, ZZP 98 (1985), 403 (419); *Rosenberg/Schwab/Gottwald*, Zivilprozeßrecht, § 65 VIII 2; *Roth*, Wahrheitspflicht, S. 32 ff.; *Welzel*, Wahrheitspflicht, S. 17; Zöller-*Greger*, § 138 Rn. 1. Abweichend *Costede*, ZZP 82 (1969), 438 (443 ff.), der annimmt, die Einhaltung der Wahrheitspflicht liege nur im Parteiinteresse, wenn das Rechtsverhältnis, um das es im Prozeß gehe, materiell-rechtlich der Verfügung der Parteien unterliege, da die Dispositionsfreiheit der Parteien im Prozeß nach den gleichen Kriterien bestimmt werden müsse, wie der Umfang der Privatautonomie nach materiellem Recht (S. 445).

145 Baumbach/Lauterbach-*Hartmann*, § 138 Rn. 3; *Rosenberg/Schwab/Gottwald*, Zivilprozeßrecht, § 65 VIII 2/3. Anders *H. Braun*, Versäumnisurteil, S. 145 f., der annimmt, die Lüge im Prozeß sei rechtlich nicht verboten; die Partei dürfe nur nicht durch ihre Lüge die Gegenpartei an ihrem Vermögen schädigen, um sich selbst einen rechtswidrigen Vermögensvorteil zu verschaffen. § 138 ZPO solle klarstellen, daß die Lüge auch dann Betrugshandlung bleibe, wenn sie im Prozeß vorgebracht werde; die Lüge sei nicht deswegen gerechtfertigt, weil sie im Prozeß vorgebracht werde.

146 RGSt 70, 82 (84): § 138 I ZPO gelte "für alle im Rechtsstreit Beteiligten, sowohl für die Parteien wie für ihre Beistände, ob diese dem Rechtsanwaltstand angehören oder nicht". Ebenso Baumbach/Lauterbach-*Hartmann*, § 138 Rn. 8; MüKo-ZPO-*Peters*, § 138 Rn. 4; *Rosenberg/Schwab/Gottwald*, Zivilprozeßrecht, § 65 VIII 2; *Welzel*, Wahrheitspflicht, S. 27; Zöller-*Greger*, § 138 Rn. 1; vgl. auch BGHSt 4, 327 (329).

Aufklärungspflichten auch im Fall der Täuschung durch schlüssiges Verhalten gegeben sein müssen[147].

b) Bereiche möglicher konkludenter Täuschung

Die Wahrheitspflicht gilt hinsichtlich aller Tatsachen, über die sich die Parteien im Prozeß zu erklären haben: für den Kläger hinsichtlich der klagebegründenden Tatsachen, für den Beklagten hinsichtlich seiner Einwendungen und für jede Partei hinsichtlich ihrer Stellungnahme zum Vorbringen der Gegenseite[148].

(1) Schlichtes Bestreiten

Eine konkludente Täuschung kommt zunächst durch schlichtes Bestreiten in Betracht[149]. Das bloße Bestreiten, das nicht mit einer eigenen abweichenden Darstellung des Sachverhalts durch die Partei verbunden ist, enthält die – konkludente – Erklärung, daß die vom Gegner als vorhanden hingestellte Tatsache in Wirklichkeit nicht vorliege[150]. Wenn die Partei wahrheitswidrig eine Behauptung des Gegners bestreitet, täuscht sie daher konkludent über Tatsachen.

Keine betrugsrelevante Täuschung liegt allerdings in dem Bestreiten mit Nichtwissen i. S. von § 138 IV ZPO. Zwar enthält dieses die – gegebenenfalls wahrheitswidrige – konkludente Behauptung der inneren Tatsache, daß die Partei mangels eigener Wahrnehmung keine Kenntnis von der Wahrheit oder Unwahrheit der vom Gegner behaupteten Tatsache hat; die entsprechende (falsche) Vorstellung des Richters bestimmt ihn, sofern sie überhaupt vorliegt, jedoch nicht zum Erlaß der unrichtigen Entscheidung[151], da für den Richter allein die objektive Wahrheit der vorgetragenen äußeren Tatsachen maßgebend ist (vgl. § 286 ZPO).

(2) Behauptungen im Bereich der prozessualen Behauptungslast

Eine konkludente Täuschung durch schlüssiges Verhalten kommt weiterhin im Bereich der prozessualen Behauptungslast in Betracht[152], da sich die Pflicht zur Vollständigkeit auf alle, günstigen und ungünstigen Tatsachen, für die die Partei nach den

---

147 Ebenso *Lenckner*, Prozeßbetrug, S. 59 f. – Zur Begründung des Erfordernisses einer Aufklärungspflicht, soweit es um konkludentes Verhalten geht, wird darauf hingewiesen, daß der Grund, warum eine Tatsache als "miterklärt" gelte, in der Regel in einer rechtlich begründeten Aufklärungspflicht des Täters zu suchen sei, die zugleich den Grund für die Zurechnung des Schädigungserfolgs beim Betrug durch Unterlassen darstelle. Vgl. dazu *Seelmann*, NJW 1980, 2545 (2547); *Volk*, JuS 1981, 880 (881 f.); vgl. auch *Eisenberg*, Festschrift für Salger, S. 23; LK-*Lackner*, § 263 Rn. 53 f.

148 *Keunecke*, Prozeßbetrug, S. 48.

149 RG, JW 1938, 1515.

150 *Lenckner*, Prozeßbetrug, S. 72.

151 Vgl. *Lenckner*, Prozeßbetrug, S. 73 Fn. 57.

152 LK-*Lackner*, § 263 Rn. 308.

allgemeinen Grundsätzen die Behauptungslast trägt, bezieht[153]. Eine konkludente Täuschung im Bereich der prozessualen Behauptungslast ist zum Beispiel hinsichtlich der Aktivlegitimation möglich[154]. So ist in der Erhebung einer Klage die Behauptung des Klägers enthalten, Inhaber des geltend gemachten Anspruchs zu sein. Daran fehlt es etwa bei vorangegangener Abtretung.

(3) Behauptungen außerhalb des Bereichs der prozessualen Behauptungslast

(a) Rechtshindernde / -vernichtende Einwendungen

Desweiteren kommt eine konkludente Täuschung im Zusammenhang mit rechtshindernden[155] und rechtsvernichtenden[156] Tatsachen in Betracht[157].

Aus der in § 138 I ZPO normierten Wahrheits- und Vollständigkeitspflicht ergibt sich, daß die Parteien nicht nur solche Tatsachen – wahrheitsgemäß – vorzutragen haben, für die ihnen die Darlegungs- und Beweislast obliegt, sondern auch die rechtshindernden und rechtsvernichtenden Tatsachen, die an sich vom Gegner beizubringen sind[158]. Es besteht zwar der Grundsatz, daß keine allgemeine Aufklärungspflicht der nicht darlegungs- und beweispflichtigen Partei besteht, daß also

---

153 *Keunecke*, Prozeßbetrug, S. 38; *Lenckner*, Prozeßbetrug, S. 61.

154 Vgl. RG, Rspr. 1, 479 (480); HRR 1940, Nr. 580.

155 Rechtshindernde Tatsachen sind z. B. Geschäftsunfähigkeit (§§ 104 ff. BGB), Formmangel (§ 125 BGB), Verstoß gegen ein Verbotsgesetz oder die guten Sitten (§§ 134, 138 BGB), Anfechtung nach §§ 119 f., 123 BGB (§ 142 I BGB), Nichteintritt einer aufschiebenden Bedingung (§ 158 I BGB), anfängliche objektive Unmöglichkeit (§ 306 BGB).

156 Rechtsvernichtende Tatsachen sind z. B. Eintritt einer auflösenden Bedingung (§ 158 II BGB), nachträgliche Unmöglichkeit (§§ 275, 323 BGB), Verzug (§ 326 I 2 BGB), Rücktritt (§§ 346 ff. BGB), Erfüllung (§ 362 BGB) und Erfüllungssurrogate (§§ 364 I, 372 ff., 383 ff. BGB), Aufrechnung (§§ 387 ff. BGB), Erlaßvertrag (§ 397 I BGB), Schuldübernahme (§§ 414 ff. BGB).

157 *Lenckner*, Prozeßbetrug, S. 61 f.; LK-*Lackner*, § 263 Rn. 308; vgl. auch RG, Rspr. 2, 421 (423); anders *Gebhardt*, Prozeßbetrug, S. 22; *Koffka*, ZStW 54 (1935), 45 (55). Anders auch RGSt 32, 1 in einer Entscheidung, die vor Einführung der Wahrheitspflicht ergangen ist.

158 AK-ZPO-*Schmidt*, § 138 Rn. 27; Baumbach/Lauterbach-*Hartmann*, § 138 Rn. 3; *Brinkmann*, Wahrheitspflicht, S. 56; *Dieckmann*, Gedächtnisschrift für Arens, S. 43 (62 f.); *Eisenberg*, Festschrift für Salger, S. 15 (18); *Grunsky*, Verfahrensrecht, S. 184; MüKo-ZPO-*Peters*, § 138 Rn. 6; *Rietzsch*, DStR 1934, 9 (17); *Welzel*, Wahrheitspflicht, S. 10 ff.; Zöller-*Greger*, § 138 Rn. 3; anders *Gebhardt*, Prozeßbetrug, S. 22; *Koffka*, ZStW 54 (1935), 45 (55); *Roth*, Wahrheitspflicht, S. 64 ff.; *Schellhammer*, Zivilprozeß, Rn. 1277; *Thomas/Putzo*, § 138 Rn. 4; *Wieczorek*, § 138 Anm. B III a. Differenzierend *Rosenberg/Schwab/Gottwald*, Zivilprozeßrecht, § 65 VIII 3, die darauf abstellen, ob der Einrede ein anderer Sachverhalt zugrundeliegt; da sie nur dann eine Mitteilungspflicht ablehnen, müßten sie die Verpflichtung zum Vortrag von Einwendungen, denen derselbe Sachverhalt zugrunde liegt wie den anspruchsbegründenden Tatsachen, annehmen. *Koffka*, ZStW 54 (1935), 45 (57) beschränkt die Möglichkeit der konkludenten Täuschung auf den Bereich der Entscheidungen, die auf einseitigen Antrag hin ergehen, da die Partei dort verpflichtet sei, auch die ihrem Anspruch entgegenstehenden Tatsachen vorzutragen.

keine Partei gehalten ist, dem Gegner für seinen Prozeßsieg das Material zu verschaffen, über das er nicht schon von sich aus verfügt[159]. Die Partei ist daher nicht verpflichtet, von sich aus ihr nachteilige Tatsachen, die die Durchsetzung ihres berechtigten Anspruchs gefährden könnten, etwa Tatsachen zur Beurteilung der Glaubwürdigkeit der Partei[160], oder Tatsachen, die dem Gegner die Erhebung einer Widerklage ermöglichen[161], vorzutragen. Sie ist jedoch zum Vorbringen rechtshindernder und -vernichtender Tatsachen verpflichtet.

Die Parteien dürfen sich bei ihren Behauptungen und beim Bestreiten nicht auf das ihnen Günstige beschränken und das Ungünstige unterdrücken, das ihnen positiv bekannt ist[162]. Sie dürfen sich – unabhängig von der Frage der Beweislast – nicht auf lückenhafte Halbwahrheiten beschränken[163], denn nur eine vollständige Sachverhaltsdarstellung gibt ein richtiges Bild[164]. Aus der Vollständigkeitspflicht ergibt sich daher, daß die Parteien alle Tatsachen, die nach ihrer Überzeugung für die Entscheidung von Bedeutung sind, vorzutragen haben. Es ist dann die Aufgabe des Gerichts, zu entscheiden, ob die vorgebrachten Tatsachen den Anspruch stützen oder eine Einwendung des Gegners begründen.

Die Verpflichtung zum Vorbringen rechtshindernder und -vernichtender Tatsachen besteht im Geltungsbereich des Verhandlungsgrundsatzes allerdings nur dann, wenn die Partei selbst von der rechtshindernden oder rechtsvernichtenden Wirkung der Tatsache überzeugt ist[165]. Wenn die Partei die Anspruchsfeindlichkeit einer Tatsache nur für möglich hält, ist sie nicht verpflichtet, diese vorzutragen[166], da die Vollständigkeitspflicht nur bezüglich derjenigen Tatsachen besteht, die die Partei positiv kennt[167]. Dieses ergibt sich aus einem Vergleich mit der Wahrheitspflicht, die nur die Behauptung solcher Tatsachen verbietet, deren Gegenteil die Partei positiv kennt[168].

---

159 BGH, NJW 1990, 3151.

160 BGH, MDR 1967, 457; *Wieczorek*, § 138 Anm. B II a.

161 RGZ 156, 265 (269); *Jauernig*, Zivilprozeßrecht, § 26 IV.

162 BGH, NJW 1961, 826 (828); *Arens*, ZZP 96 (1983), 1 (5).

163 Baumbach/Lauterbach-*Hartmann*, § 138 Rn. 3/18.

164 *Grunsky*, Verfahrensrecht, S. 184.

165 MüKo-ZPO-*Peters*, § 138 Rn. 6; Stein/Jonas-*Leipold*, § 138 Rn. 7 b.

166 *Arens*, ZZP 96 (1983), 1 (5); *Welzel*, Wahrheitspflicht, S. 16; anders *Dieckmann*, Gedächtnisschrift für Arens, S. 43 (62).

167 *Arens*, ZZP 96 (1983), 1 (5); *Rosenberg/Schwab/Gottwald*, Zivilprozeßrecht, § 65 VIII 3; *Welzel*, Wahrheitspflicht, S. 16; Zöller-*Greger*, § 138 Rn. 2.

168 BGH, MDR 1959, 834; BGH, NJW 1995, 2843 (2846); BGH, WM 1985, 736 (737); HansOLG Hamburg, NJW-RR 1990, 63; *Arens*, ZZP 96 (1983), 1 (5); *Baur/Grunsky*, Zivilprozeßrecht, Rn. 43; *Eisenberg*, Festschrift für Salger, S. 15 (25); *Grunsky*, Verfahrensrecht, S. 182; *Jauernig*, Zivilprozeßrecht, § 26 III; *Keunecke*, Prozeßbetrug, S. 26; MüKo-ZPO-*Peters*, § 138 Rn. 2/9; *Rosenberg/Schwab/Gottwald*, Zivilprozeßrecht, § 65 VIII 4; *Roth*, Wahrheitspflicht, S. 14 ff.; *Schellhammer*, Zivilprozeß, Rn. 1276; Stein/Jonas-*Leipold*, § 138 Rn. 2/11; *Welzel*, Wahrheitspflicht, S. 16; *Wieczorek*, § 138 Anm. C I c; Zöller-*Greger*, § 138 Rn. 2. Anders wohl *Rietzsch*, DStR 1934, 9 (14).

Die Vollständigkeitspflicht kann insoweit nicht weiter gehen als die Wahrheitspflicht, deren Ergänzung sie dient.

Der Verpflichtung der Parteien zum umfassenden Vortrag steht der Verhandlungsgrundsatz nicht entgegen[169]. Die Verhandlungsmaxime bedeutet die Selbstverantwortung der Parteien für die Beschaffung des Prozeßstoffs[170]. Es bleibt die Aufgabe der Parteien, den Umfang des Streitgegenstands zu bestimmen und den entscheidungserheblichen Sachverhalt zu beschaffen[171]. Nicht jedoch sind die Parteien befugt, das Gericht mit einem unzutreffenden, da unvollständigen Sachverhalt zu befassen. § 138 I ZPO will gerade verhindern, daß das Gericht als Werkzeug zur Durchsetzung eines nicht bestehenden Rechts verwendet werden kann[172]. Nur so läßt sich daher ein Ausgleich zwischen den gegenläufigen Aussagen der im Zivilprozeß grundsätzlich geltenden Verhandlungsmaxime und der prozessualen Wahrheitspflicht erreichen.

Auch aus den Regelungen über die Behauptungs- und Beweislast ergibt sich nichts anderes[173]. Die Beweislastregelungen geben darüber Auskunft, wen das Risiko der Nichterweislichkeit einer Tatsache trifft[174]. Sie dienen nur dazu, daß im Fall eines non liquet, in dem das Gericht zur Überzeugung von der Wahrheit der vorgetragenen Tatsache nicht gelangt ist, sei es, daß der Tatsachenvortrag unvollständig war, sei es, daß der Partei der ihr obliegende Beweis nicht gelungen ist, eine eindeutige Entscheidung, und zwar zu Lasten der behauptungs- bzw. beweisbelasteten Partei, ergehen kann. Damit aber erschöpft sich die Funktion dieser Regeln[175]. Die Regelungen über die Beweislastverteilung können der Partei nicht das Recht gewähren, eine vollständig bezahlte Schuld einzuklagen, denn es ergibt sich kein Unterschied zu dem Fall, in dem eine nie bestandene Schuld eingeklagt wird[176]; wenn man die Partei nicht für verpflichtet erachtet, Einwendungen des Gegners vorzutragen, wäre gegen die

---

169 *Lenckner*, Prozeßbetrug, S. 62 f.; *Welzel*, Wahrheitspflicht, S. 10 ff.; vgl. auch LK-*Lackner*, § 263 Rn. 308. Anders *Roth*, Wahrheitspflicht, S. 73 ff., der daraus, daß Ziel des Zivilprozesses nicht die Findung der objektiven Wahrheit, sondern allein die Schlichtung des Streits zwischen den Parteien sei, folgert, daß die Parteien nur solche Tatsachen vortragen müßten, die relevant, d. h. aus der subjektiven Sicht mindestens einer Partei wesentlich seien. Damit setzt er sich in Widerspruch zu seiner Aussage, die Wahrheitspflicht bestehe auch gegenüber dem Gericht, da sie der Verhinderung eines Verfahrensmißbrauchs und der Herstellung des Rechtsfriedens diene (S. 32 f.). Diese Ziele können nicht erreicht werden, wenn es der Partei gestattet ist, mit unwahrer – oder unvollständiger – Begründung Ansprüche zu realisieren, die in Wirklichkeit nicht bestehen.

170 *Welzel*, Wahrheitspflicht, S. 11.

171 Vgl. *Eisenberg*, Festschrift für Salger, S. 15 (18).

172 *Grunsky*, Verfahrensrecht, S. 184.

173 *Lenckner*, Prozeßbetrug, S. 64 f.; *Welzel*, Wahrheitspflicht, S. 14 f.; anders *Gebhardt*, Prozeßbetrug, S. 22/25.

174 *Welzel*, Wahrheitspflicht, S. 15.

175 *Lenckner*, Prozeßbetrug, S. 65.

176 Vgl. *Welzel*, Wahrheitspflicht, S. 14; vgl. auch das Beispiel von *Lenckner*, Prozeßbetrug, S. 61 f.

Klage im ersten Fall nichts einzuwenden, nur im zweiten Fall läge ein Verstoß gegen die Wahrheitspflicht vor, da es sich um die wahrheitswidrige Behauptung einer anspruchsbegründenden Tatsache handelt, für die der Kläger die Beweislast trägt. Dieses unterschiedliche Ergebnis kann wegen des darin liegenden Wertungswiderspruchs nicht überzeugen.

Die Partei darf daher keine Tatsachen verschweigen, die ihrem Vorbringen ipso jure die Rechtsgrundlage entziehen[177]. Wenn die Partei keine Einwendungen vorträgt, behauptet sie damit konkludent, daß sie nicht überzeugt ist, daß rechtshindernde oder -vernichtende Einwendungen vorliegen. Es ergibt sich daraus für das Gericht als Adressat der Erklärungen, daß Einwendungen nach der Überzeugung der Partei nicht vorliegen. Dem steht nicht entgegen, daß die Parteien im Zivilprozeß häufig nicht vollständig wahrheitsgemäß vortragen und dieses auch dem erfahrenen Richter bekannt ist. Diese wahrheitswidrigen Behauptungen beziehen sich in den meisten Fällen auf Details, die durch Über- oder Untertreibungen verfälscht werden. Eher selten liegt m. E. der Fall, daß der Kläger bewußt einen seiner Überzeugung nach nicht bestehenden Anspruch einklagt oder der Beklagte bewußt eine nicht bestehende Einrede im zivilprozessualen Sinne[178] erhebt. Dieses wird regelmäßig nur dann der Fall sein, wenn die Partei überzeugt ist, daß der beweisbelastete Gegner das Gegenteil nicht wird beweisen können. Dabei wird es sich um eine Ausnahme handeln, weshalb der Richter nicht in sämtlichen Fällen, die er zu entscheiden hat, von vornherein davon ausgeht, die Parteien würden bewußt unwahr die nach ihrer Überzeugung bestehenden Einwendungen des Gegners verschweigen.

Mit der Erhebung der Klage behauptet der Kläger regelmäßig konkludent, daß der geltend gemachte Anspruch noch fortbesteht, daß ihm also nach seiner Überzeugung rechtshindernde – etwa die Geschäftsunfähigkeit des Vertragspartners zum Zeitpunkt des Vertragsschlusses – oder rechtsvernichtende – etwa die Tilgung der Schuld – Einwendungen nicht entgegenstehen[179]. Entsprechendes gilt für die Behauptungen des Beklagten in bezug auf die von ihm geltend gemachten Einwendungen, Einreden und Gegenrechte. Wenn die Partei dabei aber überzeugt ist, daß der

---

[177] *Keunecke*, Prozeßbetrug, S. 48; *Tröndle*, § 263 Rn. 22.

[178] Es ist zwischen Einreden im bürgerlich-rechtlichen und im zivilprozessualen Sinne zu unterscheiden. Erstere sind nur die rechtshemmenden Einreden, die das Gericht nur berücksichtigt, wenn die Partei, der sie zusteht, sie erhebt. Zu den Einreden im zivilprozessualen Sinne gehören neben den rechtshemmenden Einreden auch die rechtshindernden und rechtsvernichtenden Einwendungen, die vom Gericht von Amts wegen berücksichtigt werden, ohne daß sich die Partei auf sie berufen muß.

[179] *Lenckner*, Prozeßbetrug, S. 65 f.; LK-*Lackner*, § 263 Rn. 308. Vgl. RG, Rspr. 2, 421 (423) für die Einklagung eines Wechsels, zu welcher der Kläger zu der Zeit überhaupt nicht berechtigt gewesen ist. Ausdrücklich für die Tilgung der Schuld auch *Ganske*, Prozeßbetrug, S. 35/36. Vgl. auch *Maaß*, GA 1984, 264 (283), der in dem Einfordern einer Leistung die (schlüssige) Erklärung sieht, daß ein entsprechender Anspruch gegenüber dem Schuldner bestehe.

anderen Partei tatsächlich Einwendungen zustehen, behauptet sie konkludent eine falsche Tatsache. Damit läge eine (schlüssige) Täuschung über Tatsachen vor.

(b) Rechtshemmende Einreden

Aus § 138 I ZPO folgt nicht die Pflicht der Parteien, solche Tatsachen vorzutragen, die eine rechtshemmende Einrede[180] des Gegners, also eine Einrede im bürgerlichrechtlichen Sinne begründet[181].

Bei den Einreden, die erst kraft einer Willenserklärung des Berechtigten wirken, ist zu differenzieren: Wenn der Gegner bereits vorprozessual eine rechtshemmende Einrede erhoben hat, ist die Partei, die von der rechtshemmenden Wirkung der Tatsachen überzeugt ist, verpflichtet, diese vorzutragen[182]. Für eine konkludente Täuschung in bezug auf das Nichtvorliegen einer solchen Einrede gilt das für die Einwendungen Gesagte entsprechend.

Anderes gilt für rechtshemmende Einreden, die der Gegner noch nicht vorgebracht hat[183]. Der Richter hat Tatsachen, die eine rechtshemmende Einrede begründen, erst zu berücksichtigen, wenn derjenige, dem sie zusteht, sich auf sie beruft. Da diese Tatsachen somit vor der Erhebung der Einrede nicht relevant sind, kann sich eine konkludente Täuschung auf das Nichtvorliegen von einredebegründenden Tatsachen nicht beziehen[184].

---

180 Rechtshemmende Tatsachen sind z. B. Verjährung (§ 222 I BGB), Mangelhaftigkeit der Kaufsache (§ 478 BGB), Stundung, Zurückbehaltungsrecht (§ 273 BGB), Nichterfüllung (§ 320 BGB).

181 AK-ZPO-*Schmidt*, § 138 Rn. 27; *Brinkmann*, Wahrheitspflicht, S. 57; *Eisenberg*, Festschrift für Salger, S. 15 (18); *Gebhardt*, Prozeßbetrug, S. 21; *Grunsky*, Verfahrensrecht, S. 184; *Jauernig*, Zivilprozeßrecht, § 26 IV; *Keunecke*, Prozeßbetrug, S. 38/48; *Lenckner*, Prozeßbetrug, S. 66 f.; LK-*Lackner*, § 263 Rn. 308; *Rietzsch*, DStR 1934, 9 (17); *Tröndle*, § 263 Rn. 22; *Welzel*, Wahrheitspflicht, S. 16. Anders *Scheffler*, DStR 1939, 204 (207 f.).

182 MüKo-ZPO-*Peters*, § 138 Rn. 7; *Rietzsch*, DStR 1934, 6 (17); Zöller-*Greger*, § 138 Rn. 3. So wohl auch Stein/Jonas-*Leipold*, § 138 Rn. 7 b, der allerdings zu weit geht, wenn er verlangt, daß die Partei auch die Tatsachen, die ihrer Überzeugung nach eine Einredemöglichkeit begründen, vortragen muß, obwohl der Gegner die Einrede noch nicht erhoben hat. Die Einrede hat erst rechtshemmende Wirkung, wenn der, dem sie zusteht, sich auf sie beruft. Vorher entfaltet sie keine rechtliche Wirkungen. Die Partei ist nicht verpflichtet, den Gegner auf die Möglichkeit einer Einrede hinzuweisen. Die Partei, die einen Anspruch geltend macht, dem eine Einrede entgegengesetzt werden könnte, trägt, auch wenn sie die der Einredemöglichkeit zugrundeliegenden Tatsachen verschweigt, wahrheitsgemäß vor, da der Anspruch vor Erhebung der Einrede nicht gehemmt ist. Vgl. dazu Zöller-*Greger*, § 138 Rn. 3. Nach *Nierwetberg*, ZZP 98 (1985), 442 (444) ist der Kläger "jedenfalls dann" nicht verpflichtet, von sich aus vorzutragen, der Beklagte habe sich ihm gegenüber auf eine Einrede berufen, wenn der Kläger der Ansicht ist, der Beklagte mache das Einrederecht zu Unrecht geltend.

183 *Keunecke*, Prozeßbetrug, S. 48; MüKo-ZPO-*Peters*, § 138 Rn. 7; *Rietzsch*, DStR 1934, 9 (17). Anders *Scheffler*, DStR 1939, 204 (207 f.).

184 *Lenckner*, Prozeßbetrug, S. 66; LK-*Lackner*, § 263 Rn. 308; vgl. auch *Tröndle*, § 263 Rn. 22.

Eine konkludente Täuschung über rechtshemmende Tatsachen ist allein möglich, sofern der Gegner die Einrede bereits (vorprozessual) erhoben hat.

(4) Behauptungen im Bereich der von Amts wegen zu prüfenden Prozeßvoraussetzungen

Eine konkludente Täuschung ist auch im Bereich der von Amts wegen zu prüfenden Prozeßvoraussetzungen möglich. Eine Täuschung ist insbesondere denkbar durch das Führen eines sogenannten Scheinprozesses, bei dem Kläger und Beklagter kollusiv zum Nachteil eines Dritten zusammenwirken[185].

Die Parteien erklären durch das Betreiben des Verfahrens schlüssig, einer Streitentscheidung des Gerichts zu bedürfen und somit ein Rechtsschutzbedürfnis zu besitzen. Wirkliche Scheinprozesse sind wegen fehlenden Rechtsschutzbedürfnisses unzulässig[186]. In einem Scheinprozeß ist daher ein Irrtum möglich über die Tatsache, daß die Parteien ernsthaft einen Rechtsstreit führen[187].

Da ein Scheinprozeß übereinstimmend durch beide Parteien zum Nachteil eines Dritten geführt wird, der Schaden also bei einem an dem Prozeß nicht Beteiligten eintritt bzw. eintreten soll, ergeben sich Zweifel an der Verfügungsbefugnis des Gerichts. Auch wenn man mit der h. M. annimmt, daß das Gericht aufgrund seiner hoheitlichen Stellung rechtlich befugt ist, betrugsrelevante Verfügungen über das

---

[185] Als Beispiel für einen Scheinprozeß mag der folgende, in Anlehnung an die Entscheidung RGSt 59, 104 gebildete Fall dienen: Ein Dritter klagt gegen einen in Gütergemeinschaft lebenden Ehegatten eine angeblich bestehende Forderung ein, um den anderen Ehegatten, der eine Klage auf Ehescheidung und auf Aufhebung der Gütergemeinschaft erhoben hat, zu schädigen. Wenn das Gericht der Klage stattgibt, wird das Gesamtgut mit der Klageforderung belastet, so daß sich der Anteil des am Prozeß nicht beteiligten Ehegatten am Gesamtgut entsprechend vermindert und dieser um die Hälfte des Werts der Klageforderung geschädigt ist. Eine derartige Schädigung des Ehegatten ist nur im Falle der Gütergemeinschaft möglich, da diese erst mit Rechtskraft des Urteils aufgehoben ist (vgl. § 1449 I BGB). Bei Bestehen des gesetzlichen Güterstandes der Zugewinngemeinschaft ist für die Berechnung des für die Höhe der Ausgleichsforderung maßgebenden Endvermögens der Ehegatten nicht die Rechtskraft des Urteils, sondern der Zeitpunkt der Rechtshängigkeit des Scheidungsantrags bzw. der Zeitpunkt, in dem die Klage auf vorzeitigen Ausgleich erhoben worden ist, maßgebend (vgl. §§ 1384, 1387 BGB), so daß eine nach diesem Zeitpunkt eintretende Vermögensänderung für die Ausgleichsforderung ohne Bedeutung ist. – Kein Scheinprozeß zum Nachteil eines Dritten liegt vor, wenn die an einem fingierten Straßenverkehrsunfall Beteiligten gegeneinander klagen, ohne daß der Haftpflichtversicherer des angeblichen Schädigers mitverklagt ist. Dieses ergibt sich daraus, daß die Rechtskrafterstreckung eines Urteils zwischen dem angeblich Geschädigten und dem Versicherungsnehmer nur für den Fall der Klageabweisung gilt (vgl. § 3 Nr. 8 PflVG), in diesem Fall ist jedoch ein Schaden der Versicherung gerade nicht gegeben. Wenn der Haftpflichtversicherer mitverklagt ist, fehlt es nicht an dem erforderlichen Rechtsschutzbedürfnis.

[186] *Bernhardt*, Festgabe für Rosenberg, S. 9 (31/36); *Olzen*, ZZP 98 (1985), 403 (418); dagegen *Costede*, ZZP 82 (1969), 438 (445 ff.).

[187] *Brinkmann*, Wahrheitspflicht, S. 77; *Koffka*, ZStW 54 (1935), 45 (46); vgl. auch RGSt 2, 436 (437 f.); 59, 104 (106); RG, GA 47 (1900), 432 (433).

Vermögen der unterlegenen Partei vorzunehmen, folgt daraus nicht zwangsläufig, daß das Gericht auch über das Vermögen am Prozeß nicht beteiligter Dritter in betrugsrelevanter Weise zu verfügen befugt ist. Zumindest kann die Verfügungsbefugnis nicht aus der Unterwerfung der Parteien unter das Gerichtsverfahren[188] oder der Einlassung der Parteien in das konkrete Verfahren[189] hergeleitet werden, da der Schaden gerade nicht bei einer Prozeßpartei eintritt. Die Verfügungsbefugnis des Gerichts könnte sich allenfalls daraus ergeben, daß das Gericht, indem es über das Vermögen der unterlegenen Partei verfügt, unmittelbar auch über das Vermögen des am Prozeß nicht beteiligten Dritten verfügt, was jedoch sehr zweifelhaft ist[190].

(5) Bezugnahme auf Schriftsätze / Stellung des Klag- und Klagabweisungsantrags

Eine konkludente Täuschung kommt – wenn man den Versuchsbeginn erst in dem Vortrag in der mündlichen Verhandlung sieht[191] – insbesondere auch durch die ausdrückliche oder stillschweigende Bezugnahme auf die in der Klageschrift oder anderen vorbereitenden Schriftsätzen aufgestellten falschen Tatsachenbehauptungen oder durch die Stellung des Klag- oder Klagabweisungsantrags in Betracht. Durch die Stellung der Anträge und anschließendes Verhandeln wird im Zweifel der gesamte, bis zum Termin angefallene Akteninhalt zum Gegenstand der mündlichen Verhandlung gemacht[192].

c) Bedeutung der konkludenten Täuschung

Nachdem festgestellt wurde, daß eine konkludente Täuschung hinsichtlich der verschiedenen im Prozeß relevanten Tatsachen möglich ist, ist abschließend auf die Bedeutung der Möglichkeit einer konkludenten Täuschung einzugehen.

Eine konkludente Täuschung in bezug auf die dem Gegner zustehenden Einwendungen und Einreden ist regelmäßig nur so lange relevant, wie der Gegner nicht selbst die Einwendungen vorgetragen hat. Dann nämlich ist die – konkludent – täuschende Partei verpflichtet, zu diesem Vortrag Stellung zu nehmen. Unterläßt sie dieses, gilt der Vortrag des Gegners gemäß § 138 III ZPO als zugestanden. Aufgrund dieser Geständnisfiktion entfällt die Wirkung der ursprünglich unvollständigen Sachverhaltsdarstellung, so daß die zunächst aufgestellte konkludente Behauptung ihren Einfluß auf die spätere Entscheidung des Gerichts verliert. Es käme in diesem Fall lediglich ein Versuch eines Prozeßbetrugs in Betracht, wobei jedoch in dem Nichtbestreiten der vom Gegner vorgebrachten Behauptung regelmäßig ein Rücktritt vom Versuch gemäß § 24 StGB gesehen werden kann. Nimmt die Partei hingegen Stel-

---

188 So *Otto*, Grundkurs, § 51 VI 5.
189 So *Eser*, StR IV, Fall 12, A 34.
190 Siehe dazu unten 3. Teil.
191 Siehe dazu unten 2. Teil A V 1.
192 BGH, MDR 1981, 1012.

lung und bestreitet das Vorliegen der von dem Gegner vorgetragenen Einwendungen, so liegt darin eine ausdrückliche Täuschung. Die Bedeutung der konkludenten Täuschung läge dann lediglich in der Frage des Versuchsbeginns. Wenn der Prozeßgegner allerdings selbst die ihm zustehenden Einwendungen nicht geltend macht, prüft das Gericht das Vorliegen von Einwendungen nicht. Die Einwendungen wären dann gar nicht Gegenstand des Prozesses, so daß aus diesem Grund mangels Irrtums des Richters ein (vollendeter) Prozeßbetrug in der Regel nicht vorliegen wird[193].

Geht der Richter ausnahmsweise davon aus, daß Einwendungen nicht vorliegen, so ist eine Täuschung und ein entsprechender Irrtum des Richters gegeben. Dieser wäre dann allerdings nicht kausal für den Erlaß der Entscheidung, da es dem Richter verwehrt ist, Tatsachen, die nicht von den Parteien vorgetragen worden sind, bei seiner Entscheidung zu berücksichtigen. Der Richter hätte daher dieselbe Entscheidung erlassen, wenn er etwa aufgrund von Zeugenaussagen im Rahmen der Beweisaufnahme gewußt hätte, daß dem Prozeßgegner Einwendungen zustehen. Dieses gilt selbst für den Fall, daß der Richter überzeugt ist, daß die Partei bewußt die Einwendungen verschweigt[194].

Durch eine nur konkludente Täuschung in bezug auf die dem Gegner zustehenden Einwendungen und Einreden kommt daher lediglich der Versuch eines Prozeßbetrugs in Betracht, wenn die Partei davon ausgeht, der Richter werde sich aufgrund ihres unvollständigen Vortrags vorstellen, daß Einwendungen des Gegners nicht vorliegen. Hinzu kommen muß die Vorstellung, der Gegner werde die der ihm zustehenden Einwendung zugrundeliegenden Tatsachen vortragen, und der Wille, diese Behauptungen zu bestreiten, da anderenfalls ein etwaiger Irrtum des Richters – wie der Partei bekannt sein wird – nicht für die zu erlassende Entscheidung kausal sein kann.

Allein durch schlichtes Bestreiten, schlüssige unwahre Behauptungen im Bereich der prozessualen Behauptungslast oder der von Amts wegen zu prüfenden Prozeßvoraussetzungen oder durch die in der Antragstellung und dem anschließenden mündlichen Verhandeln liegenden Bezugnahme auf den schriftsätzlichen Vortrag kann die Partei einen vollendeten Prozeßbetrug durch eine nur konkludente Täuschung begehen. Die Bedeutung der Möglichkeit einer konkludenten Täuschung ist daher nur sehr gering.

---

[193] Anders nur, wenn beide Parteien kollusiv zum Nachteil eines Dritten zusammenwirken und das Gericht aufgrund entsprechender Anhaltspunkte zu der Überzeugung gelangt, daß ein kollusives Zusammenwirken der Parteien gerade nicht vorliegt.

[194] *Welzel*, Wahrheitspflicht, S. 18.

3. Täuschung durch Unterlassen (§ 13 StGB)

Eine Täuschung durch Unterlassen der gebotenen Aufklärung ist ebenfalls denkbar[195]. Da sie gegenüber der Täuschung durch positives Tun, dem ausdrücklichen oder konkludenten Aufstellen unzutreffender Behauptungen subsidiär ist, kommt der Täuschung durch Unterlassen nur dann Bedeutung zu, wenn die Partei oder ihr Prozeßbevollmächtigter zunächst unbewußt oder ohne die Absicht, sich auf Kosten des Prozeßgegners zu bereichern, falsche Angaben gegenüber dem Gericht gemacht hat und erst später die Unwahrheit erkennt bzw. beabsichtigt, sich zu Unrecht zu bereichern[196].

Die Strafbarkeit des Unterlassens setzt nach § 13 StGB voraus, daß der Prozeßpartei bzw. ihrem Prozeßbevollmächtigten eine Garantenpflicht obliegt. Außerdem ist neben der Möglichkeit und Zumutbarkeit der Aufklärung erforderlich, daß das Unterlassen der Verwirklichung des gesetzlichen Tatbestands durch ein positives Tun entspricht. Die in § 13 StGB normierte Entsprechungsklausel gilt für § 263 StGB bezüglich des Merkmals "Täuschung"[197], sie verlangt, daß dem Täter eine Aufklärungspflicht zum Schutz des Vermögens des Dritten obliegt[198], es muß sich um eine vermögensbezogene Aufklärungspflicht handeln[199].

---

[195] Anders *Grünwald*, Festschrift für H. Mayer, S. 281 (290 f.). Anders auch *Nauke*, Betrug, S. 214/234: Als Täuschungshandlung dürfe nur positives Tun – einschließlich konkludenten Verhaltens – angesehen werden; jede Erweiterung verstoße gegen Art. 103 II GG. Einschränkend *Bokkelmann*, Festschrift für Eb. Schmidt, S. 437 (456), der die bloße Nichtausräumung eines Irrtums aus dem Betrugstatbestand ausklammert.

[196] Diese Möglichkeit übersehen *Ganske*, Prozeßbetrug, S. 41 f. und *Keunecke*, Prozeßbetrug, S. 15 f., die der Ansicht sind, Prozeßbetrug durch Unterlassen komme nicht in Betracht. Eine Partei, die sich nicht erkläre, könne den Richter nicht täuschen, da die Prozeßordnung das Schweigen nicht der Beweiswürdigung des Gerichts überlasse, sondern den Parteien die Last auferlege, sich auf jede Behauptung des Gegners zu erklären (§ 138 II ZPO). Wenn die Parteien dieses weder ausdrücklich, noch durch schlüssige Handlungen tun, werde ein Geständnis fingiert: die nichtbestrittenen Behauptungen seien ohne Beweis dem Urteil als wahr zugrundezulegen (§§ 138 III, 288 ZPO) (*Keunecke*, Prozeßbetrug, S. 15). Durch die Nichtberichtigung des Vorbringens könnte die Partei, die erst später die Unwahrheit erkennt bzw. beabsichtigt, sich zu Unrecht zu bereichern, durch Unterlassen getäuscht haben, sofern keine konkludente Täuschung vorliegen würde. Letzteres wäre anzunehmen, wenn die Partei, nachdem sie die Unwahrheit der von ihr behaupteten Tatsache erkannt hat, über etwaige Beweisergebnisse verhandelt oder erneut ihren Antrag stellt, mit dem sie dann ihre bisherigen – unwahren – Behauptungen durch schlüssiges Verhalten aufrecht erhält (vgl. dazu *Keunecke*, Prozeßbetrug, S. 156).

[197] *Krey*, BT 2, Rn. 356 f.; LK-*Lackner*, § 263 Rn. 68; vgl. auch Schönke/Schröder-*Cramer*, § 263 Rn. 19.

[198] LK-*Lackner*, § 263 Rn. 68; vgl. auch *Ellmer*, Betrug, S. 113 f.

[199] *Volk*, JuS 1981, 880 (882).

a) Die Aufklärungspflicht als Grundlage der Garantenstellung

Eine Rechtspflicht zur Offenbarung kann sich grundsätzlich aus Gesetz, Vertrag oder aus Treu und Glauben ergeben[200]. Eine die Annahme einer Täuschung durch Unterlassen ermöglichende Aufklärungspflicht kann sich weiterhin aus Ingerenz ergeben, wenn das vorangegangene Tun einen Irrtum begründet hat[201].

(1) Aufklärungspflicht aus § 138 I ZPO

Grundlage einer Garantenstellung können insbesondere Aufklärungspflichten aus Gesetz bilden[202]. Im Rahmen des Zivilprozesses könnte sich eine gesetzliche Aufklärungspflicht aus § 138 I ZPO ergeben[203]. Nach § 138 I ZPO ist die Partei nicht nur rechtlich verpflichtet, nichts bewußt Unwahres zu behaupten, sie ist auch verpflichtet, Behauptungen, die sie nachträglich als falsch erkennt, zu widerrufen und gegnerische Behauptungen, von deren Richtigkeit sie sich inzwischen überzeugt hat, nicht länger zu bestreiten[204].

Daß die Vorschrift des § 138 I ZPO im Jahre 1933 in erster Linie im Interesse der Rechtspflege und nicht zum Schutz des Gegners eingefügt wurde[205], steht der Annahme einer sich aus dieser Norm ergebenden Aufklärungspflicht nicht entgegen. Denn es ist heute allgemein anerkannt, daß die Wahrheitspflicht aus § 138 I ZPO nicht allein eine prozessuale Verpflichtung gegenüber dem Rechtspflegeorgan[206] begründet; sie besteht auch oder gerade gegenüber dem Gegner[207]. Dieses zeigt sich insbesondere daran, daß die Wahrheitspflicht des § 138 I ZPO lediglich die Unwahr-

---

200 LK-*Lackner*, § 263 Rn. 59 ff.; *Preisendanz*, § 263 Anm. II 4 b; Schönke/Schröder-*Cramer*, § 263 Rn. 21 ff.; *Wessels*, BT 2, Rn. 489.

201 LK-*Lackner*, § 263 Rn. 67; *Otto*, Grundkurs, § 51 III 1 c; Schönke/Schröder-*Cramer*, § 263 Rn. 20.

202 RGSt 64, 209; OLG Braunschweig, NJW 1962, 314 f.; *Eisenberg*, Festschrift für Salger, S. 15 (23); LK-*Lackner*, § 263 Rn. 60; *Maurach/Schroeder/Maiwald*, BT 1, § 41 Rn. 51; *Tröndle*, § 263 Rn. 13 a.

203 So *Brinkmann*, Wahrheitspflicht, S. 88; *Krey*, BT 2, Rn. 347; LK-*Lackner*, § 263 Rn. 60; *Maurach/Schroeder/Maiwald*, BT 1, § 41 Rn. 51; *Welzel*, Wahrheitspflicht, S. 22; *Wessels*, BT 2, Rn. 489; so wohl auch OLG Koblenz, FamRZ 1997, 371 (373); OLG Zweibrücken, NJW 1983, 694; zweifelnd *Lackner*, § 263 Rn. 14; offengelassen von *Keunecke*, Prozeßbetrug, S. 156; anders Schönke/Schröder-*Cramer*, § 263 Rn. 21/71; einschränkend auch *Lenckner*, Prozeßbetrug, S. 75.

204 Baumbach/Lauterbach-*Hartmann*, § 138 Rn. 64; MüKo-ZPO-*Peters*, § 138 Rn. 14; *Rosenberg/Schwab/Gottwald*, Zivilprozeßrecht, § 65 VIII 4; *Wieczorek*, § 138 Anm. B IV b/b 1.

205 So *Lenckner*, Prozeßbetrug, S. 75. *Brinkmann*, Wahrheitspflicht, S. 52 ist der Ansicht, die Wahrheitspflicht bestehe "primär gegenüber dem Gericht, und erst in zweiter Linie gegenüber dem Gegner".

206 So aber Schönke/Schröder-*Cramer*, § 263 Rn. 21.

207 LAG Hamm, BB 1994, 2072 (2073); Baumbach/Lauterbach-*Hartmann*, § 138 Rn. 3; MüKo-ZPO-*Peters*, § 138 Rn. 1; *Rosenberg/Schwab/Gottwald*, Zivilprozeßrecht, § 65 VIII 2; *Welzel*, Wahrheitspflicht, S. 17; Zöller-*Greger*, § 138 Rn. 1. Vgl. insbesondere *Costede*, ZZP 82 (1969), 438 (443 ff.), der annimmt, daß die Einhaltung der Wahrheitspflicht nur im Parteiinteresse liege.

heit zu eigenen Gunsten verbietet, es der Partei aber gestattet, ihr ungünstige Tatsachen der Wahrheit zuwider zu behaupten oder ihr ungünstige Tatsachen nicht zu bestreiten[208], solange es sich nicht um ein arglistiges Zusammenspiel mit der Gegenpartei zum Schaden eines Dritten handelt[209]. Dieses macht deutlich, daß die Wahrheitspflicht zumindest nicht ausschließlich gegenüber dem Gericht besteht.

Die Findung der Wahrheit ist im Zivilprozeß kein Selbstzweck[210]. Die Wahrheitspflicht dient vielmehr dem Schutz des Gegners, der vor einer Schädigung bewahrt werden soll[211]. Entscheidende Bedeutung kommt dabei den Vermögensbeschädigungen zu, da die Mehrzahl der gerichtlichen Entscheidungen entweder unmittelbar oder zumindest mittelbar vermögensrechtliche Folgen nach sich ziehen[212]. Anders als die Pflicht des Zeugen zur wahrheitsgemäßen Aussage (vgl. § 392 ZPO) handelt es sich bei § 138 I ZPO nicht lediglich um eine öffentlich-rechtliche Pflicht gegenüber dem Staat als dem Berechtigten[213]. Es handelt sich bei den aus der Einhaltung der Wahrheitspflicht erwachsenen materiellen Vorteilen nicht allein um Reflexwirkungen[214], sondern sie werden gerade vom Schutz des § 138 I ZPO mitumfaßt.

Unabhängig davon, ob die Partei bewußt oder unbewußt unwahre Tatsachen behauptet hat, ergibt sich daher aus § 138 I ZPO eine Garantenpflicht der Partei[215].

---

208 Baumbach/Lauterbach-*Hartmann*, § 138 Rn. 17; *Costede*, ZZP 82 (1969), 438 (443); *Grunsky*, Verfahrensrecht, S. 182; *Jauernig*, Zivilprozeßrecht, § 26 IV; Stein/Jonas-*Leipold*, § 138 Rn. 5; *Thomas/Putzo*, § 138 Rn. 7; *Wieczorek*, § 138 Anm. B III a; Zöller-*Greger*, § 138 Rn. 4; anders *Bernhardt*, JZ 1963, 245 (247); *ders.*, Festgabe für Rosenberg, S. 9 (30 ff.); *Brinkmann*, Wahrheitspflicht, S. 52; MüKo-ZPO-*Peters*, § 138 Rn. 13; *Olzen*, ZZP 98 (1985), 403 (420); *Scherer*, DRiZ 1996, 58 (60).

209 *Thomas/Putzo*, § 138 Rn. 7.

210 Hinweise darauf, daß das staatliche Interesse an der Wahrheitsfindung nur sehr begrenzt ist, finden sich in verschiedenen Vorschriften der ZPO. So laufen etwa die Präklusionsvorschriften gerade der Wahrheitsfindung zuwider, wenn sie dem Gericht die Möglichkeit nehmen, den Sachverhalt weiter aufzuklären, wenn die Partei ihre Angriffs- und Verteidigungsmittel nicht rechtzeitig vorgebracht hat (vgl. § 296 I ZPO). Versäumnisurteile und Vollstreckungsbescheide stellen Vollstreckungstitel dar (vgl. §§ 708 Nr. 2, 794 I Nr. 4 ZPO), die ohne Rücksicht auf die materielle Rechtslage erlassen werden. Das Gericht ist weitgehend an den Vortrag der Parteien gebunden (vgl. § 308 I ZPO) und hat die Möglichkeit, eine Beweislastentscheidung zu erlassen, die u. U. zur Versagung eines berechtigten Anspruchs führt, anstatt verpflichtet oder auch nur berechtigt zu sein, von Amts wegen den Sachverhalt aufzuklären. Auch die Beschränkung des Widerrufs eines unwahren Geständnisses auf die Fälle, in denen es nachweislich auf einem Irrtum beruht (§ 290 ZPO), spricht gegen die Annahme, der Zivilprozeß sei vorrangig auf die Herbeiführung der materiellen Wahrheit entsprechender Entscheidungen gerichtet.

211 *Roth*, Wahrheitspflicht, S. 33 f; vgl. auch *Brinkmann*, Wahrheitspflicht, S. 41.

212 Auch Urteile in nichtvermögensrechtlichen Streitigkeiten bringen teilweise vermögensrechtliche Wirkungen hervor (siehe dazu unten 2. Teil A III 1).

213 So aber Schönke/Schröder-*Cramer*, § 263 Rn. 21 ohne Begründung.

214 So *Ellmer*, Betrug, S. 113 Fn. 167 im Hinblick auf die sich aus §§ 390, 392, 395, 396 ZPO ergebende Pflicht des Zeugen zur (wahrheitsgemäßen) Aussage, die seiner Ansicht nach daher keine betrugsrelevante Aufklärungspflicht darstellt. Anders LK-*Lackner*, § 263 Rn. 60 für § 392 ZPO.

215 Dieser Annahme steht die Entscheidung des BGH (BGHSt 4, 327) nicht entgegen. In dieser Entscheidung lehnte der BGH eine Beihilfe zum Meineid durch Unterlassen unter dem Gesichts-

Entgegen *Lenckner*[216] ist die Herleitung einer Garantenstellung aus dem Gesichtspunkt des vorangegangenen gefährdenden Tuns allein nicht ausreichend, um alle Fälle des Unterlassens zu erfassen.

In der Rechtsprechung und der Literatur wird überwiegend die Ansicht vertreten, die Garantenpflicht aus Ingerenz setze voraus, daß das vorangegangene Tun pflichtwidrig gewesen sei[217]. Es sei lediglich nicht erforderlich, daß das die nahe Gefahr des Erfolgseintritts begründende Verhalten schuldhaft gewesen sei[218]. Die Prozeßpartei wäre danach aus vorangegangenem gefährdenden Tun zur Richtigstellung ihrer falschen Angaben nicht schon dann verpflichtet, wenn sie durch ihre unwahren Behauptungen die Gefahr einer unrichtigen Entscheidung herbeigeführt hat.

Eine Aufklärungspflicht aus Ingerenz bestehe nur bei vorangegangener pflichtwidriger Täuschung[219]. Die Pflichtwidrigkeit des Vorverhaltens könne sich daraus ergeben, daß der Täter bewußt wahrheitswidrig eine unrichtige Erklärung abgegeben habe[220].

Eine pflichtwidrige Täuschung liegt im Zivilprozeß nur dann vor, wenn die Partei bewußt wahrheitswidrig eine entscheidungserhebliche Tatsache vorgetragen oder verschwiegen hat, nicht jedoch, wenn ihr erst später die Unwahrheit der behaupteten oder die Wahrheit der bestrittenen Tatsache bekannt wurde, da in diesem Fall kein Verstoß gegen § 138 I ZPO, der allein eine Pflicht zur subjektiven Wahrhaftigkeit aufstellt, gegeben war. Der Partei kann, da sie ihrer Wahrhaftigkeitspflicht genügt hat, kein Vorwurf gemacht werden. Eine Garantenstellung aus Ingerenz ergibt sich danach nur im Fall des bewußten wahrheitswidrigen Vortrags, etwa wenn die Partei – ohne Schädigungsvorsatz bzw. Bereicherungsabsicht – die vom Gegner aufgestellte Behauptung der Wahrheit zuwider bestreitet, um ihn zum Beweis zu veranlassen[221]. Spätestens im Zeitpunkt vor dem Schluß der mündlichen Verhandlung, auf welche das Urteil ergeht, muß die bestreitende Partei erkennen, daß dem Gegner der

punkt der Verletzung der Wahrheitspflicht für den Fall ab, daß eine Partei das Zustandekommen einer Falschaussage eines Zeugen, die sie nicht gefördert hat, nicht abwendet (S. 329), äußerte sich aber nicht zur Möglichkeit, aus § 138 ZPO eine Garantenpflicht herzuleiten.

[216] Prozeßbetrug, S. 75.

[217] BGH, NJW 1987, 850; *Wessels*, AT, Rn. 725; *ders.*, BT, Rn. 489; vgl. auch *Lackner*, § 13 Rn. 11; Schönke/Schröder-*Cramer*, § 263 Rn. 20; anders BGHSt 3, 203 (205). Nach BGHSt 19, 152 (154) ist zumindest nicht jedes sozial übliche und von der Allgemeinheit gebilligte Verhalten ausreichend, eine Schadensabwendungspflicht zu begründen (anders noch BGHSt 4, 20 (22)).

[218] BGHSt 11, 353 (355); 19, 152 (154); vgl. auch BGHSt 2, 279 (283).

[219] OLG Stuttgart, NJW 1969, 1975.

[220] *Ranft*, JA 1984, 723 (730).

[221] Vgl. *Gebhardt*, Prozeßbetrug, S. 32.

Beweis mißlungen ist und das Gericht über die Unwahrheit ihres Bestreitens aufklären[222], wenn sie sich nicht wegen Prozeßbetrugs strafbar machen will.

(3) Aufklärungspflicht aus Treu und Glauben (§ 242 BGB)

Ob sich daneben eine Aufklärungspflicht zugunsten des Prozeßgegners auch unmittelbar aus dem in § 242 BGB verankerten Grundsatz von Treu und Glauben ergeben kann[223], kann dahinstehen, da bereits sämtliche Fälle des Unterlassens durch die sich aus § 138 I ZPO ergebende Garantenpflicht erfaßt werden.

(4) Aufklärungspflicht des Prozeßbevollmächtigten

Unabhängig von der grundsätzlichen Frage nach dem Bestehen einer Garantenpflicht obliegt dem bevollmächtigten Rechtsanwalt zumindest dann keine Berichtigungspflicht, wenn er seinen Mandanten dadurch, daß er dessen frühere Behauptungen berichtigt, dem Verdacht des Prozeßbetrugs aussetzen würde[224], der unter Umständen schon entstehen kann, wenn die Partei unbewußt unrichtige Angaben gemacht hat. Ein solches Verhalten würde mit der sich aus dem Auftragsverhältnis ergebenden Treuepflicht nicht zu vereinbaren sein[225]. Da es in diesem Fall an einer Verletzung des § 138 I ZPO fehlt, kommt eine Strafbarkeit des Prozeßbevollmächtigten durch Unterlassen im Hinblick auf die sich aus § 138 I ZPO ergebende Aufklärungspflicht nicht in Betracht. Wenn der Rechtsanwalt allerdings selbst die unrichtige Behauptung aufgestellt hat, macht er sich wegen Prozeßbetrugs durch Unterlassen strafbar, wenn er, nachdem er die Unrichtigkeit seiner Behauptung erkannt hat, sie nicht berichtigt, da die Wahrheits- und Vollständigkeitspflicht für ihn in gleicher Weise wie für die Prozeßpartei gilt.

---

222 *Gebhardt*, Prozeßbetrug, S. 32.

223 Vgl. etwa RGSt 70, 151 (156); BGHSt 6, 198 (199); BayObLG, NJW 1987, 1654 (1655); kritisch *Deutscher/Körner*, JuS 1996, 296 (301); *Krey*, BT 2, Rn. 353; *Ranft*, JA 1984, 723 (729); *Reese*, Täuschung, S. 129 ff.; *Seelmann*, JuS 1982, 268 (269).

224 BGH, NJW 1952, 1148; *Rosenberg/Schwab/Gottwald*, Zivilprozeßrecht, § 65 VIII 8; Schönke/Schröder-*Cramer*, § 263 Rn. 71; *Thomas/Putzo*, § 138 Rn. 8; *Tröndle*, § 263 Rn. 22.

225 BGH, NJW 1952, 1148. Vgl. auch *Wieczorek*, § 138 Anm. C II b 2: "Auch im Falle einer strafbaren Handlung der Partei darf der Anwalt keinen Parteiverrat begehen, sondern muß niederlegen." Anders Müller-Guggenberger-*Häcker*, § 82 Rn. 52 mit dem Hinweis darauf, daß sonst sowohl die Stellung des Rechtsanwalts als Organ der Rechtspflege als auch seine berufsrechtliche Wahrheitspflicht entwertet würde (Fn. 83). *Häcker* ist der Ansicht, der Rechtsanwalt sei berufsrechtlich verpflichtet, das Einverständnis seines Mandanten zur Richtigstellung einzuholen, wenn es sich um eine (möglicherweise) verfahrenswichtige Frage handle. Tue er dieses nicht oder bleibe sein Bemühen ohne Erfolg, so sei er jedenfalls dann zur Berichtigung aus vorangegangenem Tun verpflichtet, wenn er sein Mandat nicht niederlege, sondern den Prozeß weiterhin fortführe.

Im Rahmen des Zivilprozesses wird ein Betrug durch Unterlassen begangen durch die Prozeßpartei nur in Ausnahmefällen in Betracht kommen. Regelmäßig werden Handlungen der Partei vorliegen, durch die sie konkludent ihr unwahres Vorbringen aufrechterhält. So wird z. B. im Normalfall des kontradiktorischen Verfahrens im letzten Termin zur mündlichen Verhandlung – gegebenenfalls auch zum Beweisergebnis – verhandelt und es werden (erneut) die Sachanträge gestellt. Darin liegt ausnahmslos eine konkludente Täuschung durch Aufrechterhalten der unwahren Behauptungen oder des unwahren Bestreitens. Ein schlichtes Unterlassen ohne jegliche konkludente oder ausdrückliche Erklärung ist im Zivilprozeß nicht denkbar.

Wenn eine Partei zu den Behauptungen des Gegners nicht Stellung nimmt, gilt die vorgebrachte Tatsache gemäß § 138 III ZPO als zugestanden, so daß der Richter sie ungeprüft seiner Entscheidung zugrundelegt. Wenn die Partei eine Tatsache verschweigt, zu der auch der Gegner nichts vorgetragen hat, so kann sie, da sie nicht Verhandlungsgegenstand geworden ist, vom Gericht nicht berücksichtigt werden, so daß ebenfalls die Erregung eines Irrtums bei dem mit der Entscheidung befaßten Richter ausgeschlossen ist.

Eine Täuschung durch Unterlassen kommt daher allein in Betracht, wenn die Partei zunächst (bewußt oder unbewußt) die Behauptung des Gegners zu Unrecht bestritten oder unwahre Angaben gemacht hat, die vom Gegner bestritten wurden, aber anschließend nicht noch einmal ausdrücklich oder stillschweigend auf dieses Vorbringen Bezug nimmt, etwa im schriftlichen Verfahren (§ 128 II, III ZPO) oder bei einer Entscheidung nach Aktenlage (§§ 251 a, 331 a ZPO).

II. Die Irrtumserregung

Durch die Täuschung der Partei muß ein Irrtum des Richters erregt oder unterhalten werden. Der Richter muß dem Täter glauben. Der Irrtum im Rahmen des Betrugstatbestands wird üblicherweise als falsche, der Wirklichkeit nicht entsprechende Vorstellung über Tatsachen definiert[226].

Das Vorliegen eines Irrtums ist Tatfrage. Der Richter muß im Strafverfahren unter Ausschöpfung aller Beweismittel feststellen, ob ein Irrtum tatsächlich vorgelegen

226 OLG Hamm, NJW 1968, 1894 (1895); *Lackner*, § 263 Rn. 18; *Otto*, Grundkurs, § 51 III 2. Vgl. auch *Tröndle*, § 263 Rn. 18; LK-*Lackner*, § 263 Rn. 73 und Schönke/Schröder-*Cramer*, § 263 Rn. 33: "Widerspruch zwischen einer Vorstellung und der Wirklichkeit". Einschränkend *Nauke*, Betrug, S. 215, der unter Hinweis auf Art. 103 II GG als Irrtum nur die den vorgespiegelten Tatsachen entsprechende Vorstellung auffaßt; nur allgemeine Vorstellungen, lückenhaftes Wissen oder Nichtwissen reichten nicht.

hat[227]. Zwar kann auf den Irrtum im Einzelfall auch aus Indizien geschlossen werden, der Tatrichter darf sich jedoch nicht damit begnügen, den Irrtum des Verfügenden ungeprüft zu unterstellen[228]. Dennoch muß für die folgenden Ausführungen zugrundegelegt werden, welche Gedanken sich der Richter in der Praxis in der jeweiligen Situation normalerweise machen wird[229].

1. Irrtum im Normalfall der streitigen Entscheidung

a) Überzeugung des Richters von der (objektiven) Wahrheit des Parteivorbringens bei bestrittenen Behauptungen

Im Normalfall des kontradiktorischen Verfahrens ist der Irrtum des Richters unproblematisch, wenn sich seine Entscheidung auf den Wahrheitsgehalt des Vorbringens gründet. Wenn der Richter seine Entscheidung auf die Überzeugung von der Wahrheit der behaupteten Tatsachen gestützt oder auch nur mitgestützt hat, liegt eine positive, den vorgespiegelten Tatsachen entsprechende Fehlvorstellung vor. Dann ist auch die erforderliche Kausalität der Täuschungshandlung für den Irrtum gegeben. Dieses gilt nicht nur für mit Beweismitteln unterstütztes Vorbringen der Partei, sondern auch für einseitige, nicht offensichtlich ungenügende Parteibehauptungen, da auch die schlichte Parteibehauptung für die Entscheidung des Richters mitmotivierend ist. Auch wenn der Richter es pflichtwidrig unterlassen hat, die erforderlichen Beweise zu erheben, und seine Entscheidung allein auf das einseitige Parteivorbringen stützt, ist Kausalität zwischen der Täuschungshandlung und dem Irrtum des Richters gegeben, da die Pflichtwidrigkeit des Richters nicht geeignet ist, die Kausalkette zu unterbrechen. Die Pflichtwidrigkeit führt jedoch dazu, daß die Entscheidung

227 BGH, StV 1984, 511 (512); StV 1994, 82 (83); wistra 1992, 141 f.; KG, JR 1986, 469; LK-*Lackner*, § 263 Rn. 84; SK-StGB-*Samson/Günther*, § 263 Rn. 59; vgl. auch BGH, NStZ 1990, 388.

228 BGH, StV 1994, 82 (83); LK-*Lackner*, § 263 Rn. 84; SK-StGB-*Samson/Günther*, § 263 Rn. 59; anders wohl BGHSt 2, 325 (326).

229 Dieses darf allerdings nicht darüber hinwegtäuschen, daß die theoretischen Möglichkeiten hinsichtlich der Vorstellung des Richters sehr vielfältig sind. Das Irrtumserfordernis führt in der Praxis zu Schwierigkeiten im Rahmen der Sachverhaltsaufklärung. Die Vorstellungen des Richters können im späteren Strafprozeß nur noch sehr schwer aufgeklärt werden. Die Zeugenaussage des Richters, die dafür in der Regel erforderlich sein wird, da es für die Strafbarkeit der Partei nicht darauf ankommen kann, ob der Richter sich bestimmte Gedanken hätte machen müssen, sondern darauf, ob er sich diese im Einzelfall tatsächlich gemacht hat, wird nur begrenzt Aufschluß über die Motivationslage des Richters geben, da der Richter sich, sofern er nicht selbst die Strafanzeige wegen Prozeßbetrugs erstattet hat, nicht mehr im einzelnen an seine Vorstellung erinnern wird und / oder er sich bei seiner Aussage von dem wird beeinflussen lassen, was von ihm sich vorzustellen erwartet wurde. Diesen Schwierigkeiten muß im Strafprozeß durch die Anwendung des Grundsatzes "in dubio pro reo" Rechnung getragen werden.

allein in den Verantwortungsbereich des Richters fällt, weshalb sie der täuschenden Partei objektiv nicht zugerechnet werden kann[230].

Ein vollendeter Prozeßbetrug durch das Aufstellen von Behauptungen, die vom Prozeßgegner bestritten wurden, kommt nur in Betracht, wenn sie mit Beweismitteln unterstützt werden oder es dem Richter ausnahmsweise gestattet ist, seine Überzeugung auf die schlichte Parteibehauptung zu gründen.

b) Vorstellung des Richters hinsichtlich unstreitiger Behauptungen

Bei übereinstimmenden oder nicht bestrittenen Parteibehauptungen könnte es an einem Irrtum des Richters fehlen.

Aus dem Verhandlungsgrundsatz ergibt sich, daß der Richter die zwischen den Parteien unstreitigen Tatsachen ohne Prüfung auf ihre Richtigkeit als wahr zu unterstellen hat[231]. Wenn die dem Verhandlungsgrundsatz unterliegenden Behauptungen[232] einer Partei von der anderen Partei nicht bestritten oder ausdrücklich zugestanden werden, legt der Richter diese seiner Entscheidung so, wie sie vorgetragen sind, zugrunde (§ 138 III ZPO). Wegen der Bindung an das Parteivorbringen wird der Richter daher regelmäßig keine Vorstellung von der Wahrheit oder Unwahrheit der vorgetragenen unstreitigen Tatsachen haben. Mangels Prüfung der materiellen Wahrheit ist in der Regel kein Irrtum gegeben[233].

Die Annahme eines Irrtums läßt sich insbesondere nicht damit begründen, daß das Gericht bei Kenntnis der wahren Sachlage diese Entscheidung nicht erlassen hätte[234], da es offenkundig[235] oder bewußt[236] unwahres Vorbringen unberücksichtigt

---

[230] Siehe dazu oben 2. Teil A I 1 b.

[231] *Schneider*, DRiZ 1963, 342 (343) weist darauf hin, daß die Parteien am besten wüßten, was geschehen sei; jedenfalls wüßten sie es im Zweifel besser als der Richter, der nicht dabei gewesen sei. "Es ist also eher anzunehmen, daß dieser sich irrt, als daß beide Parteien sich irren." Vgl. insbesondere auch *Brehm*, Bindung, S. 9 ff./27 ff./46 ff.; *Grunsky*, Verfahrensrecht, S. 187; *Wieczorek*, § 138 Anm. C I c. Anders nur *Scherer*, DRiZ 1996, 58 (61 f.); *Welzel*, Wahrheitspflicht, S. 16.

[232] Im Gegensatz zu den von Amts wegen zu prüfenden Tatsachen, siehe. dazu unten.

[233] *Gebhardt*, Prozeßbetrug, S. 35; *Koffka*, ZStW 54 (1935), 45 (46).

[234] Vgl. BGH, wistra 1992, 141; OLG Düsseldorf, StV 1989, 347 (348); OLG Köln, JZ 1968, 340; AG Berlin-Tiergarten, NJW 1989, 846; *Groß*, NJW 1973, 600 (601); anders BGHSt 2, 325 (326 f.); 24, 257 (260 f.); OLG Celle, MDR 1957, 436 (437).

[235] *Koffka*, ZStW 54 (1935), 45 (46); Stein/Jonas-*Leipold*, § 138 Rn. 12. Vgl. auch BGH, NJW 1979, 2089; VersR 1970, 826 (827); Baumbach/Lauterbach-*Hartmann*, Einf §§ 288-290 Rn. 6 / § 288 Rn. 9; *Bernhardt*, Festgabe für Rosenberg, S. 32 f.; *Brehm*, Bindung, S. 118; *Orfanides*, NJW 1990, 3174 (3178); *Rosenberg/Schwab/Gottwald*, Zivilprozeßrecht, § 114 I 1 e; *Schellhammer*, Zivilprozeß, Rn. 304; Stein/Jonas-*Leipold*, § 288 Rn. 21; *Thomas/Putzo*, § 288 Rn. 6; Zöller-*Greger*, Vor § 128 Rn. 10 / § 288 Rn. 7; anders *Grunsky*, Verfahrensrecht, S. 187; *Pawlowski*, MDR 1997, 7 (10); *Schneider*, MDR 1975, 444 (445).

läßt. Allein die Verpflichtung des Gerichts, offenkundig unwahre Tatsachen unberücksichtigt zu lassen, führt nicht dazu, daß der Richter sich über die "Offenkundigkeit" Gedanken macht, solange er keine Anhaltspunkte dafür hat, daß die behaupteten Tatsachen offenkundig unwahr sind. Allein, wenn der Richter feststellt, daß die behauptete Tatsache offenkundig unwahr ist, berücksichtigt er diese Tatsache nicht, dann ist jedoch ein Irrtum des Richters gerade nicht gegeben.

Auch wenn man der Ansicht ist, daß das Gericht an eine unbestritten gebliebene Prozeßlüge nicht gebunden ist, wenn es die Unwahrheit kennt[237], läßt sich die Annahme eines Irrtums nicht rechtfertigen. Selbst bei Verneinung einer Bindung des Gerichts für den Fall, daß beide Parteien die Unwahrheit kennen[238], ist das Gericht z. B. nicht in der Lage, vom Kläger verschwiegene Einredetatsachen, die auch der Beklagte nicht vorgebracht hat, von Amts wegen zu berücksichtigen. Es hat lediglich, wenn es die bewußte Unwahrheit des Parteivortrags kennt, aus § 139 ZPO das Recht und die Pflicht, die Partei auf die Unvollständigkeit hinzuweisen[239]. Das Gericht kann allein Tatsachen, die Gegenstand des Rechtsstreits geworden sind, unberücksichtigt lassen, wenn sie seiner Überzeugung nach von der Partei unter Verstoß gegen die Wahrheitspflicht behauptet worden sind. Diese Verpflichtung führt jedoch nicht dazu, daß der Richter sich Gedanken über die Einhaltung der Wahrheitspflicht durch die Parteien macht, da für das Gericht nach § 286 I ZPO in erster Linie die objektive Sachlage maßgebend ist[240]. Außerdem setzt die Überzeugung des Richters, daß die Partei gegen die Wahrheitspflicht verstoßen hat, voraus, daß er auch von der objektiven Unwahrheit der behaupteten Tatsache überzeugt ist. Zu einer derartigen Überzeugung wird der Richter jedoch kaum gelangen können, wenn die Tatsache unstreitig ist, da keine Beweisaufnahme zur Feststellung dieser Tatsache stattfindet. Dieses hat zur Folge, daß der Richter sich überhaupt keine Gedanken über die Einhaltung der Wahrheitspflicht durch die Partei machen wird.

---

236 BGHZ 19, 387 (390); BGH, NJW 1968, 1233 (1234); NJW 1992, 2564 (2566); KG, JR 1978, 378 (379); Baumbach/Lauterbach-*Hartmann*, § 138 Rn. 63; *Baur/Grunsky*, Zivilprozeßrecht, Rn. 43; *Grunsky*, Verfahrensrecht, S. 183; MüKo-ZPO-*Peters*, § 138 Rn. 16; *Musielak*, Grundkurs, Rn. 92; *Olzen*, ZZP 98 (1985), 403 (418); *Rietzsch*, DStR 1934, 9 (13); *Rosenberg/Schwab/Gottwald*, Zivilprozeßrecht, § 65 VIII 7 a; *Schellhammer*, Zivilprozeß, Rn. 1278; *Seetzen*, WM 1985, 213 (214); Stein/Jonas-*Leipold*, § 138 Rn. 10; *Vollkommer*, RPfleger 1978, 82 (83); *Welzel*, Wahrheitspflicht, S. 16; *Wieczorek*, § 138 Anm. C I c; Zöller-*Greger*, § 138 Rn. 7; anders *Koffka*, ZStW 54 (1935), 45 (47). Abweichend auch *H. Braun*, Versäumnisurteil, S. 156/158, der behauptet, der Richter dürfe "die Lüge nicht deshalb unbeachtet lassen, weil unwahre Behauptungen im Prozeß grundsätzlich verboten wären, sondern weil – und nur wenn! – die Partei mit ihrer Lüge einen Prozeßbetrug begehen will."

237 So *Brinkmann*, Wahrheitspflicht, S. 47; *Scherer*, DRiZ 1996, 58 (61 f.); *Welzel*, Wahrheitspflicht, S. 16; anders *Brehm*, Bindung, S. 9 ff./27 ff./46 ; Stein/Jonas-*Leipold*, § 138 Rn. 12; *Wieczorek*, § 138 Anm. C I c; anders wohl auch *Grunsky*, Verfahrensrecht, S. 187.

238 *Welzel*, Wahrheitspflicht, S. 17.

239 *Welzel*, Wahrheitspflicht, S. 18.

240 Siehe dazu unten 2. Teil A II 2 a (2) (b).

Bei dem mit der Entscheidung befaßten Richter wird durch die Behauptung unwahrer Tatsachen, für die die Verhandlungsmaxime gilt, regelmäßig kein Irrtum erregt, sofern die behaupteten Tatsachen nicht vom Prozeßgegner bestritten werden. Wenn der Richter sich ausnahmsweise in einem Irrtum befindet, kommt es für die Kausalität des Irrtums für den Erlaß der Entscheidung darauf an, welchen Inhalt die Vorstellung des Richters genau hat. Bezieht sie sich allein auf die objektive Wahrheit der behaupteten Tatsache, fehlt die Kausalität, da der Richter eine Entscheidung gleichen Inhalts erlassen hätte, wenn er überzeugt gewesen wäre, daß ein abweichender Sachverhalt vorliegt. Allein wenn der Richter geglaubt hätte, daß der übereinstimmende Vortrag der Parteien objektiv und subjektiv wahr ist, wäre diese Vorstellung kausal für seine Entscheidung. Denkt man sich diesen Irrtum hinweg, so hätte der Richter geglaubt, die Partei würde durch ihren unrichtigen Vortrag gegen die Wahrheitspflicht verstoßen. Dann hätte er die entsprechenden Tatsachen nicht bei der Entscheidungsfindung berücksichtigt und eine Entscheidung anderen Inhalts erlassen.

Ein Irrtum des Richters ist unproblematisch möglich hinsichtlich der von Amts wegen zu berücksichtigenden Tatsachen, da der Richter sich dort unabhängig von dem (übereinstimmenden) Parteivortrag eine Überzeugung von dem Vorliegen der maßgeblichen Tatsache bildet[241]. Kommt der Richter zu dem Ergebnis, daß die behauptete unwahre Tatsache gegeben ist, liegt eine der vorgespiegelten Tatsache entsprechende Fehlvorstellung vor. Diese ist kausal für den Erlaß der Entscheidung. Auch die objektive Zurechenbarkeit ist gegeben, da die Verpflichtung des Gerichts, die Tatsache von Amts wegen zu überprüfen, nicht dazu führt, daß die aufgrund der unrichtigen Feststellung der Tatsache ergehende Entscheidung allein in den Verantwortungsbereich des Richters fällt. Anders als bei der Anwendung und Auslegung des (inländischen) Rechts[242] ist es dem Richter bei der Ermittlung der von Amts wegen zu berücksichtigenden Tatsachen nicht verwehrt, seine Überzeugung auf das entsprechende Parteivorbringen zu stützen bzw. mitzustützen.

2. Irrtum bei der Beweislastentscheidung

Das Vorliegen eines Irrtums ist insbesondere im Fall eines non liquet, in dem das Gericht eine Beweislastentscheidung trifft, problematisch.

Eine Entscheidung nach Beweislastregeln ergeht zu Lasten der beweisbelasteten Partei, entweder wenn diese für eine Tatsache, für die sie die Beweislast trägt, keinen Beweis angeboten hat[243], oder wenn das Gericht auch nach Durchführung der Beweisaufnahme keine Überzeugung von der Wahrheit der behaupteten Tatsache gewinnen konnte. Kennzeichnend für diese Entscheidung "ohne Aufklärung des Sach-

---

[241] Vgl. *Koffka*, ZStW 54 (1935), 45 (46).

[242] Siehe dazu oben 2. Teil A I 1 d.

[243] Diese Möglichkeit übersieht *Lackner* in: LK, § 263 Rn. 313.

verhalts"[244] ist gerade, daß das Gericht nicht zu einer Überzeugung von der Wahrheit oder Unwahrheit der vorgetragenen Tatsachen kommt. Es hält die Wahrheit oder Unwahrheit in gleicher Weise für möglich[245]. Der Richter befindet sich in Unkenntnis, aber nicht in einem Irrtum[246], da er gegenüber der Wahrheitsfrage indifferent geblieben ist[247].

Auch wenn ein Irrtum über den tatsächlichen Sachverhalt im Fall des non liquet eigentlich nicht gegeben ist, wird im Ergebnis – abgesehen von einer Ausnahme[248] – allgemein ein Irrtum des Gerichts angenommen[249]. Die verschiedenen Ansichten unterscheiden sich lediglich in der Begründung. Teilweise wird ausdrücklich für den Fall des non liquet auf einen Irrtum verzichtet bzw. die Unkenntnis des Richters der sonst für erforderlich gehaltenen positiven Fehlvorstellung gleichgestellt[250]. Die Annahme eines Irrtums wird desweiteren mit dem Verfügungszwang des Gerichts begründet[251]. Teilweise wird bei der Bestimmung des Irrtumsbegriffs auf die Schutzbedürftigkeit des Opfers abgestellt und ein Irrtum des Richters im Fall des non liquet bejaht, da die Schutzbedürftigkeit der Partei trotz des Zweifels des Richters nicht entfalle[252] bzw. nur in Schutzmaßnahmen umsetzbare Zweifel aus dem Irrtumsbegriff auszuscheiden seien[253]. Andere verzichten auch im Falle des non liquet nicht auf eine positive Fehlvorstellung; sie nehmen an, der Richter irre sich über die Tatsache, daß die Angaben wahr seien[254], über die Beachtlichkeit des tatsächlichen Parteivor-

---

244 *Rosenberg/Schwab*, Zivilprozeßrecht, 14. Aufl., § 118 I 1.

245 *Koffka*, ZStW 54 (1935), 45 (48).

246 *Gebhardt*, Prozeßbetrug, S. 34.

247 LK-*Lackner*, § 263 Rn. 313.

248 *Giehring*, GA 1973, 1 ff.

249 *Amelung*, GA 1977, 1 (16); *Brinkmann*, Wahrheitspflicht, S. 76; *Eisenberg*, Festschrift für Salger, S. 15 (22); *Frisch*, Festschrift für Bockelmann, S. 647 (666 Fn. 68); *Gebhardt*, Prozeßbetrug, S. 35; R. *Hassemer*, Schutzbedürftigkeit, S. 179; *Keunecke*, Prozeßbetrug, S. 133; *Koffka*, ZStW 54 (1935), 45 (48); *Krey*, BT 2, Rn. 421; *Lenckner*, Prozeßbetrug, S. 105; LK-*Lackner*, § 263, Rn. 313/82; *Otto*, Grundkurs, § 51 VI 5; *ders.*, JZ 1993, 652 (654); *Samson*, JA 1978, 469 (474); *Seelmann*, JuS 1982, 268 (270); Schönke/Schröder-*Cramer*, § 263 Rn. 51; vgl. auch RGSt 69, 44 (48).

250 *Lenckner*, Prozeßbetrug, S. 105; LK-*Lackner*, § 263 Rn. 313/82; ebenso schon *Koffka*, ZStW 54 (1935), 45 (48) und im Anschluß an sie *Keunecke*, Prozeßbetrug, S. 133. Die genannten Autoren stellen jeweils zunächst dar, daß ein Irrtum des Richters nicht gegeben ist, um anschließend einen neuen Irrtumsbegriff für den Betrugstatbestand zu entwickeln. – Für *Franzheim*, wistra 1987, 313 (314 f.) ist das Nichtkennen der Wahrheit regelmäßig ausreichend, um einen Irrtum anzunehmen.

251 *Frisch*, Festschrift für Bockelmann, S. 647 (666).

252 R. *Hassemer*, Schutzbedürftigkeit, S. 179.

253 *Amelung*, GA 1977, 1 (16).

254 *Krey*, BT 2, Rn. 421; *Otto*, Grundkurs, § 51 VI 5; *ders.*, JZ 1993, 652 (654); ebenso schon *Gebhardt*, Prozeßbetrug, S. 35.

trags im Rahmen der Beweiswürdigung[255] oder über die Unmöglichkeit weiterer Sachaufklärung[256].

a) Darstellung der und Auseinandersetzung mit den zum Irrtum im Fall des non liquet vertretenen Ansichten

(1) Rechtsprechung

Das Reichsgericht[257] hat in einem Fall, dem eine Entscheidung nach Beweislastgrundsätzen zugrundelag, einen Irrtum des Richters angenommen, ohne dieses Tatbestandsmerkmal zu problematisieren. Den Irrtum sieht das Reichsgericht darin, daß der Richter eine der Wahrheit widersprechende Tatsache für möglich hielt, so daß er nicht vom Gegenteil überzeugt war. Aus der Entscheidung ergibt sich weder ausdrücklich noch stillschweigend, daß der Tatrichter die Angaben der täuschenden Zeugin für wahr hielt oder daß er die Behauptung der beweisbelasteten Partei nicht für wahr hielt. Es wird lediglich festgestellt, daß der beweisbelasteten Partei der Beweis nicht gelungen war. Da das Reichsgericht mit seiner Entscheidung auf einen Irrtum im herkömmlichen Sinne verzichtet hat, deckt sich seine Ansicht im Ergebnis mit der im folgenden darzustellenden Auffassung.

(2) Literatur

(a) Gleichstellung des Nichtwissens mit der positiven Fehlvorstellung

Verschiedene Autoren stellen entweder speziell im Fall des non liquet[258] oder allgemein im Rahmen des Prozeßbetrugs[259] die Unkenntnis des Richters einer positiven Fehlvorstellung gleich und kommen so zur Annahme eines Irrtums des Richters, der eine Beweislastentscheidung trifft.

Lackner geht im Grundsatz davon aus, daß ein Irrtum eine positive Vorstellung einer der Wirklichkeit widersprechenden Tatsache voraussetze; das bloße Fehlen der Vorstellung einer wahren Tatsache sei kein Irrtum[260]. Aus dem Erfordernis des Widerspruchs zwischen einer Vorstellung und der Wirklichkeit ergebe sich, daß der Getäuschte die vorgespiegelte Tatsache für wahr halten müsse. Dieses "Für-wahr-Hal-

---

[255] *Eisenberg*, Festschrift für Salger, S. 15 (22).

[256] *Seelmann*, JuS 1982, 268 (270); Schönke/Schröder-*Cramer*, § 263 Rn. 51.

[257] RGSt 69, 44 (48).

[258] *Keunecke*, Prozeßbetrug, S. 133; *Koffka*, ZStW 54 (1935), 45 (48); *Lenckner*, Prozeßbetrug, S. 105; LK-*Lackner*, § 263 Rn. 313/82; vgl. auch *Frisch*, Festschrift für Bockelmann, S. 647 (666).

[259] *Amelung*, GA 1977, 1 (16); *R. Hassemer*, Schutzbedürftigkeit, S. 179.

[260] LK-*Lackner*, § 263 Rn. 75.

ten" brauche keine subjektive Gewißheit zu sein[261]. Nicht erforderlich sei, daß der Getäuschte von der ihm vorgespiegelten Tatsache überzeugt sei; auch ein mehr oder minder intensives Für-möglich-Halten müsse miteinbezogen werden[262]. Nicht ausreichend sei es jedoch, wenn der Getäuschte die vorgespiegelte Tatsache nur für möglich halte, zu ihrer Wahrheit aber nicht Position beziehe, namentlich ihr gegenüber gleichgültig sei, da er nicht auf eine List hereinfalle: seine Vorstellung sei im Blick auf die Wahrheit keine "Fehl"-Vorstellung, sondern eine nach jeder Richtung offene. Er verfüge nicht, weil er sich von der Wahrheitsvorstellung motivieren lasse, sondern weil er sich gedankenlos zu einem Verhalten herbeilasse, das er bei Kenntnis der Wahrheit lediglich unterlassen hätte[263].

Lackner nimmt an, die prozessuale Beweislastregelung zwinge dazu, eine Ausnahme von dem Erfordernis des Für-wahr-Haltens für den Fall anzuerkennen, daß der Richter schon aufgrund eines non liquet zum Nachteil einer Partei entscheiden müsse. In diesem Fall habe die List des Täters Erfolg, obwohl der Richter seine Entscheidung nicht auf die Wahrheit der vorgespiegelten Tatsache gründe[264]. Der Richter habe sich im Fall des non liquet an sich – bei Zugrundelegung der allgemeinen Grundsätze – nicht geirrt. Immerhin habe er aber seine Entscheidung im Ergebnis so getroffen, als sei die vorgespiegelte Tatsache wahr[265]. Ausschlaggebend sei, daß der Kausalzusammenhang zwischen der Täuschungshandlung und der Vermögensverfügung zwar nur über ein Nichtwissen des Richters, nämlich die Unkenntnis der für die Entscheidung erheblichen Tatsache, vermittelt werde, dieses Nichtwissen sei hier aber ausnahmsweise einer positiven Fehlvorstellung deshalb gleichzusetzen, weil die Täuschung im Gegensatz zu den anderen Fällen einer indifferenten Haltung gegenüber der Wahrheitsfrage den besonderen Unwert einer Überlistung aufweise. Die Beweislastregelung des Prozeßrechts führe dazu, daß sich die lügende Partei kraft Gesetzes mit ihrer Täuschung gegenüber dem zweifelnden Richter schon dann durchsetzen könne, wenn dieser mit seiner Überzeugungsbildung nur bis zu einem non liquet vorzudringen vermag. Dadurch, daß das Gesetz der nicht beweisbelasteten Partei den Vorzug gebe, gebe es dieser die Möglichkeit, List erfolgreich auch zu dem Zweck einzusetzen, den Richter nur an der Bildung einer richtigen Vorstellung zu hindern. Die Täuschungshandlung nehme also auch hier – nicht anders als im Normalfall des Irrtums – die Vorstellung des Richters zur Herbeiführung der Vermögensverfügung in Anspruch[266]. *Lackner* räumt ein, daß er damit eine – "sei es auch nur geringfügige und nach teleologischer Bewertung gerechtfertigte" – Ausdehnung des Irrtumsbegriffs über die positive Fehlvorstellung hinaus vornimmt. Diese Ausdehnung des Irrtumsbegriffs rechtfertigt er damit, daß ohne sie Erpressung in mit-

---

261 LK-*Lackner*, § 263 Rn. 79.

262 *Lackner*, § 263 Rn. 18.

263 LK-*Lackner*, § 263 Rn. 81.

264 LK-*Lackner*, § 263 Rn. 82/313.

265 LK-*Lackner*, § 263 Rn. 313.

266 LK-*Lackner*, § 263 Rn. 313; ebenso *Lenckner*, Prozeßbetrug, S. 104.

telbarer Täterschaft durch Vollstreckung der richterlichen Entscheidung in Frage käme, eine Deutung, die dem Tatbild sehr viel schlechter entsprechen würde als die Annahme eines Betrugs[267].

Ebenso wie *Lackner* sind auch *Lenckner*, *Koffka* und *Keunecke* der Ansicht, daß der Richter, der eine Beweislastentscheidung treffe, sich in einem Irrtum befinde. Die bloße Unkenntnis über einen Tatumstand und das Bewußtsein seiner möglichen Unwahrheit müßten dem Irrtum dort gleichstehen, wo sie Grundlage für eine Vermögensverfügung bildeten, die bei Kenntnis der wahren Sachlage nicht erfolgt wäre[268]. Diese Auslegung des Irrtumsbegriffs stimme zwar mit dem allgemeinen Sprachgebrauch nicht überein, sei aber für den § 263 StGB richtig[269]. Es sei gleichgültig, welche Vorstellung der allgemeine Sprachgebrauch mit dem Begriff "Irrtum" verbinde[270]. Es könne strafrechtlich keinen Unterschied machen, ob der Richter eine Klage deshalb abweise, weil er die Behauptung des Klägers als widerlegt ansehe, also ein Irrtum gegeben sei, oder deshalb, weil er sie nicht als erwiesen ansehe, an sich also kein Irrtum gegeben sei[271]. Die Betrugsvorschrift wolle eine von Täuschung freie Vermögensverfügung gewährleisten; es müsse deshalb genügen, daß der Partei der Schwindel als solcher gelungen sei[272].

Gegen die Ansicht, die die Unkenntnis des Richters einer positiven Fehlvorstellung gleichstellt, bestehen verschiedene Bedenken. Die Vertreter dieser Ansicht[273] verzichten im Ergebnis auf einen Irrtum und stellen allein auf die Kausalität der Täuschungshandlung für die Vermögensverfügung ab. Dieses Vorgehen ist deswegen zweifelhaft, weil es sich bei dem Irrtum um ein selbständiges Betrugsmerkmal handelt[274], auf das aus Gründen des Analogieverbots (Art. 103 II GG) nicht verzichtet werden kann. § 263 StGB lautet nicht "wer durch Täuschung das Vermögen eines anderen beschädigt, wird ... bestraft"[275].

Der bei dem Getäuschten erregte oder unterhaltene Irrtum ist als objektiv zurechenbarer Zwischenerfolg zur Verwirklichung des Betrugstatbestands erforderlich[276]. Das eigenständige Irrtumsmerkmal darf aus diesem Grund nicht zu einem schlichten

---

267 LK-*Lackner*, § 263 Rn. 313.

268 *Koffka*, ZStW 54 (1935), 45 (49) und im Anschluß an sie *Keunecke*, Prozeßbetrug, S. 133 und *Lenckner*, Prozeßbetrug, S. 105; dagegen *Gebhardt*, Prozeßbetrug, S. 34 unter Hinweis auf das Analogieverbot.

269 *Koffka*, ZStW 54 (1935), 45 (49).

270 *Keunecke*, Prozeßbetrug, S. 133.

271 *Koffka*, ZStW 54 (1935), 45 (50); vgl. auch *Lenckner*, Prozeßbetrug, S. 105 f.

272 *Keunecke*, Prozeßbetrug, S. 133; *Lenckner*, Prozeßbetrug, S. 105.

273 Ebenso auch RGSt 69, 44 (48); siehe dazu oben 2. Teil A II 2 a (1).

274 *Amelung*, GA 1977, 1 (2); LK-*Lackner*, § 263 Rn. 73; *Tröndle*, § 263 Rn. 18.

275 Darauf weist auch *Amelung*, GA 1977, 1 (2) ausdrücklich hin.

276 *Frisch*, Festschrift für Bockelmann, S. 647 (650); *Schmidhäuser*, BT, 11/7.

psychischen Abbild des Angriffsmittels degradiert werden[277], indem jede durch die Täuschungshandlung verursachte Vorstellung des Getäuschten erfaßt wird. Allein eine schlichte Erfolgsverursachung reicht nicht aus; es muß vielmehr die Kausalität zwischen Täterhandlung und Verfügung eine irrtumsvermittelte sein[278].

Unabhängig davon, ob für die Annahme eines Irrtums i. S. des § 263 StGB erforderlich ist, daß der Getäuschte die Wahrheit der vom Täter behaupteten Tatsache für wahrscheinlich[279] oder für überwiegend wahrscheinlich[280] halten muß oder ob ein mehr oder minder intensives Für-möglich-Halten ausreichend ist[281], kann von einem Irrtum zumindest dann nicht mehr gesprochen werden, wenn der Getäuschte gegenüber der Wahrheitsfrage gleichgültig ist[282], also die Wahrheit oder die Unwahrheit in gleicher Weise für möglich hält, ohne die Vermögensverfügung im Hinblick auf die Wahrheit der vorgespiegelten Tatsache vorzunehmen[283]. Ein Irrtum liegt daher nicht vor, wenn eine non-liquet-Situation besteht[284], wenn die erforderliche positive Stellungnahme zum Wahrheitsgehalt der Täterbehauptung fehlt[285], da dann der Getäuschte auf die Wahrheit der Aussage des Täters nicht vertraut.

Der prägnanten Aussage von *Arzt/Weber* "Wer zweifelt, irrt."[286] kann nicht gefolgt werden. *Arzt/Weber* begründen ihre Ansicht damit, daß, wer Tatsachen für möglich oder wahrscheinlich halte, sich irre, denn Tatsachen "sind". Die im Zweifel implizierte Möglichkeit, es könnte eine andere als die wirklich gegebene Tatsache vorliegen, sei daher falsch[287]. Dem ist entgegenzuhalten, daß die Vorstellung, die Wirklichkeit sehe so oder anders aus, nicht falsch sein kann. Es ist zutreffend, daß

---

277 *Frisch*, Festschrift für Bockelmann, S. 647 (650).

278 *Krack*, List, S. 45, der sich bei seinen Ausführungen auf § 235 StGB bezieht; vgl. aber S. 43 Fn. 119: "Damit ist nicht gesagt, daß die folgenden Ausführungen für den Betrugstatbestand nicht gelten." Entsprechend können seine Aussagen auf den Betrug übertragen werden.

279 *Krey*, BT 2, Rn. 373; so wohl auch BGH, wistra 1990, 305; wistra 1992, 95.

280 *Giehring*, GA 1973, 1 (21 f.); ihm folgend *Dästner*, ZRP 1976, 36 (37); *Sonnen*, wistra 1982, 123 (128).

281 *Amelung*, GA 1977, 1 (7); *Arzt/Weber*, LH 3, Rn. 416; *Binding*, BT 1, S. 352 Fn. 3; *Deutscher/Körner*, JuS 1996, 296 (302); *R. Hassemer*, Schutzbedürftigkeit, S. 166; *Herzberg*, GA 1977, 289 (297); *Lackner*, § 263 Rn. 18; LK-*Lackner*, § 263 Rn. 79 ff.; *Otto*, Grundkurs, § 51 III 2 a; *Samson*, JA 1978, 469 (474); Schönke/Schröder-*Cramer*, § 263 Rn. 40; *Tröndle*, § 263 Rn. 18; *Wessels*, BT 2, Rn. 494.

282 *Arzt/Weber*, LH 3, Rn. 417; *Deutscher/Körner*, JuS 1996, 296 (302); LK-*Lackner*, § 263 Rn. 81; *Schweichel*, JZ 1968, 340 (341); Schönke/Schröder-*Cramer*, § 263 Rn. 40; vgl. auch OLG Köln, JZ 1968, 340; AG Berlin-Tiergarten, NJW 1989, 846; offengelassen von *Herzberg*, GA 1977, 289 (298).

283 Vgl. *Reese*, Täuschung, S. 140: "nicht-gewußten Tatsachen" komme eine motivierende Kraft nicht zu.

284 *Ellmer*, Betrug, S. 282, der den Begriff des non liquet allerdings unabhängig von der Frage der Beweislastentscheidung verwendet.

285 *Ellmer*, Betrug, S. 282 Fn. 51.

286 *Arzt/Weber*, LH 3, Rn. 416; zustimmend *Hillenkamp*, Vorsatztat, S. 23.

287 *Arzt/Weber*, LH 3, Rn. 416.

die Wirklichkeit so oder anders ist. Jemand, der sich bewußt ist, daß eine Tatsache nur möglicherweise gegeben ist, hat keine genaue Vorstellung. Da eine bestimmte Vorstellung von der fraglichen Tatsache nicht vorliegt, handelt es sich nicht um eine Fehlvorstellung[288]. Ein Irrtum ist daher ausgeschlossen, sofern das Opfer die vom Täter vorgespiegelte (Fehl-)Vorstellung zwar für möglich hält, sich jedoch auch der ganzen Bandbreite der Alternativen bewußt ist[289]. Wenn der Getäuschte seine Zweifel nicht zurückstellt, sondern seine Entscheidung von der Kenntnis über die ungewisse Tatsache abkoppelt und sich statt dessen auf die bloße Hoffnung, daß seine Möglichkeitsvorstellung der Realität entspricht, stützt, liegt ein Irrtum nicht vor[290]. Wenn der Getäuschte ohne Rücksicht auf die Wahrheit der behaupteten Tatsache verfügt, hat diese Verfügung ihre vorrangige Ursache nicht in dem Verhalten des Täters, das nur mitmotivierend ist, sondern in einem vom Täter unabhängigen Umstand. § 263 StGB fordert die Erregung eines Irrtums, die "Erregung eines motivierenden Nicht-Irrtums" ist nicht ausreichend[291]. Es fehlt dann die für die Tathandlung des Betrugs kennzeichnende Enttäuschung schutzwürdigen Vertrauens[292].

Dem Irrtum kommt nur dann eine eigenständige Funktion zu, wenn für die Annahme eines Irrtums vorausgesetzt wird, daß der Getäuschte die vorgespiegelten Tatsachen (in welcher Weise auch immer) zumindest für wahr hält. Dieses ergibt sich auch bei Berücksichtigung der möglichen Bedeutung des Begriffs Irrtum. Die wörtliche Auslegung hilft bei der Bestimmung des Irrtumsbegriffs zwar nicht wesentlich weiter[293]. Der Sprachgebrauch dürfte sowohl eine enge als auch eine weite Auslegung des Irrtumsmerkmals decken[294]. Es ist sprachlich nicht von vornherein ausgeschlossen, den Irrtumsbegriff auf Fälle subjektiv gewisser Fehlvorstellungen zu beschränken oder ihn in durchaus differenzierter Weise auf Möglichkeitsvorstellungen bestimmter oder jeder Intensität zu erstrecken[295]. Allerdings deckt die umgangssprachliche Bedeutung des Wortes Irrtum kaum den konkreten Zweifel[296]. Daher bestehen Bedenken gegen eine extrem weite Interpretation des Irrtumsbegriffs, die lediglich die sichere Kenntnis vom wahren Sachverhalt ausspart. Diese ergeben sich aus der Bindung der Strafrechtsanwendung an den Wortsinn des gesetzlichen Tatbestands, soweit eine Ausdehnung zuungunsten des Täters in Frage steht[297]. Jedenfalls wird mit einer solchen Auslegung der dem allgemeinen Sprachgebrauch entspre-

288 *Krack*, List, S. 43 f.

289 *Krack*, List, S. 43.

290 *Krack*, List, S. 45.

291 *Amelung*, GA 1977, 1 (12).

292 *Ellmer*, Betrug, S. 272.

293 Vgl. auch *Reese*, Täuschung, S. 138.

294 R. *Hassemer*, Schutzbedürftigkeit, S. 122.

295 LK-*Lackner*, § 263 Rn. 79.

296 *Amelung*, GA 1977, 1 (16).

297 *Giehring*, GA 1973, 1 (17).

chende Begriffsinhalt überschritten[298]. Allein die praktische Erwägung, daß die einschränkende Auslegung des Tatbestandsmerkmals "Irrtum" für die Praxis zu eng sei[299], kann nicht zu einer derart extensiven Auslegung des Irrtumsbegriffs führen, die dieses Betrugsmerkmal im Ergebnis überflüssig macht.

Der Richter trifft im Fall des non liquet seine Entscheidung aufgrund der bestehenden Beweislastregelungen. Die Entscheidung hat seine Ursache in dem durch das unwahre Vorbringen der täuschenden Partei herbeigeführten non liquet. Hätte der Richter gewußt, daß die von der Partei aufgestellten Behauptungen falsch sind, wäre er zu einer Überzeugung von der Wahrheit der gegenteiligen Tatsachen gekommen und hätte eine Entscheidung entsprechenden Inhalts erlassen. Allein die Tatsache, daß der Getäuschte die Verfügung bei Kenntnis der wahren Sachlage nicht getroffen hätte, ist für die Annahme eines Irrtums jedoch nicht ausreichend[300]. Dieses liefe darauf hinaus, einen Betrug auch dann zu bejahen, wenn ein Irrtum überhaupt nicht vorliegt, ein dogmatisch ebenso wie im Hinblick auf Art. 103 GG nicht zu akzeptierendes Ergebnis[301]. Zusätzlich zu der bloßen Ursächlichkeit des täuschenden Verhaltens für die Entscheidung des Richters liegt jedoch – zumindest im Hinblick auf die von der Partei vorgetragenen äußeren Tatsachen – keine Vorstellung des Richters vor, die sich unter den Irrtumsbegriff subsumieren ließe.

Die vorgenannten Bedenken können auch *Frisch* entgegengehalten werden, der auf einem anderen Wege zu dem gleichen Ergebnis wie die bisher genannten Autoren gelangt. Für *Frisch* liegt die grundsätzliche Funktion des Gesetzesbegriffs "Irrtum" im Betrugstatbestand darin, aus dem weiten Feld von Bereitschaften eines Vermögensträgers zu unmittelbar vermögensbeeinträchtigenden Verfügungen durch das Erfordernis einer bestimmten kausalen Zurückführbarkeit dieser Bereitschaft einen engeren Kreis herauszuheben, vor dessen vermögensbeeinträchtigenden Auswirkungen § 263 StGB schützen wolle[302]. Er will bei der Frage nach dem Vorliegen eines Irrtums die Eigenheiten bestimmter Auslöse- und Verfügungsmechanismen sowie das Phänomen etwa bestehender Zwänge rechtlicher oder sozialer Art zu Verfügungen berücksichtigen. Seiner Ansicht nach könnte der Blick auf Verfügungszwänge vor allem die Zugehörigkeit von Möglichkeitsvorstellungen zum Irrtum begründen.

---

298 *Giehring*, GA 1973, 1 (17), der offen läßt, ob damit bereits der Bereich unzulässiger Analogie erreicht wäre, da seiner Ansicht nach eine auch vage Möglichkeitsurteile einbeziehende Ausweitung des Irrtumsbegriffs jedenfalls wegen der damit verbundenen Überdehnung des Schutzbereichs des Betrugstatbestandes abzulehnen sei.

299 *Franzheim*, wistra 1987, 313 (314).

300 BGH, wistra 1992, 141; OLG Düsseldorf, StV 1989, 347 (348); AG Berlin-Tiergarten, NJW 1989, 846; *Groß*, NJW 1973, 600 (601); vgl. auch OLG Köln, JZ 1968, 340; anders BGHSt 2, 325 (326 f.); 24, 257 (260 f.); OLG Celle, MDR 1957, 436 (437).

301 *Groß*, NJW 1973, 600 (601).

302 *Frisch*, Festschrift für Bockelmann, S. 647 (661).

Wo – zumal rechtlicher – Zwang zur Verfügung bei Möglichkeit bestehe, könne das Recht sich dem Schutz vor Mißbrauch solcher Verfügungsbereitschaften schwerlich versagen[303]. Als Beispiel für den rechtlichen Zwang zur Vornahme einer Verfügung bei Möglichkeit nennt *Frisch* den des Zivilrichters im Fall des non liquet[304].

Mit der Annahme, daß wegen des für das Gericht bestehenden Verfügungszwangs ein Irrtum auch gegeben sei, wenn das Gericht die Unwahrheit der vorgetragenen Tatsachen für möglich halte, setzt *Frisch* sich in Widerspruch zu seinen Ausführungen zum Begriff und der Funktion des Irrtums im Betrugstatbestand, da damit allein die erfolgreiche Überlistung zur Bejahung eines Irrtums führt. Gerade darin erschöpft sich jedoch seiner Ansicht nach die Funktion des Irrtums nicht[305]. Auch wäre mit der Annahme eines Irrtums allein aufgrund des für das Gericht bestehenden Verfügungszwangs nicht die von *Frisch* geforderte Beachtung der Bedeutung des Irrtums als erster zu verhindernder (Zwischen-)Erfolg gewährleistet[306].

Für den Sonderfall des Prozeßbetrugs verzichten im Ergebnis auch *Amelung* und *Hassemer* auf einen Irrtum des Richters, weshalb ihre Ansicht denselben Bedenken ausgesetzt ist wie die der bisher genannten Autoren, auch wenn sie einen von den vorgenannten Ansichten abweichenden Ansatz vertreten und bei der Bestimmung des Irrtumsbegriffs auf die Schutzbedürftigkeit des Opfers abstellen[307].

Amelung ist der Ansicht, Aufgabe des Merkmals "Irrtum" im Betrugstatbestand sei es, dem Prinzip der Subsidiarität des strafrechtlichen Rechtsgüterschutzes zur Geltung zu verhelfen[308]. Zweifel des Getäuschten stünden grundsätzlich nicht der Annahme eines Irrtums entgegen. Es seien aus dem Irrtumsbegriff alle, aber auch nur die Zweifel auszuscheiden, die auf einem konkreten Anhaltspunkt beruhen[309], da sich der Zweifelnde selbst schützen könne. "Der handfest begründete Zweifel" müsse aus dem Irrtumsbegriff ausgeklammert werden[310]. Im Zivilprozeß zwinge das Verbot der Rechtsverweigerung den Richter häufig dazu, trotz Zweifeln zuungunsten einer Prozeßpartei zu verfügen. Die Prozeßordnung schlage damit dem Getäuschten Mittel des Vermögensschutzes aus der Hand, die in anderen Zweifelsfällen bestünden. Das mache eine gesonderte Behandlung dieser Fälle erforderlich[311]. Der Gedanke, daß (konkret begründete) Zweifel aus dem Irrtumsbegriff auszuscheiden

---

303 *Frisch*, Festschrift für Bockelmann, S. 647 (666).

304 *Frisch*, Festschrift für Bockelmann, S. 647 (666 Fn. 68).

305 *Frisch*, Festschrift für Bockelmann, S. 647 (650).

306 *Frisch*, Festschrift für Bockelmann, S. 647 (650).

307 Gegen diese viktimodogmatische Tatbestandseinschränkung *Hillenkamp*, Vorsatztat, S. 21 ff./33 ff./138 ff.; LK-*Lackner*, § 263 Rn. 80; *Loos/Krack*, JuS 1995, 204 (207 f.); *Maurach/Schroeder/Maiwald*, BT 1, § 41 Rn. 68; SK-StGB-*Samson/Günther*, § 263 Rn. 57; Schönke/Schröder-*Cramer*, § 263 Rn. 40.

308 *Amelung*, GA 1977, 1 (6).

309 *Amelung*, GA 1977, 1 (7).

310 *Amelung*, GA 1977, 1 (8).

311 *Amelung*, GA 1977, 1 (11).

seien, weil der Zweifelnde sich selbst schützen könne, treffe auf den Prozeßbetrug nicht zu. Daher sei der Begriff des Irrtums dahingehend zu konkretisieren, daß nur in Schutzmaßnahmen umsetzbare Zweifel aus ihm auszuscheiden seien[312].

Hassemer, dessen Überlegungen mit denen *Amelungs* vergleichbar sind, ist der Ansicht, dem Irrtumsmerkmal im Rahmen des § 263 StGB komme die Aufgabe zu, solche gegen das Rechtsgut gerichteten Angriffe aus dem Schutzbereich auszuscheiden, denen gegenüber das präsumtive Opfer über ausreichende Selbstschutzmöglichkeiten verfüge. Dieses ergebe sich aus einer am Kriterium der Schutzbedürftigkeit des Opfers orientierten Auslegung des als Beziehungsdelikt zu qualifizierenden Tatbestands[313]. *Hassemer* unterscheidet innerhalb des Irrtumsmerkmals zwischen diffusen und konkreten Zweifeln. Ein Irrtum im Sinne des Betrugstatbestands liege dann vor, wenn der Rechtsgutsträger der Wahrheit der Tatsachenbehauptung subjektiv gewiß sei oder wenn er an ihr nur diffuse Zweifel habe, da die Selbstschutzmöglichkeiten des Rechtsgutsträgers nur dann neutralisiert seien[314]. Ein diffuser Zweifel liege dann vor, wenn der Rechtsgutsträger sich in einer Situation bewußt erlebter Ungewißheit befinde, d. h. wenn er wisse, daß der Wahrheitsgehalt der Tatsachenbehauptung von ihm nicht überprüft worden sei und er insoweit auf den guten Willen und die Lauterkeit des mit ihm Interagierenden angewiesen sei[315]. Ein konkreter Zweifel sei dadurch gekennzeichnet, daß der Rechtsgutsträger über das allgemeine Bewußtsein der Unsicherheit hinaus in einer spezifischen Form an der Wahrheit einer ganz bestimmten relevanten Tatsache zweifle. Der Zweifel des Rechtsgutsträgers werde dann zum konkreten, wenn das Maß des üblichen Mißtrauens überschritten werde und das Wissen um die Unsicherheit des Wahrheitsgehalts der Tatsachenbehauptungen sich in irgendeiner Form zuspitze[316]. Ein Rechtsgutsträger, der trotz konkreter Zweifel an der Wahrheit der vorgespiegelten Tatsache verfüge, reduziere seine Selbstschutzmöglichkeiten in so erheblichem Umfang, daß vom Entfallen seiner Schutzbedürftigkeit ausgegangen werden müsse. Seine kognitive Situation könne dem Tatbestandsmerkmal "Irrtum" nicht mehr subsumiert werden[317].

Hassemer stellt den von ihm entwickelten Ansatz ausführlich anhand des Prozeßbetrugs dar[318]. Da stringente normative Gründe für eine alternative Bestimmung von Tatbestandsmerkmalen des § 263 StGB im Rahmen der Vorgänge im Zivilprozeß nicht aufzeigbar seien, habe die rechtliche Beurteilung der Prozeßbetrugsfälle nach den Kriterien des Regelfalls zu erfolgen[319]. Weil das Gericht grundsätzlich weder autonom positive Informationsentscheidungen fällen noch prophylaktisch von der

---

312 *Amelung*, GA 1977, 1 (16).
313 R. *Hassemer*, Schutzbedürftigkeit, S. 166.
314 R. *Hassemer*, Schutzbedürftigkeit, S. 166.
315 R. *Hassemer*, Schutzbedürftigkeit, S. 132.
316 R. *Hassemer*, Schutzbedürftigkeit, S. 134.
317 R. *Hassemer*, Schutzbedürftigkeit, S. 147.
318 R. *Hassemer*, Schutzbedürftigkeit, S. 175 ff.
319 R. *Hassemer*, Schutzbedürftigkeit, S. 177.

Verfügung gänzlich absehen könne, sei die Anwendbarkeit des Irrtumsmerkmals im Fall eines konkreten Zweifels des verfügenden Richters besonders problematisch. Im Vergleich zu dem "normalen" konkret zweifelnden Rechtsgutsträger sei hier das Ausmaß der Realisierungschancen individueller Schutzmöglichkeiten entscheidend beschnitten[320]. Da dieses die Konsequenz bestimmter, von den Parteien nicht unmittelbar beeinflußbarer rechtlicher Regelungen sei, entfalle die Schutzbedürftigkeit des Rechtsgutsträgers auch bei einer richterlichen Verfügung trotz konkreten Zweifels an den Tatsachenbehauptungen der täuschenden Partei nicht. Grundsätzlich sei daher bei allen Verfahrensarten – auch bei richterlichen Entscheidungen nach Säumnis einer Partei, bei unbestrittenem Vorbringen, Geständnis oder nach Beweislastregeln – eine die Anwendbarkeit des Irrtumsmerkmals eröffnende Kognitionslage denkbar[321]. Daß der Richter häufig konkrete Zweifel an der Wahrheit der ihm unterbreiteten Tatsachenbehauptungen haben werde, schließe die Anwendbarkeit des Irrtumsmerkmals dann nicht aus, wenn ihm nach den Grundsätzen des Zivilprozesses weitergehende Möglichkeiten des Individualschutzes nicht zu Gebote stünden[322]. Eindeutig in den Anwendungsbereich des Irrtumsmerkmals falle die richterliche Verfügung nach einer Täuschungshandlung im kontradiktorischen Verfahren, da eine solche Entscheidung immer subjektive Gewißheit oder höchstens diffuse Zweifel des Gerichts zur Grundlage habe[323].

Bei Zugrundelegung der von *Amelung* und *Hassemer* vertretenen Ansicht ergibt sich, daß sich der Richter, da weder er noch die geschädigte Partei Möglichkeiten hat, sich vor Täuschungen des Gegners zu schützen, auch im Fall des non liquet in einem Irrtum befindet. Dieses Ergebnis folgt nicht aus dem Vorliegen einer bestimmten Vorstellung des Richters, sondern negativ aus dem Nichtentfallen der Schutzbedürftigkeit trotz der Unkenntnis des Richters.

Gegen den viktimodogmatischen Ansatzpunkt von *Amelung* und *Hassemer* spricht die mögliche Wortbedeutung des Begriffs "Irrtum". *Amelung* und *Hassemer* interpretieren mit ihrer Konzeption nicht den Wortlaut, sondern ersetzen ihn durch eine individuell für richtig gehaltene kriminalpolitische Entscheidung[324]. Die Wortlautgrenze des Begriffs Irrtum ist überschritten, wenn das Fehlen von Selbstschutzmöglichkeiten zu einem notwendigen Merkmal des Begriffs "Irrtum" erhoben wird[325] und solche Zweifel, die man nicht überprüfen kann, einbezogen und diejenigen, die sich nicht in Schutzmaßnahmen umsetzen lassen, ausgegrenzt werden[326].

---

320 R. *Hassemer*, Schutzbedürftigkeit, S. 178.

321 R. *Hassemer*, Schutzbedürftigkeit, S. 179.

322 R. *Hassemer*, Schutzbedürftigkeit, S. 179 f.

323 R. *Hassemer*, Schutzbedürftigkeit, S. 180.

324 *Hillenkamp*, Vorsatztat, S. 23/34.

325 *Ellmer*, Betrug, S. 154.

326 *Hillenkamp*, Vorsatztat, S. 23.

Die allein an die Schutzbedürftigkeit des Opfers angelehnte Bestimmung des Irrtumsbegriffs vermag auch deswegen nicht zu überzeugen, weil dieses – wie von *Amelung* und *Hassemer* vertreten – im Einzelfall so weit geht, daß jede Vorstellung, die für eine Verfügung kausal ist, einen Irrtum begründen soll. Auch wenn man den Ausgangspunkt von *Amelung* und *Hassemer* zugrundelegt, daß der Gedanke der fehlenden Schutzbedürftigkeit des Opfers einen Irrtum bei konkreten Zweifel ausschließt, so können doch zumindest nicht allein Schutzbedürftigkeitserwägungen dazu führen, daß die über konkrete Zweifel hinausgehende Unkenntnis des Getäuschten einem Irrtum gleichsteht. Insoweit können gegen diesen viktimodogmatischen Ansatzpunkt von *Amelung* und *Hassemer* die bisher genannten Bedenken angeführt werden. Auch widerspricht sich *Amelung* selbst, wenn er im Ergebnis auf einen Irrtum des Gerichts verzichtet, gleichzeitig aber behauptet, auf einen Irrtum im Rahmen des Betrugstatbestands könne nicht verzichtet werden[327]. Allein die Tatsache, daß das Gericht bei einer bestimmten Beweislage verpflichtet ist, auch bei Unkenntnis von der Wahrheit der vorgetragenen Tatsachen zu Lasten der beweisbelasteten Partei zu entscheiden, kann nicht die Annahme eines Irrtums des Richters begründen.

Die Unkenntnis kann – auch im Fall der Beweislastentscheidung – nicht einer positiven Fehlvorstellung gleichgestellt werden; sie reicht für die Annahme eines Irrtums i. S. von § 263 StGB nicht aus.

(b) Irrtum über die Tatsache, daß die Angaben wahr sind

Entgegen den bisher dargestellten Ansichten verzichten einige Autoren auch im Fall des non liquet nicht auf eine positive Fehlvorstellung des Richters. Auf der Grundlage des auch sonst von ihnen vertretenen Irrtumsbegriffs nehmen sie an, der Richter habe sich über die Tatsache, daß die Angaben wahr sind, geirrt.

Otto ist der Ansicht, daß etwaige verbleibende Zweifel des Getäuschten den Irrtum nicht hinderten, wenn der Getäuschte letztlich seine Zweifel überwinde und die Fehlvorstellung für die richtige halte, denn der Zweifelnde, aber schließlich doch Überzeugte sei nicht weniger schutzwürdig als der Leichtgläubige[328].

Einschränkend nimmt *Krey* einen Irrtum nur dann an, wenn der Getäuschte es für wahrscheinlich halte, die Behauptung des Täters sei zutreffend, und auf diese Einschätzung seine Vermögensverfügung baue. Eine überwiegende Wahrscheinlichkeit i. S. *Giehrings* sei aber dabei nicht zu fordern[329]. Mangels Schutzwürdigkeit des Opfers entfalle das Merkmal Irrtum dann, wenn der zweifelnde Täuschungsadressat

---

327 *Amelung*, GA 1977, 1 (2).

328 *Otto*, Grundkurs, § 51 III 2 a.

329 *Krey*, BT 2, Rn. 373.

es für unwahrscheinlich halte, die Täterbehauptung treffe zu, aber gleichwohl verfüge[330].

Bei Zugrundelegung der Ansichten von *Otto* und *Krey* kann ein Irrtum des Richters aus der Unkenntnis über die äußeren Tatsachen nicht hergeleitet werden, da der Richter im Fall des non liquet es nicht für wahrscheinlich hält, daß gerade die Behauptungen der täuschenden, nicht beweisbelasteten Partei zutreffen, und er nicht seine bestehenden Zweifel überwindet und deswegen verfügt. Dennoch sind *Otto* und *Krey* der Ansicht, eine Irrtumserregung sei auch bei einer Entscheidung, die aufgrund der im Fall eines non liquet eingreifenden Beweislastregeln ergehe, gegeben[331]. Die Wahrheitspflicht der Parteien (§ 138 I ZPO) habe zur Folge, daß sie bei ihrem Vortrag konkludent erklärten, nichts bewußt Unwahres zu behaupten[332]. Wer eine Behauptung aufstelle, der erkläre zugleich, daß die Behauptung nach seiner Ansicht wahr sei oder zumindest wahr sein könne, d. h. ihm nicht das Gegenteil seiner Behauptung bekannt sei[333]. Glaube der Richter dieser konkludenten Erklärung – oder halte er wenigstens für wahrscheinlich, daß sie wahr sei, was naheliegend erscheine[334] – so sei eine positiv vorhandene falsche Vorstellung des Richters gegeben[335]. Das Gericht irre sich über die Tatsache, daß die Angaben wahr seien[336]. Es liege ein Irrtum über die Tatsache der Unwahrheit des Bestreitens vor[337]. Das bloß abstrakte Wissen, daß Prozeßparteien u. U. die Unwahrheit vortragen, schließe Täuschung und Irrtum im konkreten Fall nicht aus, solange das Rechtspflegeorgan nicht positiv wisse, daß die Angaben im konkreten Fall unwahr seien[338].

Dieser Irrtum sei im Fall eines non liquet kausal für das Urteil, wenn der Gegner des Täuschenden nach Beweislastregeln unterliege[339]. Dieses habe seinen Grund darin, daß ein bewußt wahrheitswidriges Parteivorbringen gemäß § 138 I ZPO unbeachtlich sei, so daß ohne diesen Irrtum des Richters das Vorbringen zurückgewiesen worden und kein Beweislasturteil zugunsten des Täuschenden ergangen wäre[340]. Es komme nicht darauf an, ob der Richter meine, seine Entscheidung entspreche der

---

[330] *Krey*, BT 2, Rn. 374.

[331] *Krey*, BT 2, Rn. 421; *Otto*, Grundkurs, § 51 VI 5; *ders.*, JZ 1993, 652 (654); ebenso schon *Gebhardt*, Prozeßbetrug, S. 35.

[332] *Krey*, BT 2, Rn. 421.

[333] *Gebhardt*, Prozeßbetrug, S. 32; *Keunecke*, Prozeßbetrug, S. 49; *Krey*, BT 2, Rn. 421.

[334] *Krey*, BT 2, Rn. 421.

[335] *Gebhardt*, Prozeßbetrug, S. 35.

[336] *Gebhardt*, Prozeßbetrug, S. 35; *Krey*, BT 2, Rn. 421; *Otto*, Grundkurs, § 51 VI 5; *ders.*, JZ 1993, 652 (654); vgl. auch *Lorenz*, JW 1934, 875 (876).

[337] *Gebhardt*, Prozeßbetrug, S. 35.

[338] *Otto*, Grundkurs, § 51 VI 5 a; *ders.*, JZ 1993, 652 (654).

[339] *Krey*, BT 2, Rn. 421.

[340] *Gebhardt*, Prozeßbetrug, S. 35; *Krey*, BT 2, Rn. 421.

materiellen Wahrheit, sondern nur darauf, ob der Richter davon ausgehe, bei dieser Sachlage die geforderte Entscheidung erlassen zu müssen[341].

Gegen die Annahme, daß eine Täuschung über die Tatsache, daß die Angaben wahr seien, also die Partei oder ihr Prozeßbevollmächtigter die prozessuale Wahrheits- und Vollständigkeitspflicht einhalte, möglich ist, ist im Grundsatz nichts einzuwenden. Eine entsprechende konkludente Behauptung – eine dahingehende ausdrückliche Behauptung wird wohl kaum jemals vorliegen – ist zumindest insoweit anzunehmen, als sie sich auf das Bestehen oder Nichtbestehen des Anspruchs oder Rechts als solches bezieht, nicht jedoch auf alle vorgetragenen Einzelheiten, da die Parteien bei ihrer Sachverhaltsschilderung häufig über- oder untertreiben. Ob das Gericht als ein Adressat des Parteivorbringens die Vorstellung hat, daß die Partei zumindest im wesentlichen entsprechend ihrer eigenen Überzeugung vorträgt, also ein Irrtum des Gerichts über diese Tatsache vorliegt, ist eine andere Frage.

Gegen einen Irrtum des Richters über die Tatsache, daß die von der Partei vorgetragenen Tatsachen wahr seien, spricht, daß es wohl eher realitätsfern ist, anzunehmen, daß ein Richter ohne jeglichen Zweifel auf die Redlichkeit der Prozeßbeteiligten vertrauen würde[342]. Der erfahrene Richter wird mit der Möglichkeit rechnen, daß eine der Parteien die Unwahrheit sagt[343], ihm ist bekannt, daß die Parteien nicht selten auch bewußt unwahre Tatsachen und insbesondere nicht vollständig vortragen[344]. Einwendungen des Gegners trägt eine Partei in der Praxis selten schon von sich aus vor, sie wartet ab, ob sich der Gegner auf sie beruft. Es wäre daher sehr theoretisch, wenn man annehmen wollte, der Richter habe regelmäßig die Vorstellung, die Parteien würden der Wahrheits- und insbesondere der Vollständigkeitspflicht genügen. In den selteneren Fällen endet der Rechtsstreit mit einem Anerkenntnis oder einem Klageverzicht. Von den Fällen, in denen eine streitige Entscheidung ergeht, geht es in den wenigsten Fällen um Rechtsfragen. In der Regel streiten sich die Parteien über den dem Rechtsstreit zugrundeliegenden Sachverhalt. Es ist kaum vorstellbar, daß die Parteien dabei immer von zwei verschiedenen Wahrheiten überzeugt sind[345]. Die Vorstellung, daß der Vortrag beider Parteien wahrhaftig ist, wird daher auch der entscheidende Richter, zumal wenn sich die Be-

---

341 *Otto*, Struktur, S. 280 Fn. 80.

342 *Eisenberg*, Festschrift für Salger, S. 15 (21 Fn. 45); *Lenckner*, Prozeßbetrug, S. 101 f.

343 *Keunecke*, Prozeßbetrug, S. 105; *Lenckner*, Prozeßbetrug, S. 102.

344 Vgl. *Roth*, Wahrheitspflicht, S. 1, der behauptet, es gebe wohl keinen Ort auf der Welt, wo mehr gelogen werde als vor Gericht und zwar nicht nur von den Parteien, sondern auch von den Anwälten. Vgl. dazu *Fuchs*, AnwBl 1989, 353 ff.

345 Vgl. *Roth*, Wahrheitspflicht, S. 2, der darauf hinweist, daß es etwa bei Verkehrsstreitsachen auffallend häufig vorkomme, daß nach einem Unfall jede Partei behaupte, die Verkehrsampel habe für sie selbst "grün" gezeigt, wobei sich oft unweigerlich der Gedanke an eine bewußte Lüge aufdränge.

hauptungen der Parteien – wie bei einer Beweislastentscheidung – widersprechen, nicht haben.

Kommt der Richter auch nach der Beweisaufnahme – oder ohne Beweisaufnahme, wenn die beweispflichtige Partei keinen Beweis angeboten hat – nicht zu einer Überzeugung von der Wahrheit oder Unwahrheit der beweisbedürftigen Tatsachen, so ist er im Unklaren darüber, welche Tatsachen zutreffen und welche nicht. Der Richter hat keine genauen Vorstellungen. Er hält es für möglich, daß der Vortrag der einen Partei oder der anderen Partei oder auch eine dritte Möglichkeit zutreffend ist. Genauso hält er jeweils für möglich, daß der Vortrag der einen oder anderen Partei unzutreffend ist. Dann wird er aufgrund des voneinander abweichenden Vortrags der Parteien auch für möglich halten, daß die Angaben der einen oder anderen Partei bewußt wahrheitswidrig sind.

Der Richter ist sich bewußt, daß seine Entscheidung nur möglicherweise, quasi zufällig entsprechend der Beweislastverteilung, der materiellen Rechtslage entspricht. Davon, daß der Richter seine Entscheidung trifft, weil er es für wahrscheinlich hält, daß die Angaben der beweisbelasteten Partei der Wahrhaftigkeitspflicht genügen, oder weil er letztlich seine Zweifel an der Wahrheit überwindet und die Fehlvorstellung für die richtige hält, kann keine Rede sein. Der Richter trifft seine Entscheidung allein aufgrund der im Fall des non liquet eingreifenden Beweislastregelungen.

Gegen die Annahme eines Irrtums über die Wahrhaftigkeit der Partei spricht außerdem, daß der Richter sich regelmäßig überhaupt keine Vorstellungen über die Einhaltung der Wahrheitspflicht durch die Partei macht[346], da für den Richter nicht entscheidend ist, ob die Parteien wahrheitsgemäß vortragen, sondern ob die tatsächliche Behauptung wahr oder unwahr ist (vgl. § 286 I ZPO)[347].

Für die Entscheidung kommt es dem Richter auf die objektive Wahrheit an, d. h. wie sich der zugrundeliegende Vorfall in Wirklichkeit abgespielt hat. In dieser Hinsicht ist es rechtlich bedeutungslos, ob eine unwahre Tatsache erlogen, aus Irrtum oder Unkenntnis behauptet, oder eine wahre Tatsache in der Überzeugung ihrer Unrichtigkeit vorgetragen worden ist[348]. Deshalb wird sich der Richter regelmäßig keine Gedanken über die Überzeugung der Partei von der Richtigkeit ihrer Behauptung machen[349].

Etwas Gegenteiliges ergibt sich auch nicht daraus, daß das Gericht bei Kenntnis der wahren Sachlage diese Entscheidung nicht erlassen hätte[350], da das Gericht solche Tatsachenbehauptungen, die nach seiner Überzeugung von der Partei bewußt

---

[346] Vgl. MüKo-ZPO-*Peters*, § 138 Rn. 16.

[347] Vgl. *Keunecke*, Prozeßbetrug, S. 105; *Lenckner*, Prozeßbetrug, S. 69 f./102.

[348] *Grunsky*, Verfahrensrecht, S. 183; *Keunecke*, Prozeßbetrug, S. 105; vgl. auch Stein/Jonas-*Leipold*, § 138 Rn. 10.

[349] *Keunecke*, Prozeßbetrug, S. 105.

[350] Vgl. BGH, wistra 1992, 141; OLG Düsseldorf, StV 1989, 347 (348); OLG Köln, JZ 1968, 340; AG Berlin-Tiergarten, NJW 1989, 846; *Groß*, NJW 1973, 600 (601); anders BGHSt 2, 325 (326 f.); 24, 257 (260 f.); OLG Celle, MDR 1957, 436 (437).

unwahr aufgestellt worden sind, unberücksichtigt läßt[351]. Diese Konsequenz des Verstoßes gegen die Wahrheitspflicht führt nicht dazu, daß das Gericht verpflichtet ist, sich über die Wahrhaftigkeit des Parteivortrags Gedanken zu machen. Allein die Verpflichtung, die Verfügung nicht vorzunehmen, wenn ein bestimmter Sachverhalt vorliegt, hat nicht zur Folge, daß sich der Verfügende den gegenteiligen Sachverhalt vorstellt[352].

Der Richter darf zwar das Urteil nicht erlassen, wenn ihm positiv bekannt ist, er also überzeugt ist, daß die Partei bewußt wahrheitswidrig Tatsachen behauptet, dieses führt aber nicht dazu, daß sich der Richter grundsätzlich bei dem Erlaß einer Entscheidung vorstellt, die Partei halte die Wahrheitspflicht ein. Zum einen handelt es sich dabei nur um ein Indiz; zum anderen handelt der Richter nicht schon dann pflichtwidrig, wenn er sich nicht vorstellt, daß die Partei die Wahrheitspflicht einhält, sondern erst dann, wenn er entsprechende Anhaltspunkte vernachlässigt und das Urteil erläßt, obwohl er davon ausgeht, daß die Partei die entscheidungserheblichen Tatsachen bewußt wahrheitswidrig vorgetragen hat. Denn der Richter kann die bewußt unwahre Parteibehauptung nur dann unberücksichtigt lassen, wenn er von ihrer Unwahrheit überzeugt ist[353]. Eine Überzeugung i. S. von § 286 ZPO erfordert keine absolute oder unumstößliche Gewißheit, da eine solche nicht zu erreichen ist[354]; eine von allen Zweifeln freie Überzeugung ist nicht erforderlich, andererseits ist aber auch eine bloße – an Sicherheit grenzende – Wahrscheinlichkeit nicht ausreichend[355]. Der Richter darf und muß sich "in tatsächlich zweifelhaften Fällen mit einem für das praktische Leben brauchbaren Grad von Gewißheit begnügen, der den Zweifeln Schweigen gebietet, ohne sie völlig auszuschließen"[356]. Da allein der Verdacht der Lüge nicht ausreichend ist[357], setzt die Nichtberücksichtigung voraus,

---

[351] BGHZ 19, 387 (390); BGH, NJW 1968, 1233 (1234); NJW 1992, 2564 (2566); KG, JR 1978, 378 (379); Baumbach/Lauterbach-*Hartmann*, § 138 Rn. 63; *Baur/Grunsky*, Zivilprozeßrecht, Rn. 43; *Grunsky*, Verfahrensrecht, S. 183; MüKo-ZPO-*Peters*, § 138 Rn. 16; *Musielak*, Grundkurs, Rn. 92; *Olzen*, ZZP 98 (1985), 403 (418); *Rosenberg/Schwab/Gottwald*, Zivilprozeßrecht, § 65 VIII 7 a; *Schellhammer*, Zivilprozeß, Rn. 1278; *Seetzen*, WM 1985, 213 (214); Stein/Jonas-*Leipold*, § 138 Rn. 10; *Vollkommer*, RPfleger 1978, 82 (83); *Welzel*, Wahrheitspflicht, S. 16; *Wieczorek*, § 138 Anm. C I c; Zöller-*Greger*, § 138 Rn. 7; anders *Koffka*, ZStW 54 (1935), 45 (47). Abweichend auch *H. Braun*, Versäumnisurteil, S. 156/158, der behauptet, der Richter dürfe "die Lüge nicht deshalb unbeachtet lassen, weil unwahre Behauptungen im Prozeß grundsätzlich verboten wären, sondern weil – und nur wenn! – die Partei mit ihrer Lüge einen Prozeßbetrug begehen will."

[352] SK-StGB-*Samson/Günther*, § 263 Rn. 60 f.; vgl. auch LK-*Lackner*, § 263 Rn. 84.

[353] Vgl. BGH, VersR 1978, 862 (865). Vgl. auch BGHZ 19, 387 (390 f.); *Roth*, Wahrheitspflicht, S. 18 f.

[354] BGHZ 53, 245 (255); BGH, NJW 1993, 935; NJW-RR 1994, 567 (568).

[355] BGHZ 53, 245 (255 f.); anders BGH, NJW-RR 1993, 797 f.

[356] BGHZ 53, 245 (256); BGH, NJW 1993, 935; vgl. auch BGH, NJW-RR 1994, 567 (568).

[357] *Schellhammer*, Zivilprozeß, Rn. 1278.

daß das Gericht einen gegenteiligen Sachverhalt festgestellt hat[358], was bei einem non liquet gerade nicht der Fall ist.

Aus der Wahrheitspflicht ergibt sich nicht die Pflicht für den Richter, an die Einhaltung der Wahrheitspflicht der Parteien zu glauben, sondern auf das Vorliegen von Umständen zu achten, die auf die mangelnde Einhaltung der Wahrheitspflicht hindeuten. Hat der Richter festgestellt, daß solche Umstände nicht vorliegen, dann wird von ihm nicht erwartet, daß er sich über die Einhaltung der Wahrheitspflicht Gedanken macht. Da der Richter das Urteil nicht erlassen darf, wenn er positiv davon überzeugt ist, daß die Partei die Wahrheitspflicht nicht einhält, es aber bei entsprechender Unkenntnis erlassen muß, besteht für ihn gerade kein Anlaß, über die Einhaltung der Wahrheitspflicht nachzudenken, wenn es an entsprechenden Anhaltspunkten fehlt. Hinzu kommt, daß der Richter kaum in der Lage sein wird, ohne eine Überzeugung von der objektiven Unwahrheit der behaupteten Tatsachen auf eine Unwahrhaftigkeit der Partei zu schließen, da selbst dann, wenn die Beweisaufnahme eindeutig die Unwahrheit der Behauptung bestätigt hat, der Schluß auf die Unwahrhaftigkeit der Partei nicht zwingend ist[359]. Die Verpflichtung des Richters, das unter Verstoß gegen die Wahrheitspflicht aufgestellte Vorbringen der Partei zurückzuweisen, läßt daher nicht den Schluß auf eine entsprechende positive Vorstellung beim Erlaß der Entscheidung zu. Im Regelfall wird ein Irrtum über die Tatsache, daß die Angaben wahr sind, nicht vorliegen.

Aber selbst wenn der Richter sich im Fall des non liquet über die Tatsache, daß die Angaben wahr sind, irren sollte, und man annimmt, daß dieses für die Annahme eines Irrtums i. S. des § 263 StGB ausreichend ist[360], ist dieser Irrtum nicht für die Beweislastentscheidung kausal. Die Vorstellung des Richters kann sich nur darauf beziehen, daß die Partei nichts bewußt Unwahres behauptet, denn die objektive Wahrheit, also die materielle Rechtslage, ist ihm beim non liquet gerade unbekannt. Wenn man diesen Irrtum hinwegdenkt, ergibt sich als Vorstellung des Richters, daß er glaubt, die Partei würde "lügen". Diese Vorstellung kann sich allerdings ausschließlich auf die subjektive Wahrheit beziehen, da er sich über die objektiven Tatsachen keine (falsche) Vorstellung macht und sich daher nicht entsprechend irrt. Also hätte er dann – theoretisch – die Vorstellung, daß die Partei etwas entgegen ihrer Überzeugung vorträgt. Es ergibt sich allerdings nicht, daß dieser Vortrag auch objektiv unwahr ist. Aus diesem Grund könnte der Richter das Vorbringen der Partei nicht unberücksichtigt lassen, denn dieses würde voraussetzen, daß er auch überzeugt ist, daß die behaupteten Tatsachen objektiv unwahr sind. Also würde der

---

[358] BGHZ 19, 387 (391); *Rosenberg/Schwab/Gottwald*, Zivilprozeßrecht, § 65 VIII 7 a. Vgl. auch *Wieczorek*, § 138 Anm. C I c, der jedoch annimmt, das Gericht müsse die (unwahre) Behauptung berücksichtigen, wenn sie zugestanden oder unbestritten geblieben sei. Vgl. dazu auch *Roth*, Wahrheitspflicht, S. 18 f.

[359] Vgl. Stein/Jonas-*Leipold*, § 138 Rn. 12 Fn. 26.

[360] Siehe dazu unten 2. Teil A II 2 b.

Richter über die entscheidungserheblichen äußeren Tatsachen immer noch im Unklaren sein, so daß er auch dann eine Beweislastentscheidung gleichen Inhalts erlassen müßte.

Mit der Annahme, der Richter stelle sich vor, die von der Partei vorgetragenen Tatsachen seien wahr, läßt sich die Möglichkeit eines Prozeßbetrugs im Fall des non liquet nicht begründen.

(c) Irrtum über die Beachtlichkeit des tatsächlichen Parteivorbringens im Rahmen der Beweiswürdigung

Eisenberg ist der Ansicht, daß Gericht irre sich über die Beachtlichkeit des tatsächlichen Parteivortrags im Rahmen der Beweiswürdigung[361].

Die Annahme, der Richter glaube im Vertrauen auf eine Appellwirkung des § 138 I ZPO an die Wahrheitsliebe der Parteien und gehe damit von einem wahrheitsgetreuen Vorbringen aus, hält *Eisenberg* für eher realitätsfern[362], der Richter halte Wahrheit und Unwahrheit des Parteivorbringens in gleicher Weise für möglich[363].

Erheblich sei der Irrtum des Richters über die Wahrhaftigkeit und Beachtlichkeit des Inhalts der Parteibehauptung[364]. Die Auslegung, nach der ein Irrtum im Sinne des § 263 StGB nicht nur ein Irrtum über die Tatsache selbst, sondern auch ein Irrtum über die Beachtlichkeit des tatsächlichen Parteivortrags im Rahmen der Beweiswürdigung sein könne, gehe zwar über den allgemeinen Sprachgebrauch hinaus, entspreche aber noch dem möglichen Wortsinn. Der zweifelnde Richter beziehe das falsche Vorbringen in seine Entscheidung mit ein. Er gelange nicht trotz, sondern gerade wegen der unwahren Parteibehauptung nicht zu einer sicheren Folgerung und hätte in Kenntnis der Wahrheit jedenfalls eine andere Entscheidung getroffen. Auch bei einem non liquet sei daher ein kausaler Irrtum möglich[365].

Bei genauerer Betrachtung ergibt sich, daß die – angebliche – Vorstellung des Richters im Fall des non liquet, der gesamte Parteivortrag sei im Rahmen der Beweiswürdigung zu berücksichtigen, nicht falsch ist. Sie entspricht den Tatsachen, denn der Richter kann nur solches Vorbringen unbeachtet lassen, daß seiner Überzeugung nach gegen die Wahrheitspflicht verstößt, also nicht nur nicht wahrhaftig, sondern auch objektiv unwahr ist. Solange der Richter – wie beim non liquet – hinsichtlich der äußeren Tatsachen im Ungewissen ist, also nicht von der objektiven Wahrheit der behaupteten Tatsachen überzeugt ist, muß er den Parteivortrag berücksichtigen.

---

361 *Eisenberg*, Festschrift für Salger, S. 15 (22).

362 *Eisenberg*, Festschrift für Salger, S. 15 (21 Fn. 45).

363 *Eisenberg*, Festschrift für Salger, S. 15 (21).

364 *Eisenberg*, Festschrift für Salger, S. 15 (21 Fn. 45).

365 *Eisenberg*, Festschrift für Salger, S. 15 (22).

Falsch wäre daher lediglich die Vorstellung des Richters, die Partei habe nicht entgegen ihrer Überzeugung eine unwahre Tatsache vorgetragen.

Eisenberg widerspricht sich, wenn er einerseits einen Irrtum des Richters über die Tatsache, daß die Angaben wahr sind, ablehnt, andererseits aber annimmt, der Richter irre sich im Fall des non liquet über die Beachtlichkeit des tatsächlichen Parteivortrags im Rahmen der Beweiswürdigung. Der Vortrag einer Partei ist nur dann unbeachtlich, wenn die Tatsachen offenkundig unwahr oder entgegen § 138 I ZPO bewußt wahrheitswidrig aufgestellt worden sind und der Richter eine entsprechende Überzeugung besitzt. Daher entspricht die Vorstellung des Richters, der Parteivortrag sei im Rahmen der Beweiswürdigung zu berücksichtigen, seiner Vorstellung, die Partei habe nichts bewußt unwahres behauptet. Wenn sich der Richter, wie *Eisenberg* selbst behauptet, über die Einhaltung der Wahrheitspflicht nicht irrt, kann er sich folglich auch nicht über die Beachtlichkeit des Vorbringens im Rahmen der Beweiswürdigung eine falsche Vorstellung machen. *Eisenberg* hat den Irrtum über die Tatsache, daß die Angaben wahr sind, nur anders formuliert und dabei übersehen, daß dieses sachlich keinen Unterschied macht. Es gilt daher für den Irrtum über die Beachtlichkeit des tatsächlichen Parteivortrags das zum Irrtum über die Einhaltung der Wahrheitspflicht Ausgeführte entsprechend.

(d) Irrtum über die Tatsache, daß eine weitere Aufklärung des Sachverhalts nicht möglich ist

Nach *Cramer* ist Irrtum jede Fehlvorstellung, die positive ebenso wie das Nichtkennen der Wahrheit, da in beiden Fällen ein Widerspruch zwischen Vorstellungsbild und Wirklichkeit bestehe[366]. "Positive Fehlvorstellung" und "Unkenntnis" seien weitgehend austauschbare Begriffe; wer die Wahrheit nicht kenne, habe eine positive Fehlvorstellung, wie umgekehrt diese zur Unkenntnis der Wahrheit führe[367]. Aus dem Wesen des Betrugs als "Ablisten eines Vorteils" ergebe sich, welcher Irrtum für § 263 StGB relevant sei[368]. Ein Irrtum i. S. des § 263 StGB liege nicht nur dann vor, wenn der Getäuschte von der Gewißheit der behaupteten Tatsache ausgehe, sondern auch dann, wenn er daran zweifle, trotz seines Zweifels aber die Vermögensverfügung vornehme. Der Verfügende handle hier, weil er die Möglichkeit der Unwahrheit für geringer halte und nach Abwägung des Risikos auf die Wahrheit der behaupteten Tatsache vertraue. Ein Irrtum i. S. einer Fehlvorstellung liege erst dann nicht mehr vor, wenn es dem Verfügenden gleichgültig sei, ob die

---

366 Schönke/Schröder-*Cramer*, § 263 Rn. 36.

367 Schönke/Schröder-*Cramer*, § 263 Rn. 36. Dagegen *Lackner* in: LK, § 263 Rn. 75, der "aus Gründen der Logik" der Behauptung widerspricht, daß die "positive Fehlvorstellung" und die "Unkenntnis" austauschbare Begriffe seien, weil damit die denkgesetzlich bestehende Möglichkeit, daß der Getäuschte die maßgebliche Tatsache nicht kenne, darüber hinaus aber zugleich auch der Wahrheitsfrage gegenüber indifferent sei, verschleiert werde.

368 Schönke/Schröder-*Cramer*, § 263 Rn. 37.

behauptete Tatsache wahr sei oder nicht. Erst wenn der Verfügende die Verfügung ohne Erwartung der Wahrheit der behaupteten Tatsache treffe, handle er nicht mehr im Irrtum, denn in diesem Fall beziehe er innerlich überhaupt nicht Stellung[369].

Mit diesem Verständnis des Irrtumsmerkmals scheidet für *Cramer* die Möglichkeit aus, im Fall des non liquet einen Irrtum des Richters im Hinblick auf die äußeren Tatsachen anzunehmen, da es insoweit an einer innerlichen Stellungnahme des Richters zur Wahrheit fehlt. *Cramer* knüpft daher an eine andere Vorstellung des Richters an. Er ist der Ansicht, bei einer Beweislastentscheidung komme ein Irrtum insofern in Betracht, als der Richter annehme, eine weitere Sachaufklärung sei nicht möglich[370]. Zwar habe sich der Richter bei einem non liquet nicht zu einer endgültigen Überzeugung durchringen können; da jedoch das Gesetz für diesen Fall die Interessen der beweisbelasteten Partei hinter die des Gegners zurückstelle, die richterliche Entscheidung also in einer bestimmten Richtung festgelegt werde, reiche es für die täuschende Partei aus, ein Vorstellungsbild zu erzeugen, bei dem der Richter davon ausgehe, eine weitere Aufklärung sei nicht mehr möglich. Sofern dieses irrige Vorstellungsbild durch die Täuschung veranlaßt sei, komme ein Betrug in Betracht. Denn wie beim Irrtum über entscheidungserhebliche Tatsachen lasse der Richter sich hier durch die vom Täter veranlaßte irrige Vorstellung zu seiner Entscheidung motivieren, daß eine weitere Aufklärung des Sachverhalts nicht möglich sei. Daß die Entscheidung aufgrund einer Beweisregel erfolge, sei unerheblich, da Beweisregeln ebenso Normen des Rechts seinen wie Rechtsfolgeregeln, die auf einen (wahren oder irrig angenommenen) Sachverhalt zur Anwendung kämen[371].

Gegen die von *Cramer* vertretene Ansicht, der Richter irre sich im Fall des non liquet über die Tatsache, daß der Sachverhalt nicht weiter aufgeklärt werden könne, sprechen verschiedene Gesichtspunkte. Zunächst ist gegen *Cramer* einzuwenden, daß die Vorstellung des Richters, eine weitere Sachverhaltsaufklärung sei nicht möglich, zutreffend ist. Der Sachverhalt kann tatsächlich mit den dem Gericht nach der ZPO zur Verfügung gestellten Erkenntnisquellen nicht weiter aufgeklärt werden. *Cramer* meint wohl, der Richter stelle sich vor, der Sachverhalt könne auch mit Hilfe der Parteien nicht weiter aufgeklärt werden. Diese Vorstellung wäre falsch. Allerdings wird der Richter im Normalfall keine entsprechende Vorstellung haben. Denn dieses würde voraussetzen, daß er die Vorstellung besitzt, die Parteien hätten alle entscheidungserheblichen Tatsachen vollständig und wahrheitsgemäß vorgetragen. Eine solche Vorstellung besitzt der Richter jedoch in der Regel nicht, wie oben bereits gezeigt wurde.

---

369 Schönke/Schröder-*Cramer*, § 263 Rn. 40.

370 Schönke/Schröder-*Cramer*, § 263 Rn. 51; ebenso *Seelmann*, JuS 1982, 268 (270). Vgl. auch *Brinkmann*, Wahrheitspflicht, S. 76 ff., der annimmt, der Richter befinde sich im Fall des non liquet in einem "Irrtum über die Beweisbedürftigkeit" der Behauptungen (S. 76) bzw. in einem "Irrtum über die Nachweisbarkeit behaupteter Tatsachen" (S. 78).

371 Schönke/Schröder-*Cramer*, § 263 Rn. 51.

b) Stellungnahme

Keine der vorgenannten Ansichten ist in der Lage, die Vorstellung des Richters im Fall des non liquet überzeugend als Irrtum zu beschreiben. Dieses ergibt sich bereits aus den zu den einzelnen Meinungen vorgebrachten Bedenken. Es bleibt die Frage, ob die Vorstellung des Richters im Fall des non liquet als Irrtum i. S. des Betrugstatbestands zu qualifizieren ist.

Gemeinsam ist allen Ansichten, daß sie unberücksichtigt lassen, daß die Vorstellung des Richters bei dem Erlaß einer Beweislastentscheidung unabhängig ist von der Frage nach dem Eintritt eines Vermögensschadens bei der unterlegenen Partei. Eine Beweislastentscheidung führt zu einem Vermögensschaden der beweisbelasteten Partei, wenn deren Angaben der (objektiven) Wahrheit entsprechen, sie jedoch den ihr wegen des unwahren Bestreitens der täuschenden Partei obliegenden Beweis nicht erbracht hat. Der Richter, der mit den ihm von der ZPO zur Verfügung gestellten Möglichkeiten nicht zu einer Überzeugung von dem entscheidungserheblichen Sachverhalt gelangt, trifft seine Entscheidung ohne Rücksicht auf die dem Rechtsstreit zugrundeliegende materielle Rechtslage. Ihm ist gleichgültig, ob seine Entscheidung der materiellen Wahrheit entspricht, ihm ist gleichgültig, ob durch seine Entscheidung ein Vermögensschaden der unterlegenen Partei eintritt oder nicht. Seine Vorstellung wäre daher – unabhängig davon, auf welche Tatsachenbehauptung sie sich (angeblich) bezieht – nicht betrugsrelevant, sie würde die Annahme eines Irrtums nicht begründen, wenn diese voraussetzte, daß dem Getäuschten der durch seine Verfügung herbeigeführte Vermögensschaden verborgen bleiben müsse.

Der Betrug setzt seinem Wesen[372] nach eine unbewußte Selbstschädigung[373] des Opfers voraus[374]. Über den Kausalzusammenhang zwischen den Merkmalen des

---

[372] Dagegen *Ellscheid*, GA 1971, 161 (165): Die Behauptung, das "Wesen" des Betrugs liege in einer unbewußten Selbstschädigung des Opfers könne nicht als Argument gewertet werden, da es kein "Wesen" des Betrugs gebe, das von den sachlichen Pönalisierungskriterien abgelöst werden könnte.

[373] Ob bei der Verfügung des Richters über das Vermögen der unterlegenen Partei überhaupt von einer Selbstschädigung die Rede sein kann, soll unten (3. Teil) erörtert werden.

[374] *Arzt/Weber*, LH 3, Rn. 494 Fn. 29; *Blei*, BT 1, Nr. 338 (S. 271); *Cramer*, JZ 1971, 415; *Ellmer*, Betrug, S. 133 ff.; *Eser*, StR IV, Fall 12, A 22; *Haft*, BT, S. 207; *Hartmann*, Vermögensverfügung, S. 51; *Jecht*, GA 1963, 41 (44); *Kindhäuser*, ZStW 103 (1991), 398 (414); *Krey*, BT 2, Rn. 336/468; *Lackner*, § 263 Rn. 55; *Lenckner*, NJW 1971, 599 (600); *ders.*, Prozeßbetrug, S. 164; LK-*Lackner*, § 263 Rn. 166 ff.; *Maurach/Schroeder/Maiwald*, BT 1, § 41 Rn. 11/79/121; *Rudolphi*, Festschrift für Klug, S. 315 (316); *ders.*, NStZ 1995, 289 (290); *Schmidhäuser*, BT, 11/14; *Eb. Schmidt*, JZ 1952, 542; *Schröder*, NJW 1962, 721 (722); *Seier*, JuS 1993, L 75 (L 77); SK-StGB-*Samson/Günther*, § 263 Rn. 51; Schönke/Schröder-*Cramer*, § 263 Rn. 41; vgl. auch *Graul*, Festschrift für Brandner, S. 801 (813 ff.). Vgl. auch *Binding*, BT 1, S. 352, der im Fall bewußter Selbstschädigung vollendeten Betrug deshalb verneint, weil der Kausalzusammenhang zwischen Irrtum und schädigender Vermögensverfügung unterbrochen sei. Erforderlich sei, daß der Getäuschte die Schädigung infolge seines Irrtums verkenne. Anders *Dölling*, JuS 1981, 570 (571); *Ellscheid*, GA 1971, 161 (166); *Gallas*, Festschrift für Eb.

objektiven Tatbestands hinaus muß ein besonderer funktionaler Zusammenhang vorliegen, der die sogenannte bewußte Selbstschädigung aus dem Anwendungsbereich ausscheidet[375]. Aus diesem Grund ist nicht jede Irrtumserregung, die einen Schaden kausal bedingt, betrugsrelevant[376].

Durch den Betrugstatbestand wird nicht die Dispositionsfreiheit geschützt[377]. § 263 StGB ist ausschließlich Vermögensdelikt; allein das Vermögen ist das durch § 263 StGB geschützte Rechtsgut[378], nicht sind daneben auch das Vertrauen auf die Redlichkeit des anderen oder Treu und Glauben im Verkehr als Schutzobjekte anzusehen[379]. Der Schutz der Redlichkeit im Verkehr und von Treu und Glauben ist lediglich Reflex des § 263 StGB[380]. Ein Recht auf Wahrheit als solches wird durch § 263 StGB nicht geschützt[381]. Durch das Tatbestandsmerkmal der Täuschung soll nur das Mittel bezeichnet werden, mit dem der Täter gegen das geschützte Rechts-

---

Schmidt, S. 401 (405 f.); *Herzberg*, JuS 1972, 570 (571); *ders.*, MDR 1972, 93 ff.; *Hilgendorf*, JuS 1994, 466 (468); *Mohrbotter*, GA 1975, 41 (46); *Schmoller*, JZ 1991, 117 (121); *Tröndle*, § 263 Rn. 19; *Wessels*, BT 2, Rn. 510. Anders auch die Rechtsprechung, vgl. nur RGSt 44, 230 (244); 52, 134 (136); 70, 255 (256); BGHSt 19, 37 (45); BGH, NJW 1992, 2167; NJW 1995, 539; BayObLG, NJW 1952, 798. Unklar *Deutscher/Körner*, JuS 1996, 296 (297/301), die zum einen behaupten, eine unbewußte Selbstschädigung sei nicht erforderlich, und zum anderen, daß auf den Inhalt des Irrtums abgestellt und zwischen Irrtümern, die dem außerstrafrechtlichen Affektionsinteresse unterfielen, und Irrtümern, die vom Vermögensschutz des § 263 StGB erfaßt würden, unterschieden werden müsse. Gleichzeitig sind sie der Ansicht, alle Merkmale des objektiven Tatbestands des Betrugs müßten in einem kausalen und funktionalen Zusammenhang stehen und nur eine solche Täuschung könne vom objektiven Tatbestand des Betrugs erfaßt werden, die hinsichtlich des Eintritts eines Vermögensschadens und dessen Verschleierung Relevanz besitze. Damit verlangen sie im Ergebnis auch eine unbewußte Selbstschädigung, da der Getäuschte sich immer unbewußt schädigt, wenn die Täuschung ihm die vermögensschädigende Wirkung seiner Verfügung verschleiert.

375 *Arzt/Weber*, LH 3, Rn. 494 Fn. 29; *Cramer*, JZ 1971, 415; *Eser*, StR IV, Fall 12, A 22; *Krey*, BT 2, Rn. 336; *Lackner*, § 263 Rn. 55; *Lenckner*, NJW 1971, 599 (600); LK-*Lackner*, § 263 Rn. 7; *Rudolphi*, Festschrift für Klug, S. 315 (316); *Schröder*, NJW 1962, 721 (722); *Seier*, JuS 1996, L 21 (L 22); *Wiedemann*, GA 1967, 238 (243); vgl. auch *Otto*, Grundkurs, § 51 II 4; anders *Herzberg*, JuS 1972, 570 (571); *ders.*, MDR 1972, 93 ff.; *Mohrbotter*, GA 1975, 41 (46); *Tröndle*, § 263 Rn. 19; *Wessels*, BT 2, Rn. 510.

376 *Kindhäuser*, ZStW 103 (1991), 398 (413 f.).

377 BGH, NJW 1995, 539; *Cramer*, Vermögensbegriff, S. 207; *Maiwald*, NJW 1981, 2777 (2780); *Rudolphi*, Festschrift für Klug, S. 315 (316).

378 RGSt 74, 167 (168); BGHSt 7, 197 (198); 16, 220 (221); BGH, NJW 1995, 539; *Cramer*, Vermögensbegriff, S. 207; *Gallas*, Festschrift für Eb. Schmidt, S. 401 (Fn. 1); *Hartmann*, Vermögensverfügung, S. 42; *Joecks*, Vermögensverfügung, S. 48; *Lenckner*, Prozeßbetrug, S. 32; LK-*Lackner*, § 263 Rn. 4; *Maiwald*, NJW 1981, 2777 (2780); *Rudolphi*, Festschrift für Klug, S. 315 (316); *Wessels*, BT 2, Rn. 472.

379 *Eisenberg*, Festschrift für Salger, S. 15 (19); *Gallas*, Festschrift für Eb. Schmidt, S. 401 (Fn. 1).

380 *Joecks*, Vermögensverfügung, S. 48.

381 RGSt 74, 167 (169).

gut, das Vermögen eines anderen, vorgeht, nicht aber soll damit eine weitere Richtung des Schutzes bezeichnet werden[382].

Daraus ergibt sich, daß auch der Irrtum als vermögensmäßig relevantes Tatbestandsmerkmal anzusehen ist[383]. Erforderlich ist ein vermögens- und damit rechtsgutsbezogener Irrtum[384]. Tatbestandsmäßig i. S. des § 263 StGB ist nicht jeder beliebige, sondern nur derjenige Irrtum, der dem Getäuschten gerade das Schädigende seiner Vermögensdisposition verschleiert[385]. Der Irrtum muß dem Opfer entweder verbergen, daß er überhaupt eine Vermögensverfügung trifft oder daß die Verfügung zu einem Vermögensschaden führt[386]. Es muß dem Opfer der vermögensschädigende Charakter seines Verhaltens verborgen bleiben[387]. Weiß der Verfügende, daß er sein Vermögen ohne Kompensation vermindert, und nimmt er die schädigende Verfügung wegen eines Motivirrtums vor, der keinen Schadensbezug hat, dann scheidet Betrug aus, da eine bewußte Selbstschädigung für § 263 StGB nicht ausreicht[388]. Eine unbewußte Sebstschädigung in diesem Sinne liegt auch vor, wenn der Getäuschte zwar die rein rechnerische Verminderung seines Vermögens, nicht aber den in der Zweckverfehlung seiner Leistung liegenden Schaden kennt[389].

Da § 263 StGB allein den Schutz des Opfers vor irrtumsbedingten Selbstschädigungen bezweckt, greift dieser Schutzzweck dann nicht ein, wenn der Getäuschte trotz seines Irrtums den Wert seines Vermögens bewußt durch sinnvollen Einsatz von Wirtschaftsgütern schmälert[390]. Der Irrtum des Opfers stellt sich dann als bloßer Motivirrtum dar, dem kein strafrechtlicher Schutz zuteil wird. Dieses folgt schon daraus, daß die Lehre vom Betrug als Selbstschädigungsdelikt entscheidend vom Gedanken der Selbstverantwortung des Opfers mitgeprägt wird. Wer sozusagen "sehenden Auges" sich selbst schädigt, verdient den Schutz des § 263 StGB nicht[391].

---

382 RGSt 74, 167 (169); *Cramer*, Vermögensbegriff, S. 207; *Lenckner*, Prozeßbetrug, S. 32 f.

383 *Jecht*, GA 1963, 41 (44).

384 *Seier*, JuS 1993, L 75 (L 77); *ders.*, JuS 1996, L 21 (L 22).

385 *Haft*, BT, S. 207; *Jecht*, GA 1963, 41 (44); *Eb. Schmidt*, JZ 1952, 542.

386 *Eser*, StR IV, Fall 12, A 22; *Rudolphi*, Festschrift für Klug, S. 315 (317); *ders.*, NStZ 1995, 289 (290); Schönke/Schröder-*Cramer*, § 263 Rn. 41.

387 *Blei*, BT 1, Nr. 338 (S. 271); *Cramer*, JZ 1971, 415 (416); *Eser*, StR IV, Fall 12, A 22; *Schröder*, NJW 1962, 721 (722); *Seier*, JuS 1996, L 21 (L 22); SK-StGB-*Samson/Günther*, § 263 Rn. 51; Schönke/Schröder-*Cramer*, § 263 Rn. 3/41; im Ergebnis ebenso *Ellmer*, Betrug, S. 133 ff.; vgl. auch *Binding*, BT 1, S. 352/354; anders *Herzberg*, JuS 1972, 570 (571); *ders.*, MDR 1972, 93 ff.; *Mohrbotter*, GA 1975, 41 (46); *Welzel*, Lehrbuch, S. 370; *Wessels*, BT 2, Rn. 510.

388 *Rudolphi*, Festschrift für Klug, S. 315 (317); *ders.*, NStZ 1995, 289 (290); SK-StGB-*Samson/Günther*, § 263 Rn. 51; Schönke/Schröder-*Cramer*, § 263 Rn. 101.

389 Schönke/Schröder-*Cramer*, § 263 Rn. 41.

390 LK-*Lackner*, § 263 Rn. 172; *Rudolphi*, Festschrift für Klug, S. 315 (317); *ders.*, NStZ 1995, 289 (290).

391 *Ellmer*, Betrug, S. 134.

Auch kann dann von einem Vertrauensmißbrauch, der für das Wesen des Betrugs wesentlich ist[392], nicht mehr gesprochen werden.

Die Erfassung von durch unrichtige Vorstellungen motivierten Selbstschädigungen würde dazu führen, daß § 263 StGB entgegen seinem Schutzzweck auch dann noch angewendet wird, wenn allein die Verfügungsfreiheit des Opfers beeinträchtigt ist[393]. Dieses würde den Betrug von einem Vermögensdelikt zu einem Delikt gegen die Dispositionsfreiheit umfunktionieren[394]. Dagegen ist eingewandt worden, daß eine bloße Beeinträchtigung der Dispositionsfreiheit nur dann vorliege, wenn es zu einem Schaden nicht komme[395]. Der Betrug schütze gegen durch Täuschung veranlaßte Selbstschädigung des eigenen Vermögens. Ein Angriff gegen das Vermögen liege auch in den Fällen bewußter Selbstschädigung vor[396]. Es sei ausreichend, daß die Vermögensverfügung durch Täuschung veranlaßt sei[397]. Diese Annahme trifft jedoch nicht zu, da dem Irrtum seine selbständige Bedeutung im Rahmen des Betrugstatbestands genommen würde, wenn allein die Kausalität der Täuschung für den Vermögensschaden für die Verwirklichung des § 263 StGB ausreichen würde. Daß der Täuschung im Rahmen des Betrugstatbestandes eine doppelte Funktion zukommt, nämlich erstens, die vermögensmindernde Verfügung zu motivieren, und zweitens, dem Verfügenden gerade die vermögensschädigende Wirkung seiner Verfügung zu verschleiern[398], zeigt sich auch daran, daß die Fälle, in denen es bei Unterstellung der Wahrheit der vorgetäuschten Tatsachen nicht zu einem Vermögensschaden gekommen wäre, immer solche einer unbewußten Selbstschädigung sind. Umgekehrt ergibt sich in den Fällen der bewußten Selbstschädigung, daß der Schaden ebenfalls eingetreten wäre, wenn die Behauptung des Täters wahr und die Vorstellung des Getäuschten demzufolge richtig gewesen wäre[399]. Der Irrtum kann sich daher nicht auf solche Punkte erstreckt haben, die für den Schaden von Bedeutung sind[400]. Die Motivation des Getäuschten zur Vornahme der Vermögensverfügung muß folglich ihren Grund haben in Bedingungen, die im wesentlichen von der Täuschung des Täters unabhängig sind.

Der Haupteinwand gegen die Lehre von der unbewußten Selbstschädigung ist, daß nur, wenn man auf eine unbewußte Selbstschädigung verzichte, ein umfassender

---

392 *Ellmer*, Betrug, S. 271.

393 *Rudolphi*, Festschrift für Klug, S. 315 (317); *ders.*, NStZ 1995, 289 (290).

394 *Cramer*, JZ 1971, 415 (416); *Lackner*, § 263 Rn. 55; LK-*Lackner*, § 263 Rn. 172; *Schröder*, NJW 1962, 721 (722).

395 *Ellscheid*, GA 1971, 161 (166).

396 *Dölling*, JuS 1981, 570 (571), der sich dabei allerdings nur auf die Frage der Zweckverfehlung bezieht.

397 *Gallas*, Festschrift für Eb. Schmidt, S. 401 (405 f.); *Mohrbotter*, GA 1975, 41 (47).

398 LK-*Lackner*, § 263 Rn. 168/170; *Rudolphi*, Festschrift für Klug, S. 315 (317); *ders.*, NStZ 1995, 289 (290).

399 *Lenckner*, NJW 1971, 599 (600); vgl. auch *Weidemann*, GA 1967, 238 (243).

400 *Lenckner*, NJW 1971, 599 (600).

Vermögensschutz gewährleistet sei[401]. Das Erfordernis einer unbewußten Selbstschädigung führe zu kaum tragbaren Strafbarkeitslücken im Grenzbereich zwischen Betrug und Erpressung[402], dieses gelte insbesondere für die Fälle einer Täuschung mit erpresserischer Zwangswirkung[403]. Wenn man einen funktionalen Zusammenhang zwischen Täuschung und Schaden verlange, sei eine Bestrafung des "erpressungsverwandten" Betrugs, der dadurch gekennzeichnet sei, daß der Täter durch Täuschung sein Opfer in die psychische Zwangslage eines Erpreßten versetze, ohne zu diesem Zweck zugleich das Mittel der Gewalt oder Drohung anzuwenden, nicht möglich[404]. Entgegen der Ansicht von *Herzberg* kann auch bei der Annahme des Erfordernisses einer unbewußten Selbstschädigung in den Fällen, in denen der Täter den – nicht von seinem Willen abhängigen – Eintritt eines künftigen Übels vorspiegelt[405], wodurch das Opfer zu einer für sein Vermögen nachteiligen Verfügung veranlaßt wird, Betrug angenommen werden[406]. Das Opfer hat zwar die Vermögensverfügung bewußt vorgenommen und einen Vermögenswert in dem Bewußtsein preisgegeben, daß dieses zu einer Verringerung seines Vermögens führt. Insoweit fehlt es daher an einer unbewußten Selbstschädigung. Der Schaden besteht hier für das Opfer jedoch in erster Linie darin, daß es den mit der Verfügung verfolgten Zweck, nämlich die Verhinderung des Eintritts des in Aussicht gestellten Übels, nicht erreicht hat und nicht erreichen konnte. Aufgrund der Täuschung des Täters ist dem Opfer die in der Unmöglichkeit der Erreichung des verfolgten Zwecks liegende vermögensschädigende Wirkung seines Verhaltens verborgen geblieben. Es liegt daher eine unbewußte Selbstschädigung vor.

Mit der hier vertretenen Ansicht ist auch die Meinung der Rechtsprechung zu vereinbaren. Auch wenn in Entscheidungen wiederholt behauptet wird, der Tatbestand des Betrugs entfalle nicht deshalb, weil sich der Getäuschte der nachteiligen Wirkung seiner Verfügung auf sein Vermögen bewußt sei[407], entscheidend könne nur sein, welchen Einfluß die Täuschung auf die Willensentschließung des Getäuschten ausgeübt habe[408], berücksichtigt die Rechtsprechung im Ergebnis doch den Gedan-

---

[401] *Herzberg*, JuS 1972, 570 (571); *ders.*, MDR 1972, 93 (94); *Wessels*, BT 2, Rn. 510; vgl. auch *Hilgendorf*, JuS 1994, 466 (468).

[402] *Herzberg*, JuS 1972, 570 (571); *ders.*, MDR 1972, 93 (94, vgl. auch Fn. 16); *Wessels*, BT 2, Rn. 510.

[403] *Herzberg*, JuS 1972, 570 (571); *ders.*, MDR 1972, 93 (94).

[404] *Herzberg*, MDR 1972, 93 (94).

[405] Wenn der Täter nicht vorgibt, Einfluß auf den Eintritt des in Aussicht gestellten Übels zu haben, liegt keine Drohung, sondern eine bloße Warnung vor, so daß eine Strafbarkeit wegen Erpressung gemäß § 253 StGB ausscheidet.

[406] Ebenso *Kindhäuser*, ZStW 103 (1991), 398 (414); vgl. auch *Krey*, BT 2, Rn. 313.

[407] RGSt 44, 230 (244); 52, 134 (136); 70, 255 (256); BGHSt 19, 37 (45); BGH, NJW 1992, 2167; NJW 1995, 539; BayObLG, NJW 1952, 798.

[408] RGSt 44, 230 (244).

ken der unbewußten Selbstschädigung. Die Berücksichtigung erfolgt bei der Bestimmung des eingetretenen Vermögensschadens.

Die Rechtsprechung ist der Ansicht, ein Vermögensschaden sei gegeben, wenn der Zweck, durch dessen Erreichen die bewußte Vermögenseinbuße ausgeglichen werden solle, verfehlt werde. Dabei könne nicht jeder auf Täuschung beruhende Motivirrtum die Strafbarkeit begründen[409], wenn § 263 StGB nicht seines Charakters als einer Vorschrift zum Schutze des Vermögens beraubt und zu einer Vorschrift zum Schutze der Dispositionsfreiheit umgestaltet werden solle[410]. Es genüge aber die Verfehlung eines Zwecks, der dem Verfügenden in der konkreten Situation notwendig und sinnvoll erscheine, sei es, daß er einen sozialen oder indirekt wirtschaftlich relevanten Zweck verfolge[411]. Bei einer bewußten Selbstschädigung liege etwa dann kein relevanter Schaden i. S. des § 263 StGB vor, wenn mit der Leistung auch aus der Sicht des Getäuschten nur eine vage Hoffnung auf eine künftige Erwerbsmöglichkeit verknüpft sei. Vom Schutzzweck des Betrugstatbestands ausgehend bedürfe der nicht des strafrechtlichen Schutzes, der durch Einsatz seines Vermögens höchst ungewisse Erwerbschancen wahrnehmen wolle. Eine Vermögensminderung sei nicht in jedem Fall gleichbedeutend mit einem Schaden im Rechtssinn[412].

Allein die auf Täuschung beruhende bewußte Weggabe eines Vermögensbestandteils ist daher auch nach der Rechtsprechung nicht ausreichend, um die Betrugsstrafbarkeit des Täuschenden zu begründen. Die Rechtsprechung verneint bei bewußter Selbstschädigung jedoch erst das Vorliegen eines "Schadens im Rechtssinn", wenn der Getäuschte mit der bewußten Hingabe seines Vermögens einen nicht schutzwürdigen Zweck verfolgt, den er verfehlt. Den Betrug könnte man in diesen Fällen auch schlicht mit der Begründung verneinen, es liege eine bewußte Selbstschädigung und damit kein relevanter Irrtum vor.

In den anderen Fällen, in denen die Rechtsprechung angeblich trotz bewußter Selbstschädigung die Betrugsstrafbarkeit annimmt, liegt bei genauerer Betrachtung eine unbewußte Selbstschädigung vor, da dem Getäuschten verborgen bleibt, daß der mit der Verfügung verfolgte Zweck, der die Vermögenseinbuße ausgleichen und damit den Eintritt eines Vermögensschadens hindern soll, verfehlt wird. Wenn der Getäuschte mit seiner Verfügung einen weitergehenden Zweck verfolgt, fehlt ihm das Bewußtsein der nachteiligen Wirkung der Verfügung auf sein Vermögen. Damit bejaht die Rechtsprechung im Ergebnis auch nur im Fall unbewußter Selbstschädigung einen Betrug.

---

409 BGH, NJW 1992, 2167; NJW 1995, 539.
410 BGH, NJW 1995, 539.
411 BGH, NJW 1992, 2167; NJW 1995, 539.
412 BayObLG, NJW 1994, 208.

Es erscheint sachgerecht, den Gedanken der "unbewußten Selbstschädigung" bereits bei dem Tatbestandsmerkmal Irrtum zu berücksichtigen[413]. Abweichend wird der erforderliche funktionale Zusammenhang teilweise auch bei der Tatbestandsmäßigkeit der Täuschungshandlung berücksichtigt[414] oder als Begründung für eine teleologische Restriktion des wirtschaftlichen Schadensbegriffs herangezogen[415]. Diese abweichende Behandlung ist allerdings ohne praktische Relevanz[416].

In der Bestimmung des Grenzbereichs des Irrtums unter Zuhilfenahme des im Tatbestand nachfolgenden Verfügungsbegriffs liegt keine methodische Schwäche[417], da "man des Betrugs nicht durch eine chronologisch-sezierende Betrachtungsweise seiner einzelnen Merkmale, sondern nur durch eine aus dem Schutzgedanken der Gesamtnorm abgeleitete Umschreibung der mit dem Irrtum als schutzwürdig angesehenen Verfügungsbereitschaften Herr wird"[418].

Für die Prüfung der unbewußten Selbstschädigung bei dem Merkmal Irrtum spricht, daß dieses Merkmal im Rahmen des Betrugstatbestands dasjenige ist, das sich mit der Vorstellung des Opfers befaßt. Das Irrtumsmerkmal bezeichnet die Vorstellung des Getäuschten, die ihn zur Vornahme der vermögensschädigenden Verfügung motiviert. Da die Funktion, die das Merkmal Irrtum im Rahmen des Betrugstatbestands zu erfüllen hat, darin besteht, die nicht anders gewährleistete Forderung durchzusetzen, daß ein Betrug ohne gelungene Überlistung des Opfers nicht möglich ist[419], von einer Überlistung des Getäuschten aber keine Rede sein kann, wenn er sich bewußt selbst schädigt, ist das Vorliegen einer unbewußten Selbstschädigung bereits beim Irrtumsmerkmal zu prüfen.

Um diesem Erfordernis Rechnung zu tragen, liegt daher nur dann ein Irrtum i. S. des § 263 StGB vor, wenn der Getäuschte eine falsche Vorstellung über solche Tatsachen besitzt, die einen Schadensbezug aufweisen. Da dem Getäuschten der vermögensschädigende Charakter seiner Vermögensverfügung verborgen bleiben muß, ist eine Vorstellung des Getäuschten, die das Bewußtsein des herbeizuführen-

---

[413] So auch *Eser*, StR IV, Fall 12, A 22; *Jecht*, GA 1963, 41 (44); *Rudolphi*, Festschrift für Klug, S. 315 (317); *ders.*, NStZ 1995, 289 (290); *Eb. Schmidt*, JZ 1952, 542; *Schröder*, NJW 1962, 721 (722); SK-StGB-*Samson/Günther*, § 263 Rn. 51/161; Schönke/Schröder-*Cramer*, § 263 Rn. 41; so wohl auch *Cramer*, JZ 1971, 415; *Schmidhäuser*, BT, 11/11.

[414] *Arzt/Weber*, LH 3, Rn. 493. Ähnlich *Graul*, Festschrift für Brandner, S. 801 (816): "Täuschungen, die sich nicht auf den jeweiligen objektiven Zweck der Verfügung beziehen", müßten "aus dem Anwendungsbereich des Betrugstatbestandes ausgeschlossen werden".

[415] LK-*Lackner*, § 263 Rn. 166.

[416] So auch *Dölling*, JuS 1981, 570.

[417] Gegen eine "Vermengung selbständiger Tatbestandsmerkmale" aber *Giehring*, GA 1973, 1 (22). *Seier*, JuS 1996, L 21 (L 22) ist der Ansicht, die Prüfung der unbewußten Selbstschädigung beim Irrtum würde dieses Merkmal überfrachten; allerdings nimmt auch er an, der Täter sei für den Vermögensschaden nur verantwortlich, "wenn das Betrugsopfer einem vermögensbezogenen Irrtum verhaftet" sei (L 23).

[418] *Hillenkamp*, Vorsatztat, S. 24. Vgl. auch LK-*Lackner*, § 263 Rn. 81.

[419] LK-*Lackner*, § 263 Rn. 80.

den Vermögensschadens umfaßt, nicht geeignet, einen betrugsrelevanten Irrtum zu begründen.

An einem Irrtum fehlt es bereits dann, wenn dem Getäuschten gleichgültig ist, ob er sich selbst oder einem Dritten, über dessen Vermögen er in betrugsrelevanter Weise zu verfügen befugt ist, durch sein Verhalten einen Vermögensschaden zufügt[420], da sich seine Fehlvorstellung in diesem Fall nicht auf solche Tatsachen erstreckt haben kann, die für den Schaden von Bedeutung sind. Wenn also dem Opfer positiv bekannt ist, daß sein Verhalten zu einem Vermögensschaden führt, oder wenn dieses dem Opfer (warum auch immer) gleichgültig ist, und wenn das Opfer mit der bewußten Selbstschädigung auch nicht andere – schützenswerte – Zwecke verfolgt, liegt mangels Irrtumserregung zumindest kein vollendeter Betrug vor.

Wenn nunmehr festgestellt worden ist, daß für einen Irrtum i. S. des § 263 StGB erforderlich ist, daß dem Getäuschten der vermögensschädigende Charakter seines Verhaltens verborgen geblieben ist, ergibt sich, daß die Vorstellung des Richters, der eine Beweislastentscheidung erläßt, nicht ausreichend ist, um einen betrugsrelevanten Irrtum anzunehmen. Der Richter weiß zwar nicht positiv – i. S. einer Überzeugung –, daß er durch den Erlaß seiner Entscheidung einen Vermögensschaden der unterlegenen, beweisbelasteten Partei herbeiführt, denn er hat gerade keine Vorstellung hinsichtlich der Frage, ob seine Entscheidung mit der materiellen Rechtslage übereinstimmt, und nur im Fall des Widerspruchs zwischen materieller Rechtslage und dem Inhalt der Entscheidung liegt ein Schaden der unterlegenen Partei vor[421]. Aber dem Richter ist es gleichgültig, ob er einen Schaden der Partei herbeiführt oder nicht. Es spielt bei der Beweislastentscheidung gerade keine Rolle, ob sie der materiellen Rechtslage entspricht oder nicht. Nach dem Schutzzweck des § 263 StGB macht es aber keinen Unterschied, ob der Getäuschte positiv weiß, daß er einen Vermögensschaden herbeiführt oder ob ihm dieses nur gleichgültig ist, da in beiden Fällen eine Verschleierung der vermögensschädigenden Wirkung der Verfügung nicht vorliegt.

Eine unbewußte Selbstschädigung liegt in dem Erlaß einer Beweislastentscheidung nicht. Daß die Frage nach dem Eintritt eines Vermögensschadens der beweisbelasteten Partei für die Entscheidung des Richters ohne Bedeutung ist, zeigt sich auch daran, daß der Schaden der beweisbelasteten Partei auch eingetreten wäre, wenn die Vorstellung des Richters zutreffend gewesen wäre, wenn die Tatsachen, über die der Richter angeblich getäuscht worden sein soll, "wahr" gewesen wären: Wenn man annimmt, der Richter irre sich im Fall des non liquet über die Tatsache,

---

420 Vgl. BayObLG, NJW 1952, 798 und RGSt 42, 58 (60), das allerdings in diesem Fall die Kausalität verneint. Auch *Binding*, BT 1, S. 352 nimmt eine Unterbrechung des Kausalverlaufs an, "wenn der Getäuschte die Handlung bewußt vornimmt auch für den Fall, daß sie ihn oder den Vertretenen eventuell schädigen wird".

421 Siehe dazu unten 2. Teil III 3. – Anders nur nach dem rein wirtschaftlichen Vermögensbegriff; dessen Anhänger verneinen erst das Vorliegen der Bereicherungsabsicht.

daß die Angaben wahr sind, wäre der Schaden auch entstanden, wenn dieses tatsächlich der Fall gewesen wäre. Ebenso liegt es, wenn man annimmt, der Richter irre sich über die Beachtlichkeit des tatsächlichen Parteivorbringens im Rahmen der Beweiswürdigung oder über die Tatsache, daß eine weitere Aufklärung des Sachverhalts – auch mit Hilfe der Parteien – nicht möglich ist. Wenn diese Vorstellungen richtig wären, also die Angaben der Partei der (subjektiven!) Wahrheit entsprochen hätten, im Rahmen der Beweiswürdigung – wegen der Wahrhaftigkeit der Partei – zu berücksichtigen gewesen wären, und der Sachverhalt nicht weiter aufgeklärt werden könnte, so hätte der Richter ebenfalls eine Entscheidung zu Lasten der beweisbelasteten Partei erlassen. Daran zeigt sich, daß die Hilfserwägungen, mit denen versucht wird, über die fehlende Vorstellung des Richters in bezug auf den entscheidungserheblichen Sachverhalt hinwegzukommen, nicht geeignet sind, einen Irrtum zu begründen. Denn diese angeblich vorgespiegelten Tatsachen haben keinen Bezug zu der Frage des Vermögensschadens der unterlegenen Partei.

Es ergibt sich, daß ein Irrtum des Richters – unabhängig von den Vorstellungen, die er sich im Einzelfall macht – im Fall des non liquet nicht möglich ist, da der Richter seine Beweislastentscheidung von der Frage nach der materiellen Rechtslage und damit nach dem Vermögensschaden abkoppelt und es an einem Für-wahr-Halten der vermögensrelevanten, also entscheidungserheblichen Tatsachen fehlt.

III. Die Vermögensverfügung und der Vermögensschaden

Der Prozeßbetrug setzt voraus, daß als Folge einer mittels Täuschung und Irrtumserregung veranlaßten und durch gerichtliches Erkenntnis erfolgten Vermögensverfügung der Betroffene in einem ihm zustehenden Vermögenswert beeinträchtigt worden ist und daß vor allem ein etwaiger Vermögensnachteil die unmittelbare Folge einer solchen gerichtlichen Entscheidung ist[422].

Die Bestimmung des Vorliegens der Vermögensverfügung und des Vermögensschadens hängt ab von dem zugrundeliegenden Vermögensbegriff, da sich aus ihm ergibt, welche faktischen oder rechtlichen Positionen von der Verfügung tangiert sein müssen, damit eine Vermögensbeschädigung in Betracht kommt. Eine Behandlung der Frage, welchem Vermögensbegriff zu folgen ist, soll hier unterbleiben, da sie den Rahmen dieser Arbeit sprengen würde. Hinzu kommt, daß sich aus den verschiedenen Vermögensbegriffen für die hier interessierenden Bereiche keine unterschiedlichen Ergebnisse im Hinblick auf die Strafbarkeit des Verhaltens der Partei ergeben.

---

[422] OLG Karlsruhe, NStZ 1996, 282.

1. Die Vermögensverfügung durch das Gericht

Das Gericht muß aufgrund des durch die Täuschung verursachten Irrtums über das Vermögen einer Prozeßpartei verfügen. Eine Vermögensverfügung liegt nach allgemeiner Ansicht in jedem Handeln, Dulden oder Unterlassen, das sich unmittelbar vermögensmindernd auswirkt[423]. Auch wenn man mit der herrschenden Ansicht annimmt, daß das Gericht grundsätzlich in der Lage ist, in betrugsrelevanter Weise über das Vermögen der unterlegenen Partei zu verfügen[424], kommt nur eine solche gerichtliche Entscheidung als Vermögensverfügung in Betracht, die vermögensrechtliche Wirkungen herbeiführt[425]. Solche Wirkungen kommen in erster Linie den Entscheidungen im Rahmen vermögensrechtlicher Streitigkeiten zu. Allerdings stellt nicht jede Entscheidung des Gerichts eine Vermögensverfügung i. S. des § 263 StGB dar, nur weil sie vermögensrechtliche Ansprüche betrifft. So hat etwa der Erlaß eines Beweisbeschlusses häufig keine Auswirkungen auf die von dem Rechtsstreit betroffenen Vermögenswerte[426].

Andererseits braucht die Entscheidung nicht unbedingt in einer vermögensrechtlichen Streitigkeit zu ergehen[427]. In Betracht kommen auch Entscheidungen im Rahmen nichtvermögensrechtlicher Streitigkeiten, wenn sie zwangsläufig – aufgrund der sich aus materiellem Recht ergebenden Folgen – vermögensrechtliche Wirkungen entfalten[428]. Es können etwa auch Gestaltungsurteile in Ehe- und Kindschaftssachen vermögensmindernde Wirkung haben, wenn sie zugleich die Grundlage für gesetzliche Unterhaltsansprüche zwischen den Beteiligten bilden[429]. Wegen der vorrangig ideellen Folgen derartiger Entscheidungen wird es häufig an dem Schädigungsvorsatz bzw. der Bereicherungsabsicht der täuschenden Partei fehlen[430]. Das Vorliegen dieser subjektiven Betrugsvoraussetzungen bedarf daher besonderer Aufmerksamkeit.

Mangels Möglichkeit einer Vermögensverfügung scheidet ein Betrug aus in nichtvermögensrechtlichen Streitigkeiten, bei denen die Entscheidung des Gerichts auch mittelbar keine vermögensrechtlichen Folgen hervorbringt, z. B. bei Rechtsstreitigkeiten, die einen Anspruch aus Verletzung des Namensrechts (§ 12 BGB) oder des allgemeinen Persönlichkeitsrechts, andere Widerrufs- und Unterlassungsansprüche,

---

423 Vgl. nur BGHSt 14, 170 (171); BGH, wistra 1987, 99; anders *Nauke*, Betrug, S. 215, der eine Vermögensverfügung nur in einem Handeln (Weggeben) sieht und sich für seine Ansicht auf Art. 103 II GG beruft.

424 Näher dazu unten 3. Teil.

425 *Lenckner*, Prozeßbetrug, S. 107.

426 Siehe dazu unten 2. Teil A III 1 b (1).

427 *Koffka*, ZStW 54 (1935), 45 (60); *Lenckner*, Prozeßbetrug, S. 107; LK-*Lackner*, § 263 Rn. 316.

428 *Koffka*, ZStW 54 (1935), 45 (60); *Lenckner*, Prozeßbetrug, S. 107.

429 LK-*Lackner*, § 263 Rn. 316.

430 Nach *Koffka*, ZStW 54 (1935), 45 (61) fehlt es an einem Vermögensschaden, wenn die falschen Angaben in Übereinstimmung mit der Gegenpartei erfolgt sind.

die allein den sozialen Geltungsbereich des Klägers betreffen, oder einen Anspruch auf Gegendarstellung nach dem PresseG zum Gegenstand haben.

a) Erlaß eines Urteils

Eine vermögensmindernde Wirkung kommt insbesondere dem Erlaß eines Urteils, sei es eine Verurteilung des Beklagten oder auch eine Klagabweisung, zu. Die Verurteilung ist für das Vermögen des Beklagten, die Klagabweisung für das des Klägers nachteilig.

(1) Sachentscheidung

Als Verfügung über das Vermögen der unterlegenen Partei kommt in erster Linie der Erlaß einer der materiellen Rechtslage nicht entsprechenden Sachentscheidung in Betracht.

Nach der herrschenden prozeßrechtlichen Theorie ermittelt der Prozeß seinem Wesen nach nur und das Urteil stellt nur fest, was Rechtens ist, es schafft aber nicht selbst Recht; das rechtskräftige Urteil hat keinen Einfluß auf das materielle Recht[431]. Wird der Beklagte im Widerspruch zur materiellen Rechtslage verurteilt, wird der zuerkannte Anspruch nicht begründet, der Beklagte erleidet jedoch insofern eine wirtschaftliche Wertminderung seines Vermögens, als der Kläger durch das klagestattgebende Urteil in die Lage versetzt wird, aus dem Urteil in das Vermögen des Beklagten zu vollstrecken. Der Beklagte wird daher gezwungen, etwas zu leisten, was er in Wahrheit nicht schuldet, wenn er die Zwangsvollstreckung abwenden will. In dem umgekehrten Fall, in dem die Klage, mit der der Kläger einen nach materiellem Recht bestehenden Anspruch geltend macht, abgewiesen wird, entsteht dem Kläger ein wirtschaftlicher Nachteil, da ihm die Möglichkeit genommen wird, den ihm zustehenden Anspruch zwangsweise durchzusetzen.

(a) Leistungsurteil

Eine Verfügung über das Vermögen des Beklagten stellt in der Regel der Erlaß eines Leistungsurteils dar. Ein Leistungsurteil enthält neben der deklaratorischen Feststellung, daß der Anspruch des Klägers (auf ein positives Tun, Unterlassen[432] oder Dul-

---

[431] *Thomas/Putzo*, § 322 Rn. 6; vgl. auch BGHZ 34, 337 (339); BAG, NJW 1955, 476 (479). Anders nach der materiellrechtlichen Theorie, die besagt, daß das richtige Urteil die bisherige Rechtslage bestätige und einen neuen Erwerbs- und Untergangsgrund schaffe, während das unrichtige Urteil das zuerkannte materielle Recht zum Entstehen, das aberkannte zum Erlöschen bringe (vgl. *Thomas/Putzo*, § 322 Rn. 5). Für die Frage des Schadens ergibt sich allerdings kein Unterschied. Stein/Jonas-*Leipold*, § 322 Rn. 42 verbindet die materielle und prozessuale Rechtskrafttheorie.

[432] Vgl. §§ 194 I, 241 BGB.

den[433]) besteht, den Leistungsbefehl an den Beklagten als Grundlage für die Zwangsvollstreckung[434].

Die Verurteilung des Beklagten zur Zahlung eines bestimmten Geldbetrags oder zur Erbringung einer anderen geldwerten Leistung wirkt sich, wegen der in dem Urteil für den Kläger liegenden Vollstreckungsmöglichkeit, unmittelbar nachteilig für das Vermögen des Beklagten aus. Unerheblich ist, ob es sich bei dem Endurteil (§ 300 ZPO) um ein Schlußurteil oder ein Teilurteil gemäß § 301 ZPO handelt, da nach § 704 I ZPO sämtliche Endurteile Vollstreckungstitel sind, wenn sie rechtskräftig oder – mit oder ohne Sicherheitsleistung[435] – vorläufig vollstreckbar sind. In Betracht kommt auch ein Vorbehaltsurteil nach § 302 ZPO, wenn die Entscheidung über die vom Beklagten erklärte Aufrechnung im Gegensatz zur Klageforderung noch nicht entscheidungsreif ist, oder nach § 599 ZPO im Urkunds-, Wechsel- oder Scheckprozeß (§§ 592 ff., 602 ff., 605 a ZPO). Sie sind betreffs der Rechtsmittel und der Zwangsvollstreckung als Endurteile anzusehen (§§ 302 III, 599 III ZPO).

(b) Feststellungsurteil

Ein Feststellungsurteil enthält im Gegensatz zum Leistungsurteil keinen Leistungsbefehl, sondern nur die deklaratorische Feststellung des Bestehens oder Nichtbestehens eines Rechtsverhältnisses oder ausnahmsweise der Echtheit oder Unechtheit einer Urkunde[436]. Feststellungsurteile sind auch die klagabweisenden und die Zwischenurteile[437].

Der Erlaß eines Feststellungsurteils stellt eine Vermögensverfügung dar, wenn das dem Rechtsstreit zugrundeliegende Rechtsverhältnis unmittelbar oder mittelbar Vermögensrechte der Parteien betrifft. So ist etwa das klagabweisende Urteil für das Vermögen des Klägers nachteilig, da ihm die Möglichkeit genommen wird, seinen berechtigten Anspruch mit staatlicher Hilfe durchzusetzen.

Die vermögensrechtlich relevanten Folgen des Feststellungsurteils ergeben sich aus der materiellen Rechtskraft der Entscheidung (§ 322 ZPO), die bewirkt, daß jede neue Verhandlung und Entscheidung über die rechtskräftig festgestellte Rechtsfolge ausgeschlossen ist[438]. Zum Beispiel hat das Gericht, wenn das Eigentum des Klägers rechtskräftig festgestellt ist, dieses ohne weiteres im späteren Herausgabeprozeß aus § 985 BGB zugrunde zu legen[439]; wenn die Ersatzpflicht des Klägers für einen bestimmten Unfallschaden rechtskräftig festgestellt ist, kann in einem späteren

---

433 Haftungsklagen auf Dulden der Zwangsvollstreckung (z. B. § 2213 III BGB, § 743 ZPO) oder auf die reine Sachhaftung (z. B. §§ 1147, 1204 I BGB, § 371 III 1 HGB).

434 *Thomas/Putzo*, Vorbem § 253 Rn. 3.

435 §§ 708, 709 ZPO, vgl. auch § 720 a ZPO.

436 *Thomas/Putzo*, Vorbem § 253 Rn. 4.

437 *Thomas/Putzo*, Vorbem § 253 Rn. 4.

438 *Thomas/Putzo*, § 322 Rn. 8.

439 *Thomas/Putzo*, § 322 Rn. 10.

Leistungsprozeß die Ursächlichkeit des Unfalls für diesen Schaden nicht mehr geprüft werden[440]. Entsprechendes gilt für das auf eine negative Feststellungsklage hin ergehende Urteil. Diese Feststellungsurteile haben bereits unmittelbar mit Eintritt ihrer Wirksamkeit – mit Rechtskraft des Urteils – für das Vermögen der unterlegenen Partei nachteilige Wirkungen, da die unterlegene Partei sich gegenüber der obsiegenden Partei nicht mehr auf ihr Recht berufen kann. So kann sich zum Beispiel der Eigentümer einer Sache gegenüber dem Beklagten nicht mehr mit Erfolg auf sein Recht an der Sache berufen, nachdem seine Klage auf Feststellung des Eigentums abgewiesen bzw. der entsprechenden negativen Feststellungsklage stattgegeben worden ist. Er ist damit an der Ausübung seiner aufgrund des Eigentums bestehenden Rechte[441] gehindert.

Ein weiteres Feststellungsurteil mit vermögensrechtlichen Folgen betrifft die gerichtliche Feststellung der Vaterschaft bei nichtehelichen Kindern nach § 1600 n BGB; die (rechtskräftige) Feststellung der Vaterschaft nach § 1600 a BGB ist Voraussetzung für alle Ansprüche gegen den nichtehelichen Vater, z. B. auf Unterhalt (§§ 1601 ff., 1615 a ff. BGB)[442], auf Erbersatz (§ 1934 a BGB), für den Regreß (§ 1615 b BGB) und auch die Ansprüche der nichtehelichen Mutter (§§ 1615 k ff. BGB)[443]. Damit hat dieses in einer nichtvermögensrechtlichen Streitigkeit ergehende Urteil unmittelbar vermögensrechtliche Wirkungen. Auch die im Verfahren über die Anfechtung der Anerkennung der Vaterschaft nach § 1600 l BGB oder die Anfechtung der Ehelichkeit nach §§ 1594 ff. BGB ergehenden Urteile haben unmittelbar Auswirkungen auf die Unterhaltsansprüche des Kindes.

Auch der Erlaß eines Zwischen- oder Grundurteils (§§ 303, 304 ZPO) stellt, soweit die zugrundeliegende Streitigkeit vermögensrechtlichen Bezug aufweist, eine Verfügung über das Vermögens der unterlegenen Partei dar. Zwar ist ein Zwischen- oder Grundurteil kein Endurteil und damit nicht möglicher Gegenstand der Zwangsvollstreckung, beide sind auch nicht der materiellen Rechtskraft fähig, sie stellen jedoch wegen der nach § 318 ZPO für das Gericht bestehenden Bindungswirkung eine erhebliche Verschlechterung der Verfahrenslage für die unterlegene Partei dar. Ein Grundurteil kann etwa ergehen bei der Geltendmachung von Schadensersatzansprüchen aus einem Verkehrsunfall, wenn die Frage nach dem Anspruchsgrund entscheidungsreif ist, nicht jedoch die Frage nach dem Umfang der entstandenen Schäden, also der Anspruchshöhe.

---

[440] *Thomas/Putzo*, § 322 Rn. 10.

[441] Vgl. § 903 BGB.

[442] BGH, NJW 1973, 1367 (1368).

[443] Palandt-*Diederichsen*, § 1600 a Rn. 1.

(c) Gestaltungsurteil

Das Gestaltungsurteil ist ein konstitutives Urteil, das eine bis dahin nicht vorhandene Rechtsfolge, die Begründung, Änderung oder Aufhebung eines Rechtsverhältnisses, schafft, die mit der formellen Rechtskraft des stattgebenden Urteils eintritt[444].

Der Erlaß eines Gestaltungsurteils stellt dann eine Vermögensverfügung dar, wenn das von ihm betroffene Rechtsverhältnis Vermögensrechte der Parteien regelt. Eine Vermögensverfügung liegt z. B. in dem Erlaß eines Gestaltungsurteils, das auf eine Anfechtungsklage nach § 2342 BGB[445] hin ergeht. Dieses hat zur Folge, daß der Anfall der Erbschaft als nicht erfolgt gilt (§ 2344 BGB), eine zweifellos vermögensrechtliche Folge. Auch bei dem Erlaß von Gestaltungsurteilen, die etwa den Inhalt einer Leistung bestimmen (§§ 315 III 2, 319 I 2 BGB) oder die Zwangsvollstreckung aus einem Titel oder in einen bestimmten Gegenstand für unzulässig erklären (§§ 767, 771 ZPO), handelt es sich wegen des unmittelbar vermögensrechtlichen Bezugs um eine Vermögensverfügung.

(2) Prozeßurteil

Neben dem Erlaß einer Sachentscheidung kommt auch der Erlaß eines Prozeßurteils als Vermögensverfügung in Betracht[446].

Ein Prozeßurteil ist grundsätzlich nur für das Vermögen des Klägers nachteilig, da der Beklagte kein Interesse an einer Sachentscheidung hat. Die nachteilige Wirkung des Prozeßurteils kann für den Kläger zunächst darin liegen, daß ihm zumindest zur Zeit die Möglichkeit genommen wird, den ihm zustehenden Anspruch gegen den Beklagten zwangsweise durchzusetzen, wenn sich die unwahren Angaben des Beklagten nur auf die Unzulässigkeit dieses konkreten Rechtsstreits beziehen, etwa bei falschen Angaben hinsichtlich der Zuständigkeit des angerufenen Gerichts oder der Zulässigkeit des ordentlichen Verfahrens durch die wahrheitswidrige Behauptung, daß eine Schiedsklausel vereinbart sei (§ 1027 a ZPO). Da ein Schaden auch in der Gefährdung einer Forderung durch das Hinausschieben der Zahlung bestehen kann[447], schließt die Möglichkeit einer späteren gerichtlichen Geltendmachung die Annahme einer Vermögensverfügung nicht aus.

Allein die Tatsache, daß dem Kläger die zwangsweise Durchsetzung seiner Forderung zur Zeit nicht möglich ist, ist als solche jedoch noch nicht geeignet, einen Vermögensschaden des Klägers zu begründen. Erforderlich ist, daß die Verwirklichung des Anspruchs des Klägers durch den Zeitablauf so erheblich gefährdet wird,

---

444 *Thomas/Putzo*, Vorbem § 253 Rn. 5.

445 Für die Einordnung als Gestaltungsurteil Palandt-*Edenhofer*, § 2342 Rn. 3. Anders RGRK-*Kregel*, § 2342 Rn. 2: Feststellungsurteil.

446 *Lenckner*, Prozeßbetrug, S. 119 ff.

447 RGSt 50, 95.

daß der Anspruch an wirtschaftlichem Wert verliert[448]. Dieses ist etwa der Fall, wenn die Befriedigungsmöglichkeiten des Klägers sich durch den Zeitablauf erheblich verschlechtern, wenn die eingeklagte Forderung bei normalem Prozeßverlauf, wenn also der Beklagte die Prozeßvoraussetzungen nicht zu Unrecht bestritten hätte, noch beitreibbar gewesen wäre, die Zwangsvollstreckung wegen des Vermögensverfalls des Schuldners zu einem späteren Zeitpunkt jedoch erheblich gefährdet ist[449]. Oder wenn der Kläger sonst durch die spätere Leistung geschädigt ist, etwa weil er die von dem Beklagten herauszugebende Sache dringend benötigte, sie aber später nicht mehr zweckentsprechend verwenden kann. Andererseits fehlt es an einem Vermögensschaden, wenn die Vermögenslage des Beklagten sich nicht weiter verschlechtert, sei es, daß sie gleich gut bleibt, sei es, daß sie schon zum Zeitpunkt des Verfahrensabschlusses durch den Erlaß des Prozeßurteils derart schlecht war, daß bereits zu diesem Zeitpunkt die Forderung des Klägers nicht mehr zu realisieren war, die Aussichten für den Kläger sich also nicht weiter verschlechtert haben. Wenn eine Forderung bereits zum Zeitpunkt des Erlasses des Prozeßurteils so gefährdet ist, daß sie nicht mehr an Wert verlieren konnte, ist ein Vermögensschaden zu verneinen[450].

Unabhängig davon kann die nachteilige Wirkung des Prozeßurteils auch darin bestehen, daß dem Kläger für die Zukunft die Möglichkeit genommen wird, den Anspruch gegen den Beklagten gerichtlich durchzusetzen, wenn sich die unwahren Angaben nicht nur auf die Zulässigkeit des konkreten Verfahrens, sondern auf die Zulässigkeit der gerichtlichen Geltendmachung insgesamt beziehen, etwa wenn der Beklagte zu Unrecht die Prozeßfähigkeit oder Prozeßführungsbefugnis des Klägers bestreitet. Die Annahme einer für das Vorliegen einer Vermögensverfügung erforderlichen vermögensmindernden Wirkung des Prozeßurteils ergibt sich in diesem Fall aus der auch diesem Urteil innewohnenden materiellen Rechtskraft. Auch das Prozeßurteil ist eine Entscheidung über den erhobenen Anspruch i. S. des § 322 I ZPO[451] und daher der materiellen Rechtskraft fähig[452], wenn es endgültig und vorbehaltlos über eine Rechtsfolge entscheidet[453]. Die materielle Rechtskraft beschränkt sich auf die im Prozeßurteil entschiedene Rechtsfrage[454]. Aus dem Wesen und Zweck der Rechtskraft folgt, daß jede neue Verhandlung und Entscheidung über die im Urteil festgestellte Rechtsfolge ausgeschlossen ist[455], daher darf derselbe

---

448 *Lenckner*, Prozeßbetrug, S. 122 f.; vgl. LK-*Lackner*, § 263 Rn. 247. Vgl. auch BGHSt 1, 262 (264); BGH, wistra 1996, 170 jeweils für einen Fall, in dem der getäuschte Gläubiger seine ihm gegen den Schuldner zustehenden Forderungen gestundet hat.

449 *Lenckner*, Prozeßbetrug, S. 123.

450 Vgl. für den vergleichbaren Fall der Stundung einer Forderung BGHSt 1, 262 (264); BGH, wistra 1996, 170.

451 BAG, NJW 1955, 476 (479).

452 BGH, NJW 1985, 2535; BAG, NJW 1955, 476 (479); vgl. auch BGH, NJW 1991, 1116 (1117).

453 BAG, NJW 1955, 476 (479).

454 BGH, NJW 1985, 2535; *Thomas/Putzo*, § 322 Rn. 3.

455 BAG, NJW 1955, 476 (479).

Sachverhalt, der bereits Gegenstand einer früheren Entscheidung war, später nicht anders beurteilt werden[456]. Eine erneute Sachentscheidung über diesen Streitgegenstand kann nur ergehen, wenn der Kläger in der Lage ist, nachzuweisen, daß nachträglich sämtliche Prozeßvoraussetzungen gegeben sind, was ihm im Regelfall nicht möglich sein wird, wenn das Prozeßurteil über für die gerichtliche Geltendmachung insgesamt erforderliche Voraussetzungen entscheidet, da diese Voraussetzungen bereits vorgelegen haben und ein Mangel, der niemals bestanden hat, grundsätzlich nicht zu beheben ist.

Wenn im umgekehrten Fall der Kläger einen tatsächlich bestehenden Anspruch einklagt und das Gericht der Klage aufgrund der Täuschung des Klägers über das Vorliegen der Prozeßvoraussetzungen stattgibt, obwohl es sie durch Prozeßurteil hätte abweisen müssen, etwa weil sich der Kläger erfolgreich gegen die von dem Beklagten zu Recht erhobene Einrede des Schiedsvertrages gemäß § 1027 a ZPO wehrt, hat das Urteil zwar auch eine für das Vermögen des Beklagten mindernde Wirkung, so daß eine Vermögensverfügung des Gerichts gegeben ist, es liegt jedoch kein Schaden des Beklagten bzw. keine Bereicherungsabsicht des Klägers vor, da der Beklagte – was allein entscheidend ist – nach materiellem Recht zur Leistung verpflichtet war[457]. Daß der Beklagte sich nicht auf die Unklagbarkeit des Anspruchs, die etwa bei Abschluß eines Schiedsvertrages auch nur in dieser Verfahrensart – dem ordentlichen Verfahren – besteht, berufen kann, ergibt sich auch daraus, daß er, wenn der Kläger den Beklagten außerprozessual durch Täuschung veranlaßt hätte, die nicht einklagbare Schuld zu erfüllen, zwar möglicherweise eine Anfechtungsmöglichkeit nach § 123 BGB hätte, die Leistung jedoch nach dem Grundsatz "dolo facit, qui petit, quod statim redditurus est" nicht hätte zurückfordern können.

b) Erlaß eines Beschlusses, einer Verfügung u. a.

Neben dem Erlaß eines Sach- oder Prozeßurteils kann die gerichtliche Verfügung auch in dem Erlaß einer anderen Entscheidung oder in sonstigem positiven Tun oder Unterlassen des Gerichts bestehen.

(1) Erlaß eines Beweisbeschlusses (§§ 358 ff. ZPO)

Der Erlaß eines Beweisbeschlusses nach §§ 358 ff. ZPO stellt, sofern ihm vermögensmindernde Wirkung zukommt, eine Vermögensverfügung des Gerichts dar.

Der Prozeßgegner kann durch unwahres Bestreiten die beweisbelastete Partei zum Beweis zwingen. In einem Beschluß, der die Beweiserhebung durch Vernehmung eines Zeugen anordnet, wird die Ladung des Zeugen häufig davon abhängig gemacht, daß die beweisbelastete Partei einen Vorschuß zur Deckung der der

---

[456] BGH, NJW 1991, 1116 (1117).

[457] Siehe dazu unten 2. Teil A III 3.

Staatskasse durch die Vernehmung des Zeugen erwachsenen Auslagen zahlt (§ 379 ZPO)[458]. Diese Anordnung begründet zwar keine Verpflichtung für die beweisbelastete Partei, den Auslagenvorschuß zu zahlen, aber einen dieser gleichstehenden faktischen Zwang. Sie wirkt sich für die beweisbelastete Partei, die eine Beweisaufnahme durch Vernehmung des Zeugen erreichen will, unmittelbar nachteilig aus, und stellt somit eine Vermögensverfügung dar. Durch diese Vermögensverfügung wird auch ein entsprechender Vermögensschaden der beweisbelasteten Partei herbeigeführt. Da der Gegner sich durch diese Schädigung allerdings nicht stoffgleich bereichern kann – unabhängig von seiner Absicht ist dieses schon logisch nicht möglich –, scheidet in dieser Hinsicht ein Betrug durch das Erwirken eines Beweisbeschlusses aus[459]. Die allein theoretisch denkbare Möglichkeit, daß die täuschende Partei (auch) handelt, um den mit der Vertretung des Gegners beauftragten Rechtsanwalt, für den – zumindest bei Durchführung der Beweisaufnahme – ein Anspruch auf Zahlung einer Beweisgebühr entsteht (vgl. § 31 I Nr. 3 BRAGO), zu bereichern, kann außer acht gelassen werden. In diesem Fall wäre allerdings die zwischen dem Schaden und dem erstrebten Vorteil erforderliche Stoffgleichheit gegeben[460].

Es kommt ein Betrug auch insoweit nicht in Betracht, als sich die Prozeßlage für die Partei durch das unwahre Bestreiten des Gegners verschlechtert, sofern ihm kein Beweismittel zum Nachweis seines ihm tatsächlich zustehenden Anspruchs zur Verfügung steht. Die Verschlechterung der Prozeßlage beruht nicht auf dem Erlaß des Beweisbeschlusses, sondern auf dem Bestreiten des Gegners[461]. Der Erlaß des Beweisbeschlusses stellt, da er sich nicht zusätzlich vermögensmindernd auswirkt, keine Vermögensverfügung dar, die ursächlich für den Schaden in Form der Verschlechterung der Verfahrenslage sein könnte[462].

Wenn der Beklagte mit Hilfe seines unwahren Bestreitens und die dadurch herbeigeführte Beweisaufnahme den Prozeß verschleppen will, kommt es darauf an, ob sich die Befriedigungsmöglichkeiten für den Kläger nachhaltig verschlechtern[463], da

---

458 Diese Vorschrift gilt eingeschränkt auch für Sachverständigenkosten (vgl. § 402 ZPO).

459 *Lenckner*, Prozeßbetrug, S. 124 f; vgl. auch Schönke/Schröder-*Cramer*, § 263 Rn. 76. Anders RG, JW 1938, 1316: Das Reichsgericht nimmt an, der Partei entstehe durch den Erlaß des Beweisbeschlusses und dessen Durchführung ein Schaden in Form der Zahlung des – durch die Vernehmung des Zeugen verbrauchten – Vorschusses und des Entstehens des Anspruchs auf Zahlung einer Beweisgebühr für den Prozeßbevollmächtigten des Klägers. Es bejaht den Tatbestand des Betrugs allein mit der Begründung, die Partei habe bei der Vornahme der Täuschungshandlung, die den Richter zum Erlaß des Beweisbeschlusses veranlaßte, Schädigungsvorsatz gehabt, ohne auf die daneben erforderliche Bereicherungsabsicht einzugehen. Worin diese in dem vom Reichsgericht entschiedenen Fall zu sehen sein könnte, ist nicht ersichtlich.

460 Siehe dazu unten 2. Teil A IV 2.

461 Vgl. LK-*Lackner*, § 263 Rn. 304.

462 Anders *Lenckner*, Prozeßbetrug, S. 125.

463 Siehe dazu oben 2. Teil A III 1 a (2).

allein die Prozeßverschleppung als solche noch nicht geeignet ist, einen Vermögensschaden des Klägers zu begründen[464].

(2) Zulassung verspäteter Angriffs- und Verteidigungsmittel (§ 296 ZPO)

Im streitigen Verfahren kommt eine Täuschung des Gerichts in Betracht durch falsche Angaben bezüglich der nach § 296 I und III ZPO für die Zulassung verspäteter Angriffs- und Verteidigungsmittel oder verspäteter Zulässigkeitsrügen des Beklagten erforderlichen Entschuldigung oder bezüglich der Entkräftung der nach § 296 II ZPO vermuteten groben Nachlässigkeit. Ein Irrtum über die von § 296 I und III ZPO verlangte Entschuldigung ist insbesondere dadurch möglich, daß das Gesetz nach § 296 IV ZPO eine Glaubhaftmachung dieser Tatsachen verlangt. Wenn das Gericht aufgrund des durch eine entsprechende Täuschung verursachten Irrtums die verspätet vorgebrachten Angriffs- und Verteidigungsmittel berücksichtigt, obwohl ein Entschuldigungsgrund nicht vorliegt, verfügt es über das Vermögen der anderen Partei, wenn die Zulassung zu einer Verzögerung des Rechtsstreits führt, die ihrerseits die Beitreibungsmöglichkeiten des Klägers erheblich verschlechtert[465].

(3) Anordnung der Aussetzung oder des Ruhens des Verfahrens/
Verhalten des Gerichts bei der Unterbrechung des Verfahrens (§§ 239 ff. ZPO)

Eine Vermögensverfügung des Gerichts kann auch die durch Beschluß erfolgende Anordnung der Aussetzung oder des Ruhens des Verfahrens darstellen, die der Beklagte durch unwahre Angaben erreicht. Eine Aussetzung kommt z. B. nach § 148 ZPO in Betracht, wenn der Beklagte wahrheitswidrig behauptet, ein anderer Rechtsstreit, der eine entscheidungserhebliche Vorfrage zum Gegenstand habe, sei anhängig[466]. Das Ruhen des Verfahrens kann lediglich in den Fällen der §§ 251, 251 a ZPO durch Beschluß angeordnet werden. Ein Prozeßbetrug durch falsche Angaben in bezug auf die Voraussetzungen des Ruhens des Verfahrens kommt allein in dem Fall des § 251 I, III ZPO in Betracht, etwa durch Täuschung des Gerichts[467] über die tatsächlich nicht vorhandene ernsthafte Vergleichsbereitschaft. Der Beschluß, mit dem das Gericht die Aussetzung oder das Ruhen des Verfahrens anordnet, stellt nur dann eine Vermögensverfügung dar, wenn der dadurch eintretende Stillstand des

---

464 Ebenso *Lenckner*, Prozeßbetrug, S. 125.

465 Siehe dazu oben 2. Teil A III 1 a (2).

466 Weitere Fälle der Aussetzung des Verfahrens sind z. B. in den §§ 65, 149, 151 ff., 246 f. ZPO geregelt.

467 Diese wird regelmäßig mit einer Täuschung des Prozeßgegners, in der Regel des Klägers, der im Gegensatz zum Beklagten ein Interesse an einer schnellen Erledigung des Verfahrens hat, korrespondieren, da die Anordnung nach § 251 III ZPO auch einen Antrag des Klägers auf Anordnung des Ruhens des Verfahrens nach § 251 I ZPO voraussetzt. In diesem Fall kommt daher neben dem Prozeßbetrug durch Täuschung des Gerichts ein "Betrug im Prozeß" durch Täuschung des Prozeßgegners in Betracht. Vgl. dazu die Nachweise oben Fn. 8.

Verfahrens zu einer erheblichen Gefährdung der Forderung des Klägers insbesondere durch die Verschlechterung der Vermögenslage des Beklagten führt[468], da es sonst an einer unmittelbar vermögensmindernden Wirkung des Beschlusses fehlt.

Ein Prozeßbetrug ist weiterhin möglich durch unwahre Angaben des Beklagten in bezug auf die Voraussetzungen einer Unterbrechung des Verfahrens[469], etwa wenn der Beklagte wahrheitswidrig behauptet, daß über sein Vermögen der Konkurs eröffnet worden sei (§ 240 ZPO)[470]. Zwar tritt die Unterbrechung kraft Gesetzes ein[471], ihre Wirkung bedarf daher keiner Entscheidung des Gerichts, eine Vermögensverfügung kann jedoch auch in einem Unterlassen des Gerichts, dem Nichtweiterbetreiben des Verfahrens, liegen. Dieses Unterlassen stellt eine Vermögensverfügung dar, soweit es sich unmittelbar vermögensmindernd auswirkt, was dann der Fall ist, wenn die mit dem Stillstand des Verfahrens verbundene Verzögerung des Rechtsstreits zu einer erheblichen Verschlechterung der Realisierungsmöglichkeiten für den Kläger führt[472]. Stellt der Beklagte falsche Behauptungen im Hinblick auf die Fortsetzung des Rechtsstreits nach einer Unterbrechung des Verfahrens auf, kommt es zu einer Vermögensverfügung des Gerichts durch positives Tun. Wenn z. B. der Beklagte im Fall des § 239 I ZPO die Rechtsnachfolge des den Rechtsstreit aufnehmenden Erben bestreitet, weist das Gericht den Antrag des Erben auf Fortsetzung des Rechtsstreits durch Endurteil[473] zurück. Dieses Endurteil stellt, sofern der zugrundeliegende Rechtsstreit Vermögensrechte zum Gegenstand hatte, einen Schaden für den Erben dar, da über seine Rechtsnachfolge im ablehnenden Sinne (rechtskräftig) entschieden wird.

(4) Terminsänderung / Vertagung (§ 227 ZPO)

Eine Täuschung des Gerichts ist auch denkbar über die von § 227 ZPO vorausgesetzten "erheblichen Gründe" für eine Terminsaufhebung oder -verlegung oder eine Vertagung der Verhandlung. Die Aufhebung oder Verlegung des Termins erfolgt durch Verfügung des Vorsitzenden (bzw. durch den Einzelrichter beim LG oder den Amtsrichter); die Vertagung erfolgt im Termin durch Beschluß des Gerichts. Die Voraussetzungen für eine Terminsänderung sind gemäß § 227 III ZPO glaubhaft zu machen. Wenn die Partei, deren persönliches Erscheinen angeordnet war oder die – im Parteiprozeß – den Prozeß selbst führt, über ihre angeblich unverschuldete Verhinderung täuscht, etwa durch Vorspiegelung eines anderen Gerichtstermins oder Urlaub in angemessenem Umfang, veranlaßt sie das Gericht zur Aufhebung oder Verlegung des Termins bzw. zur Bestimmung eines neuen Termins,

---

[468] Siehe dazu oben 2. Teil A III 1 a (2).
[469] RGSt 50, 95.
[470] Weitere Fälle der Unterbrechung des Verfahrens sind in den §§ 239 ff. ZPO geregelt.
[471] *Thomas/Putzo*, Vorbem § 239 Rn. 7.
[472] Siehe dazu oben 2. Teil A III 1 a (2).
[473] *Thomas/Putzo*, § 239 Rn. 7.

soweit der Termin schon begonnen hat. Darin liegt eine Vermögensverfügung des Gerichts, sofern die durch seine Entscheidung herbeigeführte Prozeßverschleppung die Aussichten des Klägers, seine Forderung zu realisieren, erheblich gefährdet[474].

2. Der Vermögensschaden der unterlegenen Partei

Durch die Vermögensverfügung des Gerichts muß ein Vermögensschaden der unterlegenen Partei unmittelbar hervorgerufen werden[475]. Das Vorliegen eines Vermögensschadens ist durch einen Vergleich der Vermögenslagen vor und nach der Vermögensverfügung festzustellen[476]. Ein Vermögensschaden i. S. des § 263 StGB liegt nicht nur in der endgültigen Beschädigung des Vermögens. Einen Vermögensschaden stellt auch eine konkrete, schadensgleiche Vermögensgefährdung dar[477]. Die Vermögensgefährdung muß nach lebensnahen, wirtschaftlichen Gesichtspunkten bereits einer Schädigung des Vermögens gleichgesetzt werden können[478]. Dieses ist dann der Fall, wenn bereits die Gefahr des Verlustes das Vermögen mindert[479], wenn im Einzelfall durch die Verfügung das Vermögens konkret gefährdet ist, also mit wirtschaftlichen Nachteilen ernstlich zu rechnen ist[480]. Die Annahme einer schadensgleichen Vermögensgefährdung setzt voraus, daß die sie begründenden Tatsachen feststehen, sie kann nicht schon dann bejaht werden, wenn sie nur wahrscheinlich oder gar nur möglicherweise vorliegen[481].

Für die Annahme eines Vermögensschadens kann bereits jede Verschlechterung der Verfahrenslage ausreichend sein[482]. Der Betrug durch die Täuschung des Richters setzt jedoch in jedem Fall eine Vermögensverfügung des Gerichts voraus, so daß allein die durch die Täuschung der Prozeßpartei herbeigeführte Verschlechterung der Verfahrenslage, die nicht mit einem vermögensmindernden Verhalten des Gerichts korrespondiert, nicht zur Annahme eines Prozeßbetrugs ausreicht.

---

474 Siehe dazu oben 2. Teil A III 1 a (2).

475 RGSt 47, 151 (153): "Die bloße Ausnutzung der durch den staatlichen Akt geschaffenen Rechtslage ist nicht mehr Fortwirkung des ursächlichen Zusammenhanges der Täuschung, sondern Beginn einer Tätigkeit, welche sich an den Erfolg der Täuschung anschließt und rechtlich ebenso zu beurteilen ist, wie die Verwertung eines durch vollendeten Betrug erlangten Vermögensvorteils."

476 BGHSt 16, 220 (221); BGH, wistra 1988, 188 (190).

477 BGHSt 21, 112 (113); BGH, wistra 1991, 307 (308); *Lenckner*, JZ 1971, 320 (321).

478 BGHSt 23, 300 (304).

479 BGHSt 34, 394 (395).

480 BGHSt 34, 394 (395); *Joecks*, Vermögensverfügung, S. 106.

481 BGH, StV 1995, 24 f.

482 *Eisenberg*, Festschrift für Salger, S. 15 (24); LK-*Lackner*, § 263 Rn. 315/248.

Nach h. M. ist jede, auch nur vorläufig vollstreckbare Entscheidung des Gerichts ausreichend, eine konkrete, schadensgleiche Vermögensgefährdung zu begründen[483]. Diese Aussage ist so pauschal nicht zutreffend. Wann der Vermögensschaden im Einzelfall eintritt, ist vielmehr abhängig von der Art der die Vermögensverfügung bildenden Entscheidung des Gerichts.

Bei Leistungsurteilen[484] tritt der Vermögensschaden grundsätzlich zu dem Zeitpunkt ein, in dem das Urteil vollstreckbar ist (§ 704 I ZPO). Vollsteckbarkeit bedeutet, daß der Inhalt des Urteils mit Hilfe der Zwangsmittel des 8. Buches der ZPO durchgesetzt werden kann[485]. Unerheblich ist, ob es sich um ein Schluß- oder Teilurteil oder nur um ein Vorbehaltsurteil[486] handelt. Allein die in diesen Urteilen enthaltene sofortige Zugriffsmöglichkeit auf das Vermögen des Verurteilten bedeutet wirtschaftlich schon dessen Wertminderung[487]. Die Vollstreckbarkeit ist regelmäßig mit Verkündung des Urteils gegeben, da Leistungsurteile entweder, wenn gegen sie ein Rechtsmittel nicht stattfindet[488], mit ihrem Erlaß rechtskräftig werden[489], oder gemäß §§ 708, 709 ZPO für vorläufig vollstreckbar zu erklären sind. Wenn das Gericht es unterlassen hat, von Amts wegen über die vorläufige Vollstreckbarkeit zu entscheiden, kann diese Entscheidung gemäß §§ 716, 321 ZPO nachgeholt werden. In diesem Fall tritt der Vermögensschaden mit der Ergänzung des Urteils ein, da diese erst die Zugriffsmöglichkeit auf das Schuldnervermögen schafft. Wenn eine Ergänzung unterbleibt, ist der Eintritt der Rechtskraft Voraussetzung für die Vollstreckbarkeit und damit auch den Vermögensschaden. Dieses gilt auch für die Urteile, die gemäß § 704 II ZPO nicht für vorläufig vollstreckbar erklärt werden dürfen. Die Rechtskraft tritt, sofern ein Rechtsmittel gegen das Urteil nicht

---

483 RG, JW 1927, 905 (906); BGH, NStZ 1992, 233 (234); *Binding*, BT 1, S. 350 f. Fn. 2; *Eisenberg*, Festschrift für Salger, S. 15 (24); *Gebhardt*, Prozeßbetrug, S. 38; *Keunecke*, Prozeßbetrug, S. 152; *Koffka*, ZStW 54 (1935), 45 (59); *Krey*, BT 2, Rn. 423; *Lenckner*, Prozeßbetrug, S. 116 ff.; LK-*Lackner*, § 263 Rn. 316; *Otto*, Struktur, S. 280; Schönke/Schröder-*Cramer*, § 263, Rn. 76; vgl. auch *Lenckner*, JZ 1971, 320 (321). So auch schon *Ganske*, Prozeßbetrug, S. 81, der allerdings einen Vermögensschaden verneint, wenn die vorläufige Vollstreckbarkeit von einer vorherigen Sicherheitsleistung des Gläubigers abhängt, da dann noch kein wirksames Vollstreckungsrecht des Gläubigers bestehe (S. 82 f.). In RGSt 75, 399 wird sogar auf eine vorläufige Vollstreckbarkeit verzichtet und der Vermögensschaden des Prozeßgegners mit dem Erlaß des Urteils (hier: Klagabweisung) angenommen.

484 RGSt 72, 113 (115).

485 Stein/Jonas-*Leipold*, § 322 Rn. 15.

486 BGH bei Dallinger, MDR 1956, 10; *Sonnen*, StV 1989, 479 (480).

487 *Koffka*, ZStW 54 (1935), 45 (59); vgl. auch BGH, NStZ 1992, 233 (234); *Sonnen*, StV 1989, 479 (480).

488 Etwa bei Revisionsurteilen des BGH oder des BayObLG, oder bei Berufungsurteilen des LG (vgl. § 545 I ZPO).

489 Eine Ausnahme gilt nur für erste Versäumnisurteile, da gegen sie zwar kein Rechtsmittel, aber der Einspruch statthaft ist (§ 338 ZPO).

stattfindet, mit der Verkündung des Urteils, im übrigen mit dem beiderseitigen wirksamen Verzicht auf Rechtsmittel (vgl. §§ 514, 566 ZPO) oder dem Ablauf der Rechtsmittelfrist (vgl. §§ 516, 552 ZPO) ein.

Eine vorläufig vollstreckbare Entscheidung stellt auch dann einen Vermögensschaden dar, wenn sie nur gegen Sicherheitsleistung vorläufig vollstreckbar ist (§ 709 ZPO)[490] oder die Vollstreckung durch Leistung einer Sicherheit durch den Schuldner abgewendet werden kann (§ 711 i. V. m. § 708 Nr. 4 bis 11 ZPO). Im ersten Fall stellt die Verpflichtung zur Leistung der Sicherheit kein Hindernis für den Gläubiger dar, das der Annahme einer schadensgleichen Vermögensgefährdung entgegensteht, da der Zugriff auf das Vermögen der unterlegenen Partei lediglich vom Willen des Gläubigers abhängig ist. Wenn dem Schuldner eine Abwendungsbefugnis eingeräumt ist, kann der Gläubiger auch nach Leistung der Sicherheit durch den Schuldner durch die Leistung einer eigenen Sicherheit unmittelbar auf das Vermögen des Schuldners zugreifen, so daß ebenfalls der Vollstreckung in das Schuldnervermögen keine Hindernisse entgegenstehen, die gegen die Annahme einer konkreten Vermögensgefährdung sprechen.

In Ausnahmefällen ist nicht schon der Erlaß des für vorläufig vollstreckbar erklärten Urteils für die Annahme einer schadensgleichen Vermögensgefährdung ausreichend, erforderlich ist vielmehr für den Eintritt des Schadens noch die Erteilung der Vollstreckungsklausel des Urteils durch den Rechtspfleger (§ 20 Nr. 12 RPflG)[491], da eine ausreichende Vermögensgefährdung nur vorliegt, wenn der Täter eine derartige Position erlangt hat, in der er den fraglichen Vermögenswert unmittelbar und ohne Schwierigkeiten realisieren kann[492]. Dieses ist aber vor Erteilung der Vollstreckungsklausel nicht in allen Fällen gegeben. Die Zwangsvollstreckung erfolgt nur aufgrund der vollstreckbaren Ausfertigung des Urteils (§ 724 ZPO) mit Vollstreckungsklausel (§ 725 ZPO). Die Erteilung ist allein im Fall des § 726 ZPO an nennenswerte Voraussetzungen gebunden, nämlich die vom Rechtspfleger zu prüfende Vollstreckungsreife des Titels; im übrigen ist die Erteilung der Vollstreckungsklausel zumindest für eine Vollstreckung in das Vermögen der am Prozeß beteiligten Partei nicht an besondere Voraussetzungen gebunden. Daher ist die Erteilung der Vollstreckungsklausel nur im Fall des § 726 ZPO Voraussetzung für die Annahme einer Vermögensgefährdung. In diesem Fall ist gegebenenfalls noch eine weitere Täuschung der obsiegenden Partei erforderlich, um die Erteilung der für den Nachweis des Eintritts der im Urteil enthaltenen Bedingung für die Vollstreckung erforderlichen öffentlichen oder öffentlich beglaubigten Urkunde zu erlangen. Das Vermögen der unterlegenen Partei ist daher noch nicht in einer Weise gefährdet, die dem Eintritt eines Vermögensschadens gleichgestellt werden kann. Im übrigen ist allerdings die Erteilung der Vollstreckungsklausel reine Formsache und aus diesem

---

490 BGH, NStZ 1992, 233 (234); anders *Ganske*, Prozeßbetrug, S. 82 f.

491 So *Otto*, Grundkurs, § 51 VI 5, der die Ausfertigung der Vollstreckungsklausel allerdings grundsätzlich für die Annahme eines Vermögensschadens verlangt.

492 *Lenckner*, JZ 1971, 320 (322).

Grund nicht Voraussetzung für die Annahme einer schadensgleichen Vermögensgefährdung.

Auch in den Fällen, in denen der Schaden der unterlegenen Partei erst durch die Erteilung der Vollstreckungsklausel eintritt, ist es ausreichend, daß allein der das Urteil erlassende Richter getäuscht wird, da dieser seinen Irrtum über das Urteil an den die Vollstreckungsklausel erteilenden Rechtspfleger weitergibt. Es ist ausreichend, daß der durch Täuschung bewirkte erste Akt zur Grundlage weiterer, unmittelbar vermögensschädigender Verfügungen wird. Es handelt sich dabei um eine sogenannte mehraktige Verfügung, an der nacheinander mehrere Personen beteiligt sind und bei der erst der letzte Akt unmittelbar zum Vermögensschaden führt[493].

Die spätere Zwangsvollstreckung aus dem materiell unrichtigen Vollstrekkungstitel ist für den Schadenseintritt ohne Bedeutung. Durch sie wird lediglich der bereits vollendete Betrug fortgesetzt und der Vermögensschaden erweitert[494].

Bei Feststellungs- und Gestaltungsurteilen tritt die Wirkung der Hauptsacheentscheidung erst mit Rechtskraft des Urteils ein[495]. Die Entscheidung über die vorläufige Vollstreckbarkeit bezieht sich bei diesen Urteilen, die in der Hauptsache keinen vollstreckungsfähigen Inhalt haben[496], lediglich auf die Kostenentscheidung. Der Schaden tritt hier mit der Rechtskraft der Entscheidung, etwa der Abweisung der Klage[497], ein[498].

Bei Beschlüssen des Gerichts oder Verfügungen des Vorsitzenden tritt der Vermögensschaden mit Verkündung des- oder derselben ein, da sie unmittelbar mit Verkündung wirksam werden (vgl. § 572 ZPO)[499].

Der Annahme eines Schadens stehen die für die unterlegene Partei im Einzelfall bestehenden Möglichkeiten der nachträglichen Schadensbeseitigung nicht entgegen. Maßgebend für die Bestimmung des Vermögensschadens ist der Zeitpunkt der Vermögensverfügung, es kommt nicht darauf an, ob der zunächst eingetretene

---

493 *Giehring*, GA 1973, 1 (24); Schönke/Schröder-*Cramer*, § 263 Rn. 62.

494 RGSt 59, 104 (107); *Lenckner*, Prozeßbetrug, S. 140.

495 So auch *Koffka*, ZStW 54 (1935), 45 (59) für die Feststellungsurteile. Anders RGSt 75, 399 für einen Fall der Klageabweisung. Die Ansicht des Reichsgerichts, daß die Rechtskraft der Entscheidung nicht zur Vollendung gehöre und die Vollendung des Prozeßbetrugs mit der Entscheidung des Richters eintrete, gilt nicht in dem entschiedenen Fall der Abweisung der Klage. Die von dem Reichsgericht angesprochene Wirkung, daß der Anspruch durch das Gericht abgesprochen werde, tritt nicht schon mit dem Erlaß des Urteils, sondern erst mit Rechtskraft desselben ein.

496 *Thomas/Putzo*, § 704 Rn. 1.

497 RGSt 71, 303 (305).

498 Etwas anderes gilt nur hinsichtlich der Kosten. Siehe dazu unten 2. Teil A III 2 b.

499 Vgl. *Ganske*, Prozeßbetrug, S. 83.

Schaden durch die spätere Entwicklung wieder beseitigt wird[500]. Im Fall eines Vorbehaltsurteils bleibt insbesondere unberücksichtigt, daß der Kläger dem Beklagten im Fall der Aufhebung des Vorbehaltsurteils im Nachverfahren den diesem durch die Vollstreckung des Urteils oder die zur Abwendung der Vollstreckung gemachte Leistung entstandenen Schaden zu ersetzen hat (§§ 302 IV 3, 600 II ZPO)[501]. Weiterhin bleiben etwa außer Betracht mögliche Rechtsmittel – Berufung[502] oder Revision (§§ 511 ff., 545 ff. ZPO) –, die Einspruchsmöglichkeit gegen ein erlassenes erstes Versäumnisurteil (§ 338 ZPO), mögliche Schadensersatzansprüche der unterlegenen Partei bei Vollstreckung aus dem für vorläufig vollstreckbar erklärten Urteil oder bei Vollziehung der Anordnung des Arrests oder der einstweiligen Verfügung, wenn diese Titel später abgeändert oder aufgehoben werden (§§ 717 II, 945 ZPO), oder auch Rechtsbehelfe, die die Rechtskraft beseitigen, wie Wiedereinsetzung gegen die Versäumung der Rechtsmittel- oder Einspruchsfrist nach § 233 ff. ZPO, Abänderungsklage nach § 323 ZPO, Restitutionsklage nach § 580 Nr. 4 ZPO und andere Wiederaufnahmeklagen nach §§ 578 ff., 641 i ZPO[503]. Ebenso wird nicht berücksichtigt die in Ausnahmefällen mögliche Beseitigung der Rechtskraft mit § 826 BGB.

Allein die vage Hoffnung auf eine Aufhebung des unrichtigen Urteils im Rechtsbehelfsverfahren vermag die schadensgleiche Vermögensgefährdung nicht zu beseitigen[504]. Aber auch darauf, daß das Urteil später etwa in der Berufungsinstanz tatsächlich abgeändert wurde, kommt es nicht an, da bereits mit der vorläufigen Vollstreckbarkeit des Urteils der Schaden eingetreten war[505]. Anders ist dieses bei solchen (insbesondere Feststellungs- oder Gestaltungs-) Urteilen, die nicht vorläufig vollstreckbar sind, da die nachteilige Wirkung dieser Urteile erst mit Rechtskraft eintritt. Kommt es im Berufungs- oder Revisionsverfahren zu einer Aufhebung oder Abänderung des unrichtigen Urteils, so fehlt es am Vorliegen eines für die Vollendung des Betrugs erforderlichen Vermögensschadens, wenn die Entscheidung anschließend der materiellen Rechtslage entspricht[506]. In Betracht kommt dann lediglich der Versuch des Prozeßbetrugs.

Zusammenfassend läßt sich feststellen, daß der Vermögensschaden der unterlegenen Partei bei Leistungsurteilen – außer im Fall des § 726 ZPO, wo es auf die Erteilung der Vollstreckungsklausel ankommt – mit der (vorläufigen) Vollstreckbarkeit der

---

500 RGSt 75, 399 f.; BGH, wistra 1988, 188 (190); LK-*Lackner*, § 263 Rn. 144 ff.; vgl. auch BGH, wistra 1997, 144 (145).

501 Ebenso *Lenckner*, Prozeßbetrug, S. 118.

502 BGH, NStZ 1992, 233 (234).

503 Vgl. RGSt 71, 303 (305).

504 Vgl. BGH, NStZ 1992, 233 (234).

505 BGH, NStZ 1992, 233 (234).

506 Anders RGSt 75, 399 f., wo ausgeführt wird, daß die "Schadenswiedergutmachung" im Berufungsverfahren der Annahme des Schadens durch ein klagabweisendes Urteil nicht entgegenstehe.

Entscheidung eintritt. Bei Feststellungs- und Gestaltungsurteilen ist für den Eintritt des Vermögensschadens die Rechtskraft des Urteils erforderlich, während für sonstige gerichtliche Entscheidungen – Beschlüsse oder Verfügungen – die Verkündung der Entscheidung ausreichend ist.

b) Kostenentscheidung

Auch durch die Kostenentscheidung als Teil des Urteils kann ein Vermögensschaden der unterlegenen Partei herbeigeführt werden.

Die Kostenentscheidung betrifft den Kostenerstattungsanspruch der einen Partei gegen die andere Partei auf Erstattung der ihr entstandenen Prozeßkosten, die sich aus den Gerichtskosten und den außergerichtlichen Kosten, insbesondere den Anwaltsgebühren, zusammensetzen. Der prozessuale Kostenerstattungsanspruch beruht allein auf den Vorschriften der ZPO (§§ 91 ff.), ist aber ein privatrechtlicher Anspruch[507]. Er entsteht bereits mit Rechtshängigkeit gemäß § 261 I ZPO aufschiebend bedingt durch den Erlaß der Entscheidung, die dem Gegner die Kosten auferlegt[508]. Mit Erlaß der Kostenentscheidung tritt diese Bedingung ein und der Kostenerstattungsanspruch wird fällig[509].

Die Kostenentscheidung entspricht dem Verhältnis des Obsiegens und Unterliegens in der Hauptsache. Wenn diese im Widerspruch zum materiellen Recht entschieden worden ist, ist daher auch zwangsläufig die Entscheidung über die Verpflichtung zur Tragung der Verfahrenskosten unrichtig. Der Erlaß der Kostenentscheidung wirkt sich daher in bezug auf das Vermögen der unterlegenen Partei nachteilig aus. Der Schaden besteht darin, daß sie mit einem Kostenerstattungsanspruch des Gegners belastet wird und selbst keinen Erstattungsanspruch erwirbt. Unerheblich ist, daß das Urteil, das die Kostengrundentscheidung enthält, nicht als Vollstreckungstitel hinsichtlich der Kosten dient. Die Vollstreckung wegen der entstandenen Prozeßkosten kann nur mit Hilfe eines Kostenfestsetzungsbeschlusses gemäß §§ 104 ff. ZPO[510] betrieben werden[511]. Dem steht der Eintritt eines Vermögensschadens bereits mit Erlaß des Urteils nicht entgegen, da der Anspruch auf Erstattung der Kosten durch das Urteil entsteht. Anders als hinsichtlich der Hauptsacheentscheidung wirkt sich die Kostenentscheidung unmittelbar auf das materielle Recht aus. Der Kostenerstattungsanspruch der einen Partei entsteht und der der anderen Partei geht unter. Diese Belastung mit einer Verbindlichkeit stellt zweifellos eine Vermögensbeschädigung dar[512].

---

507 *Thomas/Putzo*, Vorbem § 91 Rn. 8.

508 *Thomas/Putzo*, Vorbem § 91 Rn. 9.

509 *Thomas/Putzo*, Vorbem § 91 Rn. 10.

510 Vgl. § 794 I Nr. 2 ZPO.

511 Siehe dazu unten 2. Teil B VII.

512 Auf die Geltendmachung des Kostenerstattungsanspruchs durch die obsiegende Partei kommt es in diesem Zusammenhang nicht an, da das Vermögen des Prozeßgegners bereits durch die

Nicht zu berücksichtigen ist, daß der Kostenerstattungsanspruch bis zur Rechtskraft der Kostenentscheidung auflösend bedingt ist durch die Aufhebung oder das Unwirksamwerden der Entscheidung[513]. Die theoretische Möglichkeit, eine Abänderung des Urteils und in diesem Zusammenhang auch der Kostenentscheidung zu erreichen, hat außer Betracht zu bleiben, wie auch sonst die Möglichkeit der unterlegenen Partei, Rechtsmittel einzulegen, nicht bei der Ermittlung des Vermögensschadens berücksichtigt wird.

Da es der Partei in der Regel um ein Obsiegen in der Hauptsache und nicht um die Abwehr des Kostenerstattungsanspruchs geht, und sie sich keine Gedanken über die Verteilung der Kosten macht, wird die Bereicherungsabsicht in den selteneren Fällen vorliegen. Ein Betrug hinsichtlich der Verfahrenskosten kommt nur in Betracht, wenn die Partei eine (teilweise) Befreiung von einer Verbindlichkeit, nämlich der Pflicht zur Erstattung der Prozeßkosten, und verbunden damit den Erwerb eines Kostenerstattungsanspruchs gegen den Prozeßgegner erstrebt. Daher ist das Vorliegen der subjektiven Betrugsvoraussetzungen besonders zu prüfen.

3. Der Selbsthilfebetrug

Beim Selbsthilfebetrug täuscht eine Partei den Richter, um einen begründeten Anspruch durchzusetzen bzw. die Durchsetzung eines nicht begründeten Anspruchs zu verhindern.

Nicht um einen Selbsthilfebetrug in diesem Sinne handelt es sich, wenn der Kläger, um einen tatsächlich bestehenden, aber nicht beweisbaren Anspruch durchzusetzen, einen nicht bestehenden Anspruch einklagt, da in diesem Fall der tatsächlich bestehende Anspruch auch bei einer Vollstreckung aus dem Urteil bestehen bleibt und weiterhin gerichtlich durchsetzbar ist, da er von der Rechtskraft des Urteils nicht erfaßt wird[514]. Kein Selbsthilfebetrug ist daher etwa gegeben, wenn der Kläger gegen den Beklagten einen Anspruch auf Schadensersatz wegen Nichterfüllung aus § 325 BGB hat, diesen aber nicht einklagen will, da er nicht in der Lage ist, zu beweisen, daß der Beklagte die Unmöglichkeit seiner Leistung zu vertreten hat, und statt dessen gegen den Beklagten auf Rückzahlung eines Darlehens in derselben Höhe klagt und zum Zwecke des Beweises der Hingabe der Darlehensvaluta einen

---

Entstehung des Anspruchs vermindert wird. Unzutreffend ist daher die Auffassung von *Ganske*, Prozeßbetrug, S. 84, der behauptet, die Kosten, die der Gegner geltend mache, stellten keinen unmittelbaren Vermögensschaden dar, es handle sich dabei nur um einen mittelbar entstandenen Schaden, bei dem es an einem ursächlichen Zusammenhang fehle.

513 *Thomas/Putzo*, Vorbem § 91 Rn. 10.

514 Vgl. *Koffka*, ZStW 54 (1935), 45 (60); *Lenckner*, Prozeßbetrug, S. 113 Fn. 19; LK-*Lackner*, § 263 Rn. 155/278. Vgl. auch RGSt 60, 294: Das Reichsgericht bejaht das Vorliegen eines Vermögensschadens in einem Fall, in dem der Gläubiger einen Anspruch in der geltend gemachten Höhe hat, aber nicht den bestehenden, sondern einen anderen Anspruch geltend macht, so daß der getäuschte Schuldner durch die Leistung nicht von der bestehenden Verbindlichkeit befreit wurde.

ihm angeblich von dem Beklagten übergebenen Schuldschein anfertigt, den er dem Gericht vorlegt.

Um einen Selbsthilfebetrug handelt es sich hingegen z. B., wenn ein Darlehensgläubiger den von dem Darlehensnehmer ausgestellten Schuldschein verloren hat und einen neuen Schuldschein anfertigt, um mit dessen Hilfe den Beweis für die Darlehenshingabe zu erbringen[515], oder wenn der Darlehensnehmer, der mangels Quittung nicht beweisen kann, daß er den Darlehensbetrag zurückgezahlt hat, zu Unrecht den Empfang der Darlehensvaluta bestreitet.

Zwar darf die Partei ihre Rechte im Zivilprozeß nur in der von der ZPO erlaubten Weise geltend machen, sie verstößt auch dann gegen die in § 138 I ZPO statuierte Wahrheitspflicht, wenn sie die unwahren Angaben aufstellt, um einen berechtigten Anspruch durchzusetzen bzw. einen unberechtigten Anspruch abzuwehren[516]. Allein dieses führt jedoch nicht zur Annahme der Betrugsstrafbarkeit.

Die Entscheidung, die aufgrund der Täuschung des Gerichts ergeht, stimmt im Fall des Selbsthilfebetrugs mit der materiellen Rechtslage überein[517]. Daraus ergibt sich im Ergebnis – zumindest hinsichtlich der Vermögensdelikte[518] – die Straflosigkeit des Verhaltens der täuschenden Partei[519]. Umstritten ist lediglich – je nachdem,

---

[515] Vgl. *Lenckner*, Prozeßbetrug, S. 111 ff.

[516] Vgl. Baumbach/Lauterbach-*Hartmann*, § 138 Rn. 20: "Der Beklagte darf aber z. B. nicht die Schuld leugnen, nur um Zeit zur Auffindung einer Quittung zu gewinnen." Vgl. auch *Brinkmann*, Wahrheitspflicht, S. 49: § 138 ZPO verlange "die Wahrheit über jeden einzelnen tatsächlichen Umstand, der behauptet" werde. Die Vorschrift wolle "verhindern, daß das Gericht belogen" werde. Die Auffassung, "das von der Volksgemeinschaft erwartete Ergebnis, das herbeizuführen auch der Sinn des § 138 sei, sei gewonnen, der Zweck des Prozesses sei erreicht", sei nicht haltbar.

[517] Dieses ergibt sich insbesondere daraus, daß der Beklagte auch, wenn er außerprozessual aufgrund einer Täuschung eine bestehende Schuld erfüllt hätte, zwar möglicherweise nach § 123 BGB hätte anfechten, aber die erbrachte Leistung nach dem Grundsatz "dolo facit, qui petit, quod statim redditurus est" nicht hätte zurückfordern können. – Allein die Unmöglichkeit der Rückforderung des Geleisteten ist allerdings nicht ausreichend, sofern kein (durchsetzbarer) Anspruch des Klägers bestand, etwa bei einem verjährten Anspruch (§ 222 II 1 BGB) oder bei einem Anspruch aus Spiel und Wette (§ 762 I 2 BGB) oder auf Ehemaklerlohn (§ 656 I 2 BGB).

[518] Es kommt allenfalls eine Strafbarkeit der Partei nach § 267 StGB, wenn sie zum Zwecke der Täuschung eine unechte oder verfälschte Urkunde vorlegt, oder nach § 154 StGB, wenn es sich um eine eidliche Aussage im Rahmen der Parteivernehmung handelt, in Betracht. Siehe dazu unten 4. Teil A I.

[519] Anders noch für Täuschungen innerhalb eines Rechtsstreits RGSt 72, 133 (137 ff.) mit der Begründung, daß der Wert eines Anspruchs maßgeblich von der Zuerkennung des Anspruchs durch einen Richterspruch abhänge; diese bedeute eine Verbesserung der Vermögenslage des Klägers und entsprechend eine Verschlechterung der Vermögenslage des Beklagten (S. 138). "Auch der, dem es durch Täuschung gelingt, eine unsichere Rechtslage in eine sichere zu verwandeln, schädigt das Vermögen des anderen Teils in dem Bestreben, sich einen rechtswidrigen Vermögensvorteil zu verschaffen." (S. 139).

welcher Vermögensbegriff zugrundegelegt wird[520] –, ob der unterlegenen Partei schon kein Vermögensschaden entsteht[521], oder ob dieser zwar vorliegt, die von der täuschenden Partei angestrebte Bereicherung jedoch wegen der Übereinstimmung mit dem materiellen Recht nicht rechtswidrig ist, so daß es an der Absicht des Täters fehlt, sich rechtswidrig zu bereichern[522].

Wenn man unter Vermögen die Gesamtheit aller wirtschaftlichen Güter einer Person versteht, die ihrer rechtlich gebilligten und geschützten Verfügungsgewalt unterliegen (juristisch-ökonomische Vermittlungslehre)[523], fehlt es bereits an einem Schaden der unterlegenen Partei, da dieser nur gegeben ist, wenn das Ärmerwerden nicht gerade im Verlust einer ohnehin nicht geschützten oder mißbilligten Position besteht. Erfolgt die Abweisung oder Stattgabe der Klage im Einklang mit dem materiellen Recht, verliert die unterlegene Partei lediglich eine reale Erwerbsaussicht[524], die sie zu Unrecht innehatte.

Zu dem gleichen Ergebnis kommt man bei Zugrundelegung des älteren, heute nicht mehr vertretenen juristischen Vermögensbegriffs, der zum Vermögen die Summe der von der Rechtsordnung anerkannten und mit ihr durchsetzbaren Vermögensrechte und Vermögenspflichten einer Person ohne Rücksicht auf ihren wirtschaftlichen Wert rechnete[525]. Ein Vermögensschaden ist danach nur der Verlust eines solchen Rechts oder die Belastung mit einer derartigen Verbindlichkeit, nicht jedoch der Verlust der tatsächlichen Erwerbsaussicht, einen Prozeß entgegen der materiellen Rechtslage zu gewinnen.

---

520 Da die Ansichten sich im Ergebnis nicht unterscheiden, braucht auf die Problematik des Vermögensbegriffs nicht näher eingegangen zu werden. Es soll daher mit einer kurzen Darstellung der verschiedenen Vermögenstheorien sein Bewenden haben.

521 BGH, NJW 1997, 750; *Eisenberg*, Festschrift für Salger, S. 15 (24); *Koffka*, ZStW 54 (1935), 45 (59); *Lackner*, § 263 Rn. 47; *Lenckner*, Prozeßbetrug, S. 125 f.; LK-*Lackner*, § 263 Rn. 317; *Welzel*, Wahrheitspflicht, S. 22; vgl. auch BGHSt 20, 136 (138).

522 BGHSt 3, 160 (162 f.); BGH, GA 1966, 52 (Schaden offengelassen); NStZ 1990, 388 (389); wistra 1982, 68; BayObLG, StV 1990, 165; *Fahl*, Jura 96, 74 (76); *Gebhardt*, Prozeßbetrug, S. 37; *Hartung*, NJW 53, 552 (553); *Koffka*, ZStW 54 (1935), 45 (61); *Lackner*, § 263 Rn. 61; *Tröndle*, § 263 Rn. 43; *Welzel*, Wahrheitspflicht, S. 22; *Wessels*, BT 2, Rn. 567; vgl. auch BGHSt 20, 136 (137); so auch schon RG, U. v. 31.03.1942 (4 D 181/41), zitiert nach *Hartung*, NJW 1953, 552 (553).

523 RGSt 65, 99 (100); 66, 281 (285); BGHSt 4, 373; 20, 136 (138); BGH, JR 1988, 125 (126); OLG Hamm, NStZ 1990, 342; *Bergmann/Freund*, JR 1988, 189 (190); *Blei*, BT, § 60 III 2 b; *Cramer*, JuS 1966, 472 (474); *ders.*, Vermögensbegriff, S. 100; *Gallas*, Festschrift für Eb. Schmidt, S. 401 (407 f.); *Lackner*, § 263 Rn. 34 f.; LK-*Lackner*, § 263 Rn. 123; *Lenckner*, JZ 1967, 105 (107); *ders.*, Prozeßbetrug, S. 108 f.; *Maurach/Schroeder/Maiwald*, BT 1, § 41 Rn. 99; *Schröder*, JZ 1965, 513 (515); SK-StGB-*Samson/Günther*, § 263 Rn. 112 ff.; Schönke/Schröder-*Cramer*, § 263 Rn. 82 ff.; *Tenckhoff*, JR 1988, 123 (128); *Welzel*, Lehrbuch, S. 373; *ders.*, Wahrheitspflicht, S. 22.

524 Zu der Frage, inwieweit Exspektanzen zum Vermögen gehören vgl. *Hefendehl*, Vermögensgefährdung, S. 117 f., 199 ff.

525 RGSt 27, 300; 37, 30 (31); *Binding*, BT 1, S. 238 ff.; *Merkel*, Abhandlungen II, S. 101; teilweise nahestehend *Nauke*, Betrug, S. 215.

Wenn man mit dem personalen Vermögensbegriff das Vermögen als die wirtschaftliche Potenz des Vermögensträgers begreift, die auf der Herrschaft über solche Objekte beruht, die in der Rechtsgemeinschaft als Objekte des Wirtschaftsverkehrs angesehen werden[526], fehlt es ebenfalls an einem Vermögensschaden der unterlegenen Partei. Die tatsächliche Erwerbsaussicht auf Erlaß eines materiell unrichtigen Urteils läßt sich wirtschaftlich nicht verwerten und stellt damit kein Objekt des Wirtschaftsverkehrs dar, so daß es durch die mit dem materiellen Recht in Einklang stehende Entscheidung nicht zur Verminderung der wirtschaftlichen Potenz des Vermögensträgers kommt.

Allein nach dem rein wirtschaftlichen Vermögensbegriff liegt ein Schaden der unterlegenen Partei vor. Der rein wirtschaftliche Vermögensbegriff umfaßt die Gesamtheit der wirtschaftlichen geldwerten Güter einer Person ohne Rücksicht auf ihre rechtliche Konkretisierung oder Anerkennung[527]. Auch der Verlust einer prozessualen Erfolgschance und der damit verbundenen realen Aussicht, den Erlaß eines Titels zu verhindern bzw. einen vollstreckbaren Titel zu erlangen, stellt wegen des dieser innewohnenden wirtschaftlichen Werts einen Vermögensschaden dar. Da der von der täuschenden Partei erstrebte Vermögensvorteil, der Erlaß einer der materiellen Rechtslage entsprechenden Entscheidung, jedoch nicht rechtswidrig ist, kommt man wegen Fehlens der Bereicherungsabsicht[528] auch mit dieser Ansicht zu einer Verneinung des Betrugstatbestands.

Nach allen Ansichten ist auch ein Selbsthilfebetrug zur Durchsetzung eines nur nach der Überzeugung der Partei begründeten Anspruchs oder die Abwehr eines nur nach der Überzeugung der Partei unbegründeten Anspruchs straflos. Wenn die täuschende Partei irrig annimmt, ihr stehe der geltend gemachte Anspruch zu bzw. der gegen sie geltend gemachte Anspruch bestehe nicht, handelt sie ohne Vorsatz[529].

---

526 Insbesondere *Otto*, Grundkurs, § 38 I 1; *ders.*, Struktur, S. 34 ff.; vgl. auch *Geerds*, Jura 1994, 309 (320 f.); *Labsch*, Jura 1987, 411 (416); *Schmidhäuser*, BT, 11/12; *Winkler*, Vermögensbegriff, S. 214/220.

527 RGSt 44, 230 (233); BGHSt 2, 364 (365); 3, 99 (102); 16, 220 (221); 34, 199 (203); OLG Düsseldorf, NJW 1988, 922 (923); OLG Köln, NJW 1972, 1823 (1824); *Haft*, BT, S. 211; *Krey*, BT 2, Rn. 433 ff.; *Preisendanz*, § 263 Anm. V 1; *Tröndle*, § 263 Rn. 27/29; *Wessels*, BT 2, Rn. 518; *Wöhrmann*, NStZ 1990, 342 (343).

528 Siehe dazu unten 2. Teil A IV 2.

529 Anders noch *Hartung*, NJW 1953, 552 (553), der auf den Vorsatz bezüglich der Rechtswidrigkeit des erstrebten Vermögensvorteils verzichtet: Habe der Täter die objektiv nicht bestehende Rechtmäßigkeit des erstrebten Vorteils nur irrig angenommen, so schließe dieses den Betrugstatbestand nicht aus; der Irrtum könne nur bei der Bestrafung mildernd in Betracht gezogen werden.

Entweder wird angenommen, der Schädigungsvorsatz fehle[530] oder aber der Vorsatz hinsichtlich der Rechtswidrigkeit der erstrebten Bereicherung sei nicht gegeben[531].

IV. Vorsatz und Bereicherungsabsicht

In subjektiver Hinsicht muß die täuschende Prozeßpartei sowohl vorsätzlich als auch in der Absicht handeln, sich oder einem Dritten einen rechtswidrigen Vermögensvorteil zu verschaffen.

1. Vorsatz

Hinsichtlich sämtlicher – auch ungeschriebener – Merkmale des Betrugstatbestands ist bedingter Vorsatz erforderlich aber auch ausreichend. Insbesondere genügt dolus eventualis auch im Hinblick auf die Unwahrheit der aufgestellten Behauptung[532]. Aus diesem Grund ist Prozeßbetrug auch möglich durch das Aufstellen von Behauptungen, deren Wahrheit bzw. Unwahrheit die Partei nicht für sicher aber für möglich hält[533]. Es besteht kein Anlaß, von dem für den gewöhnlichen Betrug geltenden Grundsatz, daß hinsichtlich sämtlicher Merkmale dolus eventualis ausreichend ist, abzuweichen[534].

---

530 *Eisenberg*, Festschrift für Salger, S. 15 (24 Fn. 66); *Koffka*, ZStW 54 (1935), 45 (61); *Lenckner*, Prozeßbetrug, S. 129; Schönke/Schröder-*Cramer*, § 263 Rn. 75; *Tröndle*, § 263 Rn. 43; vgl. *Welzel*, Wahrheitspflicht, S. 22.

531 BGHSt 4, 105 (106); BayObLG, StV 1990, 165; vgl. auch BayObLG, MDR 1969, 500 (501).

532 *Lenckner*, Prozeßbetrug, S. 132 f.; LK-*Lackner*, § 263 Rn. 257/309. Dolus directus verlangen *Gebhardt*, Prozeßbetrug, S. 36 f.; *Keunecke*, Prozeßbetrug, S. 161; *Sieber*, Computerkriminalität, S. 2/36; *Tiedemann*, Jura 1981, 24 (31). So wohl auch OLG Bamberg, NStZ 1982, 247 (248), das für die Annahme einer Täuschungshandlung darauf abstellt, daß die Partei die Tatsachenbehauptung unter Verstoß gegen die Wahrheitspflicht, also "wider besseres Wissen" abgibt. *Keunecke*, Prozeßbetrug, S. 161 nimmt an, die Äußerung eines zweifelhaften Umstands mit Bestimmtheit sei nicht vorsätzlich, da der Prozeßvortrag nur in dieser Form wirksam sei. *Tiedemann*, Jura 1981, 24 (31) knüpft zur strafrechtlichen Beurteilung des Prozeßbetrugs an die Grenzen der Wahrheitspflicht im Rahmen des § 138 I ZPO an. Da § 138 I ZPO nur Behauptungen wider besseres Wissen verbiete sei dolus eventualis nicht ausreichend; Prozeßbetrug liege nur bei einer mit dolus directus vorgetragenen bewußten Lüge vor. *Gebhardt*, Prozeßbetrug, S. 36 f. führt zur Begründung seiner Ansicht, daß bei Zweifeln hinsichtlich der Wahrheit der behaupteten Tatsache kein Vorsatz gegeben sei, an, daß das, was nach der ZPO Recht sei, nicht nach dem StGB Unrecht sein könne (S. 36, vgl. auch S. 19).

533 Anders *Gebhardt*, Prozeßbetrug, S. 25; *Koffka*, ZStW 54 (1935), 45 (54), die in diesem Fall eine Täuschungshandlung ablehnen. Dagegen spricht, daß objektiv die Behauptung einer falschen Tatsache gegeben ist (vgl. auch *Lenckner*, Prozeßbetrug, S. 70).

534 Ebenso *Lenckner*, Prozeßbetrug, S. 133; LK-*Lackner*, § 263 Rn. 309.

Zwar verwehrt § 138 I ZPO der Partei nicht, Tatsachen vorzutragen, die sie nur für möglich oder für wahrscheinlich hält[535]. Die in § 138 I ZPO normierte Wahrheits- und Vollständigkeitspflicht verbietet es den Parteien, Behauptungen aufzustellen, deren Unrichtigkeit ihnen bekannt ist. Es besteht jedoch keine Gesetzesvorschrift, durch die den Parteien vorgeschrieben würde, nur solche tatsächlichen Behauptungen aufzustellen, deren Richtigkeit ihnen mit Sicherheit (oder doch zumindest mit hoher Wahrscheinlichkeit) bekannt ist[536].

Die Partei wird von der ZPO häufig sogar gezwungen, solche Tatsachen als sicher hinzustellen[537]. Nach § 253 II 2 ZPO haben die Parteien ihre Angaben bestimmt vorzubringen, sie können sich nicht damit begnügen, Tatsachen nur als möglich oder wahrscheinlich anzuführen. Da nur von den Parteien vorgetragene Umstände im Zivilprozeß berücksichtigt werden dürfen, zwingt die Verhandlungsmaxime sie oftmals dazu, mögliche günstige Tatsachen, von deren Wahrheitsgehalt sie nicht unbedingt überzeugt sind, die sie aber für möglich halten, erst einmal zu behaupten[538]. Die Partei ist häufig verpflichtet, Tatsachen entsprechend den Voraussetzungen des anzuwendenden Rechts zu behaupten, die ihr unbekannt sind, die sie nicht einmal kennen kann[539], etwa innere Vorgänge des Gegners, die sich nicht in der Außenwelt abspielen (wie z. B. Bösgläubigkeit, mangelnde Ernstlichkeit, Arglist, Vorsatz und Fahrlässigkeit), Ursächlichkeit, künftige Ereignisse oder Umstände, deren Feststellung nur einem besonders Sachkundigen möglich ist. Nach dem im Zivilprozeß geltenden Beibringungsgrundsatz ist eine Beweisaufnahme nur bei einem sich widersprechenden substantiierten Sachvortrag der Parteien zulässig. Dieses Erfordernis nötigt die Partei vielfach dazu, einen Sachverhalt, den sie als möglicherweise gegeben annimmt, als sicher hinzustellen, wenn sie eine Beweisaufnahme

---

535 HansOLG Hamburg, NJW-RR 1990, 63; *Arens*, ZZP 96 (1983), 1 (5); *Baur/Grunsky*, Zivilprozeßrecht, Rn. 43; *Grunsky*, Verfahrensrecht, S. 182; *Jauernig*, Zivilprozeßrecht, § 26 III; *Rosenberg/Schwab/Gottwald*, Zivilprozeßrecht, § 65 VIII 4; *Schellhammer*, Zivilprozeß, Rn. 1276; Stein/Jonas-*Leipold*, § 138 Rn. 2/11; *Wieczorek*, § 138 Anm. C I c; Zöller-*Greger*, § 138 Rn. 2. Anders *Olzen*, ZZP 98 (1985), 403 (426), der eine Kennzeichnung solcher Tatsachen als Vermutung verlangt, diese dann aber als substantiierten Vortrag, der eine Erklärungspflicht des Gegners begründet, genügen läßt. *Wieczorek*, § 138 Anm. B III b nimmt ein Recht zum Bestreiten sogar dann an, wenn die Partei an die Richtigkeit der Behauptung glaubt.

536 BGH, WM 1985, 736 (737). Anders wohl *Rietzsch*, DStR 1934, 9 (14), nach dem die Wahrheitspflicht das Gebot bedeutet, "nur Tatsachen vorzutragen, von deren Wahrheit die Partei überzeugt ist, und nur Tatsachen zu bestreiten, von deren Unwahrheit sie überzeugt ist". Anders – allerdings vor Einführung des § 138 I ZPO – auch Goldschmidt, Prozeß, S. 129.

537 Ebenso Goldschmidt, Prozeß, S. 129, der dieses als Indiz gegen die Geltung der Wahrheitspflicht als Rechtspflicht ansieht; denn wenn die Partei eine Tatsache als Gegenstand des eigenen Wissens hinstelle, die sie nur vermute, liege darin eine Verletzung der Wahrheitspflicht.

538 *Eisenberg*, Festschrift für Salger, S. 15 (25).

539 *Keunecke*, Prozeßbetrug, S. 26; *Rosenberg/Schwab/Gottwald*, Zivilprozeßrecht, § 65 VIII 4; Zöller-*Greger*, § 138 Rn. 2.

darüber herbeiführen möchte[540]. Auch ist die Partei gezwungen, vom Gegner vorgetragene Tatsachen, die sie zwar für möglich hält, von deren Vorliegen sie aber nicht überzeugt ist, zu bestreiten, da die gegnerische Behauptung sonst als zugestanden anzusehen wäre (§ 138 III ZPO)[541]. Die Partei kann auch für denselben Antrag im Eventualverhältnis Behauptungen aufstellen, die sich widersprechen[542], wenn durch das sich widersprechende tatsächliche Vorbringen die Wahrheitspflicht nicht verletzt wird, also nur solange, wie sie nicht von der Unwahrheit der einen Behauptung überzeugt ist; sonst liegt ein Verstoß gegen § 138 I ZPO vor[543], sofern die behauptete Tatsache auch objektiv unwahr ist[544].

Unzulässig (und unbeachtlich) sind – neben bewußt unwahren Tatsachenbehauptungen – nur Behauptungen, die willkürlich, ohne sachliche Grundlage, gleichsam "ins Blaue" aufgestellt werden, was bei Fehlen jeglicher tatsächlicher Anhaltspunkte der Fall ist[545]. Dieses hat allerdings nicht zur Folge, daß die Partei sich nur durch solche – nach der ZPO unzulässigen – Behauptungen strafbar machen kann. Bei der Behauptung von Tatsachen, die die Partei nur für möglich oder für wahrscheinlich hält, kommt es für die Strafbarkeit wegen Betrugs darauf an, ob der Umstand nach dem Willen der Partei nur dann Einfluß auf die richterliche Entscheidung finden soll, wenn er auch der Wahrheit entspricht. Dann fehlt es an einem bedingten Vorsatz[546]. Kommt es dem Täter dagegen unabhängig davon auf die Berücksichtigung seiner Behauptung an und will er die Behauptung auch im Fall ihrer Unwahrheit, nimmt er den Irrtum des Richters zumindest billigend in Kauf und erfüllt damit den Tatbestand des § 263 I StGB[547]. Es wäre nicht einsichtig, der Prozeßpartei in diesem Fall nur deshalb Straffreiheit zu gewähren, weil ein Verstoß gegen die zivilprozessuale Wahrheitspflicht nicht gegeben ist.

---

540 BGH, WM 1985, 736 (737). Ebenso *Grunsky*, Verfahrensrecht, S. 182 mit dem Hinweis darauf, daß nicht anzunehmen sei, daß § 138 I ZPO daran etwas habe ändern wollen. Vgl. auch Stein/Jonas-*Leipold*, § 138 Rn. 11.

541 *Rosenberg/Schwab/Gottwald*, Zivilprozeßrecht, § 65 VIII 4.

542 BGHZ 19, 387 (390); BGH, MDR 1959, 834; NJW 1995, 2843 (2846); Baumbach/Lauterbach-*Hartmann*, § 138 Rn. 19; *Grunsky*, Verfahrensrecht, S. 182 f.; *Rosenberg/Schwab/Gottwald*, Zivilprozeßrecht, § 65 VIII 4, *Schellhammer*, Zivilprozeß, Rn. 1279; *Wieczorek*, § 138 Anm. B III a 1; Zöller-*Greger*, § 138 Rn. 4.

543 BGH, MDR 1959, 834; NJW 1995, 2843 (2846); Zöller-*Greger*, § 138 Rn. 4.

544 BGHZ 19, 387 (390 f.); vgl. auch *Roth*, Wahrheitspflicht, S. 18 f. Anders wohl *Lenckner*, Prozeßbetrug, S. 155 Fn. 14, der annimmt, ein Verstoß gegen die Wahrheitspflicht liege allein bei einer subjektiven Unwahrheit vor; darüber hinaus komme es auf die objektive Unwahrheit der behaupteten Tatsache nicht an.

545 BGH, NJW 1968, 1233 (1234); NJW 1991, 2707 (2709); NJW 1992, 2564 (2566); HansOLG Hamburg, NJW RR 1990, 63; OLG Köln, NJW-RR 1992, 572 (573); vgl. auch RG, JW 1936, 2135; JW 1936, 2228. *Baur/Grunsky*, Zivilprozeßrecht, Rn. 43 halten diese Einschränkungen für fraglich.

546 *Eisenberg*, Festschrift für Salger, S. 15 (25).

547 *Eisenberg*, Festschrift für Salger, S. 15 (25); *Lenckner*, Prozeßbetrug, S. 133; LK-*Lackner*, § 263 Rn. 309.

Die täuschende Partei wird in den Fällen, in denen sie Tatsachen behauptet, deren Unwahrheit sie nicht für sicher aber für möglich hält, allerdings nicht mit bedingtem Vorsatz handeln[548], sofern sie redlich ist. So hat die Partei, wenn sie nur täuscht, um einen Beweis des Gegners zu verlangen, keinen Vorsatz bezüglich eines Irrtums des Richters[549]. Die Partei ist jedoch verpflichtet, bei Schluß der mündlichen Verhandlung ihre Behauptung richtig zu stellen, wenn sie erkennt, daß dem Gegner der Beweis nicht gelungen ist, da sie sich sonst wegen Unterlassens strafbar macht[550].

Ein Schädigungsvorsatz ist ebenfalls nicht gegeben, wenn die falsche Behauptung lediglich in Verschleppungsabsicht erfolgt[551], sofern diese als solche nicht zu einer Verschlechterung der Befriedigungsmöglichkeiten des Klägers führt[552]. Wenn die Partei etwa bewußt falsche Tatsachenbehauptungen aufstellt, um Zeit zu gewinnen, handelt sie ohne Vorsatz, wenn sie beabsichtigt, ihre falsche Behauptung später richtig zu stellen, z. B. wenn der Beklagte den Empfang der Darlehensvaluta bestreitet, um den Kläger so zum Beweis zu zwingen und die ihm verbleibende Zeit für die Suche nach der Quittung über die Rückzahlung der Darlehenssumme zu verwenden. Wenn das Ziel der täuschenden Partei mit der materiellen Rechtslage in Einklang steht, kommt jedoch eine Strafbarkeit wegen Prozeßbetrugs auch dann nicht in Betracht, wenn sie ihre Behauptungen später nicht berichtigt, da es dann an einem Vermögensschaden der unterlegenen Partei bzw. an der Absicht der täuschenden Partei fehlt, sich rechtswidrig zu bereichern[553].

Die Partei muß – wie im Normalfall des Betrugs – hinsichtlich sämtlicher Merkmale des § 263 StGB zumindest mit bedingtem Vorsatz handeln.

2. Bereicherungsabsicht

Die täuschende Prozeßpartei muß in der Absicht handeln, sich oder einem Dritten einen rechtswidrigen Vermögensvorteil zu verschaffen. Vermögensvorteil ist jede günstigere Gestaltung der Vermögenslage. Diese kann im Rahmen des Zivilprozesses insbesondere durch den Erlaß eines der täuschenden Partei günstigen Urteils oder Beschlusses eintreten. Regelmäßig wird die Prozeßpartei täuschen, um für sich einen Vermögensvorteil zu erlangen, etwa in Form eines obsiegenden Urteils oder auch der Verbesserung der Prozeßlage[554]. In Betracht kommt aber auch ein altruistisches

---

548 LK-*Lackner*, § 263 Rn. 309.

549 *Ganske*, Prozeßbetrug, S. 84; *Lenckner*, Prozeßbetrug, S. 128.

550 Siehe dazu oben 2. Teil A I 3.

551 Vgl. *Koffka*, ZStW 54 (1935), 45 (56), die allerdings eine Täuschungshandlung verneint.

552 Siehe dazu insbesondere oben 2. Teil A III 1 a (2).

553 Siehe dazu oben 2. Teil A III 3.

554 RGSt 52, 88.

Handeln zugunsten eines Dritten, z. B. im Fall der gesetzlichen[555] oder gewillkürten[556] Prozeßstandschaft, wenn die Partei im eigenen Namen einen Prozeß über ein fremdes Recht führt.

Zwischen dem erstrebten Vermögensvorteil und dem Vermögensschaden der unterlegenen Partei muß sogenannte Stoffgleichheit bestehen. Erforderlich ist, daß der erstrebte Vermögensvorteil und der Vermögensschaden auf derselben Vermögensverfügung beruhen und daß der Vorteil unmittelbar zu Lasten des geschädigten Vermögens geht[557], so daß der erstrebte Vorteil die Kehrseite des Schadens ist[558].

Daran fehlt es etwa, wenn das Gericht aufgrund der Täuschung einen Beweisbeschluß erläßt und anordnet, daß die Ladung des Zeugen von einer Vorschußzahlung durch die beweisbelastete Partei abhängt (§ 379 ZPO). Da die beweisbelastete Partei, um den Prozeß nicht zu verlieren, faktisch gezwungen ist, den Vorschuß zu zahlen, führt die Anordnung des Gerichts zu einem Vermögensschaden der beweisbelasteten Partei; dieses kann jedoch nicht zu einer günstigeren Gestaltung der Vermögenslage der täuschenden Partei führen. Es käme allein eine Bereicherung der in dem Verfahren als Prozeßbevollmächtigte tätigen Rechtsanwälte in Betracht. Diese erwerben durch die Vertretung im Beweisaufnahmeverfahren einen Anspruch gegen ihren Auftraggeber (§ 31 I Nr. 3 BRAGO). Sofern die beweisbelastete Partei sich durch einen Rechtsanwalt vertreten läßt, wird sie daher mit einem Anspruch ihres Vertreters belastet, sofern es zu der angeordneten Beweisaufnahme kommt und sie dort von ihrem Prozeßbevollmächtigten vertreten wird. Theoretisch könnte die täuschende Partei daher in der Absicht handeln, den gegnerischen Anwalt zu bereichern. Diese Bereicherung und der entsprechende Vermögensschaden tritt nicht bereits mit dem Erlaß des Beweisbeschlusses ein, sondern erst durch die Durchführung der Beweisaufnahme. Wegen der vermögensmindernden Wirkung kommt auch diese als Vermögensverfügung des Gerichts in Betracht. In diesem nicht sehr naheliegenden Fall wäre Stoffgleichheit zwischen dem bei der beweisbelasteten Partei eintretenden Schaden – die Verpflichtung, die bei ihrem Prozeßbevollmächtigten entstandene Beweisgebühr auszugleichen – und dem für den Rechtsanwalt erstrebten Vorteil – die Entstehung des Anspruchs auf Erstattung der Beweisgebühr – gegeben.

---

[555] Beispiele: Der Rechtsvorgänger führt als Partei im eigenen Namen den Rechtsstreit in Prozeßstandschaft für den Rechtsnachfolger, an den er den streitbefangenen Gegenstand nach Rechtshängigkeit (§ 261 I ZPO) veräußert hat, weiter (§ 265 ZPO). Ein Elternteil macht während des Getrenntlebens oder der Anhängigkeit einer Ehesache, insbesondere während des Scheidungsverfahrens, den Unterhaltsanspruch des bei ihm lebenden Kindes gegen den anderen Elternteil im eigenen Namen geltend (§ 1629 III BGB).

[556] Beispiele: Der beherrschende Gesellschafter einer GmbH klagt ein ihr zustehendes Recht ein (BGH, NJW-RR 1987, 57). Ein Verband nach § 13 I UWG macht Unterlassungsansprüche seiner Mitglieder geltend (BGH, NJW 1983, 1559).

[557] BGHSt 34, 379 (391); BayObLG, NStZ 1994, 491 (492).

[558] BayObLG, NStZ 1994, 491 (492).

Der von der täuschenden Partei erstrebte Vermögensvorteil muß rechtswidrig sein. Dafür, ob ein Vermögensvorteil rechtswidrig ist, ist allein das sachliche Recht maßgebend[559]. Bei einem fälligen und einredefreien Anspruch eben auf diesen Vermögensvorteil ist er erstrebte Vorteil nicht rechtswidrig. Ist danach der vermögensrechtliche Anspruch begründet, so wird er nicht deshalb rechtswidrig, weil sich der Berechtigte unlauterer Mittel bedient, um etwaige Schwierigkeiten, die der Verwirklichung des Anspruchs entgegenstehen, zu beseitigen[560]. Dieses gilt insbesondere auch für Täuschungen innerhalb eines Rechtsstreits, wenn der Berechtigte oder ein zu seinen Gunsten handelnder Dritter sich in einem Rechtsstreit unredlicher, auf Täuschung des Richters zielender Mittel bedient[561]. Mangels Rechtswidrigkeit des erstrebten Vermögensvorteils fehlt es in den Fällen des Selbsthilfebetrugs – sofern man nicht schon einen Schaden der unterlegenen Partei verneint[562] – an der Bereicherungsabsicht der täuschenden Partei.

Die Rechtswidrigkeit des erstrebten Vermögensvorteils muß vom Vorsatz des Täters umfaßt sein. Nimmt der Täter irrig an, einen Anspruch auf die erstrebte Bereicherung zu haben, so befindet er sich im Tatbestandsirrtum, der den Vorsatz ausschließt (§ 16 I StGB)[563]. Dieses ist der Fall, wenn der eingeklagte Anspruch nicht objektiv, aber nach der Überzeugung der täuschenden Partei besteht oder der abgewehrte Anspruch nur nach ihrer Überzeugung nicht besteht[564].

Anders ist es im umgekehrten Fall, wenn die Partei in der irrigen Annahme der Wahrheitswidrigkeit objektiv richtige Tatsachen vorträgt. Wenn der erstrebte Vermögensvorteil objektiv rechtmäßig ist, der Täter aber irrig glaubt, keinen rechtlich begründeten Anspruch auf den erstrebten Vorteil zu haben, befindet er sich in einem "umgekehrten Tatbestandsirrtum". Der Irrtum über das Bestehen des Anspruchs und damit die Rechtswidrigkeit des erstrebten Vorteil betrifft einen tatsächlichen Umstand und nicht das Verbotensein der Tat. Es liegt daher ein strafbarer untauglicher Versuch vor[565] und kein strafloses Wahndelikt[566].

---

[559] BGHSt 3, 160 (162 f.); BGH, GA 1966, 52; BayObLG, MDR 1969, 500.

[560] BGHSt 3, 160 (162); BGH, NJW 1997, 750; NStZ 1990, 388 (389); wistra 1982, 68; BayObLG, StV 1990, 165; StV 1995, 303 (304); LK-*Lackner*, § 263 Rn. 276; a. A. nur *Arzt/Weber*, LH 3, Rn. 462.

[561] BGHSt 3, 160 (162 f.); BGH, NJW 1997, 750; BayObLG, MDR 1969, 500; LK-*Lackner*, § 263 Rn. 276. Anders RGSt 72, 133 (137) unter Hinweis darauf, daß die Partei nur Anspruch darauf habe, daß der Richter über einen Sachverhalt entscheide, der in der von der ZPO erlaubten Weise zum Gegenstand des Rechtsstreits geworden sei. Dem Reichsgericht folgend auch *Mühlmann/Bommel*, § 263, S. 605.

[562] Siehe dazu oben 2. Teil A III 3.

[563] BGH, NJW 1997, 750; BayObLG, MDR 1969, 500 (501); StV 1990, 165; vgl. auch BGHSt 4, 105 (107) für die Erpressung.

[564] Siehe dazu oben 2. Teil A III 3.

[565] BGH, NJW 1997, 750 (751); *Lenckner*, Prozeßbetrug, S. 128.

[566] So aber *Hartung*, NJW 53, 552 (553).

V. Versuch und Vollendung

Der Versuch eines Prozeßbetrugs gemäß §§ 263 II, 22, 23 StGB kommt insbesondere in Betracht, wenn der Richter sich durch die täuschenden Angaben der Partei nicht hat irreführen lassen, sondern die Unwahrheit des Vorbringens erkannt hat. Ein versuchter Prozeßbetrug ist aber auch z. B. gegeben, wenn die Prozeßpartei durch die Erkenntnis, in dem Prozeß wegen der Täuschung des Gegners nicht mehr obsiegen zu können, veranlaßt wird, ihre Klage zurückzunehmen[567] oder einen für sie ungünstigen Prozeßvergleich abzuschließen. Andererseits kann auch die täuschende Partei selbst durch die Einwendungen des Gegners veranlaßt werden, ihre auf unwahre Tatsachen gestützte Klage zurückzunehmen[568] oder sich mit diesem zu vergleichen[569].

Für die Annahme eines Versuchs ist bedeutungslos, ob die Täuschung für die in Betracht kommende Vermögensverfügung ursächlich war oder werden konnte; es genügt, wenn der Täter sich einen solchen Zusammenhang vorgestellt hat und mit dem Willen, ihn herbeizuführen, tätig geworden ist[570].

Kein untauglicher Versuch sondern ein strafloses Wahndelikt ist allerdings gegeben, wenn der Täter irrig davon ausgeht, daß er durch unrichtige Rechtsausführungen einen Prozeßbetrug begehen kann. Dann ist er einem umgekehrten Subsumtionsirrtum erlegen[571]; wegen der darin liegenden Wahnvorstellung fehlt es am Vorsatz, so daß kein Versuch gegeben ist[572].

Wenn sich die Partei bewußt ist, daß sie zur Durchsetzung des Anspruchs noch Weiteres beizubringen hat, liegt ein (unbeendeter) Versuch vor, wenn der Vortrag unbestreitbar oder aber bei noch vertretbarem Judiz als schlüssig und komplett eingestuft werden kann und die täuschende Partei dieses erkennt; es liegt kein Versuch vor, wenn der Tatsachenvortrag zweifelsfrei unschlüssig oder ersichtlich unvollkommen ist[573], da die Partei mit derartigen Angaben nicht in ihr objektiv zurechenbarer Weise auf das zu einer Vermögensverfügung führende Vorstellungsbild des Richters einwirken kann.

---

567 RGSt 69, 191 (192).

568 RG, Rspr. 2, 421 (422).

569 Vgl. BGH, wistra 1994, 344.

570 RGSt 63, 391 (392). Anders RGSt 47, 151 (154): Habe die Partei irrig angenommen, ihre Täuschung könne das Vermögen des Prozeßgegners schädigen, befinde sie sich in einem "Rechtsirrtum über den ursächlichen Zusammenhang" zwischen der Täuschung und dem Schaden. Diese unzutreffende rechtliche Beurteilung des Sachverhalts stelle einen Rechtsirrtum dar, der die Annahme eines Betrugsversuchs ausschließe.

571 *Seier*, ZStW 102 (1990), 563 (578 f.).

572 *Seier*, ZStW 102 (1990), 563 (579).

573 *Seier*, ZStW 102 (1990), 563 (588 ff.).

1. Versuchsbeginn

Für den Beginn des Versuchs des Prozeßbetrugs kommen grundsätzlich zwei verschiedene Zeitpunkte in Betracht: zum einen das Einreichen bewußt unwahren Parteivorbringens in der Klageschrift bzw. dem vorbereitenden Schriftsatz und zum anderen der Vortrag der Partei oder ihres Prozeßbevollmächtigten in der mündlichen Verhandlung, der grundsätzlich mit einer Bezugnahme auf das schriftsätzlich Vorgetragene verbunden ist (vgl. § 137 III 1 ZPO).

a) Die zum Versuchsbeginn vertretenen Ansichten

(1) Rechtsprechung

Die Rechtsprechung ist der Ansicht, für einen Versuchsbeginn sei die Einreichung der die unwahren Angaben enthaltenen Klageschrift bzw. vorbereitenden Schriftsätze ausreichend[574]. Daß es nicht auf den Zeitpunkt der Stellung der Anträge in der mündlichen Verhandlung ankomme, folge bereits aus der Tatsache, daß nach heute geltendem Zivilprozeßrecht ein Urteil auch ohne mündliche Verhandlung ergehen könne (§§ 307 II, 331 III ZPO); auch in diesen Fällen müsse die Annahme von Prozeßbetrug möglich sein[575]. Außerdem habe der Richter die Pflicht, den Inhalt eingehender Schriftsätze sogleich zur Kenntnis zu nehmen und bestimmte prozessuale Maßnahmen zur Aufklärung des Sachverhalts bereits vor der mündlichen Verhandlung zu treffen (vgl. § 273 ZPO)[576]. Das Gericht könne schon bei der Vorbereitung des Termins zur mündlichen Verhandlung zum Nachteil des Gegners beeinflußt und auf diese Weise die Basis für eine den Gegner benachteiligende Entscheidung bereitet werden. Der Annahme eines Versuchs stehe nicht die möglicherweise noch fehlende verfahrensrechtliche Bedeutung der zugeleiteten Erklärungen entgegen, denn inwieweit ein bereits eingesetztes Täuschungsmittel zivilrechtlich als rechtswirksam beurteilt werden könne, sei für die Erfüllung des Tatbestandsmerkmals der Täuschung in § 263 StGB ohne Belang. Es sei insoweit allein entscheidend, ob die eingereichten Schriftsätze bei dem entscheidenden Richter irrtümliche Vorstellungen von einem Sachverhalt begründen oder verfestigen kön-

---

[574] BayObLG, NJW 1996, 406 (408); OLG Bamberg, NStZ 1982, 247; so wohl auch RGSt 72, 150; BGH bei Dallinger, MDR 1975, 196 (197). Ebenso wohl RG, Rspr. 2, 421 (423): Das Reichsgericht hielt es in einem Fall, in dem der Täter durch einen gutgläubigen Dritten einen Wechsel, zu deren Einklagung er zu dieser Zeit überhaupt nicht berechtigt war, einklagen und diesen im Termin vorlegen ließ, für die Annahme eines Betrugsversuchs für belanglos, daß das Gericht erst im Verhandlungstermin getäuscht werden sollte, der wohl wegen der durch die Einwendungen des Beklagten motivierten Zurücknahme der Klage nicht mehr stattfand. Anders jedoch RGSt 32, 1 (2); RG, LZ 1915, 1028 (1029).

[575] OLG Bamberg, NStZ 1982, 247.

[576] OLG Bamberg, NStZ 1982, 247 (248).

nen. Dieses könne bereits zu einem Zeitpunkt der Fall sein, in dem der Richter zu einer Sachentscheidung nach der Verfahrensordnung noch gar nicht befugt sei[577].

Teilweise wird ausdrücklich für die Annahme des Versuchs verlangt, daß der Richter von dem Inhalt des die unwahren Angaben enthaltenden Schriftsatzes tatsächlich Kenntnis nimmt, allerdings ohne daß dieses Erfordernis begründet wird[578].

(2) Literatur

Die überwiegende Literatur nimmt an, der Versuch des Prozeßbetrugs in bürgerlichen Rechtsstreitigkeiten beginne erst dann, wenn die Partei in der mündlichen Verhandlung auf ihre falschen Behauptungen Bezug nehme[579]. Dafür spreche, daß die Schriftsätze im Zivilprozeß regelmäßig nur der Ankündigung dessen dienten, was mündlich vorgetragen werden würde[580]. Die Einreichung der Klageschrift oder der vorbereitenden Schriftsätze käme als Versuchsbeginn nicht in Betracht. Dabei handle es sich nur um Vorbereitungshandlungen, da nur das, was die Partei in der mündlichen Verhandlung vortrage und aufrechterhalte, Grundlage der richterlichen Prüfung werde[581]. Darüber hinaus verlangt *Ganske* für den Versuchsbeginn grundsätzlich den förmlichen Beweisantritt für die unwahre Behauptung, da der Richter grundsätzlich nur durch Beweismittel getäuscht werden könne. Allein in den Fällen, in denen der Richter, ohne pflichtwidrig zu handeln, der einfachen, nicht bewiesenen Parteibehauptung Glauben schenken dürfe, genüge die einfache Vorspiegelung falscher Tatsachen[582].

Für andere Autoren ist für die Annahme des Versuchsbeginns der Zeitpunkt maßgebend, in dem die Klageschrift oder vorbereitende Schriftsätze mit wahrheitswidrigen Angaben bei Gericht eingereicht werden[583]. Dieses gelte unabhängig davon, ob in dem konkreten Verfahren eine mündliche Verhandlung stattfinde oder nicht[584]. Der Schriftsatz richte sich nicht nur an den Prozeßgegner, sondern auch an das Gericht (§ 273 ZPO). Er sei nicht nur täuschende Vorbereitung für weitere, andere Täuschungen, die eigentlich erst die Verfügung des Gerichts auslösen sollen, sondern enthalte schon die Täuschung, die entscheidend verfügungswirksam sein solle und bei Bedarf nur wiederholt werde[585]. Für ein Abstellen auf die Einreichung

---

577 BayObLG, NJW 1996, 406 (408).

578 OLG Bamberg, NStZ 1982, 247.

579 *Brinkmann*, Wahrheitspflicht, S. 92; *Gebhardt*, Prozeßbetrug, S. 39; *Keunecke*, Prozeßbetrug, S. 152; LK-*Lackner*, § 263 Rn. 319; LK-*Vogler*, § 22 Rn. 62; *Welzel*, Wahrheitspflicht, S. 24; vgl. auch *Nierwetberg*, NJW 1996, 432 (433).

580 LK-*Lackner*, § 263 Rn. 319; *Nierwetberg*, NJW 1996, 432 (433).

581 *Welzel*, Wahrheitspflicht, S. 24.

582 *Ganske*, Prozeßbetrug, S. 73 f.

583 *Eser*, StR IV, Fall 12, A 36; *Hilger*, NStZ 1982, 248; *Rietzsch*, DStR 1934, 9 (18); *Tröndle*, § 263, Rn. 22.

584 *Hilger*, NStZ 1982, 248.

585 *Hilger*, NStZ 1982, 248.

des Schriftsatzes spreche auch, daß dieser Zeitpunkt für eine klare Grenzziehung zwischen strafloser Vorbereitung und Versuch geeignet sei[586].

Teilweise wird bei der Frage des Versuchsbeginns eine Differenzierung vorgenommen: *Seier* hält das Einreichen der Klageschrift für ausreichend, wenn in dieser bereits der Antrag auf Erlaß eines Anerkenntnis- oder Versäumnisurteils enthalten sei. Im übrigen beginne der Versuch des Prozeßbetrugs erst mit dem Vortrag in der mündlichen Verhandlung bzw. der Bezugnahme auf das schriftlich Erklärte[587]. *Lenckner* ist ebenfalls der Ansicht, daß der Versuch in der Regel erst mit dem unwahren Vortrag in der mündlichen Verhandlung beginne[588]. Abweichendes gelte nur, wenn die schriftliche Erklärung ausnahmsweise an die Stelle der mündlichen trete, so daß auch diese als Grundlage der richterlichen Entscheidung diene, was insbesondere im Verfahren ohne mündliche Verhandlung mit Einverständnis der Parteien (§ 128 II ZPO) der Fall sei[589].

b) Stellungnahme

Es können für den Prozeßbetrug keine Besonderheiten in bezug auf den Beginn des Versuchs gelten. Abzustellen ist daher auf § 22 StGB, der verlangt, daß der Täter "nach seiner Vorstellung von der Tat zur Verwirklichung des Tatbestandes unmittelbar ansetzt". Für den Versuchsbeginn müssen Handlungen vorliegen, die im ungestörten Fortgang unmittelbar zur Tatbestandserfüllung führen sollen oder die im unmittelbaren räumlichen und zeitlichen Zusammenhang mit ihr stehen[590]. Zwar trifft es zu, daß grundsätzlich immer dann zur Tatbestandserfüllung unmittelbar angesetzt worden ist, wenn ein Tatbestandsmerkmal verwirklicht ist[591], eine Täuschungshandlung ist jedoch dann nicht für die Annahme eines unmittelbaren Ansetzens i. S. des § 22 StGB ausreichend, wenn sie den Getäuschten nicht veranlassen soll, eine Vermögensverfügung vorzunehmen, sondern sie nur dazu dient, sich in das Vertrauen des Getäuschten einzuschleichen, wobei dann erst durch eine weitere und für den Betrugstatbestand entscheidende Täuschungshandlung die Vermögensverfügung des Getäuschten erreicht werden sollte[592]. Der Versuch eines Betrugs

---

586 *Hilger*, NStZ 1982, 248.

587 *Seier*, ZStW 102 (1990), 563 (593).

588 *Lenckner*, Prozeßbetrug, S. 137.

589 *Lenckner*, Prozeßbetrug, S. 138.

590 Vgl. BGHSt 26, 201 (203); 28, 161 (162); 31, 178 (182); BGH, NStZ-RR 1996, 34; wistra 1996, 343 (344); BayObLG, NJW 1988, 1401; OLG Karlsruhe, NJW 1982, 59.

591 BayObLG, NJW 1988, 1401.

592 OLG Karlsruhe, NJW 1982, 59; vgl. auch BGHSt 37, 294 (296 ff.); BGH, wistra 1996, 343 (344); *Burkhardt*, JuS 1983, 426 (431); *Kienapfel*, JR 1992, 122 (123); anders wohl OLG Bamberg, NStZ 1982, 247.

erfordert die Vornahme einer auf Täuschung und die Herbeiführung einer irrtumsbedingten Vermögensverfügung gerichteten Handlung[593].

Daraus ergibt sich, daß die Frage, wann der Versuch des Prozeßbetrugs beginnt, nicht einheitlich beantwortet werden kann. Der Versuchsbeginn ist abhängig von den Besonderheiten des Ablaufs des jeweiligen Verfahrens.

Auch wenn der Zivilprozeß in der Praxis zum großen Teil schriftlich abgewickelt wird, weil sich das Gericht die Entscheidungsgrundlagen anhand der Schriftsätze der Parteien erarbeitet[594], ist grundsätzlich Grundlage der richterlichen Überzeugungsbildung – neben dem Ergebnis einer etwaigen Beweisaufnahme – nur das, was die Parteien in der mündlichen Verhandlung vortragen oder aufrechterhalten (vgl. §§ 128 I, 286 I ZPO). Die Schriftsätze dienen im Zivilprozeß regelmäßig nur der Ankündigung dessen, was mündlich vorgetragen werden wird[595]; sie ersetzen den Vortrag in der mündlichen Verhandlung erst, wenn unter wirksamer Bezugnahme auf sie verhandelt wird[596] (vgl. §§ 137 III, 297 ZPO). Im Normalfall kann die Partei daher nur durch ihr Vorbringen in der mündlichen Verhandlung auf die Vorstellung des Richters einwirken. Eine Täuschung des Gerichts, die zu einer Entscheidung seinerseits führt, kommt in der Regel allein durch unwahre Angaben in der Klageschrift, der Klageerwiderung oder anderen vorbereitenden Schriftsätzen nicht in Betracht[597]. Dagegen ist eingewandt worden, daß der Richter regelmäßig schon vor dem ersten Termin zur mündlichen Verhandlung von den eingereichten Schriftsätzen Kenntnis nimmt[598]. Allein diese tatsächliche Möglichkeit der Kenntnisnahme durch das Gericht vermag allerdings einen Versuchsbeginn nicht zu begründen. Insbesondere besteht allein aufgrund des schriftsätzlichen Vortrags der täuschenden Partei keine Gefahr für das Vermögen der anderen Partei, da dieses grundsätzlich nicht für den Erlaß einer der Partei nachteiligen Entscheidung des Gerichts ausreicht[599].

Auch die Tatsache, daß die Schriftsätze nicht nur an den Prozeßgegner sondern auch an das Gericht gerichtet sind[600], rechtfertigt keine andere Entscheidung. Zwar

---

593 *Küper*, JZ 1992, 338 (347); *Wessels*, AT, Rn. 597. Vgl. für den Prozeßbetrug *Ganske*, Prozeßbetrug, S. 74: Die konkrete Täuschungshandlung müsse "als eine gefährliche Handlung des Täters anzusehen" sein, "so daß sie im normalen Lauf der Dinge in abstacto den Entscheidungswillen des Richters zu beeinflussen imstande" sei. Vgl. auch *Burkhardt*, JuS 1983, 426 (429); *Tröndle*, § 263 Rn. 44, die die Vornahme einer auf die Verwirklichung "aller Tatbestandsmerkmale" abzielenden Handlung verlangen; ähnlich auch BGHSt 31, 178 (182).

594 Zöller-*Greger*, § 128 Rn. 1.

595 *Baur/Grunsky*, Zivilprozeßrecht, Rn. 45; *Nierwetberg*, NJW 1996, 432 (433).

596 *Wieczorek*, § 138 Anm. B III d.

597 Vgl. *Wieczorek*, § 138 Anm. B III d, der annimmt, daß es der Partei noch nicht angelastet werden dürfe, wenn sie in vorbereitenden Schriftsätzen etwas bewußt unwahres behaupte.

598 Vgl. BayObLG, NJW 1996, 406 (408); OLG Bamberg, NStZ 1982, 247 (248).

599 Vgl. *Nierwetberg*, NJW 1996, 432 (433); *Seier*, ZStW 102 (1990), 563 (593).

600 So zu Recht *Hilger*, NStZ 1982, 248; anders *Koffka*, ZStW 54 (1935), 45 (54).

ist eine Kenntnisnahme der Schriftsätze durch das Gericht zur Vorbereitung des Verhandlungstermins (§ 273 ZPO) und für die Prüfung, ob gegebenenfalls bereits vor der mündlichen Verhandlung ein Beweisbeschluß zu erlassen ist (§ 358 a ZPO), erforderlich. In diesen Entscheidungen des Gerichts kann jedoch keine Verfügung über das Vermögen einer Partei liegen, die zu einer (stoffgleichen) Bereicherung des Prozeßgegners führt[601]. Grundsätzlich beginnt der Versuch des Prozeßbetrugs daher erst mit dem Vortrag der Partei in der mündlichen Verhandlung. Dagegen läßt sich nicht einwenden, daß ein Urteil auch ohne mündliche Verhandlung ergehen kann[602], dieses spricht vielmehr für eine differenzierte Behandlung der verschiedenen Verfahrensarten. Es ist jedoch nicht ersichtlich, wieso der Versuchsbeginn deshalb auch in Verfahren mit mündlicher Verhandlung, in denen – etwa in Ermangelung eines in der Klageschrift enthaltenen Antrags auf Erlaß eines Versäumnis- oder Anerkenntnisurteils im schriftlichen Verfahren – eine Vermögensverfügung des Gerichts nur aufgrund des mündlichen Vorbringens der Parteien möglich ist, zu dem Zeitpunkt der Einreichung des falsche Angaben enthaltenen Schriftsatzes anzusetzen ist[603]. Allein die Tatsache, daß der Zeitpunkt der Einreichung des Schriftsatzes für eine klare Grenzziehung zwischen strafloser Vorbereitung und Versuch geeignet ist[604], ist dafür jedenfalls kein ausreichendes Argument. Der Schriftsatz ist grundsätzlich nur eine täuschende Vorbereitung für weitere, in der mündlichen Verhandlung erfolgende Täuschungen der Partei, die ihrerseits erst die Verfügung des Gerichts auslösen können und sollen[605]. Es handelt sich – auch wenn die Partei in der mündlichen Verhandlung ausschließlich auf das in ihren Schriftsätzen enthaltene tatsächliche Vorbringen Bezug nimmt, nicht lediglich um eine Wiederholung der Täuschung[606]. Dem Richter ist es durch die Regelungen der ZPO verwehrt, den Inhalt der Schriftsätze, der nicht Gegenstand der mündlichen Verhandlung war, zu berücksichtigen. Grundsätzlich beginnt der Versuch des Prozeßbetrugs somit erst mit dem Vortrag in der mündlichen Verhandlung bzw. der Bezugnahme auf das schriftsätzlich Erklärte.

Der Annahme des Versuchsbeginns mit dem ersten mündlichen Vorbringen steht nicht entgegen, daß es sich dabei um eine selbständige Behauptung einer unwahren Tatsache handelt, die nicht unbedingt mit einem Bestreiten einer vorher vom Gegner vorgetragenen entgegenstehenden Tatsache verbunden ist, und daß der Richter sich über die Wahrheit oder Unwahrheit unstreitiger Tatsachen keine

---

601 Zum Beweisbeschluß siehe oben 2. Teil A III 1 b (1).
602 So aber OLG Bamberg, NStZ 1982, 247.
603 So aber *Hilger*, NStZ 1982, 248.
604 *Hilger*, NStZ 1982, 248.
605 *Welzel*, Wahrheitspflicht, S. 24; anders *Hilger*, NStZ 1982, 248.
606 Anders *Hilger*, NStZ 1982, 248.

Gedanken macht[607], da bereits das – spätere – Bestreiten oder der abweichende Vortrag der anderen Partei dazu führt, daß der Richter beginnt, sich Gedanken über die (objektive) Wahrheit der behaupteten Tatsache zu machen. Dafür ist, was der täuschenden Partei bekannt ist, kein weiteres Tätigwerden ihrerseits erforderlich. Da der Verfahrensablauf für die täuschende Partei in diesem Fall nicht vorhersehbar ist, besteht aus ihrer Sicht bereits durch ihre unwahren Angaben eine Gefahr für das Vermögen des Prozeßgegners.

Gegen die Annahme, daß bereits die erste unwahre Tatsachenbehauptung für den Beginn des Versuchs ausreicht, spricht auch nicht, daß neben der Behauptung unwahrer Tatsachen in vielen Fällen – insbesondere bei einem Bestreiten des Gegners, aber auch bei von Amts wegen zu berücksichtigenden Tatsachen – die Erbringung eines Beweises erforderlich ist, um das Gericht von der Wahrheit der vorgebrachten Tatsache zu überzeugen. Es ist in diesem Fall eine mehraktige Täuschung durch die Partei erforderlich[608]. Bei einer mehraktigen Täuschung beginnt der Versuch schon mit der ersten Täuschungshandlung, auch wenn diese nicht ausreicht, ohne weiteres Zutun des Täters einen Irrtum zu erregen, der zur Vermögensverfügung und schließlich zum Vermögensschaden führen soll[609], solange die Täuschung bereits auf die Herbeiführung des für die Vermögensverfügung ursächlichen Irrtums gerichtet ist. Daß der Irrtum erst nach einem weiteren Täuschungsakt eintreten würde, ist zwar für die Abgrenzung des beendeten vom unbeendeten Versuch und damit für Rücktrittsfragen wichtig, nicht jedoch für den Versuch als solchen[610].

Eine Ausnahme von dem Grundsatz, daß der Versuch des Prozeßbetrugs erst mit dem Vortrag in der mündlichen Verhandlung beginnt, muß für alle die Fälle gelten, in denen ausnahmsweise auch der Vortrag der Partei, der allein in bestimmenden oder vorbereitenden Schriftsätzen enthalten, aber nicht zum Gegenstand der mündlichen Verhandlung gemacht worden ist, Gegenstand der Überzeugungsbildung des Gerichts ist. Nicht nur vorbereitende, sondern die mündliche Verhandlung ersetzende Bedeutung haben die Schriftsätze im schriftlichen Verfahren mit Zustimmung der Parteien oder von Amts wegen (§ 128 II und III ZPO) und bei einer Entscheidung nach Lage der Akten bei Säumnis beider Parteien oder einer Partei (§§ 251 a, 331 a ZPO)[611]. Schriftliches Vorbringen ist weiterhin ausnahmsweise Entscheidungsgrundlage in den Fällen der §§ 307 II, 331 III ZPO (Anerkenntnis- oder Versäumnisurteil im schriftlichen Vorverfahren), des § 358 a ZPO (Beweisbe-

---

607 So aber *Gebhardt*, Prozeßbetrug, S. 39 und *Koffka*, ZStW 54 (1935), 45 (54), die annehmen, eine Täuschung läge erst vor, wenn die Partei ihre unwahre Behauptung trotz Bestreitens des Gegners aufrechterhalte.

608 Vgl. dazu LK-*Lackner*, § 263 Rn. 108.

609 OLG Zweibrücken, JR 1989, 390 (391); *Keller*, JR 1989, 391 (392).

610 *Keller*, JR 1989, 391 (392).

611 Vgl. *Thomas/Putzo*, § 128 Rn. 34/45 / § 251 a Rn. 5 / § 331 a Rn. 5; Zöller-*Greger*, § 129 Rn. 2.

schluß vor mündlicher Verhandlung) und des § 283 ZPO (nachgereichter Schriftsatz).

In diesen Fällen kann es auf die Behauptung unwahrer Tatsachen in der mündlichen Verhandlung nicht ankommen. Ausreichend ist, daß sich das unzutreffende Vorbringen in der Klageschrift, der Klageerwiderung oder einem anderen an das Gericht gerichteten Schriftsatz findet, da das Gericht jedes tatsächliche Vorbringen der Partei(en) bei seiner Entscheidung zu berücksichtigen hat. Allein die Täuschung in einem Schriftsatz ist ausreichend, um einen Irrtum des Gerichts zu begründen, der geeignet ist, dieses zur Vornahme einer Vermögensverfügung zu veranlassen. Der Versuchsbeginn liegt daher grundsätzlich in dem Einreichen des das bewußt unwahre Vorbringen enthaltenen Schriftsatzes. Daneben kommt es auf eine tatsächliche Kenntnisnahme durch den Richter nicht an[612]. Diese Voraussetzung würde nicht nur die Grenze zwischen der Täuschung und dem Irrtum verwischen[613], sondern auch außer acht lassen, daß für den Versuchsbeginn lediglich eine Handlung erforderlich ist, die auf Täuschung und die Verwirklichung der übrigen Betrugsmerkmale gerichtet ist.

Wenn der Kläger bereits in der Klageschrift – wie in der Praxis üblich – für den Fall der Säumnis des Beklagten einen Antrag auf Erlaß eines Versäumnisurteils im schriftlichen Vorverfahren gegen den Beklagten stellt (§ 331 III 2 ZPO), beginnt der Versuch des Prozeßbetrugs bereits mit dem Einreichen der die unrichtigen Angaben enthaltenen Klageschrift bei Gericht[614], sofern man die Möglichkeit eines Prozeßbetrugs im Versäumnisverfahren bejahen will[615]. Aus der Sicht des Klägers ist das Vermögen des Beklagten bereits gefährdet, wenn er in der Klageschrift einen Antrag nach § 331 III 2 ZPO gestellt hat. Der weitere Verfahrensablauf ist für ihn zwar nicht vorhersehbar; er hat allerdings Kenntnis davon, daß das Gericht gegebenenfalls ohne sein weiteres Zutun ein für den Beklagten nachteiliges und diesen schädigendes Urteil erläßt.

Allein der in der Klageschrift enthaltene Antrag des Klägers auf Erlaß eines Anerkenntnisurteils im schriftlichen Vorverfahren (§ 307 II ZPO) ist nicht geeignet, einen Beginn des Versuchs eines Prozeßbetrugs i. e. S. bereits durch das Einreichen der Klageschrift zu begründen. Das Gericht erläßt das Anerkenntnisurteil allein aufgrund des Anerkenntnisses des Beklagten, es prüft weder die Schlüssigkeit noch die Begründetheit der Klage, sondern ausschließlich das Vorliegen der Prozeßvoraussetzungen und die Wirksamkeit des Anerkenntnisses[616]. Mangels Sachprüfung kann der Richter daher durch unwahre Behauptungen, die allein den An-

---

612 *Hilger*, NStZ 1982, 248; anders OLG Bamberg, NStZ 1982, 247.

613 *Hilger*, NStZ 1982, 248.

614 So auch *Seier*, ZStW 102 (1990), 563 (593).

615 Siehe unten 2. Teil B I.

616 Vgl. *Thomas/Putzo*, § 307 Rn. 10.

spruch selbst betreffen, nicht getäuscht werden[617]. Der Kläger kann das Gericht nur hinsichtlich der von Amts wegen zu prüfenden Prozeßvoraussetzungen täuschen[618]. Durch den Erlaß des Anerkenntnisurteils kann allerdings – auch wenn der anerkannte Anspruch nach materiellem Recht nicht besteht – kein Schaden des Beklagten entstehen, der über den bereits durch seinen in dem Anerkenntnis liegenden Verzicht auf Einwendungen entstandenen Schaden hinausgeht[619]. Grundsätzlich kommt nur ein "Betrug im Prozeß" insoweit in Betracht, als der Gegner durch die Täuschung über das Bestehen des prozessualen Anspruchs zur Abgabe eines Anerkenntnisses veranlaßt wird[620].

Der Versuch des Prozeßbetrugs beginnt auch im Verfahren ohne mündliche Verhandlung nach § 128 II, III ZPO ohne Rücksicht auf einen Vortrag in der mündlichen Verhandlung, da eine solche nicht stattfindet. Im schriftlichen Verfahren mit Zustimmung der Parteien nach § 128 II ZPO beginnt der Versuch mit dem Einverständnis der täuschenden Partei, daß schriftlich entschieden wird, wenn sich bereits in ihren früheren Schriftsätzen unwahre Behauptungen finden, bzw. mit dem Einreichen unwahren schriftsätzlichen Vorbringens bei Gericht nach Abgabe der Einverständniserklärung[621]. In einem schriftlichen Verfahren von Amts wegen nach § 128 III ZPO beginnt der Versuch mit der ersten unrichtigen Behauptung in dem nach der Anordnung des Gerichts, daß schriftlich zu verhandeln ist, bei diesem eingereichten Schriftsatz. Wenn die Partei bereits vor der Entscheidung des Gerichts für ein schriftliches Verfahren einen unwahre Angaben enthaltenen Schriftsatz bei Gericht eingereicht hat, ist sie, sobald sie erkennt, daß der Schriftsatz nunmehr als Entscheidungsgrundlage dient, verpflichtet, ihre früheren unwahren Behauptungen richtig zu stellen. Tut sie dieses nicht, macht sie sich, sofern die übrigen Voraussetzungen gegeben sind, wegen Prozeßbetrugs durch Unterlassen strafbar.

Bei einer Entscheidung nach Lage der Akten i. S. des § 251 a ZPO oder des § 331 a ZPO ist Gegenstand der Entscheidung – neben einem mündlichen Sachvortrag im früheren Termin – wie im schriftlichen Verfahren der gesamte Akteninhalt, soweit er bis zum versäumten Termin vorliegt[622]. Der Versuch des Prozeßbetrugs beginnt bei der Entscheidung nach Aktenlage regelmäßig mit dem Vorbringen in der mündlichen Verhandlung, die, zumindest soweit ein Urteil erlassen werden soll, immer schon stattgefunden hat (vgl. § 251 a II 1 ZPO). Bei § 331 a ZPO beginnt der

617 RG, GA 47 (1900), 432 (433); vgl. auch *Gebhardt*, Prozeßbetrug, S. 36.

618 RG, GA 47 (1900), 432 (433).

619 Anders ist dieses nur, wenn die beiden Prozeßparteien zum Nachteil eines am Prozeß nicht beteiligten Dritten zusammenwirken, wie etwa in dem vom RG, GA 47 (1900), 432 entschiedenen Fall.

620 Zum "Betrug im Prozeß" vgl. die Nachweise oben Fn. 8.

621 *Lenckner*, Prozeßbetrug, S. 138.

622 Zöller-*Greger*, § 251 a Rn. 5.

Versuch des Prozeßbetrugs darüber hinaus, soweit sich die unwahren Behauptungen lediglich in Schriftsätzen finden, deren Inhalt (noch) nicht zum Gegenstand der mündlichen Verhandlung gemacht worden ist, mit dem nach § 331 a ZPO erforderlichen Antrag der erschienenen Partei auf Entscheidung nach Lage der Akten. Für die nicht erschienene Partei beginnt der Versuch des Prozeßbetrugs bezüglich solcher Behauptungen, die in einem Schriftsatz enthalten, aber noch nicht Gegenstand der mündlichen Verhandlung gewesen sind, mit der Bekanntgabe des Verkündungstermins (§§ 331 a S. 2, 251 a II 3 ZPO), da die täuschende Partei zu diesem Zeitpunkt Kenntnis erhält, daß auch ihr bisher nur schriftsätzlich vorgetragenes unwahres Vorbringen Entscheidungsgrundlage wird und der Richter dadurch wirksam getäuscht werden kann. Dieser Zeitpunkt ist auch für den Versuchsbeginn in dem Fall der Entscheidung nach Lage der Akten bei Säumnis beider Parteien gemäß § 251 a ZPO hinsichtlich der nur in den Schriftsätzen enthaltenen unwahren Behauptungen maßgebend[623].

Für die Entscheidungen nach Aktenlage ist Entscheidungsreife erforderlich. Daher ist ein Irrtum des Gerichts hinsichtlich solcher Tatsachen, die eine Partei allein in (vorbereitenden) Schriftsätzen vorgetragen hat, kaum denkbar. Entweder es handelt sich um unstreitige Tatsachen, die der Richter ohne Prüfung der Wahrheit oder Unwahrheit seiner Entscheidung zugrundelegt, so daß aus diesem Grund ein Irrtum des Gerichts ausscheidet, oder es handelt sich um bestrittene Tatsachen, dann besteht jedoch, wenn eine Beweisaufnahme noch nicht stattgefunden hat, keine Entscheidungsreife, so daß keine Entscheidung nach Aktenlage ergehen kann. Wenn allerdings eine Beweisaufnahme über die streitigen Tatsachen stattgefunden hat, waren die zugrundeliegenden Tatsachen in der Regel bereits Gegenstand der mündlichen Verhandlung. In Betracht kommt eine Täuschung durch allein schriftsätzliches Vorbringen grundsätzlich nur, wenn die täuschende Partei bei dem Termin zur Beweisaufnahme nicht erschienen ist, die Beweisaufnahme trotzdem stattfindet (vgl. § 367 I ZPO) und anschließend eine Entscheidung nach Lage der Akten ergeht.

Für den Fall, daß die Partei einen ihr nach § 283 ZPO nachgelassenen Schriftsatz einreicht, beginnt der Versuch des Prozeßbetrugs mit dem Einreichen des Schriftsatzes bei Gericht, falls dieser unrichtige Angaben enthält. Denn das Gericht ist ausnahmsweise befugt, die nur in dem Schriftsatz enthaltenen tatsächlichen Angaben zu berücksichtigen.

Auch wenn keiner der vorgenannten Fälle vorliegt, kann das allein schriftsätzliche Vorbringen bei der Vorbereitung des Termins (§ 273 ZPO) und insbesondere bei dem Erlaß eines Beweisbeschlusses vor mündlicher Verhandlung (§ 358 a ZPO) berücksichtigt werden. Daraus ergibt sich jedoch nicht die Annahme eines Versuchsbeginns bereits durch die Einreichung des unwahre Behauptungen enthaltenen

---

623 Vgl. *Lenckner*, Prozeßbetrug, S. 138 Fn. 7.

Schriftsatzes, da ein Prozeßbetrug mangels Vermögensverfügung des Gerichts, die zu einer (stoffgleichen) Bereicherung des Prozeßgegners führen könnte, nicht vorliegt, wenn das Gericht nur zum Erlaß derartiger Entscheidungen veranlaßt wird[624].

Der Versuch des Prozeßbetrugs beginnt grundsätzlich erst mit dem unwahren Vorbringen der Prozeßpartei in der mündlichen Verhandlung. Allein in den Fällen der §§ 128 II, III, 251 a, 283, 331 III 2, 331 a ZPO beginnt der Versuch unabhängig von einem mündlichen Vortrag der Partei, insbesondere bereits durch die Einreichung der Klageschrift oder des (vorbereitenden) Schriftsatzes, der das unrichtige Vorbringen enthält.

Unabhängig davon, ob der Versuch im Einzelfall bereits mit dem Einreichen der Klageschrift oder eines vorbereitenden Schriftsatzes oder erst durch den Vortrag in der mündlichen Verhandlung beginnt, gilt noch folgendes:

Bei einer konkludenten Täuschung in bezug auf die dem Prozeßgegner zustehenden Einwendungen oder einer Täuschung durch Unterlassen wird sich die Partei meist darauf berufen können, daß sie nach den Regeln der Beweislastverteilung den Einwand des Gegner abgewartet habe, so daß der Beginn der Täuschungshandlung und insbesondere auch das Vorliegen des Schädigungsvorsatzes regelmäßig erst bei Schluß der letzten mündlichen Verhandlung nachweisbar sein wird, da zu diesem Zeitpunkt spätestens die Vervollständigung des Vorbringens erfolgen muß[625].

Im Mahnverfahren beginnt der Versuch – sofern dort überhaupt die Möglichkeit eines Prozeßbetrugs bejaht wird[626] – bereits mit dem Antrag auf Erlaß eines Mahnbescheids[627]. Durch die Stellung des Mahnbescheidsantrags beginnt der Antragsteller, auf die Vorstellung des Rechtspflegers einzuwirken[628], die zum Erlaß des Mahnbescheids führt, der wiederum Grundlage des auf Antrag des Antragstellers ergehenden Vollstreckungsbescheids ist.

---

[624] Zum Beweisbeschluß siehe oben 2. Teil A III 1 b (1).

[625] Vgl. *Brinkmann*, Wahrheitspflicht, S. 92; *Rietzsch*, DStR 1934, 9 (18); *Welzel*, Wahrheitspflicht, S. 24 f.

[626] Siehe dazu unten 2. Teil B II.

[627] BGHSt 24, 257 (261) (zum alten Recht); OLG Düsseldorf, NStZ 91, 586; LK-*Lackner*, § 263 Rn. 319; SK-StGB-*Samson/Günther*, § 263 Rn. 167 b.

[628] Anders nur im automatisierten Mahnverfahren nach §§ 689 I 2, 690 III, 703 b ZPO. Siehe dazu unten 2. Teil B II 3.

2. Versuchsbeendigung

Der Zeitpunkt der Versuchsbeendigung ist maßgebend zum einen für die Frage des Rücktritts vom Versuch nach § 24 StGB[629] und zum anderen für die Frage des Verjährungsbeginns nach § 78 a StGB. Diese Begriffe sind nicht identisch[630].

Gemäß § 24 StGB ist der Versuch des Prozeßbetrugs beendet, wenn der Täter glaubt, alles zur Verwirklichung des Tatbestands Erforderliche getan zu haben, wenn er also die Vorstellung hat, keine weiteren Handlungen mehr vornehmen zu müssen, um das Gericht zum Erlaß der der anderen Partei ungünstigen Entscheidung zu veranlassen. Dieses ist der Fall, wenn die Prozeßpartei glaubt, zusätzliche unwahre Behauptungen oder die Benennung von (weiteren) Beweismitteln seien für die Herbeiführung eines das Gericht zur Vornahme der nachteiligen Vermögensverfügung veranlassenden Irrtums nicht erforderlich. Nach diesem Zeitpunkt ist ein Rücktritt vom – beendeten – Versuch nur möglich durch die Entfaltung einer eigenen, zur Verhinderung der Tatvollendung geeigneten Tätigkeit. Diese kann allein durch die Richtigstellung der aufgestellten unwahren Behauptungen erfolgen.

Für die Versuchsbeendigung, die gemäß § 78 a StGB für den Beginn der Verjährung maßgebend ist, kommt es auf das Ende der Tätigkeit, die der Tatvollendung dienen soll[631], also den Abschluß des letzten täuschenden, auf Irreführung des Gerichts gerichteten Verhaltens[632] an. Dieses kann unter Umständen auch erst in der Rechtsmittelinstanz erfolgen[633]. Eine Versuchsbeendigung ist daher erst anzunehmen, wenn über das aufrechterhaltene unrichtige Vorbringen rechtskräftig im ablehnenden Sinne entschieden worden ist, weil bis dahin die der Vollendung dienende Tätigkeit fortdauert[634].

Der Abschluß der letzten auf eine dem Täter günstige Entscheidung des Zivilprozesses gerichteten Tathandlung ist auch für den Beginn der Strafantragsfrist nach § 77 b StGB[635] maßgebend[636].

---

[629] Vgl. zum Rücktritt vom Versuch durch den Abschluß eines Prozeßvergleichs BGH, wistra 1994, 344.

[630] BGHSt 36, 105 (116 f.).

[631] BGH, wistra 1988, 185.

[632] LK-*Lackner*, § 263 Rn. 319.

[633] RGSt 72, 150 (151), vollständig abgedruckt in JW 1938, 1711.

[634] BGH bei Dallinger, MDR 1975, 196 (197); *Tröndle*, § 263 Rn. 22.

[635] Vgl. §§ 263 IV, 247, 248 a StGB.

[636] LG Konstanz, NJW 1984, 1767 (1768).

3. Vollendung

Der Prozeßbetrug ist mit Eintritt des Vermögensschadens bei der unterlegenen Partei vollendet[637], die von der täuschenden Partei erstrebte Bereicherung braucht nicht eingetreten zu sein. Wann der Vermögensschaden im Einzelfall eintritt, ist oben erörtert worden[638].

B. Der Prozeßbetrug bei sonstigen Verfahrensarten

In verschiedenen Verfahrensarten bestehen im Hinblick auf den Prozeßbetrug Besonderheiten gegenüber dem Normalfall des streitigen Verfahrens.

I. Versäumnisverfahren nach §§ 330 ff. ZPO

Die Möglichkeit eines Prozeßbetrugs im Versäumnisverfahren (§§ 330 ff. ZPO) hängt davon ab, ob das Gericht durch falsche Behauptungen der Prozeßpartei in einen Irrtum versetzt werden kann.

1. Die zum Irrtum im Versäumnisverfahren vertretenen Ansichten

a) Rechtsprechung

Das Reichsgericht hat zunächst einen Prozeßbetrug im Versäumnisverfahren durch Täuschung des Richters über das Vorliegen der von Amts wegen zu prüfenden Prozeßvoraussetzungen angenommen[639]. Aus einer später ergangenen Entscheidung ergibt sich, daß im Versäumnisverfahren eine Täuschung über die den eingeklagten Anspruch betreffenden Tatsachen nicht als möglich angesehen wurde. Die Möglichkeit des Prozeßbetrugs wurde mit der Begründung verneint, daß bei der Erwirkung eines Versäumnisurteils gegen den Beklagten der benachteiligende Erfolg nicht aufgrund einer Überzeugung des Richters, sondern "kraft gesetzlicher Notwendigkeit durch die mangelnde Verteidigung des Schuldners" eintrete[640]. Nach Einführung der Wahrheitspflicht nahm das Reichsgericht die Möglichkeit eines Prozeßbetrugs im Versäumnisverfahren auch im Hinblick auf die den geltend gemachten Anspruch betreffenden Tatsachen an. Das Reichsgericht begründete seine Ansicht damit, daß der Richter das Versäumnisurteil zu versagen habe, wenn er die Klagebehauptung für bewußt falsch halte[641].

---

637 Anders *Welzel*, Wahrheitspflicht, S. 24: "Vollendet ist die Täuschungshandlung mit Schluß der letzten mündlichen Verhandlung, so daß bis dahin strafbefreiender Rücktritt möglich ist."

638 Siehe dazu 2. Teil A III 2.

639 RGSt 2, 436 (437 f.).

640 RGSt 20, 391 (393).

641 RGSt 72, 113 (115).

b) Literatur

Die überwiegende Literatur ist der Ansicht, im Versäumnisverfahren könne ein Prozeßbetrug nicht begangen werden, da die Möglichkeit eines Irrtums[642] oder jedenfalls die Kausalität des Irrtums für die Vermögensverfügung[643] zu verneinen sei. Wegen der gesetzlichen Fiktion des Geständnisses sei ein Irrtum grundsätzlich nicht möglich[644]. Da das Vorbringen des Klägers im Versäumnisverfahren als zugestanden angesehen werden müsse, stelle der Richter über die Glaubwürdigkeit des Klagevorbringens im Rahmen des Versäumnisverfahrens keine Betrachtung an[645]. Der Sinn der einfachen zivilprozeßrechtlichen Regelung sei gerade darin zu sehen, daß der Richter sich über die Richtigkeit des entscheidungsrelevanten Vorbringens keine Gedanken zu machen brauche[646]. Die unrichtige Entscheidung beruhe nicht auf einem irgendwie gearteten Vorstellungsbild über die Wahrheit oder Unwahrheit der entscheidungserheblichen Tatsachen, sie sei allein durch das Verhalten der Prozeßbeteiligten motiviert[647]. Der benachteiligende Erfolg trete allein aufgrund des gesetzlich vorgeschriebenen Verhaltens des Richters ein[648].

Giehring lehnt die Möglichkeit eines Prozeßbetrugs im Versäumnisverfahren mit der Begründung ab, daß der Richter im Normalfall lediglich die Vorstellung habe, der Tatsachenvortrag sei möglicherweise wahr, die Partei möglicherweise wahrhaftig, was aber für die Annahme eines Irrtums nicht ausreiche[649]. Auch wenn der Richter es ausnahmsweise für überwiegend wahrscheinlich halte, daß der Tatsachenvortrag wahr und die Partei wahrhaftig sei, sei ein Prozeßbetrug nicht möglich, da dieser Irrtum nicht für den Erlaß des Versäumnisurteils kausal sei. Der Richter verfüge nicht, weil er von der Wahrheit des Tatsachenvortrags oder (und) der Wahrhaftigkeit der Partei überzeugt sei oder dieses für überwiegend wahrscheinlich halte, sondern weil das Gegenteil davon nicht offenkundig oder ihm sonst amtlich bekannt sei[650].

---

642 *Arzt/Weber*, LH 3, Rn. 482; *Gebhardt*, Prozeßbetrug, S. 40; *Giehring*, GA 1973, 1 (22 f.); *Koffka*, ZStW 54 (1935), 45 (47); Schönke/Schröder-*Cramer*, § 263 Rn. 52/73; so für den Regelfall auch *Ganske*, Prozeßbetrug, S. 64 f./93; *Lackner*, § 263 Rn. 19; LK-*Lackner*, § 263 Rn. 314; *Maurach/Schroeder/Maiwald*, BT 1, § 41 Rn. 66; zweifelnd *Blei*, BT, § 61 IV 3.

643 *Ganske*, Prozeßbetrug, S. 64 f./93; *Giehring*, GA 1973, 1 (25); Schönke/Schröder-*Cramer*, § 263, Rn. 52/73.

644 *Koffka*, ZStW 54 (1935), 45 (47).

645 *Gebhardt*, Prozeßbetrug, S. 40.

646 *Arzt/Weber*, LH 3, Rn. 482.

647 Schönke/Schröder-*Cramer*, § 263 Rn. 52/73.

648 *Ganske*, Prozeßbetrug, S. 65.

649 *Giehring*, GA 1973, 1 (22 f.).

650 *Giehring*, GA 1973, 1 (25).

Nach einer anderen Ansicht kann der Richter sich auch im Versäumnisverfahren irren[651]. Insbesondere *Krey* vertritt die Meinung, der Irrtum des Richters beziehe sich auf die Tatsache, vom Kläger nicht bewußt belogen zu werden[652]. Die Möglichkeit des Prozeßbetrugs im Versäumnisverfahren beruhe darauf, daß der Richter trotz § 331 ZPO das Versäumnisurteil wegen § 138 I ZPO versagen müsse, wenn die Klagebehauptung bewußt unwahr sei[653]. Wegen der prozessualen Wahrheitspflicht aus § 138 I ZPO liege die Annahme nahe, der Richter werde regelmäßig davon ausgehen oder es zumindest nicht für unwahrscheinlich halten, er werde vom Kläger nicht bewußt belogen. Dieser Irrtum sei auch wegen der prozessualen Unbeachtlichkeit bewußt unwahren Parteivorbringens kausal für den Erlaß des Versäumnisurteils[654].

Keunecke hält für die Annahme eines Prozeßbetrugs für ausreichend, daß die Partei durch ihre Täuschung mit dem Versäumnisurteil eine Vermögensverfügung verursacht habe, die bei Kenntnis der wahren Sachlage nicht erfolgt wäre[655]. Ähnlich nimmt auch *Welzel* an, der Irrtum des Richters bestehe, da er das Versäumnisurteil nicht erlasse, wenn er die Unwahrheit des Parteivortrags kenne[656], darin, daß er sich in unrichtiger oder unzulänglicher Kenntnis derjenigen Tatsachen des vorgetragenen Sachverhalts befinde, die die Unredlichkeit der Partei begründeten[657]. *Lenckner* ist der Ansicht, der Richter werde sich wegen der Verpflichtung zur Nichtberücksichtigung bewußt unwahren Vorbringens "in jedem einzelnen Fall fragen, ob sichere Anhaltspunkte dafür vorliegen, daß das Vorbringen des Klägers (objektiv oder subjektiv) unwahr" sei. Verneine er dieses, so liege darin ein für den Erlaß des Versäumnisurteils ursächlicher Irrtum[658].

2. Stellungnahme

Die Möglichkeit eines Prozeßbetrugs im Versäumnisverfahren hängt davon ab, ob der Richter durch falsche Tatsachenbehauptungen einer Partei in einen Irrtum versetzt werden kann. Dafür ist maßgebend, welche Vorstellungen sich der Richter bei dem Erlaß eines Versäumnisurteils macht.

Der Inhalt dieser Vorstellungen ist abhängig von den Prüfungsbefugnissen und -pflichten, die der Richter hinsichtlich des Tatsachenvortrags und der Beachtung der prozessualen Wahrheitspflicht durch die Parteien hat. Es wird im folgenden

---

651 *Fahl*, Jura 96, 74 (75); *Keunecke*, Prozeßbetrug, S. 143 f.; *Krey*, BT 2, Rn. 422; *Lenckner*, Prozeßbetrug, S. 157; *Samson*, JA 1978, 469 (474); *Welzel*, Lehrbuch, S. 371; *ders.*, Wahrheitspflicht, S. 24.

652 *Krey*, BT 2, Rn. 422; vgl. auch *Fahl*, Jura 96, 74 (75).

653 *Welzel*, Lehrbuch, S. 371 f.

654 *Krey*, BT 2, Rn. 422.

655 *Keunecke*, Prozeßbetrug, S. 143 f.

656 *Welzel*, Lehrbuch, S. 371 f.; *ders.*, Wahrheitspflicht, S. 17/23.

657 *Welzel*, Wahrheitspflicht, S. 24.

658 *Lenckner*, Prozeßbetrug, S. 157.

zugrundegelegt, daß der Richter pflichtgemäß handelt und zumindest die Überlegungen anstellt, zu denen er nach der Zivilprozeßordnung verpflichtet ist.

Es ist bei der Frage nach dem Vorstellungsinhalt danach zu differenzieren, welche Partei – der Kläger oder der Beklagte – den Erlaß eines Versäumnisurteils beantragt.

a) Versäumnisurteil zum Nachteil des Klägers (§ 330 ZPO)

Ein Prozeßbetrug im Versäumnisverfahren, begangen durch den Beklagten zum Nachteil des Klägers, ist ausgeschlossen. Dieses ergibt sich bereits aus § 330 ZPO. Danach ist, wenn der Kläger im Termin zur mündlichen Verhandlung nicht erscheint, auf Antrag des Beklagten das Versäumnisurteil dahingehend zu erlassen, daß der Kläger mit der Klage abzuweisen sei. Eine sachliche Prüfung des Vorbringens des Klägers oder des Beklagten findet nicht statt. Das Versäumnisurteil ergeht allein aufgrund des Ausbleibens des Klägers. Etwaige Überzeugungen oder Vorstellungen des Richters bleiben außer Betracht. Da der Richter schon von Gesetzes wegen keine Vorstellung hat, ist eine Fehlvorstellung, die sich in der Entscheidung des Richters niederschlägt, von vornherein nicht denkbar. Der Richter kann sich folglich nicht irren. Damit ist auch die Möglichkeit eines Prozeßbetrugs nicht eröffnet.

b) Versäumnisurteil zum Nachteil des Beklagten (§ 331 ZPO)

Ein Prozeßbetrug im Versäumnisverfahren, begangen durch den Kläger zum Nachteil des Beklagten, ist nicht von vornherein ausgeschlossen. Nach § 331 II ZPO ist nur dann nach dem Antrag des Klägers zu erkennen, wenn sein tatsächliches mündliches Vorbringen den Klageantrag rechtfertigt, wenn also der Kläger Tatsachen vorträgt, die in Verbindung mit einem Rechtssatz geeignet und erforderlich sind, das geltend gemachte Recht als in der Person des Klägers entstanden erscheinen zu lassen[659]. Es findet zwar keine umfassende rechtliche Prüfung, aber doch zumindest eine Schlüssigkeitsprüfung statt.

Die Vorstellung, die der Richter bei dem Erlaß des Versäumnisurteils hat, hängt davon ab, welche Anforderungen an die Schlüssigkeit der Klage zu stellen sind.

Grundlage für die Schlüssigkeitsprüfung bildet die in § 331 I ZPO normierte Geständnisfiktion. Danach ist bei Säumnis des Beklagten das tatsächliche mündliche Vorbringen des Klägers als zugestanden anzunehmen. Mit dieser Formulierung greift das Gesetz die entsprechende Formulierung bei der Regelung des gerichtlichen Geständnisses in § 288 ZPO auf. Die Wirkung des gerichtlichen Geständnisses besteht darin, daß die zugestandene Tatsache nicht beweisbedürftig ist und vom Gericht ungeprüft als wahr zu berücksichtigen ist. Für das Versäumnisverfahren

---

659 BGH, NJW 1991, 2707; NJW-RR 1995, 722; HansOLG Hamburg, NJW-RR 1990, 63.

ergibt sich damit die grundsätzliche Bindung des Richters an den Vortrag des Klägers. Dieser Grundsatz gilt jedoch nicht uneingeschränkt.

Der Erlaß eines Versäumnisurteils zum Nachteil des Beklagten setzt voraus, daß die von dem Kläger vorgetragenen Tatsachen, soweit sie eines gerichtlichen Geständnisses fähig sind, den Klageantrag rechtfertigen. Dieses ergibt sich daraus, daß die Geständnisfiktion des § 331 II ZPO nur soweit gehen kann, wie ein entsprechendes Geständnis möglich wäre[660].

Einigkeit besteht insofern, als im Versäumnisverfahren unwahre Tatsachenbehauptungen zumindest dann nicht berücksichtigt werden dürfen, wenn das Gegenteil der behaupteten Tatsache offenkundig ist[661], da auch ein Geständnis über sogenannte unmögliche Tatsachen unbeachtlich ist[662]. Unter unmöglichen Tatsachen werden solche verstanden, die jeder Erfahrung zuwider sind oder deren Gegenteil offenkundig ist[663]. Offenkundig sind einmal die allgemeinkundigen Tatsachen, die in einem größeren oder kleineren Bezirk einer beliebig großen Menge bekannt sind oder wahrnehmbar waren und über die man sich aus zuverlässigen Quellen ohne besondere Fachkunde sicher unterrichten kann[664]. Offenkundig sind ferner die dem Gericht als Anstalt, nicht nur als Spruchkörper aus amtlicher – nicht bloß aus eigener – Tätigkeit bekannten, gerichtskundigen[665] Tatsachen[666].

---

660 BGH, NJW 1979, 2089; Baumbach/Lauterbach-*Hartmann*, § 331 Rn. 7; *H. Braun*, Versäumnisurteil, S. 14.

661 BGH, NJW 1979, 2089; VersR 1970, 826 (827); Baumbach/Lauterbach-*Hartmann*, § 331 Rn. 7; *H. Braun*, Versäumnisurteil, S. 16; *Giehring*, GA 1973, 1 (6); *Musielak*, Grundkurs, Rn. 156; *Nikisch*, Zivilprozeßrecht, § 76 IV 1 b / § 67 II 1; *Pawlowski*, MDR 1997, 7 (9 f.); *Schellhammer*, Zivilprozeß, Rn. 1539; Stein/Jonas-*Schumann*, § 331 Rn. 5; *Thomas/Putzo*, § 331 Rn. 8 / § 288 Rn. 6; *Weimar*, MDR 1963, 189 f.

662 BGH, NJW 1979, 2089; VersR 1970, 826 (827); Baumbach/Lauterbach-*Hartmann*, Einf §§ 288-290 Rn. 6 / § 288 Rn. 9; *Bernhardt*, Festgabe für Rosenberg, S. 33; *Orfanides*, NJW 1990, 3174 (3178); *Rosenberg/Schwab/Gottwald*, Zivilprozeßrecht, § 114 I 1 e; *Schellhammer*, Zivilprozeß, Rn. 304; Stein/Jonas-*Leipold*, § 138 Rn. 5 / § 288 Rn. 21; *Thomas/Putzo*, § 288 Rn. 6; Zöller-*Greger*, Vor § 128 Rn. 10 / § 288 Rn. 7. Anders *Pawlowski*, MDR 1997, 7 (10); *Schneider*, MDR 1975, 444 (445) unter Hinweis auf die Verfügungsmacht der Parteien über den Streitstoff. Anders auch *Grunsky*, Verfahrensrecht, S. 187, der annimmt, die Bindungswirkung des Geständnisses trete auch dann ein, wenn die zugestandene Tatsache offenkundig nicht vorliege oder allgemeinen Erfahrungssätzen widerspreche. Soweit die Parteien über das streitbefangene Recht nach materiellem Recht verfügen könnten, hätten sie auch die alleinige Herrschaft über den Tatsachenstoff. Der Richter habe nicht den wahren Sachverhalt, sondern den ihm vorgetragenen zu beurteilen.

663 *Rosenberg/Schwab/Gottwald*, Zivilprozeßrecht, § 114 I 1 e; *Thomas/Putzo*, § 288 Rn. 6.

664 *Rosenberg/Schwab/Gottwald*, Zivilprozeßrecht, § 114 I 3 a. Der BGH, NJW 1992, 2088 nimmt an, der regelmäßig in der Fachpresse (z. B. in der NJW) veröffentlichte statistische monatliche Indexstand der Lebenshaltungskosten sei offenkundig i. S. des § 291 ZPO.

665 Vgl. BVerwG NJW 1990, 3104: "Hat der Richter aus amtlicher Veranlassung ein sicheres Bild von tatsächlichen Verhältnissen, Ereignissen oder Zuständen gewonnen, so steht es ihm frei, sein – gerichtskundiges – Wissen in späteren Verfahren ohne Beweisführung zu verwenden."

666 *Rosenberg/Schwab/Gottwald*, Zivilprozeßrecht, § 114 I 3 b.

Wenn der Richter erkennt, daß die vom Kläger behaupteten Tatsachen offenkundig unwahr sind, berücksichtigt er diese Tatsachen bei dem Erlaß seiner Entscheidung nicht. Dieses wird in der Regel zur Folge haben, daß die Klage nicht schlüssig und daher durch ein sogenanntes unechtes Versäumnisurteil abzuweisen ist. Wenn der Richter allerdings keine Anhaltspunkte für das Vorliegen offenkundig unwahrer Tatsachen hat, macht er sich über die "Offenkundigkeit" keine Gedanken. In dieser Richtung kann ein Irrtum des Richters nicht angenommen werden. Hinzu kommt, daß der Kläger weder ausdrücklich noch stillschweigend erklärt, keine Tatsachen vorzutragen, deren Gegenteil offenkundig ist, so daß es bereits an einer entsprechenden (konkludenten) Täuschung der Prozeßpartei fehlt.

Teilweise wird angenommen, daß auch die Berücksichtigung bewußt unwahrer Behauptungen im Versäumnisverfahren unzulässig sei[667]. Wegen des Widerspruchs zur prozessualen Wahrheitspflicht sei auch das bewußt unwahre Geständnis unwirksam[668]; dieses habe zur Folge, daß die Wirkung des Geständnisses nicht eintrete, wenn die Partei der Wahrheit zuwider eine Tatsache zugestehe[669].

Gegen diese Annahme und dafür, daß ein gerichtliches Geständnis – abgesehen von dem Fall des kollusiven Zusammenwirkens der Parteien[670] – auch dann beachtlich ist, wenn die zugestandene Tatsache bewußt unwahr ist[671], spricht neben der

---

667 RGSt 72, 113 (115); *Baur/Grunsky*, Zivilprozeßrecht, Rn. 43; *Bernhardt*, Festgabe für Rosenberg, S. 34; *Giehring*, GA 1973, 1 (8); *Henckel*, JZ 1992, 645 (649); *Olzen*, ZZP 98 (1985), 403 (421); *Rietzsch*, DStR 1934, 9 (13); *Schaffstein*, JW 1938, 1386 (1387); Stein/Jonas-*Leipold*, § 138 Rn. 12; Stein/Jonas-*Schumann*, § 331 Rn. 5 / § 370 Rn. 6; *Weimar*, MDR 1963, 189 f.; *Welzel*, Lehrbuch, S. 371; *Wieczorek*, § 331 Anm. A II b 2. So wohl auch OLG Brandenburg, NJW-RR 1995, 1471, nach dem es dem Gericht sogar gestattet ist, bei der Prüfung der Schlüssigkeit des Klägervorbringens die von dem Beklagten eingereichten Urkunden zu berücksichtigen, aus denen sich erhebliche Zweifel an der Wahrheitsgemäßheit des Tatsachenvorbringens des Klägers ergeben. Anders *Schellhammer*, Zivilprozeß, Rn. 1539; *Schneider*, DRiZ 1963, 342; *Thomas/Putzo*, § 331 Rn. 8 / § 288 Rn. 7.

668 *Bernhardt*, Festgabe für Rosenberg, S. 32 f.; *ders.*, JZ 1963, 245 ff.; *Orfanides*, Willensmängel, S. 92; *Rietzsch*, DStR 1934, 9 (13); *Wieczorek*, § 288 Anm. A I b 2. *Bernhardt*, Festgabe für Rosenberg, S. 33 f. nimmt an, die Nichtberücksichtigung unwahren Vorbringens solle auch für den Fall gelten, daß das Gericht nach vorangegangener Beweisaufnahme zu einer vollen Überzeugung gekommen sei, daß es nicht bewußt aber objektiv unwahr sei. Vgl. auch *Brinkmann*, Wahrheitspflicht, S. 52 ff.: "Die Frage der Außerachtlassung des Vorbringens hat indessen mit der Unredlichkeit nichts zu tun" (S. 54).

669 *Orfanides*, Willensmängel, S. 92.

670 BGH, NJW 1978, 2154 (2157); VersR 1970, 826 (827); VersR 1978, 862 (865); Baumbach/Lauterbach-*Hartmann*, Einf §§ 288-290 Rn. 6 / § 288 Rn. 9; *Pawlowski*, MDR 1997, 7 (8); *Rosenberg/Schwab/Gottwald*, Zivilprozeßrecht, § 114 I 1 e; *Schellhammer*, Zivilprozeß, Rn. 304; *Schneider*, MDR 1991, 297 (299); Stein/Jonas-*Leipold*, § 288 Rn. 23; *Thomas/Putzo*, § 288 Rn. 7. – Für eine Nichtbeachtung des Geständnisses ist erforderlich, daß das Gericht überzeugt ist, daß das Geständnis auf einen Betrug zu Lasten eines Dritten hinzielt, ein entsprechender starker Verdacht ist nicht ausreichend (BGH, VersR 1978, 862 (865)).

671 BGHZ 37, 154 (155); BGH, VersR 1970, 826 (827); VersR 1978, 862 (865); *Arens*, Willensmängel, S. 198; Baumbach/Lauterbach-*Hartmann*, Einf §§ 288-290 Rn. 6 / § 288 Rn. 9; *Baur/Grunsky*, Zivilprozeßrecht, Rn. 43; *Grunsky*, Verfahrensrecht, S. 187; *Rosenberg/Schwab/Gottwald*,

Verfügungsbefugnis der Parteien insbesondere die Regelung des § 290 ZPO. Danach ist der Widerruf eines gerichtlichen Geständnisses nur wirksam, wenn die widerrufene Partei beweist, daß das Geständnis auf einem Irrtum beruht, allein der Beweis der objektiven Unwahrheit der zugestandenen Tatsache genügt nicht. Daß für einen Widerruf eines Geständnisses nicht auf einen Irrtum verzichtet werden kann, ergibt sich nicht nur aus dem klaren Wortlaut des § 290 ZPO. Dafür spricht auch die Tatsache, daß diese Vorschrift weder durch das Gesetz vom 27.10.1933 noch später geändert worden ist[672]. Die Vereinbarkeit der Regelung des § 290 ZPO mit der Wahrheitspflicht könnte sich daraus ergeben, daß man sie zugleich als eine Sanktion für deren Verletzung auffaßt[673].

Aber auch, wenn man annimmt, daß der Richter bei dem Erlaß eines Versäumnisurteils solche Tatsachen, die nach seiner Überzeugung unter Verstoß gegen die Wahrheitspflicht, also bewußt unwahr aufgestellt worden sind, nicht berücksichtigt, ist ein Irrtum des Richters ausgeschlossen. Der Richter hat in der Regel nicht die Möglichkeit festzustellen, ob die Angaben der Partei der subjektiven Wahrheit entsprechen.

Handelt es sich bei der vor vom Richter zu treffenden Entscheidung um ein Versäumnisurteil im schriftlichen Verfahren (§ 331 III ZPO), da der Beklagte nicht rechtzeitig seine Verteidigungsbereitschaft angezeigt und sich gegen die Klage verteidigt hat, stehen dem Richter außer der Klageschrift keine Erkenntnisquellen zur Verfügung. Der Verstoß gegen die Wahrheitspflicht könnte sich allenfalls aus der Klage selbst ergeben, wenn die Angaben des Klägers sich in miteinander unvereinbarender Weise widersprechen. Dann fehlt es bereits an der Schlüssigkeit der Klage, so daß der Richter den Erlaß des Versäumnisurteils aus diesem Grund – ohne Rücksicht auf die Wahrheitspflichtverletzung – ablehnt. Es ist nicht anzunehmen, daß der Richter im umgekehrten Fall, bei einer schlüssigen Klage, die Vorstellung hat, der Kläger habe nichts bewußt unwahres behauptet. Nicht nur seine Erfahrung dürfte dem entgegenstehen, sondern auch die Tatsache, daß die Prüfung der objektiven oder subjektiven Wahrheit des Klägervorbringens im Versäumnisverfahren nicht erforderlich ist. Wenn keine Anhaltspunkte für einen Verstoß gegen die Wahrheitspflicht vorliegen, ist der Richter nicht verpflichtet, sich über die Einhal-

---

Zivilprozeßrecht, § 65 VIII 5 / § 114 I 1 f; *Schellhammer*, Zivilprozeß, Rn. 304; *Schneider*, MDR 1975, 444 (445); *ders.*, MDR 1991, 297 (299); Stein/Jonas-*Leipold*, § 138 Rn. 5; *Thomas/Putzo*, § 288 Rn. 7; Zöller-*Greger*, § 138 Rn. 5 / § 291 Rn. 3. So grundsätzlich auch *Roth*, Wahrheitspflicht, S. 81 f.: Verboten sei "nicht ein falsches Geständnis an sich, sondern nur ein falsches Geständnis, das dem Erreichen unlauterer Zwecke dienen" solle.

672 BGHSt 37, 154 (155). Anders *Bernhardt*, Festgabe für Rosenberg, S. 9 (32); *Orfanides*, Willensmängel, S. 92: Die Einführung der Wahrheitspflicht habe zu einer Änderung des § 290 ZPO geführt (*Orfanides*). Soweit § 290 ZPO der Wahrheitspflicht widerspreche, könne er "als dem ethischen Wahrheitsgebot nachgeordnete Norm keine Geltung mehr beanspruchen" (*Bernhardt*).

673 BGHSt 37, 154 (155); *Musielak*, Grundkurs, Rn. 354; dagegen *Bernhardt*, JZ 1963, 245 (247).

tung der Wahrheitspflicht Gedanken zu machen. Entsprechend wird er auch keine falsche Vorstellung haben.

Dasselbe gilt für den Fall, daß der Richter nach einer Klageerwiederung des Beklagten das Versäumnisurteil zu erlassen hat. Dadurch, daß der versäumte Termin durch § 332 ZPO als erster Termin zur mündlichen Verhandlung fingiert wird, verlieren die Prozeßhandlungen beider Parteien in früheren Terminen jedwede Bedeutung[674]. Bei Säumnis des Beklagten in einem späteren Verhandlungstermin verlieren die Ergebnisse der früheren Verhandlung, vor allem auch die Beweisergebnisse ihre Wirkung[675]. Daher bleiben bei der Prüfung der Schlüssigkeit beim Erlaß eines Versäumnisurteils in früheren Terminen vorgebrachte Behauptungen des Beklagten, insbesondere die Geltendmachung von Prozeßhindernissen und von Einreden[676] und das Ergebnis früherer Beweisaufnahmen unberücksichtigt[677]. Ausnahmsweise ist eine vom Beklagten erhobene Einrede dann zu berücksichtigten, wenn dieser Sachverhalt (auch) vom Kläger in den Rechtsstreit eingeführt worden ist[678]; wenn etwa der Kläger sowohl die für den Verjährungstatbestand maßgeblichen Daten als auch die Tatsache, daß der Beklagte die Einrede erhoben hat, vorgetragen hat, ist die Klage unschlüssig[679]. Darüber hinaus findet eine Berücksichtigung des Beklagtenvorbringens im Versäumnisverfahren nicht statt.

Dafür daß die Geständnisfiktion des § 331 ZPO auch nach einer Beweisaufnahme gilt, in der nach Ansicht des Gerichts die Behauptung des Klägers widerlegt worden ist[680], läßt sich anführen, daß die Vorschrift des § 138 I ZPO nicht dazu bestimmt ist, "alle Grundsätze der ZPO über den Haufen zu werfen"[681]. Mit der Aussage des § 331 I 1 ZPO, der für das Versäumnisverfahren normiert, daß "das tatsächliche mündliche Vorbringen des Klägers als zugestanden anzunehmen" ist, ist die Berücksichtigung einer etwaigen Beweisaufnahme nicht zu vereinbaren. Durch die Berücksichtigung des Beweisergebnisses bei dem Erlaß eines Versäumnisurteils würde auch die Grenze zu der Entscheidung nach Aktenlage gemäß § 331 a ZPO

---

674 *Nierwetberg*, ZZP 98 (1985), 442 (446); *Thomas/Putzo*, § 332 Rn. 1.

675 *Weimar*, MDR 1963, 189.

676 *Rosenberg/Schwab/Gottwald*, Zivilprozeßrecht, § 107 III 4 a (1).

677 *Arens*, Willensmängel, S. 99 Fn. 21; *Baur/Grunsky*, Zivilprozeßrecht, Rn. 158; *Jauernig*, Zivilprozeßrecht, § 66 III 3 b / § 68 III; *Kraemer*, ZZP 64 (1951), 159 (162); *Rosenberg/Schwab/Gottwald*, Zivilprozeßrecht, § 107 III 4 a (1); *Weimar*, MDR 1963, 189 f.; *Wieczorek*, § 330 Anm. D III; Zöller-*Herget*, § 331 Rn. 6.

678 BAGE 77, 77 (79); OLG Düsseldorf, NJW 1991, 2089 f.

679 BAGE 77, 77 (80); *Baur/Grunsky*, Zivilprozeßrecht, Rn. 158; *Nierwetberg*, ZZP 98 (1985), 442 (443).

680 *Jauernig*, Zivilprozeßrecht, § 66 III 3 b, der am geltenden Versäumnisverfahren bedenklich findet, daß es das Gericht zwingt, eine Entscheidung gegen seine Überzeugung und die Ergebnisse des bisherigen Prozeßverlaufs zu erlassen. Aus diesem Grund schlägt er vor, in Übereinstimmung mit vielen ausländischen Rechten das Versäumnisverfahren auf den ersten Verhandlungstermin zu beschränken (§ 68 III).

681 *Kraemer*, ZZP 64 (1951), 159 (162).

verwischt. Es steht bei Säumnis nur einer Partei im Gegensatz zu dem Fall der Säumnis beider Parteien nicht im Ermessen des Gerichts, eine Entscheidung nach Lage der Akten zu erlassen, vielmehr ist der Richter an den Antrag des Klägers gebunden, der entweder auf Erlaß eines Versäumnisurteils oder auf Erlaß einer Aktenlageentscheidung gerichtet ist.

Aber auch wenn man der Ansicht ist, daß der Wahrheitspflicht der Vorrang vor dem fiktiven Geständnis des Beklagten bei seiner Säumnis einzuräumen ist, weil es der Würde des Gerichts und dem Ansehen der Rechtspflege widersprechen würde, wenn das Gericht bei bewußter Lüge des Klägers diesem noch zu einem Vollstrekkungstitel verhelfen müßte[682], und entsprechend eine Ausnahme von dem Grundsatz, daß eine vorangegangene Beweisaufnahme unberücksichtigt bleibt, zuläßt, wenn der Richter aufgrund der vorherigen Beweisaufnahme bereits zu der Überzeugung gelangt ist, daß der Kläger etwas bewußt Wahrheitswidriges behauptet[683], kommt ein Irrtum des Richters im Versäumnisverfahren in der Regel nicht in Betracht.

Der Richter hätte nur dann eine falsche Vorstellung, wenn er annehmen würde, der Kläger hätte die Wahrheitspflicht eingehalten. Dann würde es jedoch gerade an dem Erfordernis für die Berücksichtigung der vorangegangenen Beweisaufnahme fehlen, da der Richter ausschließlich bei einer Überzeugung vom Vorliegen eines Verstoßes gegen die Wahrheitspflicht durch den Kläger das Beweisergebnis beachten dürfte. Wenn der Richter nicht überzeugt ist, daß der Vortrag des Klägers bewußt unwahr ist, darf er sich unstreitig bei dem Erlaß seiner Entscheidung allein auf die – als

---

682 *Weimar*, MDR 1963, 190.

683 *Bernhardt*, Festgabe für Rosenberg, S. 34; *Brinkmann*, Wahrheitspflicht, S. 53; *Henckel*, JZ 1992, 645 (649); *Olzen*, ZZP 98 (1985), 403 (421); Stein/Jonas-*Leipold*, § 138 Rn. 12 (vgl. auch Fn. 26); Stein/Jonas-*Schumann*, § 370 Rn. 6; *Weimar*, MDR 1963, 189 f.; *Welzel*, Wahrheitspflicht, S. 17; *Weyers*, Festschrift für Esser, S. 193 (209/211). Im Ergebnis auch *Nikisch*, Zivilprozeßrecht, § 67 II 1, der allerdings nicht auf die Verletzung der Wahrheitspflicht abstellt, sondern als offenkundig unwahr und damit unbeachtlich auch solche Tatsachen ansieht, deren Gegenteil in dem Prozeß bereits voll bewiesen ist. Vgl. auch *H. Braun*, Versäumnisurteil, S. 154 ff.: Er nimmt zwar an, das Ergebnis der Beweisaufnahme habe unberücksichtigt zu bleiben, gestattet es dem Richter aber, bewußt falsche Parteibehauptungen zurückzuweisen, wenn er erkennt, daß die Partei damit den Gegner schädigen will. "Der Grund für die Zurückweisung bewußt unwahren Vorbringens liege vielmehr darin, daß der Richter wie jeder andere Staatsbürger das Recht, als Rechtspflegeorgan darüber hinaus die Pflicht hat, die Begehung oder zumindest die Vollendung strafbarer Handlungen zu verhindern. ... Erkennt der Richter die Täuschung, so macht sich die Partei wegen versuchten Prozeßbetrugs strafbar, sofern sie glaubt, den Richter täuschen zu können. Der Richter, der die Parteilüge erkennt, kann aber nicht gezwungen werden, bei dem Weitergedeihen der strafbaren Handlung der Partei mitzuwirken." Mit diesem Ansatzpunkt kommt man bei der Prüfung des Vorliegens der Betrugsvoraussetzungen nicht weiter. Wenn es Voraussetzung für die Annahme eines Prozeßbetrugs im Versäumnisverfahren wäre, daß der Richter bewußt unwahres Vorbringen unberücksichtigt läßt, kann nicht gleichzeitig der Prozeßbetrug Voraussetzung für die Nichtberücksichtigung bewußt unwahren Vorbringens sein.

zugestanden geltenden – Angaben des Klägers stützen[684]. Aufgrund dessen wird sich der Richter, sofern sich die Unwahrheit des Klägervorbringens nicht nach der durchgeführten Beweisaufnahme aufdrängt, keine Gedanken über die Einhaltung der Wahrheitspflicht durch den Kläger machen, sondern sich – entsprechend seiner Pflicht – auf die Prüfung der Schlüssigkeit des Klägervortrags beschränken[685]. Dafür spricht insbesondere, daß selbst dann, wenn die Beweisaufnahme eindeutig die Unwahrheit der Behauptung bestätigt hat, der Schluß auf die Unwahrhaftigkeit der behauptenden Partei zwar möglich aber nicht zwingend ist[686].

Allein die Tatsache, daß der Richter bei Kenntnis der wahren Sachlage das Versäumnisurteil nicht erlassen hätte, vermag die Annahme eines Irrtums nicht zu begründen[687], da durch diese Reduzierung auf die Kausalität der Täuschung für die Vermögensverfügung die Bedeutung des Irrtums als selbständiges Tatbestandsmerkmal außer acht gelassen würde[688].

---

684 Anders nur *Lenckner*, Prozeßbetrug, S. 156. Es komme nicht darauf an, ob der Richter seine Kenntnis vom Verstoß des Klägers gegen die Wahrheitspflicht einer vorangegangenen Beweisaufnahme verdanke oder der formlosen Durchsicht eingereichter Urkunden oder einem sonstigen Umstand. Der Richter sei auch befugt, sein privates Wissen zu verwerten, da es sich lediglich um eine "negative Wahrheitskontrolle" handle. "Allerdings wird der Richter nicht die Befugnis haben, die Klage ohne weiteres abzuweisen, sondern er wird vielmehr genötigt sein, die Verhandlung zu vertagen, um dem Beklagten in einem neuen Termin Gelegenheit zur Äußerung zu geben." (Fn. 27). Diese Annahme ist mit der geltenden ZPO nicht zu vereinbaren. In § 335 I ZPO sind abschließend die Fälle aufgeführt, in denen der Antrag auf Erlaß eines Versäumnisurteils zurückzuweisen ist, eine auf sein privates Wissen gestützte Vermutung des Richters, daß der Kläger bewußt unwahre Behauptungen aufgestellt hat, gehört nicht dazu.

685 Siehe dazu oben 2. Teil A II 2 a (2) (b).

686 Stein/Jonas-*Leipold*, § 138 Rn. 12 Fn. 26.

687 Anders *Lenckner*, Prozeßbetrug, S. 157, wenn er annimmt der Richter werde sich "in jedem einzelnen Fall fragen, ob sichere Anhaltspunkte dafür vorliegen, daß das Vorbringen des Klägers (objektiv oder subjektiv) unwahr ist. Verneint er dies, so liege darin ein für den Erlaß des Versäumnisurteils ursächlicher Irrtum". Dieser Auffassung ist zunächst entgegenzuhalten, daß die – angebliche – Vorstellung des Richters, es lägen keine "sicheren Anhaltspunkte" für einen Verstoß u. a. gegen die Wahrheitspflicht vor, keine Fehlvorstellung ist. Die Vorstellung ist richtig, da offensichtlich keine sicheren Anhaltspunkte vorliegen, denn sonst wäre der Richter zu der Überzeugung gekommen, der Kläger habe gegen die Wahrheitspflicht verstoßen, und hätte die Klage abgewiesen. Zweifelhaft ist weiter, daß *Lenckner* auf eine Prüfung des Vorliegens des Irrtums im Einzelfall verzichtet, wenn er annimmt, der Richter werde sich "in jedem einzelnen Fall" Gedanken über die objektive und subjektive Wahrheit machen. "Daß es dem Richter häufig unmöglich sein wird, festzustellen, ob die Partei gut- oder bösgläubig falsche Tatsachen vorgetragen hat" betrifft nicht allein "die praktische Seite des Problems" (so aber *Lenckner*, Prozeßbetrug, S. 156). Dieses führt vielmehr dazu, daß sich der Richter in der Praxis, die für die Feststellung der Betrugsvoraussetzungen allein maßgebend ist, in der Regel keine Gedanken über die Einhaltung der Wahrheitspflicht machen wird.

688 Siehe dazu oben 2. Teil A II 2 a (2) (a).

Der Richter trifft im Versäumnisverfahren die Entscheidung ohne Rücksicht auf die materielle Rechtslage allein nach formalen Kriterien[689]. Auch wenn der Richter ausnahmsweise die Vorstellung besitzen sollte, die Partei habe nichts bewußt Unwahres vorgetragen, kann er – da das Versäumnisverfahren nicht zur Feststellung der objektiven Rechtslage geeignet ist – daraus nicht den Schluß ziehen, daß seine Entscheidung der materiellen Rechtslage entspricht. Er handelt damit in dem vollen Bewußtsein, daß durch sein Verhalten möglicherweise ein Schaden der säumigen Partei herbeigeführt wird. Dieses ist dem Richter allerdings gleichgültig, da es nicht seine Aufgabe ist, sich mit der Frage nach dem Bestehen oder Nichtbestehen des Anspruchs zu befassen. Es fehlt daher an der für die Annahme eines Irrtums vorausgesetzten unbewußten Selbstschädigung[690] des Richters. Dieses ergibt sich auch aus den schon oben zum non liquet dargestellten Erwägungen: Wäre die angebliche Vorstellung des Richters "wahr" gewesen, hätte der Kläger also tatsächlich die Wahrheitspflicht eingehalten, so wäre die gleiche Entscheidung ergangen und der Vermögensschaden des Beklagten wäre ebenfalls eingetreten, wenn der Anspruch in Wirklichkeit nicht bestanden hätte, da der Richter die objektive Wahrheit im Versäumnisverfahren nicht zu prüfen hat. Die angebliche Vorstellung des Richters, die Partei halte die Wahrheitspflicht ein, hat daher keinen Bezug zur Frage des Vermögensschadens. Es kann nicht darauf abgestellt werden, daß die Entscheidung anders ausgefallen wäre, wenn die vorgetragenen Tatsachen der (objektiven) Wahrheit entsprochen hätten, denn dieses hat die Partei nicht vorgespiegelt bzw. die entsprechende Vorstellung des Richters ist wegen der Bedeutungslosigkeit der objektiven Rechtslage für den Erlaß des Versäumnisurteils nicht ursächlich für diese Verfügung des Richters. Ein betrugsrelevanter Irrtum des Richters liegt daher nicht vor. Ein (vollendeter) Prozeßbetrug ist im Versäumnisverfahren hinsichtlich der den eingeklagten Anspruch betreffenden Tatsachen nicht denkbar.

Ein Prozeßbetrug ist auch im Versäumnisverfahren jedoch bezüglich der der Offizialprüfung unterliegenden Prozeß- und Sachurteilsvoraussetzungen möglich[691], da trotz Säumnis der Partei durch streitmäßiges Urteil zu entscheiden ist, wenn die von Amts wegen anzustellende Prüfung der Prozeßvoraussetzungen zu dem Ergebnis geführt hat, daß die Klage unzulässig und der Rechtsstreit deshalb entscheidungsreif ist, etwa wenn die Prozeßführungsbefugnis des Klägers fehlt[692]. Die Strafbarkeit wegen Betrugs setzt allerdings – wie auch im streitigen Verfahren – voraus, daß nicht nur die vorgespiegelten Prozeßvoraussetzungen fehlen, sondern auch der eingeklagte Anspruch selbst nach materiellem Recht nicht besteht, da es sich anderenfalls um

---

[689] Vgl. *Roth*, Wahrheitspflicht, S. 44 f. Das Ergebnis des Versäumnisurteils müsse "nicht notwendig mit der – gar nicht den Gegenstand der Entscheidung bildenden – wahren Sachlage übereinstimmen."

[690] Siehe dazu oben 2. Teil A II 2 b.

[691] RGSt 2, 436 (437 f.); *Ganske*, Prozeßbetrug, S. 65 f./96 ff.; *Koffka*, ZStW 54 (1935), 45 (47 f.).

[692] BGH, NJW-RR 1986, 1041.

einen mangels Schadens bzw. Bereicherungsabsicht straflosen Selbsthilfebetrug handelt[693].

Darüber hinaus käme zumindest ein Versuch eines Prozeßbetrugs in Betracht, da die Partei bei ihrem Vortrag in der mündlichen Verhandlung zunächst in der Regel nicht weiß, daß ein Versäumnisurteil ergehen wird. Zu dem Zeitpunkt, in dem sie ihre unwahren Behauptungen aufstellt, hält sie den Erlaß eines streitigen Urteils und damit auch einen Irrtum des Richters wenigstens für möglich, so daß zumindest dolus eventualis gegeben ist.

Die Prozeßpartei kann sich im Versäumnisverfahren wegen vollendeten Prozeßbetrugs allein durch Täuschung über die von Amts wegen zu prüfenden Prozeßvoraussetzungen strafbar machen; durch eine Täuschung über die Tatsachen, die den Anspruch selbst betreffen, kommt nur der Versuch eines Prozeßbetrugs in Betracht.

II. Mahnverfahren nach §§ 688 ff. ZPO

Der grundsätzlichen Möglichkeit eines Prozeßbetrugs im Mahnverfahren (§§ 688 ff. ZPO) steht nicht entgegen, daß der Erlaß eines Mahnbescheids nicht zu einer unmittelbaren Vermögensminderung führt[694] und daher keine Vermögensverfügung darstellt[695]. Der Mahnbescheid bedeutet wegen Fehlens einer konkreten Gefährdung – aus ihm ergibt sich noch keine unmittelbare Zugriffsmöglichkeit[696] – noch keine Werteinbuße und damit keinen Vermögensschaden[697]. Der auf der Grundlage des Mahnbescheids vom Rechtspfleger (§ 20 Nr. 1 RPflG) erlassene Vollstreckungsbescheid (§ 699 ZPO) stellt jedoch wegen der in ihm liegenden sofortigen Zugriffsmöglichkeit auf das Vermögen des Antragsgegners einen Schaden dar[698]. Der Vollstreckungsbescheid steht gemäß § 700 I ZPO einem für vorläufig vollstreckbar erklärten Versäumnisurteil gleich und ist gemäß § 794 I Nr. 4 ZPO ein Vollstreckungstitel. Die im Rahmen des Mahnverfahrens in Betracht kommende Vermögensverfügung ist daher der Erlaß des Vollstreckungsbescheids durch den Rechtspfleger.

Der Vollstreckungsbescheid wird erlassen, ohne daß eine (erneute) Prüfung der in dem Mahnbescheidsantrag enthaltenen Angaben erfolgt (vgl. § 699 ZPO). Der Rechtspfleger, der den Vollstreckungsbescheid erläßt, ist nicht unbedingt mit dem

---

693 Siehe dazu oben 2. Teil A III 3.

694 LK-*Lackner*, § 263 Rn. 316; SK-StGB-*Samson/Günther*, § 263 Rn. 167 b.

695 *Giehring*, GA 1973, 1 (23); *Lenckner*, Prozeßbetrug, S. 158.

696 *Otto*, Struktur, S. 280.

697 BGHSt 24, 257 (261); *Giehring*, GA 1973, 1 (23); *Lenckner*, Prozeßbetrug, S. 158; LK-*Lackner*, § 263 Rn. 316; *Otto*, Struktur, S. 280; SK-StGB-*Samson/Günther*, § 263 Rn. 167 b.

698 RGSt 59, 104 (106); BGHSt 24, 257 (261); *Giehring*, GA 1973, 1 (23); *Koffka*, ZStW 54 (1935), 45 (59); *Otto*, Struktur, S. 280.

identisch, der den Mahnbescheid erlassen hat. Zum einen kann für den Erlaß des Vollstreckungsbescheids ein anderes Gericht als das Mahngericht zuständig sein, wenn der Rechtsstreit bereits an ein anderes Gericht abgegeben worden ist (vgl. § 699 I 3 ZPO[699]), zum anderen kann sich aber auch bei Zuständigkeit des selben Gerichts der Geschäftsverteilungsplan zwischenzeitlich geändert haben. Auch bei Personenverschiedenheit wäre jedoch – unterstellt ein Irrtum des Rechtspflegers ist überhaupt denkbar – ein Prozeßbetrug anzunehmen, da der Rechtspfleger seinen etwaigen Irrtum über den Mahnbescheid an den den Vollstreckungsbescheid erlassenden Rechtspfleger weitergeben würde. Es würde dann eine sogenannte mehraktige Verfügung vorliegen, bei der erst durch den letzten Akt, der auf der Grundlage der durch die Täuschung verursachten Disposition erfolgt, der Schaden unmittelbar herbeiführt wird[700].

Darüber hinaus käme jedoch möglicherweise auch eine Täuschung nur des zweiten, den Vollstreckungsbescheid erlassenden Rechtspflegers in Betracht und zwar durch unrichtige Angaben hinsichtlich der (teilweisen) Erfüllung des Anspruchs, die bei einem Antrag auf Erlaß eines Vollstreckungsbescheids gemäß § 699 I 2 ZPO erforderlich sind. Der Rechtspfleger kann allerdings die Angaben des Antragstellers nicht nachprüfen und wird sie daher seiner Entscheidung zugrundelegen, ohne sich Gedanken darüber zu machen, ob sie der Wahrheit entsprechen oder nicht. Ein Irrtum des Rechtspflegers, der den Vollstreckungsbescheid erläßt, ist somit nicht möglich.

Das Mahnverfahren, das in der Praxis zumindest zahlenmäßig eine sehr große Bedeutung hat[701], ist dadurch gekennzeichnet, daß nicht einmal – wie es noch vor der Neufassung des 7. Buches der ZPO durch die Vereinfachungsnovelle vom 3. Dezember 1976[702] üblich und erforderlich war – eine Schlüssigkeitsprüfung durch den Rechtspfleger stattfindet. Es stellt sich somit die Frage, inwieweit ein Irrtum des Rechtspflegers überhaupt in Betracht kommt, wenn der Antragsteller in seinem Antrag auf Erlaß eines Mahnbescheids falsche Angaben macht.

---

699 Vgl. dazu BGH, NJW 1998, 235.

700 *Giehring*, GA 1973, 1 (23 f.); vgl. auch Schönke/Schröder-*Cramer*, § 263 Rn. 62.

701 *Holch*, NJW 1991, 3177: Jährlich werden rund 5,2 Millionen Mahnverfahren nur in den elf alten Bundesländern durchgeführt. Vgl. auch *J. Braun*, JuS 1992, 177 Fn. 1/3: Allein in den alten Bundesländern wurden zwischen 1984 und 1987 jährlich rund sechs Millionen Mahnbescheide beantragt, während es im gleichen Zeitraum jährlich nur gut eineinhalb Millionen erstinstanzliche Prozesse (ohne Familiensachen) gab.

702 Das Gesetz zur Vereinfachung und Beschleunigung gerichtlicher Verfahren vom 03.12.1976 (BGBl. I, S. 3281) ist am 01.07.1977 in Kraft getreten.

1. Die zum Irrtum im Mahnverfahren vertretenen Ansichten

a) Rechtsprechung

Das Reichsgericht hat zunächst die Möglichkeit eines Prozeßbetrugs im Mahnverfahren abgelehnt[703], da der Zahlungsbefehl erlassen werde, nicht wenn und weil der Richter den Angaben des Gesuchstellers glaube, sondern wenn und weil das Gesuch den formellen Vorschriften des Gesetzes über den Inhalt des Gesuchs entspreche[704]. Der benachteiligende Erfolg trete nicht aufgrund einer Überzeugung des Rechtspflegeorgans ein, sondern "kraft gesetzlicher Notwendigkeit durch die mangelnde Verteidigung des Schuldners"[705]. Allein bei einer Täuschung des Richters über das Vorliegen der von Amts wegen zu prüfenden Prozeßvoraussetzungen hat das Reichsgericht die Möglichkeit eines Prozeßbetrugs im Mahnverfahren angenommen[706].

Der Bundesgerichtshof nimmt an, ein Prozeßbetrug könne auch im (alten) Mahnverfahren begangen werden[707]. Auch unter dem geltenden Mahnverfahren bejaht die Rechtsprechung die Möglichkeit des Prozeßbetrugs[708].

Vor Abschaffung der Schlüssigkeitsprüfung hat der BGH die Möglichkeit eines Irrtums des Rechtspflegers damit begründet, daß die Tatsache, daß der Rechtspfleger die vom Antragsteller bezeichneten Tatsachen nicht auf ihre Richtigkeit zu untersuchen habe, die Möglichkeit einer Täuschung nicht ausschließe. Das Nichtbestehen einer besonderen Prüfungspflicht auf der Grundlage des für den Zivilprozeß geltenden Prinzips der formellen Wahrheit bedeute auch für den Rechtspfleger nur, daß er die von dem Antragsteller aufgestellte Behauptung der sachlichen Wahrheit seines Vorbringens hinzunehmen habe[709]. Da er jedoch den Erlaß eines Zahlungsbefehls ablehnen müßte, den ein Antragsteller für eine nach seiner eigenen Eröffnung schon getilgte oder gar nicht entstandene Forderung beantragen würde, werde er durch die bewußt unwahre Behauptung anspruchsbegründender Tatsachen getäuscht und durch diese Täuschung zum Erlaß des Zahlungsbefehls veranlaßt[710]. Mit welchen Bezeichnungen und tatsächlichen Angaben der Antragsteller sich des in Wahrheit nicht bestehenden Anspruchs berühme, sei gleichgültig. Entscheidend sei

[703] RGSt 20, 391; 42, 410.

[704] RGSt 42, 410.

[705] RGSt 20, 391 (393).

[706] RGSt 59, 104 (106).

[707] BGHSt 24, 257 (260); so auch OLG Stuttgart, NJW 1979, 2573.

[708] OLG Düsseldorf, NStZ 1991, 586. Anders ist allerdings die indirekte Äußerung des OLG Stuttgart, NJW 1979, 2573 zu verstehen.

[709] BGHSt 24, 257 (260).

[710] BGHSt 24, 257 (260 f.). *Lampe*, GA 1975, 1 (4) bezeichnet die Annahme eines Irrtums durch den Bundesgerichtshof mit der Begründung, daß der Rechtspfleger bei Kenntnis der wahren Sachlage den Mahnbescheid nicht erlassen hätte, als einen "(Trug-)Schluß vom Sollen aufs Sein".

allein, da er eine Forderung geltend mache, von der er selbst bestimmt wisse, daß sie ihm nicht zustehe[711].

Das OLG Düsseldorf beruft sich in seiner Entscheidung zum neuen Mahnverfahren[712] im wesentlichen auf die Ansicht des Bundesgerichtshofs: der BGH habe "auch damals bereits entgegen der herrschenden, dogmatisch begründeten Meinung" entschieden, daß trotz fehlender materieller Prüfungspflicht eine Täuschung des Rechtspflegers möglich sei. Grundlegendes hat sich an der rechtlichen Ausgangslage des BGH nach der Ansicht des OLG Düsseldorf durch den Wegfall der Schlüssigkeitsprüfung nicht geändert. Auch nach Änderung der Zivilprozeßordnung müßte der Rechtspfleger, wollte er nicht zum Mittäter eines Betrugs werden, bei Kenntnis der Nichtexistenz der geltend gemachten Forderung den Erlaß eines Mahn- oder Vollstreckungsbescheids ablehnen. Für die Möglichkeit eines Prozeßbetrugs im Mahnverfahren spreche, daß die gegenteilige Ansicht zu "unvertretbaren Strafbarkeitslücken" führen würde[713].

b) Literatur

Die überwiegende Literatur lehnt die Möglichkeit eines Irrtums des Rechtspflegers mit der Begründung ab, daß im Mahnverfahren keine inhaltliche Prüfung der vorgetragenen Tatsachen stattfinde und daher eine Überzeugung des Rechtspflegers von der Unwahrheit ausgeschlossen sei[714]. Der Rechtspfleger werde in der Regel zur Frage des Wahrheitsgehalts innerlich nicht Stellung nehmen, weil dieses nach der ZPO für seine Entscheidung nicht bestimmend sein dürfe[715]. Der Sinn der einfachen zivilprozeßrechtlichen Regelung sei gerade darin zu sehen, daß der Rechtspfleger sich über die Richtigkeit des entscheidungsrelevanten Vorbringens keine

---

711 BGHSt 24, 257 (261).

712 OLG Düsseldorf, NStZ 1991, 586.

713 OLG Düsseldorf, NStZ 1991, 586.

714 *Arzt/Weber*, LH 3, Rn. 482; *J. Braun*, Rechtskraft, S. 56 f.; *Dästner*, ZRP 1976, 36 (37); *Granderath*, Beilage Nr. 18/86 zu DB, 1 (4); *Groß*, NJW 1973, 600 (603); *Krey*, BT 2, Rn. 422 Fn. 178; *Lackner*, § 263 Rn. 17; LK-*Lackner*, § 263 Rn. 85/86 Fn. 137/314; *Möhrenschlager*, wistra 1986, 128 (132); *Otto*, Grundkurs, § 51 VI 5 a; *ders.*, JZ 1993, 652 (654 f.); ebenso *Gebhardt*, Prozeßbetrug, S. 40 f. für das Mahnverfahren vor Abschaffung der Schlüssigkeitsprüfung; zumindest in der Regel nicht: *Maurach/Schroeder/Maiwald*, BT 1, § 41 Rn. 66; *Preisendanz*, § 263 Anm. III 1; Schönke/Schröder-*Cramer*, § 263 Rn. 52/73; *Tröndle*, § 263 Rn. 22; zweifelnd *Blei*, BT, § 61 IV 3; unklar *Fahl*, Jura 1996, 74 (75). Ebenso auch LG Essen, 19 O 42/85 – U. v. 29.05.1985: "Eine Täuschung des Gerichts scheitert schon daran, daß eine Prüfung des geltend gemachten Anspruchs im Mahnverfahren nicht stattfindet." (zit. nach *J. Braun*, Rechtskraft, S. 56 Fn. 20). Ausdrücklich für das automatisierte Mahnverfahren: *Arzt/Weber*, LH 3, Rn. 482 Fn. 22; *Krey*, BT 2, Rn. 422 Fn. 178; *Maurach/Schroeder/Maiwald*, BT 1, § 41 Rn. 66.

715 LK-*Lackner*, § 263 Rn. 314; vgl. auch *Giehring*, GA 1973, 1 (8).

Gedanken zu machen brauche[716]. Der Irrtum des Rechtspflegers sei zumindest nicht für den Erlaß des Mahnbescheids kausal[717].

Lackner führt an, die Bemerkung des Reichsgerichts[718], der Mahnbescheid werde erlassen, "nicht wenn und weil der Richter den Angaben des Gesuchstellers glaubt, sondern wenn und weil das Gesuch den formellen Vorschriften des Gesetzes über den Inhalt des Gesuchs entspricht", habe auch heute noch Gültigkeit[719]. So auch *Giehring*, der annimmt, der Richter verfüge nicht, weil er von der Wahrheit des Tatsachenvortrags oder (und) der Wahrhaftigkeit der Partei überzeugt sei oder dieses für überwiegend wahrscheinlich halte, sondern weil das Gegenteil davon nicht offenkundig oder ihm sonst amtlich bekannt sei[720].

Nach einer anderen Ansicht hat sich durch die Vereinfachungsnovelle kaum Entscheidendes geändert, da weiterhin eine Prüfung des Mahnantrags u. a. darauf, ob ein klagbarer Anspruch vorliege, zugelassen sei[721]. Ein Prozeßbetrug im Mahnverfahren sei daher weiterhin möglich[722].

2. Stellungnahme

Maßgebend für die Annahme der Möglichkeit eines Prozeßbetrugs im Mahnverfahren ist, in welchem Umfang die Prüfungskompetenz des Rechtspflegers nach Wegfall der Schlüssigkeitsprüfung erhalten geblieben ist. Auch wenn im Einzelfall eine konkrete Prüfung der Vorstellungen des Rechtspflegers erforderlich ist[723], so ergibt sich aus einer Betrachtung der Möglichkeiten für den Rechtspfleger, den Erlaß eines Mahnbescheids abzulehnen, welche Gedanken er sich in der Regel bei der Prüfung eines Mahnantrags macht.

Der notwendige Inhalt eines Antrags auf Erlaß eines Mahnbescheids ergibt sich aus § 690 I ZPO. Die mit dem Mahnantrag geltend gemachten Ansprüche brauchen nicht substantiiert, sondern nur individualisiert, d. h. unterscheidbar gemacht wer-

---

[716] *Arzt/Weber*, LH 3, Rn. 482.

[717] *Otto*, JZ 1993, 652 (655); *Preisendanz*, § 263 Anm. III 1; Schönke/Schröder-*Cramer*, § 263 Rn. 52/73. Vgl. auch *Hefendehl*, Vermögensgefährdung, S. 409 f., der annimmt, es fehle am erforderlichen funktionalen Zusammenhang zwischen Irrtum und Verfügung.

[718] RGSt 42, 410.

[719] LK-*Lackner*, § 263 Rn. 314.

[720] *Giehring*, GA 1973, 1 (25).

[721] *U. Frank*, NJW 1980, 848; anders wohl OLG Stuttgart, NJW 1979, 2573. Vor der Änderung des Mahnverfahrens hat auch *Lenckner*, Prozeßbetrug, S. 158 einen Prozeßbetrug durch Täuschung des Rechtspflegers angenommen.

[722] *U. Frank*, NJW 1980, 848. Auch *Markwardt*, NJW 1991, 1220 nimmt an, der Antragsteller würde durch falsche oder unterlassene Angaben möglicherweise einen (versuchten) Prozeßbetrug begehen.

[723] *Maurach/Schroeder/Maiwald*, BT 1, § 41 Rn. 66.

den. Sie müssen so bezeichnet werden, daß sie von anderen Ansprüchen nach Art, Grund und Umfang zu unterscheiden und abzugrenzen sind, um die über den Vollstreckungsbescheid mögliche materielle Rechtskraft eindeutig feststellen zu können[724]. Bei Ansprüchen aus Verträgen, für die das VerbrKrG gilt, muß neben der Tatsache, daß das VerbrKrG gilt, das Datum des Vertragsschlusses und der effektive oder anfängliche effektive Jahreszins angegeben werden (§ 690 I Nr. 3 ZPO). Weiterhin ist gemäß § 690 I Nr. 4 ZPO die Erklärung erforderlich, daß der Anspruch nicht von einer Gegenleistung abhängt oder daß die Gegenleistung erbracht ist.

Durch die Änderung der ZPO mit Wirkung vom 01.07.1977 ist die Prüfungspflicht des Rechtspflegers auf die Einhaltung bestimmter Formalien begrenzt worden (§ 691 ZPO); entsprechend enthält der Mahnbescheid auch den ausdrücklichen "Hinweis, daß das Gericht nicht geprüft hat, ob dem Antragsteller der geltend gemachte Anspruch zusteht" (§ 692 I Nr. 2 ZPO).

Seitdem im Mahnverfahren eine Schlüssigkeitsprüfung nicht mehr stattfindet, hat der Rechtspfleger nicht zu überprüfen, ob die Tatsachen, soweit sie im Mahnantrag überhaupt vorzutragen sind, als unstreitig angesehen, den Mahnantrag rechtfertigen[725]. Die neuen Vorschriften besagen jedoch nicht, daß im Mahnverfahren überhaupt keine Prüfung des Anspruchs mehr stattfinden dürfe[726]. Auch nach der Neuregelung des Mahnverfahrens fungiert der Rechtspfleger nicht als "Marionette ohne eigene Kompetenz", der sich "mit mechanischer Notwendigkeit auf die Seite des Antragstellers stellen und dessen völlig unbegründetem Antrag stattgeben" muß[727]. Der Rechtspfleger darf nicht sehenden Auges einen unrichtigen Titel schaffen[728]; als unabhängiges Organ der Rechtspflege ist er der materiellen Gerechtigkeit verpflichtet (Art. 20 III GG)[729]. Da es nicht Aufgabe eines gerichtlichen Verfahrens sein kann, die Durchsetzung offensichtlich nicht bestehender Ansprüche zu ermöglichen[730], steht dem Rechtspfleger auch nach Wegfall der Schlüssigkeitsprüfung ein eng begrenztes Prüfungsrecht[731] und eine diesem entsprechende Prüfungspflicht zu[732].

---

724 *Thomas/Putzo*, § 690 Rn. 9.

725 *Bülow*, RPfleger 1996, 133.

726 Mitteilung der *Bundesregierung* vom 12.04.1978, DRiZ 1978, 189 (190).

727 *J. Braun*, JuS 1992, 177 (184).

728 *Markwardt*, NJW 1991, 1220; Zöller-*Vollkommer*, § 691 Rn. 1. So auch *Jenisch*, JurBüro 1989, 721 (727), der die "unangreifbare Position" vertritt, daß keine staatliche Stelle mithelfen dürfe, dem Antragsteller eine Position zu verschaffen, die im Falle ihrer Erlangung im Wege des Schadensersatzes gemäß § 826 BGB wieder zu räumen wäre.

729 Zöller-*Vollkommer*, § 691 Rn. 1.

730 MüKo-ZPO-*Holch*, § 691 Rn. 14.

731 AG Bremen-Blumenthal, RPfleger 1993, 117; *Büchel*, NJW 1979, 945, 947; *Jenisch*, JurBüro 1989, 721 (727 f.); Zöller-*Vollkommer*, § 691 Rn. 1.

732 Zöller-*Vollkommer*, § 691 Rn. 1.

Es findet eine "eingeschränkte Schlüssigkeitsprüfung" des Anspruchs durch den Rechtspfleger statt[733]. Er hat die Angaben im Mahnbescheidsantragsformular darauf zu überprüfen, ob die geltend gemachten Haupt- und Nebenforderungen überhaupt bestehen und gerichtlich geltend gemacht werden können. Wenn die Unschlüssigkeit aufgrund der Angaben im Mahnantrag offenkundig ist – bei offensichtlich unsinnigen, unklagbaren oder rechtsmißbräuchlichen Ansprüchen[734] –, ist der Antrag auf Erlaß des Mahnbescheids gemäß § 691 I ZPO zurückzuweisen[735].

Der Rechtspfleger ist nicht befugt, Amtsermittlung anzustellen[736]; er hat die Prüfung grundsätzlich auf die im Mahnantrag gemachten Angaben zu beschränken[737]. Da der Rechtspfleger die Angaben des Antragstellers zugrunde zu legen hat[738], muß sich aus diesen – gegebenenfalls unter Berücksichtigung gerichtskundiger Tatsachen[739] – "auf den ersten Blick und für jeden nachvollziehbar"[740] die Nichtberechtigung offenkundig ergeben[741]. Die Zurückweisung ist nicht schon zulässig, wenn die Existenz des Anspruchs nur "offensichtlich zweifelhaft" ist[742], da das Mahngericht

---

733 Anders OLG Stuttgart, NJW 1985, 2272 (2273), das annimmt, das Gericht sei im neuen Mahnverfahren verpflichtet "sehenden Auges" unrichtig zu entscheiden, da der Wegfall der Schlüssigkeitsprüfung bedeute, daß der Antrag auf Erlaß von Mahnbescheid und Vollstreckungsbescheid auch bei unschlüssigem Klagvortrag nicht zurückgewiesen werden dürfe; das Gericht habe deshalb auch einen Vollstreckungstitel zu erlassen, wenn der Tatsachenvortrag des Gläubigers selbst ergebe, daß dieser gar keinen Anspruch gegen den Schuldner habe, sei es, daß gar nicht behauptet wird, es sei ein Vertrag zustandegekommen, sei es, daß nach dem eigenen Sachvortrag des Gläubigers kein wirksamer Vertrag zustandegekommen sei, weil der Vertrag gegen die guten Sitten oder gegen ein gesetzliches Verbot verstoße.

734 AG Hamburg, RPfleger 1988, 727.

735 AG Walsrode, RPfleger 1983, 359; *Büchel*, NJW 1979, 945 (947); *Bülow*, RPfleger 1996, 133; *Jenisch*, JurBüro 1989, 721 (728 f.); MüKo-ZPO-*Holch*, § 691 Rn. 13 f.; Stein/Jonas-*Schlosser*, § 691 Rn. 6 f.; Zöller-*Vollkommer*, § 691 Rn. 1; vgl. auch Mitteilung der *Bundesregierung* vom 12.04.1978, DRiZ 1978, 189 (190).

736 Nach *Jenisch*, JurBüro 1989, 721 ff. ist mit der Annahme eines Rechts zur "inquisitorischen Nachfrage" (729) "die Grenze zwischen Gesetzesanwendung und freier Rechtsschöpfung" (735 Fn. 62) deutlich überschritten. Anders LG Stuttgart, RPfleger 1988, 534 (535 f.): Um näheren Aufschluß über den Anspruch zu erlangen, dürfe der Rechtspfleger in Zweifelsfällen von dem Antragsteller sowohl knappe Angaben als auch die Vorlage ergänzender Belege fordern.

737 LG Karlsruhe, AnwBl 1983, 178.

738 HansOLG Hamburg, MDR 1982, 503; LG Karlsruhe, AnwBl 1983, 178; *Bülow*, RPfleger 1996, 134; *Markwardt*, NJW 1991, 1220; MüKo-ZPO-*Holch*, § 691 Rn. 13.

739 AG Bremen-Blumenthal, RPfleger 1993, 1993, 117 (118); Stein/Jonas-*Schlosser*, § 691 Rn. 7.

740 *Jenisch*, JurBüro 1989, 721 (729).

741 HansOLG Hamburg, MDR 1982, 503; *Jenisch*, JurBüro 1989, 721 (729); Stein/Jonas-*Schlosser*, § 691 Rn. 6.

742 So aber LG Stuttgart, RPfleger 1988, 534 (535); RPfleger 1988, 537, das dem Rechtspfleger gestattet, die Aufnahme der Forderungen in den Mahn- oder Vollstreckungsbescheid zu versagen, "deren Nicht-Bestand erkennbar viel wahrscheinlicher ist als ihr Bestand". Der Rechtspfleger dürfe "verhindern, daß ein offensichtlich zweifelhafter Anspruch unter Mißbrauch des Mahnverfahrens tituliert" werde. Ebenso AG Bremen-Blumenthal, RPfleger 1993, 117.

nicht befugt ist, aufgrund seiner eigenen rechtlichen Bewertung von Zweifelsfragen und eines (notwendig pauschalen) Wahrscheinlichkeitsurteils über die Begründetheit des Anspruchs dessen Verfolgung im Mahnverfahren zu verweigern[743]. Es ist auch zweifelhaft, ob dem Rechtspfleger gestattet ist, von sich aus aufgrund der Angaben zu prüfen, ob das Verbraucherkreditgesetz Anwendung findet (vgl. § 688 II Nr. 1 ZPO)[744]. Dagegen spricht insbesondere die Arbeitsbelastung des Rechtspflegers. Ihm stehen pro zu bearbeitendem Mahnbescheidsantrag eineinhalb Minuten zur Verfügung[745].

Zumindest findest eine weitergehende Prüfung des Mahnantrags nicht statt. Jede weitere Prüfung entfällt bei Verwendung der in den amtlichen Ausfüllhinweisen aufgeführten Anspruchsbegründung[746]. Die vom Antragsteller vorgetragenen Tatsachen sind hinzunehmen[747]. Der Rechtspfleger erläßt den Mahnbescheid daher "auf einseitige, nicht auf Wahrheit zu prüfende Behauptungen des Antragstellers hin"[748].

Das Mahnverfahren gibt dem Rechtspfleger nicht die Möglichkeit, festzustellen, was rechtens ist, da er nicht einmal eine Schlüssigkeitsprüfung, geschweige denn eine an Gesetz und Recht orientierte "Vollprüfung" der Anspruchsberechtigung vornimmt[749]. Bedingt durch die wenigen im Antrag auf Erlaß eines Mahnbescheids verlangten Angaben sind die dem Rechtspfleger für die Prüfung der Begründetheit der Forderung zur Verfügung gestellten Grundlagen sehr eingeschränkt. Es kann aber etwa festgestellt werden, daß geltend gemacht werden Kaufpreisforderungen vor Lieferung und Fälligkeit ohne Vorleistungsverpflichtung, nicht gerechtfertigte Verzugszinsen (unzulässige Zinseszinsen[750], zu hoher Zinssatz, fehlender Verzug), überhöhte vorgerichtliche Kosten und Auslagen (z. B. ungesetzliche Kontoführungsgebühren, Inkassokosten und Bearbeitungsgebühren von Teilzahlungsbanken) und unzulässige oder doppelt erhobene Anwaltskosten in arbeitsgerichtlichen oder amtsgerichtlichen Mahnverfahren[751]. Dabei handelt es sich ausschließlich um Fälle, in denen der Anspruch aus Rechtsgründen nicht besteht. Die falsche Angabe im Mahnbescheidsantrag beschränkt sich daher auf die Behauptung, einen gerichtlich durchsetzbaren Anspruch zu haben. Nicht jedoch können in dem Mahnverfahren durch den Rechtspfleger fehlerhafte tatsächliche Angaben festgestellt werden. In

---

743 OLG Stuttgart, RPfleger 1988, 536 f.

744 So *Bülow*, RPfleger 1996, 134; anders Baumbach/Lauterbach-*Hartmann*, § 691 Rn. 6; *Markwardt*, NJW 1991, 1220; *Thomas/Putzo*, § 690 Rn. 12.

745 *Bülow*, RPfleger 1996, 135.

746 MüKo-ZPO-*Holch*, § 691 Rn. 13; Stein/Jonas-*Schlosser*, § 691 Rn. 7.

747 *Bülow*, RPfleger 1996, 134.

748 *Rosenberg/Schwab/Gottwald*, Zivilprozeßrecht, § 164 I 1.

749 *Brandl*, Mahnverfahren, S. 98.

750 Vgl. § 289 S. 1 BGB.

751 Vgl. Mitteilung des *Bundes Deutscher Rechtspfleger e.V.*, DRiZ 1978, 116, nach der entsprechende Mißbrauchsfälle nach Änderung des Mahnverfahrens seit Juli 1977 von den für dieses Verfahren zuständigen Rechtspflegern bundesweit übereinstimmend festgestellt worden sind.

dieser Hinsicht hat sich keine Änderung der Rechtslage durch die Vereinfachungsnovelle ergeben[752]. Dieses ist für die Frage eines Irrtums des Rechtspflegers bedeutsam. Der Rechtspfleger kann über das Bestehen des Anspruchs als solchen nicht getäuscht werden, soweit dieses seiner Prüfungskompetenz unterliegt. Der Gläubiger, der sich zur Geltendmachung einer Forderung des gerichtlichen Mahnverfahrens bedient, bringt damit zwar gegenüber dem Schuldner schlüssig zum Ausdruck, daß sein Anspruch gerichtlich durchsetzbar ist, nicht jedoch gegenüber einem Rechtspflegeorgan, dessen Aufgabe es gerade ist, die Klagbarkeit des geltend gemachten Anspruchs zu prüfen[753]. Allein etwa durch die Geltendmachung eines Ehemaklerlohns im Mahnverfahren kann der Rechtspfleger nicht in einen dem Antragsteller objektiv zurechenbaren Irrtum versetzt werden[754]. Andererseits kann der Rechtspfleger die Unrichtigkeit oder Unwahrheit tatsächlicher Angaben bei der Bearbeitung des Mahnantrags nicht feststellen. Es bedarf daher im Mahnverfahren gar nicht einer Irreführung des Gerichts, um einen ungerechtfertigten Titel zu bekommen[755].

Der Rechtspfleger wird sich weder über die Tatsache, daß der Anspruch tatsächlich besteht, noch über die Tatsache, daß der Antragsteller nichts bewußt Unwahres vorbringt, Gedanken machen[756]. Dieses spielt für seine Entscheidung keine Rolle[757]. Allein die Tatsache, daß er den Mahnbescheid nicht erlassen hätte, wenn er gewußt hätte, daß die Angaben nicht zutreffen, führt nicht dazu, daß er sich über die Wahrheit der vorgebrachten Tatsachen Gedanken macht. Die nur "eingeschränkte Prüfungskompetenz" des Mahngerichts verpflichtet den Rechtspfleger auch nicht "zur positiven Feststellung, daß der einzelne Mahnbescheids- oder Vollstreckungsbescheidsantrag nicht verfahrensmißbräuchlich sei". Eine derartige durchgängige Prüfungspflicht wäre mit der Zielsetzung des reformierten Mahnverfahrens und insbesondere mit der maschinellen Verarbeitung kaum vereinbar[758].

Im Mahnverfahren lehnt der Rechtspfleger den Erlaß des Mahnbescheids ab, wenn er der Überzeugung ist, daß die Angaben bewußt wahrheitswidrig sind. Dieses

---

752 Insoweit kann dem OLG Düsseldorf, NStZ 1991, 586 zugestimmt werden.

753 *Müller*, JuS 1981, 255 (257).

754 Siehe dazu oben 2. Teil A I 1 d. – Damit soll allerdings nicht gesagt werden, daß der Rechtspfleger nicht trotzdem einen entsprechenden Mahnbescheid erläßt. Ich habe aus Neugier selbst den Erlaß eines Mahnbescheids gegen einen befreundeten Rechtsanwalt beantragt; in dem Feld für die Bezeichnung des Anspruchs habe ich eingetragen: "Ehemaklerlohn aus Vertrag vom 23.12.1996 gemäß Rechnung vom 30.04.1997. Mahnungen blieben erfolglos". Wie ich es erwartet habe, hat der zuständige Rechtspfleger nach wenigen Tagen den von mir beantragten Mahnbescheid ohne Rückfrage erlassen. Dieses läßt darauf schließen, daß der Rechtspfleger sich auch über die von ihm zu prüfenden Angaben keine Gedanken macht.

755 OLG Stuttgart, NJW 1987, 444 (445).

756 Vgl. *J. Braun*, Rechtskraft, S. 56 f.

757 *Otto*, JZ 1993, 652 (655).

758 LG Stuttgart, RPfleger 1988, 534 (535).

kann er allerdings aufgrund der sehr knappen Angaben auf dem Mahnbescheidsformular nur in relevanter Weise wissen, wenn er amtliche Kenntnis von der Tatsache hat, daß die Tatsachen offenkundig unwahr sind. Dann wird er den Mahnbescheid aus diesem Grunde nicht erlassen. Abgesehen davon ist es in der Praxis nicht vorstellbar, daß der Rechtspfleger nicht allein aufgrund privaten Wissens weiß, daß der Antragsteller bewußt einen nicht bestehenden Anspruch gerichtlich geltend macht. Da dem Rechtspfleger keine entsprechenden Erkenntnisquellen zur Verfügung stehen, wird er sich überhaupt keine Gedanken über die Einhaltung der Wahrheitspflicht durch den Antragsteller machen.

Ebenso wie der Richter im Versäumnisverfahren trifft auch der Rechtspfleger im Mahnverfahren seine Entscheidung ohne Rücksicht auf die materielle Rechtslage allein nach formalen Kriterien. Daraus ergibt sich, daß auch wenn der Rechtspfleger ausnahmsweise die Vorstellung hat, daß die Partei nichts bewußt Unwahres vorgetragen hat, er nicht annehmen kann, daß seine Entscheidung der materiellen Rechtslage entspricht. Er handelt damit in dem vollen Bewußtsein, daß durch den Erlaß des auf den Mahnbescheid gesetzten Vollstreckungsbescheids möglicherweise ein Schaden des Antragsgegners herbeigeführt wird. Damit fehlt es in jedem Fall an einer unbewußten Selbstschädigung, die Voraussetzung für die Annahme eines Irrtums ist[759]. Denn auch wenn die angebliche Vorstellung des Rechtspflegers "wahr" gewesen und der Antragsteller die Wahrheitspflicht tatsächlich eingehalten hätte, hätte der Rechtspfleger einen Mahnbescheid gleichen Inhalts erlassen. Es wäre ebenfalls bei dem Erlaß des Vollstreckungsbescheids ein Vermögensschaden des Antragsgegners eingetreten, wenn der Anspruch in Wirklichkeit nicht bestanden hätte, da der Rechtspfleger im Mahnverfahren keine Prüfung der objektiven Wahrheit vornimmt. Ein betrugsrelevanter Irrtum liegt mangels Bezugs der Vorstellung des Rechtspflegers zur Frage des Vermögensschadens nicht vor. Daß nicht darauf abgestellt werden kann, daß die Entscheidung des Rechtspflegers anders ausgefallen wäre, wenn die vorgetragenen Tatsachen der (objektiven) Wahrheit entsprochen hätten, ergibt sich daraus, daß der Antragsteller dieses nicht vorgespiegelt bzw. der Rechtspfleger sich nicht entsprechend geirrt hat. Aber auch wenn der Rechtspfleger sich im Einzelfall vorstellt, daß die im Mahnbescheidsantrag enthaltenen Tatsachen der (objektiven) Wahrheit entsprechen, ist diese Vorstellung für den Erlaß des Mahnbescheids nicht kausal, da die Tatsache des Bestehens des geltend gemachten Anspruchs für die Entscheidung des Rechtspflegers ohne Bedeutung ist. Ein Prozeßbetrug ist im Mahnverfahren daher durch Täuschung über die den Anspruch selbst betreffenden Tatsachen nicht denkbar.

Ein Prozeßbetrug ist im Mahnverfahren allein bezüglich der der Offizialprüfung unterliegenden Prozeßvoraussetzungen möglich[760], da insoweit ein Irrtum des

[759] Siehe dazu oben 2. Teil A II 2 b.

[760] RGSt 59, 104 (106); *Ganske*, Prozeßbetrug, S. 65 f./95 f.; *Koffka*, ZStW 54 (1935), 45 (47 f.).

Rechtspflegers in Betracht kommt. Allerdings kann bei unwahren Angaben des Antragstellers, die für die Zulässigkeit des Mahnverfahrens erforderlich sind, nicht ohne weiteres auf einen Irrtum des Rechtspflegers geschlossen werden. Er wird sich, auch wenn ihm in dieser Hinsicht eine Prüfungspflicht obliegt, wegen der sehr geringen Zeit, die ihm für die Bearbeitung eines Mahnantrags zur Verfügung steht, nicht zwangsläufig über das Vorliegen der Prozeßvoraussetzungen Gedanken machen. Nur wenn der Rechtspfleger sich tatsächlich eine falsche Vorstellung von dem Vorliegen der Prozeßvoraussetzungen gemacht hat, kommt die Verwirklichung des Betrugstatbestandes durch den Antragsteller in Betracht. Wenn es im konkreten Fall an einem Irrtum des Rechtspflegers fehlt, kann allerdings ein versuchter Prozeßbetrug vorliegen, sofern der Antragsteller durch seine falschen Angaben einen Irrtum bei dem Rechtspfleger hervorrufen wollte. Die Strafbarkeit wegen (versuchten) Betrugs setzt auch im Mahnverfahren voraus, daß der in dem Mahnbescheid geltend gemachte Anspruch – zumindest nach der Überzeugung des Antragstellers – nicht besteht; allein die unrichtigen Angaben zum Vorliegen der Prozeßvoraussetzungen sind für die Verwirklichung des Tatbestands nicht ausreichend, da es sich anderenfalls um einen straflosen Selbsthilfebetrug handelt[761].

Im Mahnverfahren ist ein Prozeßbetrug allein möglich durch Täuschung des Antragstellers über die von Amts wegen zu prüfenden Prozeßvoraussetzungen.

3. Anhang: Automatisiertes Mahnverfahren

Im automatisierten Mahnverfahren[762] (vgl. §§ 689 I 2, 690 III, 703 b ZPO) ist ein Prozeßbetrug grundsätzlich nicht möglich. Ein Irrtum des Rechtspflegers kommt im Normalfall nicht in Betracht, da er nicht mehr mit dem Erlaß des Mahnbescheids befaßt ist.

Es lassen sich im automatisierten Mahnverfahren drei Stufen der Automation unterscheiden[763]: Bei der maschinellen Bearbeitung werden vom Antragsteller spezielle Vordrucke verwendet, die beim Mahngericht manuell in die EDV-Anlage eingegeben und anschließend automatisch bearbeitet werden. Beim Mahnverfahren mittels Datenträgeraustausches werden die Anträge auf Erlaß eines Mahnbescheids auf Datenträgern (Disketten oder Magnetbändern) gespeichert, so beim Mahngericht eingereicht und unmittelbar in den zentralen Rechner eingelesen. Im Datenfernübertragungsverfahren liegt eine vollständige Automation vor. Die Daten werden nicht über Datenträger, sondern im Wege der Datenfernübertragung direkt von der betrieblichen EDV-Anlage des Antragstellers dem Mahngericht übermittelt.

Alle Formen des automatisierten Mahnverfahrens haben gemeinsam, daß die Mahnbescheidsanträge nicht von dem Rechtspfleger, sondern – gegebenenfalls nach

---

[761] Siehe dazu oben 2. Teil A III 3.

[762] Vgl. dazu insbesondere *Dästner*, ZRP 1976, 36 ff.; *Hess*, CR 1991, 245 ff.

[763] Vgl. dazu *Hess*, CR 1991, 245 ff.

einer manuellen Eingabe der Daten – automatisch von der EDV-Anlage bearbeitet werden. Da der Rechtspfleger im Normalfall keine Kenntnis von dem Inhalt der Anträge erhält, kann er nicht durch unrichtige Angaben in einen Irrtum versetzt werden. Nur ungewöhnliche oder unübliche Mahnanträge werden vom Rechtspfleger manuell bearbeitet; die EDV-Programme enthalten Grenzwerte (sogenannte Rechtspfleger-Parameter), bei deren Überschreitung die Sache dem Rechtspfleger vorgelegt wird[764]. Für diese Fälle gilt das für das herkömmliche Mahnverfahren Ausgeführte entsprechend; möglich ist allein ein Prozeßbetrug durch Täuschung über die von Amts wegen zu prüfenden Prozeßvoraussetzungen. Wenn der Antragsteller allerdings keine besonderen Angaben in seinem Mahnbescheidsantrag gemacht hat, wird er nicht mit der Möglichkeit rechnen, daß dem Rechtspfleger der Inhalt seines Mahnbescheidsantrags bekannt wird, so daß er keinen (bedingten) Vorsatz hinsichtlich eines Irrtums des Rechtspflegers haben wird. Eine Strafbarkeit wegen Prozeßbetrugs wird in den seltensten Fällen nachzuweisen sein.

Im automatisierten Mahnverfahren, das ordnungsgemäß, also ohne Vorlage der Sache an den Rechtspfleger, abläuft, kommt ein Prozeßbetrug mangels Irrtums des Rechtspflegers nicht in Betracht. Insbesondere kann ein Betrugsversuch nicht mit der Begründung angenommen werden, daß der Antragsteller wisse, daß in Ausnahmefällen eine Vorlage an den Rechtspfleger erfolge. Es handelt sich dabei um eine seltene Ausnahme, mit der der Antragsteller nicht zu rechnen braucht.

Der Antragsteller verwirklicht im automatisierten Mahnverfahren auch kein anderes Strafgesetz. Abweichend wird teilweise eine Strafbarkeit des Antragstellers, der falsche Angaben in einem Antrag auf Erlaß eines Mahnbescheids macht, der im automatisierten Mahnverfahren ergeht, aus § 263 a StGB befürwortet[765]. Der Antragsteller verwende unrichtige Daten, die das Ergebnis des Datenverarbeitungsvorgangs, nämlich den Mahnbescheid, bestimmten[766]. Dagegen ist einzuwenden, daß die von einem Antragsteller, der einen in Wahrheit nicht bestehenden Anspruch im Mahnverfahren geltend macht, verwendeten Daten vom Schutzzweck des § 263 a

[764] *Hess*, CR 1991, 245 (246 Fn. 14).

[765] *Granderath*, Beilage Nr. 18/86 zu DB, 1 (4); *Haft*, NStZ 1987, 6 (8); *Möhrenschlager*, wistra 1986, 128 (132); *Sieber*, Computerkriminalität, S. 2/36. *Bieber*, WM, Beilage 6/87, 1 (26) hält diese Ansicht für "unhaltbar". – *Sieber* hat vor Inkrafttreten des § 263 a StGB die Einführung eines Straftatbestands vorgeschlagen, der nur Computermanipulationen zum Nachteil der Aufsteller oder Benutzer des technischen Geräts erfaßt. Durch dieses Erfordernis der Identität zwischen dem Aufsteller oder Benutzer des technischen Geräts und dem Geschädigten wurden etwa die Fälle des "Prozeßbetrugs im Mahnverfahren" nicht erfaßt. Dieses begründete *Sieber* damit, daß die Strafwürdigkeit des Prozeßbetrugs wegen des zivilrechtlichen und prozessualen Schutzes der Schuldner im Mahnverfahren "nicht offensichtlich" sei (S. 348 f. Fn. 37). In seinem Nachtrag nimmt er jedoch an, daß der Betrug im automatisierten Mahnverfahren – "insbesondere wenn aufgrund der herrschenden Auslegung von § 138 I ZPO für den Betrug im Mahn- und Prozeßverfahren dolus directus gefordert" werde – strafwürdig sei (S. 2/36).

[766] *Granderath*, Beilage Nr. 18/86 zu DB, 1 (4).

StGB nicht erfaßt werden[767]. Die Unrichtigkeit oder Unvollständigkeit beim automatisierten Mahnverfahren kann nicht anders beurteilt werden als bei der herkömmlichen Einschaltung des Rechtspflegers; die Unrichtigkeit ist zu beziehen auf die für den Erlaß des Mahnbescheids rechtlich relevanten Umstände. Diese Umstände sind für den Mahnbescheid der EDV-Anlage keine anderen, als sie auch sonst nach der ZPO maßgebend sind[768]. Zwar sind die in dem Antrag des Antragstellers enthaltenen Daten falsch, wenn z. B. der fragliche Anspruch nicht besteht. Da das Gericht aber keine materielle Richtigkeitsprüfung vorzunehmen hat, kann Gegenstand der für die maschinelle Verarbeitung tatsächlich verwendeten Daten nicht sein, daß der Antragsteller den geltend gemachten Anspruch wirklich hat, sondern nur, daß er – was richtig ist – behauptet, diesen zu haben[769]. Solange die im Mahnverfahren zu prüfenden Angaben richtig sind, kommt daher auch ein Computerbetrug gemäß § 263 a StGB nicht in Betracht[770].

III. Gewährung von Wiedereinsetzung in den vorigen Stand nach §§ 233 ff. ZPO

Ein Prozeßbetrug ist im Rahmen eines Antrags auf Wiedereinsetzung in den vorigen Stand gemäß §§ 233 ff. ZPO durch den Antragsteller zum Nachteil des Prozeßgegners möglich. Eine Gewährung von Wiedereinsetzung kommt insbesondere bei der Versäumung einer Notfrist[771] oder einer Rechtsmittelbegründungsfrist[772] in Betracht (vgl. § 233 ZPO).

Notwendiger Inhalt eines Wiedereinsetzungsantrags ist die Angabe der Tatsachen, aus denen sich ergibt, daß die Partei ohne ihr Verschulden verhindert war, die gesetzliche Frist einzuhalten. Über diese Verschuldenstatsachen, die gemäß § 236 II 1 ZPO glaubhaft zu machen sind, kann die Partei das Gericht täuschen und

---

767 *Krey*, BT 2, Rn. 512 f Anm. 4 j; *Tröndle*, § 263 a Rn. 7. So grundsätzlich auch *Haß*, Computerprogramme, XII, Rn. 10.

768 *Maurach/Schroeder/Maiwald*, BT 1, § 41 Rn. 228.

769 *Lenckner/Winckelbauer*, CR 1986, 654 (656). Vgl. auch *Lackner*, § 263 a Rn. 20; Schönke/Schröder-*Cramer*, § 263 a Rn. 2; *Tröndle*, § 263 a Rn. 7.

770 Im Ergebnis ebenso *Bieber*, WM, Beilage 6/87, 1 (26); *Krey*, BT 2, Rn. 512 f Anm. 4 j; *Lackner*, § 263 a Rn. 20; *Lenckner/Winckelbauer*, CR 1986, 654 (656); *Maurach/Schroeder/Maiwald*, BT 1, § 41 Rn. 228; Schönke/Schröder-*Cramer*, § 263 a Rn. 2; *Tröndle*, § 263 a Rn. 7. So grundsätzlich auch *Haß*, Computerprogramme, XII, Rn. 10, der allerdings der Ansicht ist, daß eine Strafbarkeit in Betracht komme, "soweit der Sache nach die Schlüssigkeitsprüfung wieder eingeführt" sei.

771 Zum Begriff vgl. § 223 III ZPO. Z. B. die Einspruchsfrist gegen ein Versäumnisurteil (§ 339 ZPO), die Berufungs- oder Revisionseinlegungsfrist (§§ 516, 552 ZPO) oder die Frist zu Einlegung der sofortigen Beschwerde (§ 577 II 1 ZPO). – Keine Wiedereinsetzung ist möglich bei Versäumung der Frist des § 276 I 1 ZPO, da die Fristversäumung unschädlich ist, wenn die Verteidigungsanzeige bei Gericht eingeht, bevor das von den Richtern unterschriebene Versäumnisurteil im schriftlichen Vorverfahren der Geschäftsstelle übergeben ist (vgl. § 331 III ZPO); andererseits kann mit einem Antrag auf Wiedereinsetzung nicht mehr ein bereits ergangenes Versäumnisurteil beseitigt werden.

772 Die Berufungs- oder Revisionsbegründungsfrist (§§ 519 II, 554 II ZPO).

so erreichen, daß eine bereits rechtskräftige Entscheidung noch einmal durch das Gericht im Rahmen des Berufungs-, Revisons- oder Beschwerdeverfahrens überprüft wird. Die Gewährung von Wiedereinsetzung stellt eine Verfügung über das Vermögen der anderen Partei dar, da sich dadurch für diese die Prozeßlage verschlechtert. In dieser Verschlechterung der Prozeßlage liegt ein Schaden für die gegnerische Partei, wenn der Antragsteller aufgrund der gewährten Wiedereinsetzung die Möglichkeit hat, eine Änderung der gerichtlichen Entscheidung zu erreichen, die mit der materiellen Rechtslage im Einklang steht. Wenn hingegen die Täuschung des Antragstellers zu dem Zweck erfolgt, eine Wiedereinsetzung wegen Versäumung einer Frist zu erhalten, um gegen eine Entscheidung vorzugehen, die materiell unrichtig ist, liegt mangels Schadens bzw. Bereicherungsabsicht ein strafloser Selbsthilfebetrug vor[773].

Die Prozeßpartei begeht im Wiedereinsetzungsverfahren einen Prozeßbetrug nur dann, wenn die Entscheidung, gegen die sie in Folge der Wiedereinsetzung vorgeht, dem materiellen Recht entspricht.

IV. Zwangsvollstreckungsverfahren nach §§ 704 ff. ZPO

Im Zwangsvollstreckungsverfahren, das in den §§ 704 ff. ZPO geregelt ist, kann ein Prozeßbetrug durch unrichtige Angaben des Vollstreckungsschuldners oder eines Dritten im Rechtsbehelfsverfahren begangen werden[774].

Ein durch die Täuschung verursachter Irrtum des Richters liegt allerdings nur dann vor, wenn der Richter den Angaben der täuschenden Partei tatsächlich Glauben schenkt und nicht rein formularmäßig entscheidet. So wird das Gericht etwa in den Fällen der §§ 707, 719 ZPO häufig allein aufgrund eines ordnungsgemäßen Antrags oder einer ordnungsgemäßen Rechtsmitteleinlegung die Zwangsvollstrekkung einstweilig einstellen, ohne daß es darüber hinaus die Angaben des Antragstellers überprüft hat[775].

In diesem Zusammenhang ist zu beachten, daß der Richter z. B. bei einem Antrag nach §§ 707, 719 ZPO zwar die Erfolgsaussichten des Rechtsbehelfs zu prüfen hat[776], insoweit jedoch nicht in einen Irrtum versetzt werden kann, da die Erfolgsaussichten von der materiellen Rechtslage unabhängig sind. Das Gericht hat bei seiner Entscheidung über die einstweilige Einstellung der Zwangsvollstreckung nicht zu prüfen, ob die Angaben des Antragstellers der Wahrheit entsprechen, sondern nur, ob sein Antrag bzw. sein Rechtsmittel nach seinem Vortrag nicht völlig

---

773 Siehe dazu oben 2. Teil A III 3.

774 Vgl. RGSt 5, 321; 15, 126 (132); RG, JW 1938, 1711 (insoweit nicht abgedruckt in RGSt 72, 150).

775 Vgl. RGSt 5, 321; *Koffka*, ZStW 54 (1935), 45 (53/58); *Lenckner*, Prozeßbetrug, S. 162 f.

776 BAG, NJW 1972, 1775 (1776); OLG Köln, NJW-RR 1987, 189; *Thomas/Putzo*, § 707 Rn. 8 / § 719 Rn. 3/8.

aussichtslos ist. Die Erfolgsaussicht ist bereits gegeben, wenn der Antragsteller – gegebenenfalls der Wahrheit zuwider – Tatsachen vorträgt, die geeignet sind, den Vollstreckungstitel zu beseitigen. Auch ein Antrag oder ein Rechtsmittel, der oder das sich auf unwahre Angaben stützt, kann Aussicht auf Erfolg haben. Die entsprechende Vorstellung des Richters ist daher keine Fehlvorstellung. Da der Richter eine Überzeugung von der Unwahrhaftigkeit des Antragstellers in bezug auf die in der Antrags- oder Rechtsmittelschrift enthaltenen Tatsachen nicht erlangen kann, wird er sich über die Wahrhaftigkeit des Antragstellers keine Gedanken machen, so daß auch ein Irrtum über die Einhaltung der zivilprozessualen Wahrheitspflicht ausscheidet.

Ein Irrtum des Richters kommt in diesen Fällen etwa hinsichtlich der Tatsachen in Betracht, die bei § 719 I 2 ZPO das Verschulden der Säumnis oder bei § 719 II ZPO den unersetzbaren Nachteil des Vollstreckungsschuldners begründen. Weiterhin kommt ein Irrtum des Richters insbesondere über das Bestehen eines die Veräußerung hindernden Rechts i. S. von § 771 ZPO[777] oder eines Pfand- oder Vorzugsrechts i. S. von § 805 ZPO in Betracht.

Der Schaden des Vollstreckungsgläubigers kann ausnahmsweise darin bestehen, daß die Zwangsvollstreckung aus seinem Titel durch das Gericht endgültig für unzulässig erklärt wird[778]. In der überwiegenden Zahl der Fälle kommt es jedoch lediglich zu einer einstweiligen Einstellung der Zwangsvollstreckung[779] bzw. die Vollstreckung wird nur in einen bestimmten von ihr betroffenen Gegenstand für unzulässig erklärt[780]. In der nur vorübergehenden Vereitelung der Zwangsvollstreckung liegt nur dann ein Schaden für den Gläubiger, wenn der vollstreckbare Anspruch durch das Hinausschieben der Zwangsvollstreckung selbst an wirtschaftlichem Wert verliert[781], etwa weil sich die Vermögenslage des Vollstreckungsschuldners erheblich verschlechtert, so daß zu einem späteren Zeitpunkt eine zunächst mögliche Befriedigung des Gläubigers ausgeschlossen ist. Wenn die Zwangsvollstreckung nur in einen bestimmten Gegenstand für unzulässig erklärt wird, liegt darüber hinaus ein Schaden des Vollstreckungsgläubigers vor, wenn seine Befriedigung nicht auf andere

[777] Vgl. RG, JW 1938, 1711 für einen Fall, in dem ein Dritter wahrheitswidrig behauptet hat, daß die gepfändete Forderung bereits an ihn abgetreten worden war.

[778] Etwa wenn der Vollstreckungsschuldner mit der Vollsteckungsabwehrklage nach § 767 ZPO nicht bestehende Einwendungen gegen den durch das Urteil festgestellten Anspruch selbst erfolgreich geltend macht. Oder im Fall des § 732 I ZPO, wenn der Schuldner das Gericht erfolgreich darüber täuscht, daß der Titel, etwa mangels eines vollstreckbaren Ausspruchs, von vornherein unwirksam war (vgl. BGH, NJW-RR 1987, 1149), und das Gericht dadurch veranlaßt, die dem Gläubiger erteilte vollstreckbare Ausfertigung und die Zwangsvollstreckung aus ihr für unzulässig zu erklären.

[779] Etwa in den Fällen der §§ 732 II, 766 I 2, 707, 719, 769, 771 III ZPO.

[780] Insbesondere in den Fällen der §§ 771 ff. ZPO.

[781] Vgl. RGSt 15, 126 (132).

Weise sichergestellt ist, etwa weil der Schuldner außer diesem Gegenstand kein der Zwangsvollstreckung unterliegendes Vermögen besitzt.

In jedem Fall ist für die Annahme eines Schadens erforderlich, daß der vollstreckbare Titel mit der materiellen Rechtslage übereinstimmt, denn der Schuldner, der die Vollstreckung aus einem unrichtigen Titel durch unwahre Angaben verhindert, führt dem Gläubiger keinen Schaden zu bzw. hat selbst nicht die Absicht, sich rechtswidrig zu bereichern[782].

Ein Prozeßbetrug im Zwangsvollstreckungsverfahren kommt daher lediglich in Betracht, wenn der Vollstreckungsschuldner oder ein Dritter durch unrichtige Angaben, die für die Entscheidung des Richters von Bedeutung sind, diesen zu einer Entscheidung veranlaßt, die zu einer endgültigen Vereitelung der Zwangsvollstreckung aus einem mit der materiellen Rechtslage übereinstimmenden Urteil oder zumindest zu einer erheblichen Verschlechterung der Befriedigungsmöglichkeiten des Vollstreckungsgläubigers führt.

V. Vollstreckbarerklärung nach § 1042 a ZPO

Aus einem Schiedsspruch findet nach § 1042 I ZPO die Zwangsvollstreckung nur statt, wenn er für vollstreckbar erklärt ist (vgl. § 794 I Nr. 4 a ZPO). Diese Vollstreckbarerklärung erfolgt nach § 1042 a ZPO durch Urteil oder Beschluß. In diesem Verfahren kommt ein Prozeßbetrug durch Täuschung des Gerichts über die für die Entscheidung maßgeblichen Aufhebungsgründe nach § 1041 ZPO in Betracht.

Wenn der Schuldner zu Unrecht das Vorliegen von Aufhebungsgründen behauptet und das Gericht unter Aufhebung des Schiedsspruchs den Antrag auf Vollstreckbarerklärung ablehnt, entsteht für den Gläubiger ein Schaden, da er nicht aus dem mit der materiellen Rechtslage übereinstimmenden Schiedsspruch gegen den Schuldner vollstrecken kann.

VI. Arrest- und einstweiliges Verfügungsverfahren nach §§ 916 ff., 935 ff. ZPO

Auch im Arrest- und einstweiligen Verfügungsverfahren gemäß §§ 916 ff., 935 ff. ZPO, die nicht der Befriedigung des Gläubigers, sondern seiner vorläufigen Sicherung bis zur Erlangung eines vollstreckbaren Titels dienen, kommt ein Prozeßbetrug in Betracht[783], da das Gericht seine Entscheidung auf die regelmäßig i. S. von § 294 ZPO glaubhaft zu machenden (vgl. §§ 920 II, 936 ZPO)[784] Angaben des

[782] Siehe dazu oben 2. Teil A III 3.

[783] Vgl. RGSt 2, 91; BayObLG, NJW 1996, 406 (408).

[784] Eine Ausnahme gilt im Fall des § 921 II 1 ZPO.

Antragstellers stützt[785]. Insbesondere darf der Richter im Arrest- und einstweiligen Verfügungsverfahren auch der einseitigen Behauptung Glauben schenken[786].

Der Antragsteller erlangt durch eine stattgebende Entscheidung des Gerichts in Form eines Urteils oder eines Beschlusses[787] eine sofortige Zugriffsmöglichkeit auf das Vermögen des Antragsgegners, da sie ohne besonderen Ausspruch nach den Vorschriften über die Zwangsvollstreckung vollziehbar ist (§ 928 ZPO)[788]. Wegen dieser sofortigen Zugriffsmöglichkeit stellt die Anordnung des Arrestes bzw. der einstweiligen Verfügung einen Vermögensschaden des Antragsgegners dar[789]. Wie auch sonst hat der mögliche Schadensersatzanspruch aus § 945 ZPO bei der Feststellung des Schadens außer Betracht zu bleiben.

VII. Kostenfestsetzungsverfahren nach §§ 104 ff. ZPO

Im Verfahren der Kostenfestsetzung nach §§ 104 ff. ZPO kommt ein Prozeßbetrug gegenüber dem Rechtspfleger, der nach § 21 Nr. 1 RPflG für den Erlaß des Kostenfestsetzungsbeschlusses zuständig ist, in Betracht[790]. Der Kostenfestsetzungsbeschluß ist nach § 794 I Nr. 2 ZPO Vollstreckungstitel.

Eine Täuschung des Rechtspflegers ist insoweit denkbar, als die Partei oder ihr Prozeßbevollmächtigter in dem Antrag auf Festsetzung der Kosten der Wahrheit zuwider behauptet, bestimmte Auslagen gemacht zu haben, etwa Schreibauslagen oder Fotokopien. Diese Angaben sind gemäß § 104 II ZPO durch den Antragsteller glaubhaft zu machen. Der Rechtspfleger wird, wenn er die Kosten festsetzt, regelmäßig davon ausgehen, daß sie tatsächlich entstanden sind, so daß er sich in einem Irrtum befindet, wenn der Antragsteller nicht entstandene Kosten geltend macht. Durch den Erlaß des Kostenfestsetzungsbeschlusses verfügt der Rechtspfleger über das Vermögen der Partei, der durch das zugrundeliegende Urteil oder den zugrundeliegenden Beschluß die Verfahrenskosten auferlegt worden sind. Der Vermögensschaden tritt unmittelbar mit Erlaß des Kostenfestsetzungsbeschlusses ein, da dieser dem Antragsteller die Möglichkeit gibt, unmittelbar auf das Vermögen der zur Kostentragung verurteilten Partei zuzugreifen. Die Partei, die im Antrag auf

---

[785] Vgl. RGSt 2, 91.

[786] RGSt 2, 91.

[787] Vgl. § 922 ZPO.

[788] Vgl. *Thomas/Putzo*, § 922 Rn. 3 für den Arrestbefehl.

[789] *Koffka*, ZStW 54 (1935), 45 (59). – Unzutreffend sind in diesem Zusammenhang die Ausführungen von *Lenckner*, Prozeßbetrug, S. 165. Die Anordnung des Arrestes hat – entgegen seiner Ansicht – nicht "deshalb eine Verschlechterung der Gesamtvermögenslage des Arrestschuldners zur Folge, da dieser die Verfügungsmöglichkeit über die betroffenen Gegenstände verliert". Allein der Erlaß des Arrestbefehls führt nicht zu einem Verfügungsverbot; dieses ist vielmehr erst die Folge der Vollziehung des Arrestes im Wege der Pfändung. Bei der Frage nach dem Vorliegen eines Vermögensschadens kann daher allein auf die dem Antragsteller eingeräumte Möglichkeit, auf das Vermögen des Antragsgegners zuzugreifen, abgestellt werden.

[790] Vgl. OLG Naumburg, GA 69 (o. J.), 471; vgl. auch RGSt 1, 227 (228).

Festsetzung der Prozeßkosten bewußt falsche Angaben macht, wird auch die Absicht haben, sich auf Kosten des Prozeßgegners rechtswidrig zu bereichern, so daß der Annahme eines Betrugs nichts entgegensteht.

Etwas anderes gilt bei falschen Angaben hinsichtlich der in dem Rechtsstreit entstandenen Gebühren, da der Rechtspfleger an Hand der Akten und durch Befragung des mit der Sache befaßten Richters selbständig feststellen kann und muß, welche Gebührentatbestände erfüllt sind[791]. Entsprechende Falschangaben sind der Täuschung des Gerichts durch das Aufstellen falscher Rechtsansichten[792] gleichzustellen. Es kann der Erfolg eines in dieser Hinsicht unrichtigen Kostenfestsetzungsbeschlusses dem Antragsteller objektiv nicht zugerechnet werden, wenn der Rechtspfleger ungeprüft dessen Angaben betreffend den angeblich erfüllten Gebührentatbeständen übernimmt.

Im Kostenfestsetzungsverfahren erfolgt in bezug auf die Kostengrundentscheidung keine Überprüfung. Ein Irrtum des Rechtspflegers hinsichtlich der Richtigkeit der zugrundeliegenden Entscheidung kommt daher nicht in Betracht. Es fehlt auch bereits an einer Täuschung des Antragstellers, da eine entsprechende schlüssige Behauptung seinem Antrag auf Festsetzung der Prozeßkosten nicht entnommen werden kann.

Ein Prozeßbetrug durch Täuschung des Rechtspflegers kommt im Kostenfestsetzungsverfahren allein durch die Geltendmachung nicht gemachter Auslagen in Betracht.

VIII. Prozeßkostenhilfeverfahren nach §§ 114 ff. ZPO

Das Prozeßkostenhilfeverfahren nach §§ 114 ff. ZPO stellt zwar ein eigenständiges gerichtliches Verfahren und keinen Zivilprozeß dar[793], wegen des engen Zusammenhangs mit dem Zivilprozeß und der Regelung in der ZPO soll dennoch im folgenden auf die Möglichkeit des Prozeßbetrugs im Prozeßkostenhilfeverfahren eingegangen werden.

1. Prozeßbetrug zum Nachteil der Staatskasse

Ein Prozeßbetrug im Prozeßkostenhilfeverfahren durch Täuschung des Richters – oder des Rechtspflegers, insbesondere wenn es sich um einen Antrag auf Bewilligung von Prozeßkostenhilfe im Mahnverfahren handelt (vgl. §§ 4 I, 20 Nr. 1 RPflG)[794] – kommt zunächst zum Nachteil der Staatskasse in Betracht. Die Bewilligung von Prozeßkostenhilfe ist für die Staatskasse nachteilig, da sie gemäß § 122 I ZPO

---

[791] OLG Frankfurt a. M., RPfleger 1980, 70.

[792] Siehe dazu oben 2. Teil A I 1 d.

[793] SchlHOLG, SchlHA 1989, 162 (163); Baumbach/Lauterbach-*Hartmann*, Übers § 114 Rn. 3.

[794] Vgl. auch § 20 Nr. 4 und 5 RPflG.

insbesondere bewirkt, daß die Bundes- oder Landeskasse die rückständigen oder entstehenden Gerichtskosten und Gerichtsvollzieherkosten nur nach den vom Gericht getroffenen Bestimmungen, namentlich hinsichtlich der zu zahlenden Monatsraten und den aus dem Vermögen zu zahlenden Beträgen (vgl. § 120 I ZPO), gegen die Partei geltend machen kann.

a) Täuschung über die persönlichen und wirtschaftlichen Verhältnisse

Im Prozeßkostenhilfeverfahren kommt insbesondere ein Prozeßbetrug durch Täuschung des Richters über die persönlichen und wirtschaftlichen Verhältnisse des Antragstellers in Betracht[795].

Auch wenn eine Glaubhaftmachung auch dieser Angaben nicht zwingend vorgeschrieben ist (vgl. § 118 II 1 ZPO), so wird der Richter jedoch, wenn er dem Antrag auf Bewilligung von Prozeßkostenhilfe stattgibt, glauben, daß die persönlichen und wirtschaftlichen Verhältnisse des Antragstellers (zumindest im wesentlichen) seiner Erklärung entsprechen. Daher wird der Richter, wenn die Angaben des Antragstellers nicht mit den tatsächlichen Verhältnissen übereinstimmen, sich in einem entsprechenden Irrtum befinden. Aufgrund dieses Irrtums verfügt der Richter durch die Bewilligung der Prozeßkostenhilfe über das Vermögen der Staatskasse, da diese zur Folge hat, daß die Staatskasse ihre gegen den Antragsteller bestehenden Ansprüche nur eingeschränkt geltend machen kann (vgl. § 122 I Nr. 1 ZPO).

Der Annahme eines Irrtums steht nicht entgegen, daß der Staatskasse durch die Bewilligung der Prozeßkostenhilfe auch dann ein Nachteil entstanden wäre, wenn die Angaben des Antragstellers der Wahrheit entsprochen hätten, denn eine unbewußte Selbstschädigung liegt insoweit vor, als der Richter davon ausgeht, der Antragsteller habe einen Anspruch auf Prozeßkostenhilfe. Das mit der Gewährung von Prozeßkostenhilfe verbundene Ziel, auch der minderbemittelten Partei die Führung eines Rechtsstreits zu ermöglichen, wird bei der unberechtigten Bewilligung von Prozeßkostenhilfe verfehlt. Diese Zweckverfehlung bleibt aber dem Richter verborgen[796].

Wenn dem Antragsteller nach seinen persönlichen und wirtschaftlichen Verhältnissen kein Anspruch auf Prozeßkostenhilfe zusteht, stellt die Bewilligung derselben einen Schaden der Staatskasse dar. Bei der Feststellung des Vermögensschadens der Staatskasse hat die Möglichkeit der Aufhebung der Bewilligung der Prozeßkostenhilfe nach § 124 ZPO außer Betracht zu bleiben.

Den dem Schaden der Staatskasse entsprechenden Vorteil, der insbesondere in der Befreiung von der Zahlung eines Gerichtskostenvorschusses liegt[797], wird der

---

[795] Vgl. RG, Recht 1921, Spruchbeilage Nr. 1234 (S. 170).
[796] Vgl. *Lenckner*, Prozeßbetrug, S. 164.
[797] Vgl. RG, JW 1936, 1376.

Antragsteller, der bewußt unwahre Angaben hinsichtlich seiner persönlichen und wirtschaftlichen Verhältnisse macht, regelmäßig auch erstreben.

Im Prozeßkostenhilfeverfahren ist ein Prozeßbetrug zum Nachteil der Staatskasse durch Täuschung des Antragstellers über seine persönlichen und wirtschaftlichen Verhältnisse möglich.

b) Täuschung über die Aussichten des Rechtsstreits

Die Frage ist, ob, über die persönlichen und wirtschaftlichen Verhältnisse hinaus, auch ein Irrtum des Richters über die Erfolgsaussichten der Rechtsverfolgung in Betracht kommt[798].

Nach § 114 ZPO setzt die Bewilligung von Prozeßkostenhilfe voraus, daß die beabsichtigte Rechtsverfolgung oder Rechtsverteidigung hinreichende Aussicht auf Erfolg bietet[799]. Dieses ist der Fall, wenn das Vorbringen des Antragstellers schlüssig und beweisbar ist[800]. Die die Prozeßkostenhilfe bewilligende Entscheidung des Richters setzt allerdings nicht voraus, daß dieser von der Richtigkeit der vorgetragenen Tatsachen überzeugt ist[801]. Er muß allein für möglich halten, daß der Antragsteller mit seinem Vorbringen den Prozeß gewinnen kann. Anders könnte nicht die Zulässigkeit der Gewährung von Prozeßkostenhilfe für beide Parteien[802] erklärt werden, denn der Richter könnte niemals sowohl von dem Vortrag des Antragstellers als auch des Gegners überzeugt sein. Die beabsichtigte Rechtsverfolgung hat bereits Aussicht auf Erfolg, wenn aufgrund des beabsichtigten Vortrags des Antragstellers eine Beweisaufnahme über eine für die Entscheidung des Rechtsstreits erhebliche Tatsache erforderlich wird[803]. Ein Irrtum über die Erfolgsaussicht erscheint daher nicht möglich.

---

798 So RG, DR 1939, 921 (922); JW 1936, 1376; JW 1937, 2391 (2392); *Brinkmann*, Wahrheitspflicht, S. 76; *Grünhut*, JW 1931, 3557 (3558); *Lenckner*, Prozeßbetrug, S. 161. – Das Reichsgericht hat lediglich vor Einführung der zivilprozessualen Wahrheitspflicht einen Irrtum des Richters durch Täuschung über die Aussichten des Rechtsstreits verneint, wenn der Antragsteller keine Beweismittel beigebracht hat, da es dem Richter zwar gestattet sei, das Armenrecht auf das einseitige Vorbringen des Antragstellers hin zu bewilligen, dieses aber, wenn er auf weitere Erhebungen verzichte, "nicht im Vertrauen auf die Wahrheit dieses Vorbringens tun" dürfe, sondern sich vielmehr der Möglichkeit der Unwahrheit stets bewußt bleiben müsse (RG, JW 1931, 3557 (3558); dagegen RG, DR 1939, 921 (922); JW 1937, 2391 (2392 f.)). Ähnlich auch *Giehring*, GA 1973, 1 (11).

799 Vgl. dazu BVerfG, NJW 1997, 2745.

800 OLG Köln, MDR 1987, 62.

801 Ebenso *Grünhut*, JW 1931, 3557 (3558): Der Richter prüfe nicht, ob der Anspruch des Antragstellers begründet sei, er bilde sich allein "über die Möglichkeit des Prozeßausgangs" ein Urteil. "Selbst wenn er vom Gegenteil der vom Antragsteller geschilderten Sachlage überzeugt ist, kann er gleichwohl die Rechtsverfolgung für nicht aussichtslos halten, wenn er voraussieht, daß der Gegner das Vorbringen der armen Partei nicht widerlegen kann."

802 *Thomas/Putzo*, § 114 Rn. 3; Zöller-*Philippi*, § 114 Rn. 27.

803 Baumbach/Lauterbach-*Hartmann*, § 114 Rn. 86.

Auch wenn die erforderliche Schlüssigkeit nur gegeben ist, wenn keine erheblichen Tatsachen der Wahrheit zuwider vorgebracht worden sind, und daher ein Vortrag, der nach der Überzeugung des Gerichts unter Verstoß gegen die prozessuale Wahrheitspflicht erfolgt ist, nicht schlüssig ist[804], so kommt doch ein entsprechender Irrtum des Richters nicht in Betracht, denn der Richter hat im Rahmen des Prozeßkostenhilfeverfahrens nicht die Möglichkeit, eine Überzeugung von der Unwahrhaftigkeit des Antragstellers zu erlangen, die aber Voraussetzung für die Nichtberücksichtigung seines unwahren Vorbringens wäre[805]. Da eine entsprechende Überzeugung nicht zu erlangen ist, wird der Richter sich über die Einhaltung der Wahrheitspflicht keine Gedanken machen. Der Richter müßte aber auch, wenn er ernsthafte Zweifel an der Wahrheit der Angaben des Antragstellers hat, die Prozeßkostenhilfe bewilligen, sofern dessen Vorbringen schlüssig und mit den von diesem angegebenen Beweismitteln beweisbar ist. Eine abschließende Stellungnahme ist dem Richter im Prozeßkostenhilfeverfahren nicht gestattet[806].

Ein Prozeßbetrug durch Täuschung über die Erfolgsaussichten der beabsichtigten Rechtsverfolgung kommt daher mangels Irrtums des Richters nicht in Betracht[807].

c) Täuschung über die Mutwilligkeit der Rechtsverfolgung

Ein Irrtum des Richters über die Tatsache, daß die Rechtsverfolgung nicht mutwillig ist, ist ebenfalls in der Regel ausgeschlossen.

Die Rechtsverfolgung ist mutwillig i. S. von § 114 ZPO, wenn die Partei von dem abweicht, was eine verständige, ausreichend bemittelte Partei in einem gleichliegenden Fall tun würde[808]. Wenn der Richter keine Anhaltspunkte dafür hat, daß die beabsichtigte Rechtsverfolgung mutwillig ist, wird er sich keine Gedanken darüber machen. Es kann nicht davon ausgegangen werden, daß er bei jeder Bewilligung annimmt, Mutwilligkeit sei nicht gegeben. Wenn jedoch die Frage der Mutwilligkeit tatsächlich zum Gegenstand des Prozeßkostenhilfeverfahrens wird, kommt ausnahmsweise eine entsprechende falsche Vorstellung des Richters und damit auch ein Prozeßbetrug in Betracht.

---

804 Vgl. oben 2. Teil B I 2 b.

805 Vgl. oben 2. Teil B I 2 b.

806 Baumbach/Lauterbach-*Hartmann*, § 114 Rn. 81. Vgl. zum "summarischen Prozeßkostenhilfeverfahren" auch BGH, NJW 1998, 82.

807 Im Ergebnis ebenso *Giehring*, GA 1973, 1 (11), der der Ansicht ist, die Annahme, der Richter gelange auch im Prozeßkostenhilfeverfahren zur Überzeugung von der Wahrheit der – nicht einmal notwendig glaubhaft zu machenden – anspruchsbegründenden Tatsachen, sei unhaltbar.

808 BFH, BB 1986, 2402; OLG Düsseldorf, FamRZ 1993, 1217 (1218); vgl. auch OLG Hamm, NJW-RR 1989, 382 (383) zur Mutwilligkeit i. S. von § 65 VII 2 GKG.

2. Prozeßbetrug zum Nachteil des beigeordneten Rechtsanwalts

Soweit das Gericht neben der Bewilligung der Prozeßkostenhilfe dem Antragsteller auf seinen Antrag nach § 121 ZPO hin einen Rechtsanwalt beiordnet, kommt auch ein Prozeßbetrug zum Nachteil des beigeordneten Rechtsanwalts, insbesondere durch Täuschung des Antragstellers über seine persönlichen und wirtschaftlichen Verhältnisse, in Betracht[809].

Aufgrund des durch die Täuschung des Antragstellers über seine persönlichen und wirtschaftlichen Verhältnisse hervorgerufenen Irrtums verfügt der Richter über das Vermögen des Rechtsanwalts, indem er diesen der Partei beiordnet.

Der Anwalt erleidet durch seine mit der Bewilligung der Prozeßkostenhilfe verbundene Beiordnung einen Schaden, da er verpflichtet ist, für den Antragsteller, der in der Regel bereits sein Mandant ist[810], tätig zu werden, ohne seine gegen diesen bestehenden Vergütungsansprüche geltend machen zu können (vgl. § 122 Nr. 3 ZPO). Zwar erhält er als Ausgleich dafür einen Anspruch gegen die Staatskasse, diese Gebührenansprüche liegen aber teilweise[811] erheblich unter den Regelgebühren (vgl. § 123 BRAGO). Der Schaden für den beigeordneten Anwalt besteht daher in den geringeren Gebührenansprüchen, obwohl er eine ausreichend bemittelte Partei vertritt[812].

Es ergibt sich eine interessante Konstellation, wenn der Rechtsanwalt, wie in der Praxis üblich, bei Gericht namens und in Vollmacht seines Mandanten Prozeßkostenhilfe und seine Beiordnung beantragt, da er dann als Werkzeug seines Mandanten, des Antragstellers, der mittelbarer Täter i. S. des § 25 I 2. Fall StGB ist, den Richter täuscht und diesen zu einer Verfügung veranlaßt, die ihn selbst schädigt. Dieses Einverständnis des Anwalts, das nicht im technischen Sinne zu verstehen ist, schließt die Annahme eines Betrugs (in mittelbarer Täterschaft) nicht aus, da es nicht frei von Willensmängeln ist und sich nur auf den Fall bezieht, daß der Mandant aufgrund seiner persönlichen und wirtschaftlichen Verhältnisse tatsächlich einen Anspruch auf Bewilligung von Prozeßkostenhilfe hat.

Im Prozeßkostenhilfeverfahren ist ein Prozeßbetrug zum Nachteil des beigeordneten Rechtsanwalts durch Täuschung des Antragstellers über seine persönlichen und wirtschaftlichen Verhältnisse möglich.

---

809 Vgl. RG, Recht 1921, Spruchbeilage Nr. 1234 (S. 170).

810 Grundsätzlich ist der Partei ein zu ihrer Vertretung bereiter Rechtsanwalt beizuordnen (§ 121 I-III ZPO); vgl. aber auch § 121 IV ZPO.

811 Dieses gilt für Rechtsstreitigkeiten mit einem Gegenstandswert von über 6000 DM (§ 123 BRAGO); vgl. aber auch § 124 BRAGO.

812 Bei der Frage des Schadens des Rechtsanwalts muß außer Betracht bleiben, daß die Anwälte in der Praxis häufig froh sind, wenn ihre Mandanten Prozeßkostenhilfe erhalten, da in diesem Fall ihre – wenn auch niedrigeren – Gebührenansprüche gesichert sind. Die Staatskasse kann im Gegensatz zu einem Mandanten nicht in Zahlungsschwierigkeiten kommen.

3. Prozeßbetrug zum Nachteil des Prozeßgegners

Auch wenn die Bewilligung von Prozeßkostenhilfe in erster Linie zu Lasten der Staatskasse und des gegebenenfalls beigeordneten Rechtsanwalts erfolgt, so kann sie ausnahmsweise auch für das Vermögen des Gegners des Antragstellers nachteilig sein, wenn der Antragsteller in dem Fall der Ablehnung seines Antrags auf Bewilligung von Prozeßkostenhilfe die beabsichtigte Klage nicht erhoben hätte. In diesem Fall stellt die Belastung mit der Führung eines Rechtsstreits einen Vermögensschaden für den Prozeßgegner dar, wenn der Antragsteller mit seiner Klage einen ihm nicht zustehenden Anspruch geltend machen will. Sofern der Anspruch nach materiellem Recht tatsächlich besteht, fehlt es – außer nach dem rein wirtschaftlichen Vermögensbegriff – an einem Vermögensschaden des Prozeßgegners[813].

Die Bewilligung der Prozeßkostenhilfe durch das Gericht ist nur dann für den Schaden des Prozeßgegners kausal, wenn der Antragsteller die Klage bei einer Ablehnung seines Antrags auf Bewilligung von Prozeßkostenhilfe nicht erhoben hätte, also insbesondere wenn der Antragsteller seine Klage unter der Bedingung der Bewilligung der beantragten Prozeßkostenhilfe erhoben hat. Eine solche bedingte Klageerhebung ist ausnahmsweise zulässig[814].

Auch wenn ein Schaden des Prozeßgegners durch die Bewilligung der Prozeßkostenhilfe herbeigeführt wird, so fehlt es jedoch an der entsprechenden Bereicherungsabsicht des Antragstellers. Dieser erstrebt allein den Vorteil, der darin besteht, ohne die Zahlung von Gerichtskosten einen Prozeß führen zu können. Dieser Vorteil ist allerdings nicht stoffgleich mit dem Schaden des Prozeßgegners, sondern nur mit dem der Staatskasse. Der von dem Antragsteller erstrebte Vorteil kommt nicht aus dem Vermögen des Prozeßgegners und stellt nicht die Kehrseite des Schadens des Prozeßgegners dar.

Im Ergebnis ist daher ein Prozeßbetrug zum Nachteil des Prozeßgegners im Prozeßkostenhilfeverfahren mangels Stoffgleichheit zwischen dem Schaden des Gegners und dem von dem Antragsteller erstrebten Vorteil ausgeschlossen.

4. Prozeßbetrug zum Nachteil des Antragstellers

Möglich ist allerdings ein Prozeßbetrug durch den Prozeßgegner zum Nachteil des Antragstellers. Der Prozeßgegner ist zwar nicht direkt am Verfahren der Bewilligung von Prozeßkostenhilfe beteiligt, ihm ist jedoch gemäß § 118 I ZPO in der Regel Gelegenheit zur Stellungnahme zu geben.

Eine Rechtsverfolgung kann, auch wenn dem Antragsteller keine Beweismittel zur Verfügung stehen, Aussicht auf Erfolg haben, wenn der Gegner die vom An-

---

813 Siehe dazu oben 2. Teil A III 3.

814 OLG München, MDR 1988, 972; vgl. auch BGHZ 4, 329 (333 f.); 7, 268 (279); a. A. BGH, NJW 1988, 2046 (2948); *Thomas/Putzo*, § 117 Rn. 4.

tragsteller vorgetragenen Tatsachen nicht (zu Unrecht) bestreitet. Der Prozeßgegner kann umgekehrt durch unwahre Angaben, insbesondere durch unwahres Bestreiten der vom Antragsteller aufgestellten Behauptungen, erreichen, daß die Rechtsverfolgung durch den Antragsteller nicht erfolgversprechend erscheint. Wenn dem Antragsteller keine Mittel zum Beweis seines Anspruchs zur Verfügung stehen, der Gegner jedoch ankündigt, die vom Antragsteller vorgetragenen Tatsachen zu bestreiten, wird der Richter den Antrag auf Bewilligung von Prozeßkostenhilfe ablehnen. Diese Ablehnung beruht jedoch nicht auf einem Irrtum des Richters. Er hat in diesem Fall die Vorstellung, daß der Antragsteller nicht in der Lage ist, den ihm zustehenden Anspruch zu beweisen. Diese Vorstellung ist richtig, da dem Antragsteller tatsächlich kein Beweismittel zur Verfügung steht. Allein wenn der Richter sich vorstellen würde, der Anspruch des Antragstellers bestünde in Wahrheit nicht, würde er sich irren. Zu einer derartigen Überzeugung wird der Richter jedoch allein aufgrund der Tatsache, daß der Prozeßgegner das Vorbringen des Antragstellers bestreitet und dieser seinen Anspruch nicht beweisen kann, nicht kommen.

Der Gegner des Antragstellers kann aber über die Mutwilligkeit der Rechtsverfolgung eine falsche Vorstellung des Richters herbeiführen, indem er etwa der Wahrheit zuwider behauptet, daß der Anspruch, den der Antragsteller mit seiner beabsichtigten Klage geltend machen will, diesem nur zu dem Zweck von dem ausreichend bemittelten Rechtsinhaber abgetreten worden ist, um Prozeßkostenhilfe zu erhalten und ohne ein Kostenrisiko einen Rechtsstreit zu führen[815].

Der Schaden des Antragstellers besteht, sofern sein Anspruch nach materiellem Recht tatsächlich besteht, zum einen darin, daß er nicht die Prozeßkostenhilfe, die ihm an sich zustünde, erhält. Insoweit ist jedoch der beabsichtigte Vorteil des Gegners, nicht mit einem Rechtsstreit belastet zu werden, nicht stoffgleich. Es kann auch nicht unterstellt werden, daß der Gegner die unwahren Behauptungen auch aufstellt, um der Staatskasse einen Vorteil zu verschaffen, so daß die Annahme eines fremdnützigen Betrugs ausscheidet. Ein weiterer Schaden für den Antragsteller besteht jedoch darin, daß ihm, zumindest wenn ihm keine finanziellen Mittel zur Führung des beabsichtigten Rechtsstreits zur Verfügung stehen, die Durchsetzung seines Rechts vorübergehend oder sogar auf Dauer unmöglich gemacht wird. Dieser Schaden des Antragstellers entspricht dem von dem Gegner erstrebten Vorteil, einen Rechtsstreit zu verhindern. Insoweit ist daher die erforderliche Stoffgleichheit gegeben.

Der Gegner des Antragstellers kann im Prozeßkostenhilfeverfahren einen Prozeßbetrug zum Nachteil des Antragstellers durch Täuschung über die Mutwilligkeit der beabsichtigten Rechtsverfolgung begehen.

---

[815] Vgl. *Thomas/Putzo*, § 114 Rn. 7.

C. Ergebnis

Auf der Grundlage der h. M., die die grundsätzliche Möglichkeit des Prozeßbetrugs anerkennt, hat sich folgendes ergeben:

1. Die Partei verwirklicht den Tatbestand des (vollendeten) Betrugs grundsätzlich nur durch eine mit Beweismitteln unterstützte Parteibehauptung im streitigen Verfahren, die vom Prozeßgegner bestritten wird. Bei einseitigem, nicht mit Beweismitteln unterstütztem Vorbringen setzt die Strafbarkeit wegen vollendeten Betrugs voraus, daß dem Gericht ausnahmsweise gestattet ist, die schlichte Parteibehauptung ohne jede Beweisaufnahme für wahr zu halten. Das Parteivorbringen muß zumindest möglicherweise substantiiert sein. Durch das Aufstellen von Behauptungen, die vom Gegner nicht bestritten werden, ist ein vollendeter Prozeßbetrug grundsätzlich allein im Bereich der von Amts wegen zu prüfenden Prozeßvoraussetzungen möglich, weil der Richter sich wegen der Bindung an das übereinstimmende Vorbringen, für das die Verhandlungsmaxime gilt, regelmäßig über den Wahrheitsgehalt der Behauptungen keine Gedanken macht.

2. Durch unrichtige Rechtsausführungen kommt ein Prozeßbetrug nur in Betracht, wenn es sich bei der behaupteten Tatsache um einen Rechtsbegriff der täglichen Umgangssprache handelt oder die Tatsache sich auf fremdes Recht bezieht.

3. Einen vollendeten Prozeßbetrug durch eine nur konkludente Täuschung kann die Partei allein durch schlichtes Bestreiten, schlüssige unwahre Behauptungen im Bereich der prozessualen Behauptungslast oder der von Amts wegen zu prüfenden Prozeßvoraussetzungen oder durch die in der Antragstellung und dem anschließenden mündlichen Verhandeln liegenden Bezugnahme auf den schriftsätzlichen Vortrag begehen.

4. Eine Täuschung durch Unterlassen kommt allein in Betracht, wenn die Partei zunächst unbewußt oder bewußt, aber ohne Schädigungsvorsatz bzw. Bereicherungsabsicht, die Behauptung des Gegners zu Unrecht bestritten oder unwahre Angaben gemacht hat, die vom Gegner bestritten wurden, aber anschließend nicht noch einmal ausdrücklich oder stillschweigend auf dieses Vorbringen Bezug nimmt, etwa im schriftlichen Verfahren (§ 128 II, III ZPO) oder bei einer Entscheidung nach Aktenlage (§§ 251 a, 331 a ZPO). Die erforderliche Garantenpflicht ergibt sich aus der in § 138 I ZPO normierten Wahrheits- und Vollständigkeitspflicht.

5. Ein Irrtum des Richters kommt grundsätzlich nur in Betracht, wenn das Parteivorbringen bestritten ist oder eine von Amts wegen zu prüfende Prozeßvoraussetzung betrifft und der Richter von dem Vorliegen der behaupteten Tatsache i. S. von

§ 286 ZPO überzeugt ist, weil der Richter sonst zur Wahrheitsfrage innerlich nicht Stellung nimmt.

6. Als Vermögensverfügung des Gerichts kommen alle Entscheidungen in Betracht, die einen vermögensrechtlichen Bezug aufweisen: neben Sach- und Prozeßurteilen auch Beschlüsse, Verfügungen und sonstiges Tun oder Unterlassen des Gerichts.

7. Der Prozeßbetrug ist vollendet und der Vermögensschaden der unterlegenen Partei tritt ein bei Leistungsurteilen grundsätzlich mit der Vollstreckbarkeit der Entscheidung, bei Feststellungs- und Gestaltungsurteilen mit Rechtskraft des Urteils und bei Beschlüssen und Verfügungen des Gerichts mit dessen bzw. deren Verkündung.

8. Der Versuch des Prozeßbetrugs beginnt grundsätzlich erst mit dem unwahren Vorbringen der Partei in der mündlichen Verhandlung und nicht bereits mit der Einreichung der die unwahren Angaben enthaltenen Klageschrift oder eines (vorbereitenden) Schriftsatzes. Nur in den Fällen der §§ 128 II, III, 251 a, 283, 331 III 2, 331 a ZPO beginnt der Versuch unabhängig von einem mündlichen Vortrag der Prozeßpartei.

9. Im Versäumnis- und Mahnverfahren ist ein (vollendeter) Prozeßbetrug allein denkbar durch unwahre Angaben hinsichtlich der von Amts wegen zu prüfenden Prozeßvoraussetzungen; im übrigen kann die Partei bzw. der Antragsteller durch falsche Angaben, die den Anspruch selbst betreffen, den Betrugstatbestand nicht verwirklichen.

10. Die Prozeßpartei begeht im Wiedereinsetzungsverfahren einen Prozeßbetrug nur dann, wenn sie in Folge der Wiedereinsetzung gegen eine dem materiellen Recht entsprechende Entscheidung vorgehen will.

11. Ein Prozeßbetrug im Zwangsvollstreckungsverfahren kommt lediglich in Betracht, wenn die Entscheidung, zu der der Richter durch die unrichtigen Angaben des Vollstreckungsschuldners oder eines Dritten veranlaßt wird, zu einer endgültigen Vereitelung der Zwangsvollstreckung aus einem mit der materiellen Rechtslage übereinstimmenden Urteil oder zumindest zu einer erheblichen Verschlechterung der Befriedigungsmöglichkeiten des Vollstreckungsgläubigers führt.

12. Auch im Arrest- und einstweiligen Verfügungsverfahren und im Zusammenhang mit der Vollstreckbarerklärung nach § 1042 a ZPO ist ein Prozeßbetrug denkbar.

13. Im Kostenfestsetzungsverfahren kommt ein Prozeßbetrug durch Täuschung des Rechtspflegers allein durch die Geltendmachung nicht gemachter Auslagen in Betracht.

14. Ein Prozeßbetrug kommt im Prozeßkostenhilfeverfahren zum Nachteil der Staatskasse oder des beigeordneten Rechtsanwalts durch Täuschung des Antragstellers über seine persönlichen und wirtschaftlichen Verhältnisse oder die Mutwilligkeit der Rechtsverfolgung oder zum Nachteil des Antragstellers durch Täuschung des Prozeßgegners über die Mutwilligkeit der Rechtsverfolgung in Betracht. Mangels Irrtums ist ein Prozeßbetrug durch Täuschung über die Aussichten des Rechtsstreits ausgeschlossen. Ein Prozeßbetrug zum Nachteil des Prozeßgegners scheidet mangels Stoffgleichheit zwischen dem Schaden des Gegners und dem von dem Antragsteller erstrebten Vorteil ebenfalls aus.

3. Teil: Der Prozeßbetrug als Dreiecksbetrug

Im vorangegangenen Teil ist zugrundegelegt worden, daß das Institut des Prozeßbetrugs heute allgemein anerkannt ist[816]. Bei der Einordnung der Täuschung des Gerichts durch die Partei als Prozeßbetrug stellt sich jedoch – unabhängig von den auch heute noch bestehenden Einzelkontroversen – die Frage, ob die Vermögensverfügung des Gerichts wirklich betrugsrelevant ist. Nur wenn diese Frage bejaht werden kann, besteht grundsätzlich die Möglichkeit des Prozeßbetrugs.

Beim Betrug stellt das ungeschriebene Tatbestandsmerkmal der Vermögensverfügung nach allgemeiner Ansicht das notwendige Bindeglied zwischen Irrtum und Vermögensschaden dar, da ein Irrtum nicht von selbst in einen Schaden umschlagen kann[817]. Für die zur Verwirklichung des § 263 StGB erforderliche Vermögensverfügung gilt, daß der Getäuschte zwar mit dem Verfügenden, nicht aber der Verfügende mit dem Geschädigten personengleich sein muß[818]. Daraus ergibt sich die Möglichkeit des sogenannten Dreiecksbetrugs. Auch der Prozeßbetrug wäre als Dreiecksbetrug zu qualifizieren, sofern man die grundsätzliche Möglichkeit des Prozeßbetrugs bejahen will, da der Schaden nicht bei dem Gericht, das von einer Prozeßpartei getäuscht und dadurch in einen Irrtum versetzt und zu einer Verfügung über das Vermögen der anderen Partei veranlaßt wird, sondern bei dem Prozeßgegner eintritt. Es würde sich, genauer gesagt, um einen Dreiecksbetrug in bezug auf Forderungen und Rechte – im Gegensatz zum Dreieckssachbetrug – handeln, da Gegenstand der Verfügung des Gerichts Forderungen und Rechte sind.

Nach allgemeiner Meinung werden vom Betrugstatbestand im Dreipersonenverhältnis nicht Verfügungen eines beliebigen Dritten erfaßt[819]. Es wird verlangt, daß

---

816 Vgl. die Nachweise oben Fn. 9.

817 Vgl. nur RGSt 47, 151 (152 f.); 49, 16 (19); 64, 226 (228); BGHSt 14, 170 (171); LK-*Lackner*, § 263 Rn. 94; SK-StGB-*Samson/Günther*, § 263 Rn. 66; Schönke/Schröder-*Cramer*, § 263 Rn. 54. "Der § 263 ist zu behandeln als lautete er: Wer usw. einem anderen dadurch, daß er in ihm durch Vorspiegelung usw. einen Irrtum erregt oder unterhält, zu einer Verfügung bestimmt, durch welche das Vermögen des Getäuschten oder eines anderen beschädigt wird..." (RGSt 47, 151 (153)).

818 Vgl. nur RGSt 25, 244 (247); 64, 226 (228); 73, 382 (384); BGHSt 18, 221 (223); LK-*Lackner*, § 263 Rn. 110; SK-StGB-*Samson/Günther*, § 263 Rn. 88; Schönke/Schröder-*Cramer*, § 263 Rn. 65.

819 Anders noch *Rimpau*, Betrug, S. 37, der sich mit der Frage beschäftigt hat, ob überhaupt ein Betrug durch Täuschung eines mit dem Geschädigten nicht identischen Dritten möglich ist. Er bejaht diese Frage (S. 17), hält aber ein Näheverhältnis zwischen Getäuschtem und Geschädigtem nicht für erforderlich. Er verlangt lediglich, daß der Getäuschte in einem, wenn auch rein tatsächlichen Verhältnis zu dem Vermögen des Geschädigten steht, daß durch seine Handlung dessen Bestand verändert werden kann (S. 37). Diese Voraussetzung ist, wie Rimpau erkennt, selbstverständlich, da es anderenfalls an einem Kausalzusammenhang zwischen der Vermögensverfügung und dem Vermögensschaden fehlen würde. Für Rimpau hat sich die Problematik der Abgrenzung von Fremd- und Selbstschädigung nicht in dem heutigen Maße gestellt. Das Typische des Betrugs sieht er darin, daß der Täter das fremde Vermögen nicht selbst angreift, sondern sich einer Mittelsperson bedient,

der Getäuschte in einem irgendwie gearteten Näheverhältnis zum Geschädigten bzw. dessen Vermögen steht, so daß der Getäuschte bei der Vornahme der Vermögensverfügung in der Sphäre des Geschädigten tätig wird[820]. Die Verfügung des Getäuschten muß dem Geschädigten zugerechnet werden können[821] bzw. der Getäuschte muß dem Geschädigten näher stehen als dem Täter[822].

Um von einem Prozeß"betrug" sprechen zu können, ist erforderlich, daß der getäuschte Richter in einem bestimmten Näheverhältnis zu der geschädigten Partei bzw. zu deren Vermögen steht. Nur dann liegt in der durch die Täuschung verursachten Entscheidung des Richters zum Nachteil der unterlegenen Partei eine betrugsrelevante Verfügung.

In der Rechtsprechung finden sich keine Ausführungen zu der Frage nach der Verfügungsbefugnis des Gerichts. Auch in der Literatur wird sie nicht bzw. nur oberflächlich behandelt[823]. Es wird ohne genaue Prüfung festgestellt, daß zwischen dem getäuschten Gericht und dem geschädigten Prozeßgegner ein Verhältnis gegeben sei, kraft dessen ein Prozeßbetrug möglich sei[824]. Dabei gehen die Ansichten lediglich hinsichtlich der unterschiedlichen Herleitung des Näheverhältnisses auseinander. Die Möglichkeit des Gerichts, betrugsrelevante Verfügungen vorzunehmen, wird teilweise aus Gesetz, insbesondere aus der Aufgabe des Richters, eine Zuordnung von Vermögensteilen vorzunehmen oder zu bestätigen[825], oder aus der "Befriedigungsfunktion" des Richters[826], hergeleitet. Weiterhin wird angenommen, die Verfügungsbefugnis des Gerichts folge aus der Unterwerfung der Parteien unter das Gerichtsverfahren[827], aus der vom Gesetz geschaffenen Möglichkeit des Gerichts, Rechte anderer zum Erlöschen zu bringen[828] bzw. fremdes Vermögen zu

---

die er durch Täuschung zu der schädigenden Handlung bewegt (S. 11); die Frage, ob Diebstahl in mittelbarer Täterschaft überhaupt möglich ist, läßt er unbeantwortet (S. 24).

820 LK-*Lackner*, § 263 Rn. 95.

821 *Amelung*, GA 1977, 1 (14); *Backmann*, Abgrenzung, S. 129; *Krack/Radtke*, JuS 1995, 17 (19); *Krey*, BT 2, Rn. 417; *Otto*, Grundkurs, § 51 III 3 b; *Rengier*, JZ 1995, 565; *Roxin/Schünemann*, JuS 1969, 372 (375); *Schünemann*, GA 1969, 46 (53); SK-StGB-*Samson/Günther*, § 263 Rn. 69 f./88.

822 *Fahl*, Jura 1996, 74 (77); *Krack/Radtke*, JuS 1995, 17 (19).

823 Abgesehen von *Fahl*, Jura 1996, 74 ff.; *Hartmann*, Vermögensverfügung, S. 60 ff.; kritisch auch *Amelung*, GA 1977, 1 (15).

824 Teilweise nicht einmal ausdrücklich, so bei *Arzt/Weber*, LH 3, Rn. 481 ff.; *Blei*, BT, § 61 IV 3; *Giehring*, GA 1973, 1 ff.; *Schmidhäuser*, BT, 11/18; *Tröndle*, § 263 Rn. 21 f.; *Welzel*, Lehrbuch, S. 371. – *Brinkmann*, Wahrheitspflicht, S. 62 begründet die Möglichkeit des Prozeßbetrugs damit, daß die Ablehnung des Betrugs "zu unhaltbaren Ergebnissen" führe.

825 *Backmann*, Abgrenzung, S. 136; *Joecks*, Vermögensverfügung, S. 133 f.; SK-StGB-*Samson/Günther*, § 263 Rn. 98.

826 *Joecks*, Vermögensverfügung, S. 134.

827 *Otto*, Grundkurs, § 51 VI 5.

828 *Maurach/Schroeder/Maiwald*, BT 1, § 41/81.

vermindern[829], oder aus der hoheitlichen Stellung des Richters[830], kraft derer er unmittelbar zum Nachteil des fremden Vermögens Anordnungen treffen kann[831]. Auch aus der rechtlichen Befugnis zur Verfügung über fremdes Vermögen[832], aus der allgemeinen Justizhoheit oder der Einlassung der Parteien in das konkrete Verfahren[833] wird die Möglichkeit des Gerichts zur Vornahme betrugsrelevanter Verfügungen hergeleitet.

Die Möglichkeit des Prozeßbetrugs wird im Ergebnis von sämtlichen Autoren damit begründet, daß der Richter aufgrund Gesetzes rechtlich befugt ist, über das Vermögen der am Prozeß beteiligten Parteien zu verfügen.

Es erscheint fraglich, ob allein diese rechtliche Befugnis des Gerichts ausreichend ist, um ein Näheverhältnis zwischen dem Gericht und der unterlegenen Partei und damit die Möglichkeit des Gerichts, betrugsrelevante Verfügungen vorzunehmen, anzunehmen.

Diese Frage haben in der jüngeren Vergangenheit nur *Hartmann*[834] und *Fahl*[835] aufgeworfen. *Hartmann* ist der Ansicht, der von der h. M. als "Prozeßbetrug" bewertete Sachverhalt sei kein (Dreiecks-)Betrug. Der getäuschte Richter könne nicht als Repräsentant des Geschädigten angesehen werden, weil er nicht auf der Seite des Opfers stehe[836]. Auch *Fahl* weist darauf hin, daß der Prozeßbetrug eigentlich kein Betrug sei und das in sonstigen Fällen von allen geforderte Näheverhältnis zwischen Gericht und unterlegener Partei gerade nicht gegeben sei[837].

Da die seit Jahrzehnten gängige Praxis der Bestrafung der Täuschung des Gerichts durch die Prozeßpartei als Betrug in Frage gestellt werden soll, bedarf die Frage des Vorliegens eines Näheverhältnisses der genaueren Prüfung. Es soll im folgenden auf

---

829 *Herzberg*, ZStW 89 (1977), 367 (408), der ausdrücklich feststellt, daß es dabei nicht auf irgendeine Nähebeziehung zum fremden Vermögen ankomme.

830 *Eisenberg*, Festschrift für Salger, S. 15 (23 Fn. 59 f.); *Hegler*, VDB VII, S. 405 (438) und dort Fn. 1; *Krey*, BT 2, Rn. 419 a. E.; *Seier*, ZStW 102 (1990), 563 (565); Schönke/Schröder-*Cramer*, § 263 Rn. 68.

831 Schönke/Schröder-*Cramer*, § 263 Rn. 68.

832 *Bockelmann*, BT 1, S. 78; *Lackner*, § 263 Rn. 29; LK-*Lackner*, § 263 Rn. 110. So auch *Offermann-Burckart*, Vermögensverfügungen, S. 31 f., die darauf hinweist, daß das Verfahren ohne die Täuschung des Täters zu einem Ergebnis führen würde, das gesetzeskonform wäre und daher letztlich auch dem Willen des Prozeßgegners entspräche. Dabei stellt sie auf den redlichen Anspruchsteller oder -gegner ab, der eine der materiellen Rechtslage und / oder der tatsächlichen Beweislage entsprechende Entscheidung wolle (S. 183).

833 *Eser*, StR IV, Fall 12, A 34.

834 Vermögensverfügung, S. 60 ff.

835 Jura 1996, 74 ff.

836 *Hartmann*, Vermögensverfügung, S. 65.

837 *Fahl*, Jura 1996, 74 (78).

die Anforderungen, die an die Verfügungsbefugnis beim Dreiecksbetrug im einzelnen gestellt werden, eingegangen werden.

A. Darstellung der und Auseinandersetzung mit den zum Dreiecksbetrug vertretenen Ansichten

Es werden verschiedene Ansichten zu der Problematik des Dreiecksbetrugs vertreten.

Bei dem Prozeßbetrug würde es sich – unter der Annahme seiner grundsätzlichen Möglichkeit – um einen Dreiecksbetrug in bezug auf Forderungen und Rechte handeln. Daher ist in erster Linie auf die in diesem Bereich vertretenen Ansichten einzugehen. Da der Dreiecksbetrug in bezug auf Forderungen und Rechte jedoch in der Literatur kaum behandelt wird[838], ist es erforderlich, auf die zum Dreieckssachbetrug vertretenen Meinungen – soweit sie für die hier zu entscheidende Frage von Bedeutung sind – zurückzugreifen.

I. Rechtsprechung

Nach der Rechtsprechung setzt die Einstufung eines vermögensschädigenden Verhaltens eines mit dem Geschädigten nicht identischen Dritten als Verfügung i. S. von § 263 StGB eine tatsächliche Verfügungsgewalt des Dritten über das geschädigte Vermögen aufgrund eines faktischen Näheverhältnisses zwischen dem Dritten und dem betroffenen Vermögen voraus[839]. Der Begriff der tatsächlichen Nähe wird – abgesehen von einigen Entscheidungen, in denen bei der Abgrenzung von Sachbetrug und Diebstahl in mittelbarer Täterschaft auf den (Mit-)Gewahrsam des Getäuschten[840] bzw. auf dessen innere Willensrichtung[841] abgestellt wird – von der Rechtsprechung nicht näher konkretisiert. Insbesondere im Bereich des Dreiecksbetrugs in bezug auf Forderungen und Rechte bejaht sie das Erfordernis des Näheverhältnisses meist ohne Begründung bzw. geht auf dieses Erfordernis überhaupt nicht ein[842].

---

838 So auch *Offermann-Burckart*, Vermögensverfügungen, S. 175.

839 RGSt 25, 244 (247); BGHSt 18, 221 (223 f.); BayObLG, MDR 1964, 343; OLG Köln, MDR 1966, 253; OLG Stuttgart, NJW 1965, 1930 (1931); vgl. auch BGH, wistra 1987, 99.

840 BGHSt 18, 221 (223 f.); OLG Stuttgart, NJW 1965, 1930 (1931).

841 BGHSt 18, 221 (223 f.); BGH, GA 1987, 307; BGH bei Dallinger, MDR 1974, 15; BayObLG, MDR 1964, 343 f.; OLG Düsseldorf, NJW 1988, 922 (923); OLG Düsseldorf, NJW 1993, 1407 (1408); OLG Hamm, NJW 1969, 620 f.; OLG Köln, MDR 1966, 253 (254); vgl. auch BGHSt 41, 198 (202 f.).

842 So auch LK-*Lackner*, § 263 Rn. 115; vgl. dazu nur RGSt 26, 28 (31); 26, 227 (228 f.); 39, 80 (81 f.); 47, 151 (153); 51, 166; 64, 226 (228); 66, 371 (373); 69, 101 (103); 73, 382 (384); BGHSt 14, 170 (172); 17, 147 (149); 19, 206 (208); 24, 386 (389); 29, 165 (168); BGH, GA 1962, 213; NJW 1968, 1147 (1148); wistra 1997, 144 (145); anders – nämlich mit Begründung – OLG Celle, NJW 1994, 142 (143). BGH, StV 1993, 307 geht nicht ausdrücklich auf das Erfordernis eines Näheverhältnisses

Zur Frage des Verhältnisses des Getäuschten zum Geschädigten beim Dreiecksbetrug in bezug auf Forderungen und Rechte hat die Rechtsprechung erstmals in der Entscheidung des OLG Celle[843] ausdrücklich Stellung genommen. In dem der Entscheidung zugrundeliegenden Sachverhalt ging es um einen Schuldner, der von einem Dritten getäuscht und dadurch veranlaßt wurde, mit befreiender Wirkung gegenüber dem Gläubiger an diesen zu leisten. Das Gericht verlangt ausdrücklich auch für den Dreiecksbetrug in bezug auf Forderungen und Rechte, daß der Getäuschte in einem Näheverhältnis zur Vermögenssphäre des Geschädigten stehen müsse[844]. Dieses sei etwa gegeben, wenn der Getäuschte die vom Recht verliehene Befugnis besitze, fremde Forderungen durch gutgläubiges Handeln zum Erlöschen zu bringen[845].

In den Entscheidungen zum Prozeßbetrug geht die Rechtsprechung nicht ausdrücklich auf die Problematik des Verhältnisses zwischen dem getäuschten Richter und der geschädigten Partei ein, die Verfügungsbefugnis des Richters wird nicht problematisiert[846]. Die Bejahung eines Betrugs mittels Täuschung des Richters durch die Rechtsprechung beruht offensichtlich allein darauf, daß das Gericht die sich aus Gesetz ergebenden Möglichkeit hat, über das Vermögen der Prozeßparteien zu verfügen.

Der von der Rechtsprechung verwendete Begriff des Näheverhältnisses ist so zu verstehen, daß der Getäuschte zu dem Geschädigten in einem Verhältnis stehen muß, das ihn von einem beliebigen Außenstehenden unterscheidet. Eine solche Beziehung besteht in sämtlichen Fällen der rechtlichen Befugnis. Auch bei Zugrundelegung der Entscheidung des OLG Celle[847] ist die rechtliche Verfügungsbefugnis, die das Gericht gegenüber dem Vermögen der Parteien besitzt, ausreichend, um ein so verstandenes Näheverhältnis zu begründen. Insbesondere ergibt sich aus der angeführten Entscheidung nicht, daß ein Näheverhältnis voraussetzt, daß der Getäuschte dem Geschädigten näher steht als dem Täter. Zwar könnte sich bei dem

---

hältnisses ein, nimmt aber Betrug mit der Begründung an, der Getäuschte habe mit befreiender Wirkung gegenüber dem geschädigten Gläubiger geleistet (nach den Grundsätzen der Anscheinsvollmacht gemäß § 56 HGB), worin ein Näheverhältnis gesehen werden könnte.

843 NJW 1994, 142.

844 In dieser Feststellung sieht denn auch *Linnemann*, wistra 1994, 167 (169) das eigentliche Verdienst der Entscheidung.

845 OLG Celle, NJW 1994, 142 (143).

846 Vgl. nur RGSt 2, 91; 2, 436 (437); 3, 169 (171); 40, 9; 50, 95 (97); 52, 88 (92); 59, 104 (106); 69, 44 (48); 72, 113 (114 f.); 72, 150; RG, GA 47 (1900), 432 (433); HRR 1940 Nr. 580; JW 1938, 1316; Rspr. 2, 421 (423); BGHSt 24, 257 (260 f.); BGH bei Dallinger, MDR 1956, 10; 1975, 197; OLG Bamberg, NStZ 1982, 247; OLG Düsseldorf, NStZ 1991, 586; OLG Karlsruhe, NStZ 1996, 282; OLG Koblenz, FamRZ 1997, 371 (373). In RGSt 2, 436 (437) wird lediglich ausgeführt, "daß Identität des Beschädigten und des Getäuschten nicht erforderlich sei, daß mithin ein Betrug auch durch Täuschung des Prozeßrichters begangen werden könne".

847 NJW 1994, 142.

dieser Entscheidung zugrundeliegenden Sachverhalt ein derartiges Näheverhältnis ergeben. Zwischen dem Schuldner und dem Gläubiger besteht aufgrund des Vertragsverhältnisses bzw. der Forderungsbeziehung ein besonderes Verhältnis, das sich von dem des Schuldners gegenüber dem Dritten unterscheidet. Auch wenn der Schuldner durch seine Leistung an den Dritten gleichzeitig über das Vermögen des Gläubigers und das des Dritten verfügt, könnte daher angenommen werden, daß der getäuschte Schuldner dem geschädigten Gläubiger näher steht als dem täuschenden Dritten[848]. Da es jedoch an entsprechenden Ausführungen des Gerichts fehlt, muß davon ausgegangen werden, daß es darauf nicht abstellen wollte und ein Verhältnis des Getäuschten zum Geschädigten, durch das der erstere sich von einem beliebigen Außenstehenden unterscheidet, als ausreichend ansieht. Bei Zugrundelegung der Ansicht der Rechtsprechung reicht daher für die Annahme einer betrugsrelevanten Vermögensverfügung aus, daß das Gericht dem Vermögen der unterlegenen Partei aufgrund der rechtlichen Verfügungsbefugnis näher steht als ein beliebiger Außenstehender.

Von diesem Standpunkt aus gesehen ist das Ergebnis der Rechtsprechung konsequent. Ob allerdings, wie es die Rechtsprechung vertritt, allein die Stellung des Richters, die ihn von einem beliebigen Außenstehenden unterscheidet, ausreichend ist, um von einer Betrugsrelevanz der Vermögensverfügung des Gerichts zu sprechen, ist damit noch nicht entschieden.

II. Literatur

In der Literatur werden für die Einordnung des Verhaltens des mit dem Geschädigten nicht identischen Getäuschten als Vermögensverfügung i. S. von § 263 StGB verschiedene Ansichten vertreten: im wesentlichen handelt es sich dabei um die Theorie von der tatsächlichen Nähe oder der tatsächlichen Einwirkungsmöglichkeit, die Lagertheorie und die Befugnis- oder Ermächtigungstheorie.

Diese befassen sich vornehmlich mit dem Dreieckssachbetrug bzw. der Abgrenzung von Betrug und Diebstahl in mittelbarer Täterschaft. Insbesondere in der jüngeren Vergangenheit wird jedoch ausdrücklich die Übertragung der für den Dreieckssachbetrug entwickelten Grundsätze auf den Dreiecksbetrug in bezug auf Forderungen und Rechte verlangt[849].

---

[848] Im Ergebnis ebenso *Linnemann*, wistra 1994, 167 (170); *Samson*, JA 1978, 564 (568); Schönke/Schröder-*Cramer*, § 263 Rn. 67; anders *Joecks*, Vermögensverfügung, S. 133; *Krack/Radtke*, JuS 1995, 17 (19); *Offermann-Burckart*, Vermögensverfügungen, S. 203 f.; SK-StGB-*Samson/Günther*, § 263 Rn. 98.

[849] *Hartmann*, Vermögensverfügung, S. 80 ff.; *Joecks*, Vermögensverfügung, S. 42 ff./130 ff.; *Klimke*, JZ 1980, 581 (582); *Krack/Radtke*, JuS 1995, 17 (19); *Linnemann*, wistra 1994, 167 (169); *Maurach/Schroeder/Maiwald*, BT 1, § 41 Rn. 81; *Offermann-Burckart*, Vermögensverfügungen, S. 175 ff.; *Samson*, JA 1978, 564 (568); *Schröder*, JZ 1972, 707 (709); SK-StGB-*Samson/Günther*, § 263 Rn. 98. Nach *Krack/Radtke*, JuS 1995, 17 (19 Fn. 25) kommt es bei den Forderungsbetrugsfällen im Gegensatz zu den Sachbetrugsfällen sogar entscheidend auf die Frage des Näheverhältnisses an, da es um

1. Theorie von der tatsächlichen Nähe oder der tatsächlichen Einwirkungsmöglichkeit und Lagertheorie

Für die Annahme eines Dreiecksbetrugs ist sowohl nach der Theorie von der tatsächlichen Nähe als auch nach der Lagertheorie erforderlich, daß der Getäuschte in einem bestimmten Näheverhältnis zum Geschädigten steht.

Nach der Theorie von der tatsächlichen Nähe, die der Ansicht der Rechtsprechung vergleichbar ist, ist das vermögensschädigende Verhalten des mit dem Geschädigten nicht identischen Getäuschten dann als Vermögensverfügung einzustufen, wenn der Dritte aufgrund eines faktischen Näheverhältnisses die tatsächliche Verfügungsgewalt über das geschädigte Vermögen innehat[850]. Erforderlich sei, daß der getäuschte Dritte für den Geschädigten und an dessen Stelle von einer schon bestehenden Einwirkungsmöglichkeit auf die ihm nahestehende Sache als Folge der Täuschung zum Nachteil des Geschädigten Gebrauch mache[851].

Die aus den Überlegungen *Schröders*[852] entwickelte Lagertheorie stellt darauf ab, ob der Getäuschte bildlich gesprochen im Lager des Geschädigten steht[853]. Für den Dreieckssachbetrug sei erforderlich, daß der Verfügende demselben Machtkreis angehöre, dem die weggenommene Sache entstamme[854]. Eine rein faktische Einwirkungsmöglichkeit auf das fremde Vermögen für sich allein reiche nicht aus[855]. Der Verfügende müsse schon vor der Täuschung in einer besonderen Beziehung zu der Sache gestanden haben[856], so daß sich sein Handeln gewissermaßen als ein Weggeben von innen nach außen darstelle[857]. Nur die tatsächliche Stellung des Getäuschten könne die Zuordnung seines Handelns zur Sphäre des Geschädigten rechtfertigen. Ein Betrug komme daher nicht in Betracht, wenn der Täter einen

---

das Ob der Strafbarkeit geht und nicht um ein "dogmatisches Glasperlenspiel", das *Dreher*, JR 1966, 29, in der Abgrenzung von Betrug und Diebstahl erblickt.

850 *Blei*, BT, § 61 IV 3; *Bockelmann*, BT 1, S. 78; *Dreher*, GA 1969, 56 (60); *ders.*, JR 1966, 29 (30); *Tröndle*, § 263 Rn. 24; vgl. auch *Lenckner*, Prozeßbetrug, S. 24.

851 *Dreher*, GA 1969, 56 (60); *ders.*, JR 1966, 29 (30).

852 ZStW 60 (1941), 33 ff.

853 *Eser*, StR IV, Fall 12, A 41; *Geppert*, JuS 1977, 69 (72); *Hartmann*, Vermögensverfügung, S. 65 f.; *Lackner*, § 263 Rn. 30; *Lenckner*, JZ 1966, 320 (321); LK-*Lackner*, § 263 Rn. 114; *Maurach/Schroeder/Maiwald*, BT 1, § 41 Rn. 80; *Rengier*, JZ 1995, 565 (568); Schönke/Schröder-*Cramer*, § 263 Rn. 66; *Schmidhäuser*, BT, 11/19; *Schröder*, ZStW 60 (1941), 33 (67 ff.); *Welzel*, Lehrbuch, S. 371 f.; *Wessels*, BT 2, Rn. 608; vgl. auch OLG Düsseldorf, NJW 1994, 3366 (3367); ähnlich *Herzberg*, ZStW 89 (1977), 367 (387 ff.); so wohl auch *Gribbohm*, JuS 1964, 233 (237 f.); *ders.*, NJW 1967, 1897 f.; *Haffke*, GA 1972, 225 (232); *Krack/Radtke*, JuS 1995, 17 (19).

854 *Lenckner*, JZ 1966, 320 (321); Schönke/Schröder-*Cramer*, § 263 Rn. 66.

855 Schönke/Schröder-*Cramer*, § 263 Rn. 66.

856 Schönke/Schröder-*Cramer*, § 263 Rn. 66.

857 *Eser*, StR IV, Fall 12, A 41.

gutgläubigen Extraneus, der nicht im Lager des Geschädigten stehe, benutze, um in den Besitz der Sache zu gelangen[858]. Dieses ergebe sich aus der besonderen Struktur des Betrugs, für den die durch Täuschung bewirkte Selbstschädigung des Opfers typisch sei[859]. Wenn der getäuschte Dritte außerhalb der Herrschaftssphäre des geschädigten Vermögens stehe, komme kein Betrug, sondern allenfalls Diebstahl in Betracht[860].

Wenn man der Theorie von der tatsächlichen Einwirkungsmöglichkeit oder der Lagertheorie folgt, ergeben sich Bedenken gegen die grundsätzliche Möglichkeit des Prozeßbetrugs. Sowohl die Theorie von der tatsächlichen Einwirkungsmöglichkeit als auch die Lagertheorie verlangen, daß der Getäuschte näher zum Geschädigten steht als zum Täter. Dieses Erfordernis ergibt sich bei der Theorie von der tatsächlichen Einwirkungsmöglichkeit daraus, daß der Getäuschte für den Geschädigten und an dessen Stelle auf eine ihm nahestehende Sache einwirken muß. Zwar steht auch der Dritte, der in einem Verhältnis zu dem Geschädigten steht, das sich von einem beliebigen Außenstehenden unterscheidet, der Sache in gewisser Weise nahe; der Dritte, der dabei in demselben Verhältnis zum Täter und dessen Vermögen steht, wird aber nicht, wie von der Theorie von der tatsächlichen Einwirkungsmöglichkeit verlangt, für den Geschädigten und an dessen Stelle tätig. Die Voraussetzung der größeren Nähe des Getäuschten zum Geschädigten als zum Täter ergibt sich bei der Lagertheorie daraus, daß der Getäuschte im Lager oder Machtkreis des Geschädigten stehen muß. Der Getäuschte, der von dem Geschädigten und dem Täter gleich weit entfernt ist, kann nicht als im Lager des Geschädigten stehend angesehen werden.

Die Voraussetzung, daß der Getäuschte näher zum Geschädigten steht als zum Täter, ist beim Prozeßbetrug nicht erfüllt.

Der Richter ist unabhängig und nur dem Gesetz unterworfen. Dieser Grundsatz ist ausdrücklich in Art. 97 I GG und § 25 DRiG[861] normiert. Der Richter handelt als unabhängige Institution, er steht als neutraler Dritter zwischen den Parteien[862]. Aufgabe des Richters ist es, den zwischen den Parteien bestehenden Streit zu schlichten. Dabei steht er allein schon wegen seiner Verpflichtung zur Objektivität und Neutralität weder näher an der einen noch an der anderen Partei. Bei dem Richter handelt es sich insoweit um einen Außenstehenden, um einen "gutgläubigen Extraneus" im von *Lenckner* gebrauchten Sinne. Er steht nicht als Repräsentant gerade im Lager oder Machtkreis des Geschädigten, da keine größere Nähe zum

---

858 *Lenckner*, JZ 1966, 320 (321).

859 *Lenckner*, JZ 1966, 320 (321). Vgl. auch *Hartmann*, Vermögensverfügung, S. 59 f., der verlangt, daß der Getäuschte "Repräsentant" des Geschädigten ist.

860 *Lenckner*, JZ 1966, 320 (321).

861 Vgl. auch § 1 GVG.

862 So auch *Amelung*, GA 1977, 1 (15).

Vermögen der unterlegenen Partei im Vergleich zu dem des Täters gegeben ist. Der Richter handelt bei dem Erlaß einer Entscheidung nicht für die unterlegene Partei und an deren Stelle, er handelt vielmehr für beide Parteien gleichermaßen[863].

Eine Stellung des getäuschten Gerichts gerade auf Seiten der unterlegenen Partei bzw. deren Vermögen ergibt sich insbesondere nicht aus der rechtlichen Befugnis des Gerichts zur Verfügung über das Vermögen dieser Partei. Die Besonderheit besteht im Zivilprozeß darin, daß der Richter rechtlich nicht nur befugt ist, über das Vermögen der unterlegenen Partei zu verfügen. Bei anderem Prozeßausgang hätte er gleichfalls die Möglichkeit gehabt, zum Nachteil des Vermögens der anderen Partei zu verfügen. Die Möglichkeiten des Richters, auf das Vermögen der einen oder anderen Partei einzuwirken, sind identisch. Die rechtliche Befugnis des Richters ist in beiden Richtungen gegeben. Diese Konstellation ist einmalig.

In den anderen Fällen, in denen jemand zur Verfügung über fremdes Vermögen befugt ist, ist er nicht gleichzeitig auch rechtlich befugt, über das Vermögen des Täters zu verfügen. Daher ergibt sich zum Beispiel in den Fällen, in denen der Bevollmächtigte über das Vermögen des Geschäftsherrn, der gesetzliche Vertreter über das Vermögen des Kindes, das Organ einer juristischen Person über das Vermögen derselben, der Konkursverwalter über das Vermögen des Gemeinschuldners oder der Testamentsvollstrecker über das Vermögen des Erben verfügt, immer eine eindeutige Zuordnung der Verfügung und des verfügenden Getäuschten zum Vermögen des Geschädigten. Dort ist die Befugnis lediglich in eine Richtung gegeben. Eine Nähe gleichzeitig zum Täter und zu dessen Vermögen fehlt in diesen Fällen. Nicht jedoch ergibt sich eine entsprechende Zuordnung des in beide Richtungen zur Verfügung befugten Richters gerade zum Vermögen der unterlegenen Partei. Aus diesem Grund läßt sich aus der rechtlichen Befugnis des Richters, über das Vermögen der unterlegenen Partei zu verfügen, nicht ein Näheverhältnis zwischen getäuschtem Richter und Geschädigtem herleiten[864].

Die Anforderungen, die die Theorie von der tatsächlichen Einwirkungsmöglichkeit und die Lagertheorie an das Näheverhältnis stellen, sind beim Prozeßbetrug im Verhältnis von Gericht und unterlegener Partei nicht erfüllt. Der Richter steht nicht im Lager oder Machtkreis der unterlegenen Partei, ebensowenig verfügt er gerade für die unterlegene Partei und an deren Stelle. Es ist lediglich ein Näheverhältnis in dem Sinne gegeben, daß das Gericht gegenüber dem betroffenen Vermögen der unterlegenen Partei näher steht als ein beliebiger Außenstehender. Dieses allein ist aber nicht ausreichend, um von einem Näheverhältnis in dem von der Theorie der tatsächlichen Einwirkungsmöglichkeit oder der Lagertheorie verstandenen Sinne zu sprechen.

---

863 Vgl. *Hartmann*, Vermögensverfügung, S. 61/64.

864 Das scheint *Lackner* (§ 263 Rn. 29 und in: LK, § 263 Rn. 110) zu übersehen, wenn er sämtliche Fälle, in denen jemand zur Verfügung über fremdes Vermögen befugt ist, gleich behandelt.

Bei Zugrundelegung dieser Ansichten fällt die Täuschung des Gerichts durch die Prozeßpartei, das daraufhin über das Vermögen der anderen Partei verfügt, nicht unter den Betrugstatbestand.

Auch die von *Eser* für eine Verfügung i. S. von § 263 StGB aufgestellte Voraussetzung, nach der der Getäuschte nicht nur objektiv im Lager des Geschädigten stehen, sondern auch subjektiv im vermeintlichen Interesse des Betroffenen handeln müsse[865], ist im Fall des Prozeßbetrugs nicht gegeben. Die Verfügung des Richters ergeht nicht im Namen der unterlegenen Partei, sondern "im Namen des Volkes"[866]. Der Richter hat nicht den Willen, für die unterlegene Partei zu handeln. Er will lediglich entsprechend seiner ihm durch Gesetz zugewiesenen Aufgabe den zwischen den Parteien bestehenden Streit schlichten. Dabei entscheidet der Richter – zumindest im kontradiktorischen Verfahren – bewußt entgegen dem ausdrücklich geäußerten Willen der unterlegenen Partei[867]. Auch wenn der Richter von der Richtigkeit seiner Entscheidung überzeugt ist, weiß er etwa aufgrund des gestellten Klag- bzw. Klagabweisungsantrags, daß die unterlegene Partei eine solche Entscheidung nicht will. Da der Geschädigte regelmäßig ausdrücklich widerspricht, erkennt der Richter, daß der Geschädigte mit seiner Entscheidung nicht einverstanden ist; im Gegensatz dazu glaubt der verfügende Dritte in den übrigen Fällen des Dreiecksbetrugs in der Regel, sich im Rahmen des Erlaubten zu halten. Der verfügende Richter handelt hingegen bewußt entgegen dem Willen und dem Interesse der unterlegenen Partei.

Ebenfalls auf ein Handeln des Getäuschten im Interesse des Geschädigten stellt auch *Herzberg*[868] ab. Für die Annahme einer Vermögensverfügung im Rahmen des Dreieckssachbetrugs sei neben der tatsächlichen Sachgewalt des Getäuschten erforderlich, daß der Getäuschte guten Glaubens handle. Er müsse annehmen, dem Willen des Vermögensinhabers zu dienen, da er sonst die Position des für den Berechtigten handelnden Stellvertreters verlasse und die des Gegners einnehme[869]. Eine gutgläubige Verfügung sei auch dann noch gegeben, wenn der Dritte irrig von Umständen ausgehe, die, lägen sie wirklich vor, eine Legitimation kraft mutmaßlicher Einwilligung ergäben[870].

Diese Voraussetzung ist beim Prozeßbetrug nicht erfüllt. Der verfügende Richter ist nicht gutgläubig. Da *Herzberg* eine gutgläubige Verfügung ablehnt, wenn der getäuschte Dritte irrtümlich lediglich an die objektive Nützlichkeit seines Tuns glaubt,

---

865 *Eser*, StR IV, Fall 12, A 41.
866 Vgl. § 311 I ZPO.
867 Vgl. auch *Kindhäuser*, JR 1997, 301 (303).
868 ZStW 89 (1977), 367 (406 ff.).
869 *Herzberg*, ZStW 89 (1977), 367 (412 f.).
870 *Herzberg*, ZStW 89 (1977), 367 (413 f.).

dabei aber weiß, daß der Geschädigte sein Verhalten nicht billigt[871], liegt eine solche im Fall des Prozeßbetrugs nicht vor. Dem Richter ist regelmäßig – zumindest im kontradiktorischen Verfahren – bekannt, daß die unterlegene Partei eine Entscheidung anderen Inhalts begehrt, als er sie erläßt. Auch wenn der Richter wegen der geltenden Wahrheitspflicht (§ 138 I ZPO) überzeugt sein sollte, daß die täuschende Partei wahrheitsgemäß vorträgt[872] und daß seine Entscheidung mit der materiellen Rechtslage übereinstimmt, so ist ihm doch bekannt, daß er entgegen den Interessen der unterlegenen Partei handelt. Eine Gutgläubigkeit i. S. *Herzbergs* liegt daher nicht vor.

Herzberg müßte aus diesem Grund an sich das Vorliegen einer betrugsrelevanten Vermögensverfügung im Fall des Prozeßbetrugs ablehnen. *Herzberg* erkennt die Konsequenzen seiner Auffassung und behauptet, es komme beim Prozeßbetrug ausnahmsweise nicht auf irgendeine Nähebeziehung an[873]. Diese Folgerung ist fragwürdig. Der Rechtssicherheit willen ist eine Gleichbehandlung der verschiedenen besonderen Betrugsformen, die sich herausgebildet haben, erforderlich. Nur weil ein Näheverhältnis im Fall des Prozeßbetrugs nicht begründet werden kann, kann auf dieses Erfordernis nicht verzichtet werden. Ein Verzicht auf das Vorliegen eines Näheverhältnisses ist nur möglich, wenn es allgemein für den Dreiecksbetrug entbehrlich ist[874].

Anders als *Eser* und *Herzberg* verlangt *Hartmann*[875] nicht unbedingt ein Handeln des Getäuschten im – wirklichen oder vermeintlichen – Interesse des Geschädigten. *Hartmann* will sowohl beim Dreieckssachbetrug als auch beim Dreiecksbetrug in bezug auf Forderungen und Rechte, den er als "Nicht-Sachbetrug" bezeichnet[876], die Stellung des Getäuschten als Repräsentant im Lager des Geschädigten anhand eines objektiven und subjektiven Zuordnungsmerkmals näher konkretisieren. Die ausschlaggebende Rolle habe das objektive Zuordnungskriterium der Vertretungsmacht, wobei nicht einmal der Wille des Getäuschten, gegen die Interessen des Geschädigten zu handeln, seine Repräsentantenstellung beseitigen solle. Wenn ein objektives Zuordnungsmerkmal fehle, könne der Wille des Verfügenden, im Interesse des Berechtigten tätig zu werden, ausnahmsweise dann eine größere Nähe zu diesem und damit eine Repräsentantenstellung des Getäuschten begründen, wenn der Wille des Getäuschten insofern von der Täuschung unbeeinflußt geblieben sei[877]. Es sei dann ausreichend, wenn der Getäuschte lediglich subjektiv auf der Seite des

---

871 *Herzberg*, ZStW 89 (1977), 367 (413 f.).

872 Siehe dazu oben 2. Teil A II 2 a (2) (b).

873 *Herzberg*, ZStW 89 (1977), 367 (406).

874 Siehe dazu unten 3. Teil B.

875 Vermögensverfügung, S. 65 ff.

876 *Hartmann*, Vermögensverfügung, S. 80.

877 *Hartmann*, Vermögensverfügung, S. 78.

Geschädigten stehe, da es nur um die Frage gehe, ob das Täterverhalten als Fremd- oder Opferschädigung zu werten sei.

Hartmann ist darin zuzustimmen, daß die rechtliche Befugnis des Richters zur Verfügung über das Vermögen der unterlegenen Partei nicht ausreichend ist, um seine Repräsentantenstellung im Lager der geschädigten Partei zu begründen, da seine Entscheidung nicht nur gegenüber dem Geschädigten, sondern in gleicher Weise gegenüber der täuschenden Gegenpartei Wirkungen entfaltet[878]. Da die rechtliche Befugnis ausnahmsweise – anders als in den Fällen der Vertretungsmacht – nicht zur Begründung einer Repräsentantenstellung geeignet ist und es auch an einem Handeln des Richters im Interesse der unterlegenen Partei fehlt[879], liegt in der Verfügung des Richters eine den Betrug ausschließende Fremdschädigung[880].

Die Anforderungen, die *Lackner*[881] an die Verfügungsbefugnis des Getäuschten beim Dreiecksbetrug stellt, sind gegenüber denen der anderen Vertreter der Lagertheorie abgeschwächt. Um von einer Vermögensverfügung sprechen zu können, verlangt *Lackner* lediglich ein irgendwie geartetes Näheverhältnis, das den Getäuschten in eine engere Beziehung zu dem betroffenen Vermögen bringt als den beliebigen Außenstehenden.

Für den Dreieckssachbetrug sei erforderlich, daß der Getäuschte bei der Vornahme seiner Vermögensverfügung eine Hüteraufgabe gehabt und deshalb in einer (beschränkten) Herrschaftsbeziehung zur Sache gestanden und sich im Rahmen der Möglichkeiten gehalten habe, die ihm nach seiner Vorstellung zur Erfüllung der Hüteraufgabe eingeräumt worden seien. Unter dieser Voraussetzung habe er objektiv sein besonderes Machtverhältnis zur Sache ausgenutzt und zugleich dadurch, daß er im Interessenkreis des Vermögensträgers gehandelt habe, auch nicht wie ein beliebiger Außenstehender in das Vermögen eingegriffen[882]. Allein eine dem Getäuschten verliehene – sei es auch auf die Vornahme tatsächlicher Handlungen beschränkte – Rechtsmacht genüge für die Annahme, daß er den Geschädigten repräsentiere und ihn im Willen vertrete[883].

Lackner überträgt diese Anforderungen insoweit auf den Dreiecksbetrug in bezug auf Forderungen und Rechte, als für diesen erforderlich sei, daß der Getäuschte eine besondere tatsächliche oder rechtliche Macht besitzen müsse, die ihm den Zugriff auf das betroffene Vermögen im Verhältnis zum Außenstehenden erleichtere[884]. Wenn dem Getäuschten eine besondere, nicht jedermann zu Gebote stehende

---

[878] *Hartmann*, Vermögensverfügung, S. 61/64.

[879] Ebenso *Hartmann*, Vermögensverfügung, S. 64.

[880] So auch *Hartmann*, Vermögensverfügung, S. 65, wenn er annimmt, "der von der h. M. als "Prozeßbetrug" bezeichnete Sachverhalt ist kein (Dreiecks-)Betrug."

[881] In: LK, § 263 Rn. 110 ff.

[882] LK-*Lackner*, § 263 Rn. 114.

[883] LK-*Lackner*, § 263 Rn. 112.

[884] LK-*Lackner*, § 263 Rn. 115.

Macht verliehen worden sei, durch sein Verhalten Reflexwirkungen in einem fremden Vermögen zu erzeugen, und die Schädigung denkgesetzlich nur durch Realisierung dieser Macht möglich sei, komme es auf ein Handeln im Interessenkreis des Geschädigten nicht an; diese letztere Einschränkung diene nämlich nur der Ausscheidung von Fällen, in denen der Getäuschte nicht auf der Grundlage einer ihm verliehenen besonderen Macht gehandelt, sondern einen Angriff wie ein beliebiger Außenstehender geführt habe. Eine weiter einschränkende Wirkung des "Näheverhältnisses" lasse sich aus dem Gesetz nicht begründen; auch sei das Ergebnis kriminalpolitisch – zur Vermeidung ungerechtfertigter Strafbarkeitslücken – erwünscht[885].

Wenn man mit *Lackner* für die Annahme eines Dreiecksbetrugs in bezug auf Forderungen und Rechte ein irgendwie geartetes Näheverhältnis als ausreichend ansieht, das den Getäuschten in eine engere Beziehung zu dem betroffenen Vermögens bringt als den beliebigen Außenstehenden, und daneben auf ein Handeln im Interessenkreis des Geschädigten verzichtet, ist die Möglichkeit eines Prozeßbetrugs konsequent zu begründen. Das Gericht ist rechtlich befugt, über das Vermögen der geschädigten Partei zu verfügen, und unterscheidet sich dadurch in seinem Verhältnis zu ihr von einem beliebigen Außenstehenden. Fraglich ist jedoch, ob *Lackner* nicht nur um der Vermeidung von Strafbarkeitslücken willen die Betrugsstrafbarkeit unvertretbar weit ausdehnt. Widersprüche innerhalb seiner eigenen Argumentation ergeben sich auch dann, wenn man seine Ausführungen zum Betrug als Selbstschädigungsdelikt[886] berücksichtigt. Die Beschränkung der Verfügungsbefugnis im Rahmen des Dreiecksbetrugs in bezug auf Forderungen und Rechte nur insoweit, als der Getäuschte nicht wie ein beliebiger Außenstehender handeln können muß, hat zur Folge, daß auch Sachverhalte unter den Betrugstatbestand fallen, die mit einer Selbstschädigung des Opfers nichts mehr zu tun haben. Allein die Stellung des Getäuschten, die ihn von einem beliebigen Außenstehenden unterscheidet, führt nicht zwangsläufig dazu, daß das Verhalten des Getäuschten sich als Selbstschädigung des Geschädigten darstellt[887].

Widersprüche ergeben sich auch bei den Ausführungen von *Cramer* zum Dreiecksbetrug[888]. Die für eine Verfügung erforderliche Beziehung zu dem geschädigten Vermögen kann nach *Cramer* auch darin bestehen, daß der Getäuschte kraft seiner hoheitlichen Stellung unmittelbar zum Nachteil des fremden Vermögens Anordnungen treffen kann. Dieses gelte z. B. für den Prozeßrichter, den Grundbuchrichter, den Vormundschaftsrichter, den Nachlaßrichter, den Versteigerungsrichter, den Konkursverwalter, den Gerichtsvollzieher oder den Haftrichter[889]. Die Behauptung,

[885] LK-*Lackner*, § 263 Rn. 115.

[886] LK-*Lackner*, § 263 Rn. 95.

[887] Siehe dazu unten 3. Teil B.

[888] Schönke/Schröder-*Cramer*, § 263 Rn. 65 ff.

[889] Schönke/Schröder-*Cramer*, § 263 Rn. 68.

durch die Täuschung des Gerichts könne der Täter einen Betrug zum Nachteil der unterlegenen Partei begehen, ist mit der Annahme von *Cramer*, daß der Verfügende in dem Lager des Geschädigten stehen und demselben Machtkreis wie diesem angehören müsse[890], nicht zu vereinbaren. Der Richter gehört nicht dem Machtkreis oder Lager der unterlegenen Partei an. Diese Stellung ergibt sich in dem besonderen Fall des Prozeßbetrugs gerade nicht schon aus der rechtlichen Befugnis des Richters, über fremdes Vermögen zu verfügen.

Auch wenn man die von *Cramer* zum Dreiecksbetrug in bezug auf Forderungen und Rechte genannten Fälle heranzieht, ergibt sich, daß er die Möglichkeit des Prozeßbetrugs konsequenterweise ablehnen müßte. *Cramer* bejaht einen Dreiecksbetrug nur im dem Fall, daß der getäuschte Schuldner an einen Dritten leistet und dadurch von seiner Schuld gegenüber dem Gläubiger befreit wird[891]. Aufgrund des Vertragsverhältnisses bzw. der allein zwischen dem Schuldner und dem Gläubiger bestehenden Forderungsbeziehung, an der der Dritte nicht beteiligt ist, ist der getäuschte Schuldner eindeutig der Sphäre des Gläubigers zuzuordnen. An einem derartigen Näheverhältnis fehlt es in den Fällen, in denen *Cramer* einen Dreiecksbetrug in bezug auf Forderungen und Rechte ablehnt[892]. Dort sieht er die Möglichkeit, Rechtswirkungen im fremden Vermögen zu erzeugen – die etwa der Käufer, der gutgläubig Eigentum erwirbt, gegenüber dem Eigentümer oder der Schecknehmer, der gutgläubig einen nicht gedeckten Scheck annimmt, gegenüber der bezogenen Bank hat – nicht als ausreichend an. Aus welchem Grund diese Möglichkeit für den Prozeßbetrug, bei dem kein Näheverhältnis gegeben ist, ausreichen soll, bleibt unklar. *Cramer* stellt für den Prozeßbetrug auf die hoheitliche Stellung des Richters ab. Es ist jedoch nicht zu erkennen, wieso die Fähigkeit, auf fremde Rechte einzuwirken, lediglich zur Annahme einer Vermögensverfügung führen soll, wenn sie auf einer hoheitlichen Stellung beruht, nicht jedoch, wenn sie aufgrund Gesetzes besteht.

Allein wenn man mit *Lackner* zumindest im Rahmen des Dreiecksbetrugs in bezug auf Forderungen und Rechte auf ein Näheverhältnis verzichtet, das über eine Stellung des Getäuschten, die ihn von einem beliebigen Außenstehenden unterscheidet, hinausgeht, ist die Befugnis des Gerichts zur Vornahme betrugsrelevanter Verfügungen zu bejahen. Die übrigen Vertreter der Theorie von der tatsächlichen Nähe oder der Lagertheorie müßten an sich die Möglichkeit eines Prozeßbetrugs durch die Täuschung des Gerichts ablehnen, da ein Näheverhältnis mit dem von ihnen geforderten Inhalt zwischen dem Richter und der geschädigten Partei nicht gegeben ist.

---

[890] Schönke/Schröder-*Cramer*, § 263 Rn. 66.

[891] Schönke/Schröder-*Cramer*, § 263 Rn. 67.

[892] Vgl. Schönke/Schröder-*Cramer*, § 263 Rn. 67.

2. Befugnis- oder Ermächtigungstheorie

Die Vertreter der Befugnis- oder Ermächtigungstheorie verlangen für die Annahme eines Dreiecksbetrugs eine normativ zu bestimmende rechtliche Verfügungsbefugnis des Getäuschten[893]. Erforderlich sei zumindest eine relative Identität von Getäuschtem und Geschädigtem[894], so daß der Geschädigte sich die Verfügung des Getäuschten als eigene Verfügung zurechnen lassen müsse[895]. Dieses sei dann der Fall, wenn der Verfügende selbst der Vermögenssphäre des Geschädigten zuzurechnen sei[896]. Der getäuschte Dritte müsse aufgrund einer ausdrücklich oder stillschweigend erteilten Ermächtigung befugt gewesen sein, über das Vermögen des Geschädigten zu verfügen[897]. Da eine unterschiedliche Behandlung von Sach- und Forderungsbetrug nicht gerechtfertigt sei[898], müsse auch beim Dreiecksbetrug in bezug auf Forderungen und Rechte vorausgesetzt werden, daß der Getäuschte zu seinem Verhalten befugt sei[899]. Diese Befugnis könne vom Vermögensinhaber abgeleitet sein oder aus dem Gesetz hergeleitet werden[900]. Nötig sei, daß der Dritte innerhalb des geschädigten Vermögens eingesetzt sei[901].

Die Annahme der Möglichkeit eines Prozeßbetrugs scheint bei Zugrundelegung der Befugnis- oder Ermächtigungstheorie auf den ersten Blick keine Schwierigkeiten zu bereiten. Die erforderliche rechtliche Befugnis des Gerichts zur Verfügung über das Vermögen der unterlegenen Partei ergibt sich aus Gesetz. Auch die darüber hinaus teilweise verlangte Voraussetzung, daß dem getäuschten Dritten die Aufgabe gerade

---

893 *Amelung*, GA 1977, 1 (15); *Backmann*, Abgrenzung, S. 127 ff.; *Binding*, BT 1, S. 344 f.; *Joecks*, Vermögensverfügung, S. 132; *Krey*, BT 2, Rn. 417; *Linnemann*, wistra 1994, 167 (170); *Otto*, Grundkurs, § 51 III 3 b; *ders.*, ZStW 79 (1967), 59 (76 ff./84 f.); *Roxin/Schünemann*, JuS 1969, 372 (375); *Samson*, JA 1978, 564 (567); *Schünemann*, GA 1969, 46 (53); SK-StGB-*Samson/Günther*, § 263 Rn. 94 a; ähnlich *Gössel*, wistra 1985, 125 (127); *Haas*, GA 1990, 201 (205).

894 *Binding*, BT 1, S. 345; *Joecks*, Vermögensverfügung, S. 129.

895 *Backmann*, Abgrenzung, S. 129; *Joecks*, Vermögensverfügung, S. 130; *Krey*, BT 2, Rn. 417; *Otto*, Grundkurs, § 51 III 3 b; *ders.*, ZStW 79 (1967), 59 (78 ff.); *Roxin/Schünemann*, JuS 1969, 372 (375); *Schünemann*, GA 1969, 46 (53); SK-StGB-*Samson/Günther*, § 263 Rn. 88.

896 *Joecks*, Vermögensverfügung, S. 129; *Otto*, Grundkurs, § 51 III 3 b.

897 *Joecks*, Vermögensverfügung, S. 131; *Otto*, Grundkurs, § 51 III 3 b; SK-StGB-*Samson/Günther*, § 263 Rn. 94 a.

898 *Hartmann*, Vermögensverfügung, S. 80 ff.; *Joecks*, Vermögensverfügung, S. 42 ff./130 ff.; *Klimke*, JZ 1980, 581 (582); *Krack/Radtke*, JuS 1995, 17 (19); *Linnemann*, wistra 1994, 167 (169); *Maurach/Schroeder/Maiwald*, BT 1, § 41 Rn. 81; *Offermann-Burckart*, Vermögensverfügungen, S. 175 ff.; *Samson*, JA 1978, 564 (568); *Schröder*, JZ 1972, 707 (709); SK-StGB-*Samson/Günther*, § 263 Rn. 98.

899 *Joecks*, Vermögensverfügung, S. 132 f.; *Otto*, Grundkurs, § 51 III 3 b; SK-StGB-*Samson/Günther*, § 263 Rn. 98.

900 *Joecks*, Vermögensverfügung, S. 133; *Otto*, Grundkurs, § 51 III 3 b; SK-StGB-*Samson/Günther*, § 263 Rn. 98.

901 *Joecks*, Vermögensverfügung, S. 131; SK-StGB-*Samson/Günther*, § 263 Rn. 98.

in bezug auf das konkrete Vermögensstück zukommen müsse[902], ist gegeben, da das Gericht nicht zur Verfügung über das gesamte Vermögens der Parteien befugt ist, sondern nur im Rahmen des von den Parteien vorgegebenen Streitgegenstands[903].

Bedenken gegen die grundsätzliche Möglichkeit des Prozeßbetrugs ergeben sich jedoch, wenn man verlangt, daß eine relative Identität zwischen dem Getäuschten und dem Geschädigten vorliegen muß, so daß der Geschädigte sich die Verfügung des Getäuschten als eigene Verfügung zurechnen lassen muß. Eine Zurechnung der Verfügung zum Geschädigten setzt voraus, daß der Getäuschte diesem näher steht als dem Täter[904]. Eine größere Nähe des getäuschten Richters zur unterlegenen Partei als zur täuschenden Partei ist jedoch nicht gegeben.

Der Richter kann nicht als Person in der Vermögenssphäre dessen, der im Prozeß unterliegt, angesehen werden, da der Richter, je nachdem, ob der Kläger oder der Beklagte den Prozeß verliert, jeweils dem Unterlegenen zugerechnet werden müßte[905]. Er kann auch nicht als Person angesehen werden, die kraft Gesetzes bestimmten Vermögenssphären zugerechnet wird, da die Unterwerfung unter das Gerichtsverfahren nur die Einsetzung des Richters in die Vermögenspositionen beider Parteien, nicht aber in die nur einer bestimmten Partei zur Folge hat. Daß der Richter nicht der Vermögenssphäre einer bestimmten Partei zugerechnet werden kann, wird besonders deutlich in dem Fall der teilweisen Klagabweisung. Wenn der Richter einer Klage – möglicherweise bedingt durch die Täuschung beider Parteien – nur zum Teil stattgibt, verfügt er sowohl zu Lasten des Vermögens des Klägers als auch zu Lasten des Vermögens des Beklagten. Aber auch, wenn der Richter einer Klage in vollem Umfang stattgibt oder sie insgesamt abweist, wird er bei dem Erlaß der Entscheidung nicht lediglich für die unterlegene Partei, sondern gleichzeitig auch für den Täter tätig. Die Verfügung des Richters wirkt unmittelbar auch für und gegen die obsiegende Partei. Der Richter handelt gleichzeitig für beide Parteien. Die Wirkungen, die etwa ein gerichtliches Urteil entfaltet, könnten denn auch nur beide Parteien gemeinsam, z. B. durch den Abschluß eines gerichtlichen Vergleichs i. S. des § 794 I Nr. 1 ZPO herbeiführen. Der Richter kann insoweit als Person angesehen werden, die aufgrund Gesetzes befugt ist, in einem eng umgrenzten Bereich die Willenserklärungen für beide Parteien zu ersetzen. Anders als etwa Organe einer juristischen Person oder Stellvertreter wird der Richter nicht nur auf seiten des Geschädigten, sondern in gleicher Weise auf seiten des Täters tätig. Es ergibt sich damit keine Zuordnung gerade zu der unterlegenen Partei bzw. deren Vermögen.

Die Befugnistheorie führt in den übrigen Fällen des Dreiecksbetrugs und insbesondere beim Dreieckssachbetrug zu einer Einschränkung des Betrugstatbestands,

---

902 *Joecks*, Vermögensverfügung, S. 131; *Linnemann*, wistra 1994, 167 (170); SK-StGB-*Samson/Günther*, § 263 Rn. 98.

903 Vgl. § 308 I ZPO.

904 *Krack/Radtke*, JuS 1995, 17 (19).

905 Zweifelnd auch *Otto*, Grundkurs, § 51 VI 5 b.

weshalb sie teilweise kritisiert wird[906]. In diesen Fällen ist sie regelmäßig geeignet, ein Näheverhältnis des Getäuschten zum Geschädigten zu beschreiben. Dieses läßt sich jedoch nicht ohne weiteres auf den Prozeßbetrug übertragen. Da der Richter sowohl über das Vermögen des Geschädigten als auch das des Täters zu verfügen befugt ist, fehlt es trotz der sich aus Gesetz ergebenden Verfügungbefugnis des Richters an einer relativen Identität von Getäuschtem und Geschädigtem[907]. Der Richter kann nicht gleichzeitig mit dem täuschenden Täter und dem Geschädigten relativ identisch sein. Allein die rechtliche Verfügungsbefugnis des Richters ist folglich nicht ausreichend, um die Verfügung des Richters der unterlegenen Partei zuzurechnen.

Da die Verfügung des Richters einer eigenen Verfügung der Partei nicht gleichgesetzt werden kann, müßten auch die Vertreter der Befugnis- oder Ermächtigungstheorie die grundsätzliche Möglichkeit eines Prozeßbetrugs ablehnen.

Gegen die Annahme eines Betrugs durch Täuschung des Richters spricht außerdem, daß der Richter bei der Vornahme der Verfügung – dem Erlaß der für die geschädigte Partei nachteiligen Entscheidung – nicht in deren Interesse tätig wird. Dieses wird von einigen Vertretern der Befugnis- oder Ermächtigungstheorie ausdrücklich gefordert. So verlangt etwa *Linnemann* für die Bejahung des erforderlichen Näheverhältnisses, daß das Tätigwerden des Getäuschten im Interessenkreis des Vermögensinhabers erfolgen bzw. auf einer speziellen Ermächtigung seitens des Berechtigten beruhen müsse[908]. Diese Voraussetzung ist nicht gegeben. Der Richter steht, abgesehen von seiner auch gegenüber dem Täter gegebenen Möglichkeit, über das Vermögen der unterlegenen Partei zu verfügen, nicht, wie von *Linnemann* verlangt, in einer besonderen Beziehung zu deren Vermögenssphäre. Er wird insbesondere nicht im Interessenkreis gerade des Geschädigten tätig. Der Richter handelt vielmehr als unabhängige Institution, um den zwischen den Parteien bestehenden Streit zu schlichten.

Auch *Backmann*[909], der mit Einschränkungen zu den Anhängern der Befugnistheorie gezählt werden kann, verneint zumindest bei einem Handeln des Getäuschten gegen den Willen des Geschädigten das erforderliche Näheverhältnis. Er verlangt für die Annahme eines Dreieckssachbetrugs, daß die in einer Vermögensverfügung liegende Änderung der Vermögensverhältnisse an der Sache ihren Ursprung in irgendeiner Form in der Machtsphäre des Eigentümers haben, also letztlich in seinem Namen geschehen anzusehen und ihm daher zuzurechnen sein müssen[910]. Trotz der vermögensnahen Position des Verfügenden seien Handlungen, die nicht mehr von

---

906 Vgl. etwa LK-*Lackner*, § 263 Rn. 113; *Offermann-Burckart*, Vermögensverfügungen, S. 99.

907 So auch *Grünhut*, JW 1925, 1498, der sich aus diesem Grund gegen die Konstruktion des Prozeßbetrugs ausspricht. Anders *Ganske*, Prozeßbetrug, S. 201.

908 *Linnemann*, wistra 1994, 167 (170).

909 Abgrenzung, S. 129 ff.

910 *Backmann*, Abgrenzung, S. 129.

der Aufgabe gedeckt würden, mit der Sache in einer bestimmten, den Interessen des Eigentümers entsprechender Weise zu verfahren, gegen den Bestand des Eigentümervermögens gerichtet und daher keine Verfügungen, sondern Handlungen, die dem Täter einen Zueignungsakt ermöglichten[911].

Die Anforderungen, die *Backmann* an die Verfügungsbefugnis des Getäuschten beim Dreiecksbetrug stellt, sind beim Prozeßbetrug nicht erfüllt. Die Verfügungsbefugnis des Richters beruht auf Gesetz, sie hat ihren Ursprung nicht in der Machtsphäre der unterlegenen Partei. Die Verfügung des Richters kann schon aus diesem Grund nicht als im Namen der unterlegenen Partei geschehen angesehen werden. Auch handelt der Richter nicht in einer den Interessen des Geschädigten entsprechender Weise. Er handelt vielmehr gerade entgegen dessen – in der Regel ausdrücklich geäußerten – Willen. Nach *Backmann* wäre die Verfügung des Richters daher eher dem Täter als dem Geschädigten zuzurechnen.

Bei den Ausführungen *Backmanns* zum Prozeßbetrug, den er dennoch für möglich hält, bleibt unklar, wieso sich allein aus der Aufgabe des Richters, mit Wirkung für und gegen die Parteien den Übergang einer Sache aus dem einen in das andere Vermögen herbeizuführen oder auch über die Zugehörigkeit einer in ihrer Zuordnung umstrittenen Sache zu dem einen oder anderen Vermögen zu befinden[912], eine Zurechnung der Verfügung des Richters gerade zum Vermögen der unterlegenen Partei ergeben sollte.

Da der Richter gegen den ausdrücklich erklärten Willen der unterlegenen Partei handelt, muß auch, wenn man die von *Otto* zum Dreieckssachbetrug vertretene Meinung[913] konsequent auf den Prozeßbetrug überträgt, die Möglichkeit eines Betrugs durch die Täuschung des Richters abgelehnt werden. *Otto* erkennt selbst, daß der Richter nicht gerade der Vermögenssphäre der unterlegenen Partei zugerechnet werden kann[914].

Nach *Otto* sind etwa Verfügungen von Gewahrsamshütern wie Selbstschädigungsakte des Berechtigten zu werten. Um die Möglichkeit der Selbstschädigung auszuschließen, stehe es dem Berechtigten frei, das durch klare Umgrenzungen der Aufgaben des Gewahrsamshüters zu tun. Andererseits stehe ein Gewahrsamshüter, der sich verleiten lasse, gegen den erklärten Willen des Berechtigten zu handeln, als Hilfsperson auf seiten des Täters, auch wenn er glaube, die in Frage stehende Handlung wirke sich letztlich zugunsten des Berechtigten aus[915].

Der Prozeßpartei fehlt es an der Möglichkeit, die Entscheidungsmöglichkeiten des Richters wirksam zu begrenzen. Zwar ist es aufgrund der im Zivilprozeß geltenden Verhandlungsmaxime allein Aufgabe der Parteien, den für die Entscheidung

---

[911] *Backmann*, Abgrenzung, S. 130 f.

[912] *Backmann*, Abgrenzung, S. 136.

[913] *Otto*, Grundkurs, § 51 III 3 b; *ders.*, ZStW 79 (1967), 59 (79 ff.).

[914] *Otto*, Grundkurs, § 51 VI 5 b.

[915] *Otto*, ZStW 79 (1967), 59 (85).

erheblichen Sachverhalt vorzutragen. Die Partei kann aber allein durch ihren von dem der täuschenden Partei abweichenden Vortrag den Richter nicht hindern, eine für sie nachteilige Entscheidung zu erlassen. Außerdem entscheidet der Richter – zumindest im kontradiktorischen Verfahren – immer gegen den erklärten Willen der unterlegenen Partei. Nach *Ottos* Ansicht müßte der Richter demnach immer eine Hilfsperson des Täters sein, zumal er nie glaubt, daß seine Entscheidung sich letztlich zugunsten der unterlegenen Partei auswirkt. Der Richter handelt vielmehr bewußt gegen den ausdrücklich geäußerten entgegenstehenden Willen der unterlegenen Partei. Eine Zurechnung des Verhaltens des Richters zur geschädigten Partei kommt demnach trotz der rechtlichen Verfügungsbefugnis nicht in Betracht.

Otto behandelt ausdrücklich das Problem des Näheverhältnisses beim Prozeßbetrug[916]. Er führt aus, daß es zweifelhaft sei, den Richter als Person in der Vermögenssphäre dessen, der im Prozeß unterliegt, anzusehen, da der Richter, je nachdem, ob der Kläger oder der Beklagte den Prozeß verliert, jeweils dem Unterlegenen zugerechnet werden müßte. Außerdem fehle es an einem positiven Akt des Betroffenen, der dem Richter diese Vermögensposition einräume. Der Richter müsse gleichsam als Person angesehen werden, die kraft Gesetzes bestimmten Vermögenssphären zugerechnet werde. Die Unterwerfung unter das Gerichtsverfahren habe gleichsam die Einsetzung des Richters in bestimmte Vermögenspositionen zur Folge.

Diese Ausführungen von *Otto* zum Prozeßbetrug sind nicht überzeugend. Es bleibt unklar, auf welcher gesetzlichen Grundlage der Richter "kraft Gesetzes" jeweils der Vermögenssphäre der unterlegenen Partei zugerechnet werden sollte. Auch die Unterwerfung unter das Gerichtsverfahren hat zur Folge, daß der Richter jeweils beiden Parteien, also dem Täter und dem Geschädigten, nahe steht. Diese Herleitung eines "Näheverhältnisses" ist sichtlich von dem Wunsch nach dem richtigen Ergebnis getragen.

Bei Zugrundelegung der Befugnis- oder Ermächtigungstheorie läßt sich die Möglichkeit eines Prozeßbetrugs durch die Täuschung des Gerichts nicht überzeugend herleiten, da auch die rechtliche Befugnis des Richters nicht dazu führt, daß seine Verfügung der unterlegenen Partei als eigene zugerechnet werden kann.

3. Offermann-Burckart

Die von *Offermann-Burckart*[917] vertretene Ansicht kann den bisher dargestellten nicht zugeordnet werden, da sie einen vollständig anderen Ansatz verfolgt. *Offermann-Burckart* greift bei der Feststellung der verfügungsfähigen Drittpersonen auf den Anknüpfungspunkt für den gutgläubigen Erwerb vom Nichtberechtigten i. S. der

---

916 *Otto*, Grundkurs, § 51 VI 5 b.

917 Vermögensverfügungen, S. 148 ff.

§§ 932 ff. BGB – die bewußte und gewollte Besitzübertragung –[918] und auf die Gesichtspunkte zurück, nach denen im Zivilrecht eine berechtigte und eine unberechtigte Geschäftsführung ohne Auftrag (GoA) voneinander abgegrenzt werden[919]. Das schädigende Verhalten eines getäuschten Dritten sei dann als Vermögensverfügung i. S. von § 263 StGB zu werten, wenn zwei kumulative Voraussetzungen gegeben seien[920].

Beim Dreieckssachbetrug müsse der Geschädigte dem Dritten bewußt und gewollt die tatsächliche Gewalt oder die mittelbare Dispositionsmöglichkeit über die betroffene Sache übertragen oder überlassen haben (oder die Übertragung der Sachgewalt auf den Dritten müsse auf Gesetz beruhen), und die Weggabe der Sache oder die sonstige Disposition über die Sache durch den Dritten müßte dann, wenn die den Inhalt der Täuschung bildende Behauptung wahr gewesen wäre, dem wirklichen oder mutmaßlichen Willen des Geschädigten (oder – sofern der Geschädigte nicht zu einer eigenen Willensbildung fähig sei – seinem Interesse) entsprochen haben[921].

Entsprechend müsse beim Dreiecksbetrug in bezug auf Forderungen und Rechte der Geschädigte dem Dritten bewußt und gewollt die Macht eingeräumt haben, Dispositionen über (oder mit Wirkung auf) sein Vermögen zu treffen (oder die Einräumung der Macht auf Gesetz beruhen), und die Disposition des Dritten über (oder mit Wirkung auf) das Vermögen des Geschädigten müßte dann, wenn die den Inhalt der Täuschung bildende Behauptung wahr gewesen wäre, dem wirklichen oder mutmaßlichen Willen des Geschädigten (oder – sofern der Geschädigte nicht zu einer eigenen Willensbildung fähig sei – seinem Interesse) entsprochen haben[922].

Die Verfügung des Richters beim Prozeßbetrug bejaht *Offermann-Burckart* mit der Begründung, daß die Fähigkeit des Prozeßrichters, über fremde Vermögensverhältnisse zu entscheiden, auf Gesetz beruhe, dem die Prozeßparteien unterworfen seien. Ohne die Täuschung des Täters würde das Verfahren zu einem Ergebnis führen, das gesetzeskonform wäre und daher letztlich auch dem Willen des Prozeßgegners entspräche. Dabei stellt sie auf den redlichen Anspruchsteller oder -gegner ab, der eine der materiellen Rechtslage und / oder der tatsächlichen Beweislage entsprechende Entscheidung wolle[923], und weist darauf hin, daß der – unredliche – Anspruchsteller oder -gegner, dessen Wille auf eine der materiellen Rechtslage widersprechende Entscheidung gerichtet sei, vom Standpunkt zahlreicher Vertreter der "juristisch-ökonomischen Vermittlungslehre" auch gar keinen Schaden erleide[924].

---

918 *Offermann-Burckart*, Vermögensverfügungen, S. 149 ff.
919 *Offermann-Burckart*, Vermögensverfügungen, S. 162 ff.
920 *Offermann-Burckart*, Vermögensverfügungen, S. 169 f.
921 *Offermann-Burckart*, Vermögensverfügungen, S. 169 f.
922 *Offermann-Burckart*, Vermögensverfügungen, S. 205.
923 *Offermann-Burckart*, Vermögensverfügungen, S. 183.
924 *Offermann-Burckart*, Vermögensverfügungen, S. 183 Fn. 479.

Es ist zwar nicht zu beanstanden, daß *Offermann-Burckart* auf die redliche Partei abstellt. Grundsätzlich mag die von ihr entwickelte Theorie auch zu sachgerechten Ergebnissen führen, sie ist jedoch nicht in der Lage, die Besonderheit des Zivilprozesses zu berücksichtigen. Im Normalfall des kontradiktorischen Verfahrens weiß der verfügende Richter nämlich gerade, daß er nicht im Interesse der unterlegenen Partei handelt. Er weist bewußt ihren Antrag ab. Eine entsprechende GoA, aus deren Grundsätzen *Offermann-Burckart* ihre Theorie ableitet, wäre unberechtigt, da sie dem ausdrücklichen Willen des Geschäftsherrn widersprechen würde. Da im Fall des Zivilprozesses der wirkliche Wille der unterlegenen Partei bekannt ist, kann nicht mehr auf einen mutmaßlichen Willen der redlichen Partei abgestellt werden. Mutmaßungen sind regelmäßig dort nicht mehr zulässig, wo das Gegenteil offenkundig ist. Der entscheidende Richter hat auch gar nicht den Willen, im Interesse der unterlegenen Partei tätig zu werden. Er handelt vielmehr bewußt entgegen deren ausdrücklich geäußerten Willen. Aus diesem Grund ist die von *Offermann-Burckart* entwickelte Theorie für die Entscheidung, ob beim Prozeßbetrug ein Näheverhältnis des Richters zur unterlegenen Partei gegeben ist, untauglich.

4. Kindhäuser

Einen von den übrigen Ansichten abweichenden Ansatz vertritt auch *Kindhäuser*[925]. Er behauptet, der Betrug sei ein vermögensschädigendes Freiheitsdelikt. Deshalb müsse für die Annahme eines Betrugs der Wahrheitsanspruch des Geschädigten verletzt sein. Die Annahme einer Vermögensverfügung setzt nach *Kindhäuser* voraus, daß der Getäuschte ein von dem Geschädigten abgeleitetes Recht auf Wahrheit gegenüber dem Täuschenden hat. Täuschungen Dritten gegenüber sollen nur dann betrugsrelevant sein, wenn sie es auch gegenüber dem Geschädigten selbst gewesen wären[926]. Die zur Selbstschädigung veranlassende Täuschung liege dann nicht vor, wenn zwischen dem, was der Geschädigte wolle, und dem, was der Verfügende ausführe, eine Diskrepanz bestehe[927].

Übertragen auf den Prozeßbetrug führt die Ansicht *Kindhäusers* zur Ablehnung der Möglichkeit eines Prozeßbetrugs. Die Täuschung des Richters im Zivilprozeß könnte gerade keine gegenüber dem Prozeßgegner relevante Täuschung sein. Der unterlegenen Partei ist regelmäßig bekannt, daß der Gegner falsche Tatsachen behauptet. Sonst würde er nichts Abweichendes vortragen, so daß diese Tatsache unstreitig und ein Irrtum des Richters ausgeschlossen wäre. Ein Irrtum des Richters ist folglich nur dann möglich, wenn die unterlegene Partei etwas von dem Vortrag des Täuschenden Abweichendes behauptet[928]. Da ihr somit die Unwahrheit der behaupteten Tatsache bekannt ist, käme sie als Adressat der Täuschung nicht in

925 ZStW 103 (1991), 398 (420 ff.).
926 *Kindhäuser*, ZStW 103 (1991), 398 (420).
927 *Kindhäuser*, ZStW 103 (1991), 398 (422).
928 Siehe dazu oben 2. Teil A II 1.

Betracht. Die Täuschung gegenüber dem Richter ist somit bei Zugrundelegung der Ansicht von *Kindhäuser* nicht betrugsrelevant. Der Prozeßbetrug ist danach kein Betrug i. S. des § 263 StGB.

Um dieses Ergebnis zu vermeiden, stellt *Kindhäuser* ausdrücklich klar, daß die von ihm entwickelte Theorie nicht auf den Prozeßbetrug angewendet werden könnte. Für diesen solle etwas anderes gelten, da der Getäuschte in diesem Fall ein originäres Recht auf Wahrheit habe, das er zugunsten des Geschädigten ausübe. Der Geschädigte könne sein Recht auf Wahrheit selbst gar nicht in Anspruch nehmen, sondern müsse sich der Vermittlung eines Dritten bedienen. Deshalb sei entscheidend, daß die Distanz zwischen Getäuschtem und Geschädigtem nicht faktisch bedingt, sondern normativ zwingend sei[929].

Die abweichende Behandlung des Prozeßbetrugs durch *Kindhäuser* vermag nicht zu überzeugen, da aus Gründen der Rechtssicherheit sämtliche Fälle des Betrugs gleich zu behandeln sind. Außerdem bleibt unklar, wie von einer Selbstschädigung gesprochen werden kann, wenn zwischen dem verfügenden Richter und der geschädigten Partei eine Distanz besteht, auch wenn sie normativ zwingend ist. *Kindhäuser* führt in bezug auf den Prozeßbetrug aus, daß es "schwer einzusehen" sei, wie dem Geschädigten eine (offen) gegen seinen Willen vorgenommene Verfügung des Dritten zurechenbar sein soll[930]; wie er gleichzeitig annehmen kann, daß der Richter gerade an Stelle des Geschädigten handelt[931], vermag er allerdings nicht zu erklären.

B. Stellungnahme

Bei konsequenter Anwendung der von der Lehre vertretenen Ansichten zum Dreiecksbetrug ergibt sich, daß die Verfügung des Gerichts nicht betrugsrelevant ist.

Ein Näheverhältnis zwischen dem Richter, der getäuscht wird und daraufhin verfügt, zu der geschädigten, unterlegenen Partei läßt sich insoweit nicht herleiten, als für dieses vorausgesetzt wird, daß der Getäuschte dem Geschädigten näher steht als dem Täter.

Allein wenn man mit *Lackner* zumindest im Rahmen des Dreiecksbetrugs in bezug auf Forderungen und Rechte auf ein Näheverhältnis verzichtet, das über die sich von einem beliebigen Außenstehenden unterscheidende Stellung des Getäuschten hinausgeht, läßt sich eine Verfügungsbefugnis des Gerichts im Sinne des Betrugstatbestands annehmen. Diesem Ansatz folgt wohl auch die Rechtsprechung, die jedoch nicht näher auf die Problematik des Näheverhältnisses eingeht.

---

929 *Kindhäuser*, ZStW 103 (1991), 398 (420 Fn. 66); vgl. insbesondere auch *ders.*, JR 1997, 301 (304).

930 *Kindhäuser*, JR 1997, 301 (303).

931 *Kindhäuser*, JR 1997, 301 (304).

Es erstaunt, daß das Institut des Prozeßbetrugs trotz Fehlens eines an sich von allen vorausgesetzten Näheverhältnisses allgemein anerkannt ist. Dieses beruht m. E. darauf, daß kaum jemand die Verfügungsbefugnis des Gerichts im Hinblick auf ihre Betrugsrelevanz überprüft. Diejenigen, die sich mit dieser Frage auseinandersetzen, bejahen entweder auf fragwürdige Weise eine Nähe zwischen dem Richter und der unterlegenen Partei[932] oder werfen – da sie sich des Fehlens eines Näheverhältnisses bewußt sind – kurzerhand ihre Theorie über Bord und behaupten, daß die Möglichkeit des Prozeßbetrugs – selbstverständlich – gegeben sei[933]. Diese abweichende Behandlung des Prozeßbetrugs überzeugt nicht, auch wenn sie der Vermeidung unerwünschter Strafbarkeitslücken dient.

Auf ein Näheverhältnis zwischen dem Getäuschten und dem Geschädigten kann nicht verzichtet werden. Das Vorliegen eines Näheverhältnisses ist für die Verwirklichung des Betrugstatbestands im Dreipersonenverhältnis zwingend.

Aus dem Betrugstatbestand selbst läßt sich ein derartiges Erfordernis nicht herleiten[934]. Eine Beschränkung der Betrugsstrafbarkeit auf die Fälle, in denen der Getäuschte eine bestimmte Beziehung zu dem Geschädigten bzw. dessen Vermögen hat, ergibt sich aus dem Wortlaut des Gesetzes nicht.

Das die Strafbarkeit einschränkende Erfordernis des Näheverhältnisses zwischen dem Getäuschten und dem Geschädigten ergibt sich jedoch aus folgendem:

Der Betrug wird heute übereinstimmend als Selbstschädigungsdelikt charakterisiert[935]. Im Gegensatz zu den Eigentumsdelikten, die auch als Fremdschädigungsdelikte bezeichnet werden, schädigt der Täter sein Opfer nicht unmittelbar, sondern

---

932 So etwa *Otto*, Grundkurs, § 51 VI 5 b.

933 So ausdrücklich *Herzberg*, ZStW 89 (1977), 367 (408); *Kindhäuser*, ZStW 103 (1991), 398 (420 Fn. 66); im Ergebnis ebenso *Otto*, Grundkurs, § 51 VI 5 b. Vgl. auch *Fahl*, Jura 1996, 74 (77 f.), der zunächst feststellt, daß "es den Prozeßbetrug eigentlich gar nicht geben dürfte" und ihn für eine "fragwürdige Konstruktion" hält, in seiner Schlußbemerkung dann allerdings nur resümiert: "Andererseits ist ganz offensichtlich, daß es ihn (den Prozeßbetrug) nun einmal gibt." Anders *Hartmann*, Vermögensverfügung, S. 60 ff., der sich kritisch mit der Frage des Näheverhältnisses zwischen dem Richter und der geschädigten Partei auseinandersetzt und konsequent die grundsätzliche Möglichkeit eines Prozeßbetrugs ablehnt (S. 65).

934 LK-*Lackner*, § 263 Rn. 115.

935 BGHSt 17, 205 (209); OLG Düsseldorf, NJW 1988, 922 (923); *Arzt/Weber*, LH 3, Rn. 394 ff.; *Geppert*, JuS 1977, 69 (70/72); *Graul*, Festschrift für Brandner, S. 801 (802); *Hardwig*, GA 1956, 6 (8); *Hartmann*, Vermögensverfügung, S. 49; *Joecks*, Vermögensverfügung, S. 9; *Krack/Radtke*, JuS 1995, 17 (19); *Krey*, BT 2, Rn. 411; *Lackner*, § 263 Rn. 2; *Lenckner*, JZ 1966, 320 (321); *Linnemann*, wistra 1994, 167 (169); LK-*Lackner*, § 263 Rn. 95; *Maurach*, BT, S. 279; *Maurach/Schroeder/Maiwald*, BT 1, § 41 Rn. 11/80; *Offermann-Burckart*, Vermögensverfügungen, S. 146 ff.; *Otto*, Grundkurs, § 51 III 3 a; *ders.*, Struktur, S. 94; *ders.*, ZStW 79 (1967), 59 (85); Schönke/Schröder-*Cramer*, § 263 Rn. 3; SK-StGB-*Samson/Günther*, § 263 Rn. 79 b; *Schröder*, ZStW 60 (1941), 33 (70); so schon *Binding*, BT 1, S. 344; R. *Frank*, § 263 Anm. VI 1; *Grünhut*, RhZZP 13 (1924), 127 (147); ähnlich auch *Welzel*, Lehrbuch, S. 370.

veranlaßt es durch Täuschung zu einer Selbstschädigung[936]. Um dem Wesen des Betrugs als Selbstschädigungsdelikt Rechnung zu tragen, muß sich die Verfügung auch bei einer Personenverschiedenheit von Getäuschtem und Geschädigtem insgesamt als Selbstschädigung darstellen[937]. Auch außerhalb des Bereichs der Abgrenzung von (Sach-)Betrug und Diebstahl in mittelbarer Täterschaft muß der Gedanke der Selbstschädigung beachtet werden. Eine unterschiedliche Behandlung von Sach- und Forderungsbetrug ist sachlich nicht gerechtfertigt[938]. Ein Blick auf den Schutzgedanken des § 263 StGB – der Schutz vor durch Täuschung veranlaßter Selbstschädigung des Vermögens – ergibt die Notwendigkeit einer einheitlichen Behandlung aller Fälle des Dreiecksbetrugs[939]. Der Schutzzweck einer Strafnorm kann nicht mit der wechselnden Erscheinungsform des betroffenen Vermögensbestandteils variieren[940]. Auch aus systematischen Gründen ist ein Verzicht auf das Vorliegen eines Näheverhältnisses bei der Verfügung über Rechte "gänzlich unvertretbar"[941]. Allein die Erwägung, daß im Bereich des Dreiecksbetrugs in bezug auf Forderungen und Rechte Strafbarkeitslücken entstehen, wenn man das Erfordernis eines Näheverhältnisses zwischen dem Getäuschten und dem Geschädigten annimmt, da es in diesem Bereich keine Straftatbestände gibt, die eingreifen, wenn ein Betrug verneint wird, kann nicht dazu führen, daß der allgemein anerkannte Selbstschädigungscharakter des Betrugs außer acht gelassen wird[942].

Im Rahmen des Dreiecksbetrugs hat die Vermögensverfügung aus einer "Selbstschädigungsfunktion" die Aufgabe, den Personenkreis zu bezeichnen, dessen irrtumsbedingte Schadensverursachung Selbstschädigung i. S. des § 263 StGB ist[943]. Von einer dem Unrechtsgehalt des Betrugs entsprechenden Selbstschädigung kann

---

936 *Wimmer*, DRZ 1948, 116 (118 Fn. 6): "Beim Betrug ergibt sich, daß das Vermögen als Ganzes nur gegen eine bestimmte Angriffsmethode gesichert ist, nämlich gegen die zur Selbstschädigung veranlassende Täuschung." Anders noch *v. Liszt*, Lehrbuch, S. 493: "Der Täuschende ist es ja, der selbst das Vermögen des Getäuschten beschädigt." Abweichend auch *Kohlrausch/Lange*, S. 573: Beim Betrug schädigt "das Opfer sich oder einen Dritten selber".

937 *Geppert*, JuS 1977, 69 (72); *Hardwig*, GA 1956, 6 (8). Vgl. auch *Graul*, Festschrift für Brandner, S. 801 (802 Fn. 2). Nach *Hartmann*, Vermögensverfügung, S. 53 ist ein Dreiecksbetrug "nur dann und solange möglich, als die Typik der (unwissentlichen) Selbstschädigung gewahrt bleibt."

938 *Hartmann*, Vermögensverfügung, S. 80 ff.; *Joecks*, Vermögensverfügung, S. 130; *Klimke*, JZ 1980, 581 (582); *Krack/Radtke*, JuS 1995, 17 (19); *Linnemann*, wistra 1994, 167 (169); *Maurach/Schroeder/Maiwald*, BT 1, § 41 Rn. 81; *Offermann-Burckart*, Vermögensverfügungen, S. 175 ff.; *Samson*, JA 1978, 564 (568); *Schröder*, JZ 1972, 707 (709); SK-StGB-*Samson/Günther*, § 263 Rn. 98.

939 *Linnemann*, wistra 1994, 167 (170).

940 *Linnemann*, wistra 1994, 167 (169).

941 *Samson*, JA 1978, 564 (568).

942 Vgl. *Hartmann*, Vermögensverfügung, S. 81 f.: "Allein kriminalpolitische Überlegungen gehören nicht zum Tatbestand der Betrugsnorm; sie können allenfalls im Rahmen der Auslegung als Hilfserwägungen angeführt werden. Grundsätzlich können sie keine Erweiterung des Lösungsschemas veranlassen, die zu Lasten der Betrugsdogmatik, des Gedankens der Opferschädigung geht." Vgl. auch *Offermann-Burckart*, Vermögensverfügungen, S. 172.

943 *Joecks*, Vermögensverfügung, S. 87.

nur dann gesprochen werden, wenn dem Geschädigten das Verhalten des Dritten wie eine eigene Verfügung zuzurechnen ist[944] bzw. wenn der Verfügende näher zum Geschädigten steht als zum Täter[945].

Voraussetzung für eine betrugsrelevante Verfügung ist, daß der Getäuschte nicht als Werkzeug des Täters erscheint, sondern auf seiten des Geschädigten tätig wird[946]. Von seiner Struktur her könnte der Betrug zwar als vertypter Fall mittelbarer Täterschaft angesehen werden[947]. Der Verfügende ist in gewissem Maße immer auch Werkzeug des Täuschenden, da er aufgrund des von diesem verursachten Irrtums handelt. Gerade deshalb muß jedoch der Getäuschte eindeutig der Sphäre des Geschädigten zugerechnet werden können, um weiterhin von einer Selbstschädigung sprechen zu können. Aus diesem Grund ist es nicht ausreichend, wenn der Getäuschte von dem Geschädigten genauso weit entfernt ist wie von dem Täter. Auch reicht es nicht, wenn der Getäuschte nur eine solche Position zum Vermögensgegenstand innehat, daß er diesem nicht wie ein beliebiger Dritter gegenübersteht[948]. In der Regel wird sich zwar aus einer entsprechenden Position auch eine Nähebeziehung zum Vermögen des Geschädigten ergeben, wenn diese allerdings – trotzdem – nicht vorhanden ist, liegt kein Betrug vor.

Der verfügende Richter steht aufgrund seiner rechtlichen Befugnis zu der unterlegenen Partei und deren Vermögen nicht wie ein beliebiger Dritter. Da das Verhältnis zu dem Täter und dessen Vermögen dieselbe Qualität hat, ist allein die Position des Richters, die ihn nicht als beliebigen Dritten gegenüber dem Vermögen des Geschädigten erscheinen läßt, nicht ausreichend, um von einer Selbstschädigung zu sprechen. Der getäuschte und verfügende Richter steht dem Geschädigten nicht näher als dem Täter, vielmehr als neutraler Dritter zwischen den Parteien. Allein aus der Tatsache, daß die unabhängige Stellung des Richters ebenso wie seine Befugnis, über das Vermögen beider Parteien zu verfügen, kraft Gesetzes besteht, läßt sich nicht folgern, daß zwischen dem Richter und der unterlegenen Partei ein für § 263 StGB ausreichendes Einwirkungsverhältnis besteht.

Die Verfügung des Richters kann der unterlegenen Partei nicht als eigene zugerechnet werden. Der Richter wird – entsprechend der Aufgabe, die ihm im Rahmen

---

944 *Amelung*, GA 1977, 1 (14); *Backmann*, Abgrenzung, S. 129; *Krack/Radtke*, JuS 1995, 17 (19); *Krey*, BT 2, Rn. 417; *Otto*, Grundkurs, § 51 III 3 b; *Rengier*, JZ 1995, 565; *Roxin/Schünemann*, JuS 1969, 372 (375); *Schünemann*, GA 1969, 46 (53); SK-StGB-*Samson/Günther*, § 263 Rn. 69 f./88. Vgl. auch *Graul*, Festschrift für Brandner, S. 801 (802 Fn. 2).

945 *Fahl*, Jura 1996, 74 (77); *Krack/Radtke*, JuS 1995, 17 (19).

946 *Krack/Radtke*, JuS 1995, 17 (19); LK-*Lackner*, § 263 Rn. 95; *Tröndle*, § 263 Rn. 24. – Der Richter wird in dem vergleichbaren Fall der Freiheitsberaubung in mittelbaren Täterschaft durch Täuschung des Strafrichters als Werkzeug des Täters angesehen.

947 *Hartmann*, Vermögensverfügung, S. 49 f.; *Joecks*, Vermögensverfügung, S. 86; vgl. auch BGHSt 3, 4 (6); *Cramer*, Vermögensbegriff, S. 207; Schönke/Schröder-*Cramer*, § 263 Rn. 3.

948 Anders *Maurach/Schroeder/Maiwald*, BT 1, § 41 Rn. 80; *Linnemann*, wistra 1994, 167 (169); LK-*Lackner*, § 263 Rn. 110; *Schröder*, ZStW 60 (1941), 33 (70 Fn. 41).

des Zivilprozesses zukommt – weder für den Geschädigten noch als Werkzeugs des Täters tätig. Es ergibt sich somit keine eindeutige Zuordnung. Aus der Tatsache, daß der Richter nicht auf seiten des Geschädigten tätig ist, ergibt sich zwar nicht seine Werkzeugeigenschaft. Nur weil der Richter nicht als Werkzeug des Täters angesehen werden kann, ergibt sich jedoch nicht im Umkehrschluß, daß eine Selbstschädigung gegeben ist. Das aufgrund der hoheitlichen Stellung des Richters bestehende besondere Verhältnis zu den Vermögenssphären beider Prozeßparteien schließt es aus, seine Entscheidung gerade der unterlegenen Partei zuzurechnen. Da sich das Verhältnis des Richters zur unterlegenen Partei nicht von dem zum Täter unterscheidet und der Richter in keiner Weise der Sphäre des Geschädigten zugerechnet werden kann, kann von einer Selbstschädigung der geschädigten Prozeßpartei folglich bei der Verfügung durch den Richter keine Rede sein[949].

Die Verfügung des Richters ist nicht betrugsrelevant.

Der Prozeßbetrug erfüllt die heute an den Dreiecksbetrug gestellten Anforderungen nicht. Allein die Strafwürdigkeit des Verhaltens der Prozeßpartei, die das Gericht durch bewußt falsche Angaben oder Beweismittel zu einer für ihren Gegner nachteiligen Entscheidung veranlaßt, kann nicht zur Betrugsstrafbarkeit führen[950].

Die grundsätzliche Möglichkeit eines Prozeßbetrugs ist daher abzulehnen.

C. Anhang: Der Prozeßbetrug im Prozeßkostenhilfeverfahren

Durch die Stattgabe eines unbegründeten Antrags auf Bewilligung von Prozeßkostenhilfe wird in erster Linie die Staatskasse geschädigt und nicht der Prozeßgegner. Fraglich ist daher, ob die gegen die Konstruktion des Prozeßbetrugs durch Täuschung des Richters vorgebrachten Bedenken auch im Fall des Prozeßbetrugs im Prozeßkostenhilfeverfahren greifen.

Grünhut, der sich wiederholt gegen die Konstruktion des Prozeßbetrugs durch Täuschung des Richters ausgesprochen hat[951], bejaht die Möglichkeit eines Prozeßbetrugs zum Nachteil des Staates durch Erschleichen des Armenrechts mit der Begründung, daß in diesem Fall der Fiskus durch Täuschung des zuständigen Beamten unmittelbar geschädigt werde[952]. Dem ist entgegenzuhalten, daß der Richter, der über den Antrag auf Bewilligung von Prozeßkostenhilfe zu entscheiden hat, nicht – wie *Grünhut* sonst verlangt – mit der Staatskasse "relativ identisch" ist.

---

949 Vgl. R. *Hassemer*, Schutzbedürftigkeit, S. 179 Fn. 291.

950 Ob der Täuschende möglicherweise andere Straftatbestände verwirklicht oder ob es der Schaffung eines neuen Tatbestandes bedarf, soll später erörtert werden; siehe dazu unten 4. Teil.

951 *Grünhut*, JW 1925, 1498; *ders.*, JW 1927, 905 (906); RhZZP 13 (1924), 127 (147 ff.); SchwZStr. 51 (1937), 43 (71 f.).

952 *Grünhut*, JW 1931, 3557 (3558).

Bei dem Prozeßkostenhilfeverfahren handelt es sich um ein (nicht streitiges) seinem Charakter nach der staatlichen Daseinsfürsorge zuzurechnendes Antragsverfahren[953]. Das Bewilligungsverfahren ist jedoch kein Verwaltungsverfahren, sondern ein eigenständig ausgestaltetes Nebenverfahren[954]. Das Gericht entscheidet, wie auch sonst in gerichtlichen Verfahren, in seiner Unabhängigkeit und nicht als eine Verwaltungsbehörde[955]. Es trifft daher nicht zu, daß der Richter als "zuständiger Beamter" über das Vermögen des Fiskus verfügt[956]. Er steht in seiner Eigenschaft als Richter, anders als wenn er als Verwaltungsbeamter tätig werden würde, nicht in einem besonderen Näheverhältnis zur Staatskasse.

Auch wenn sich das Bewilligungsverfahren "nicht als Prozeß zwischen Antragsteller und der Staatskasse ansehen läßt"[957], so ist doch die Staatskasse, auch wenn sie nicht am Verfahren beteiligt ist, der eigentliche Verfahrensgegner im Prozeßkostenhilfeverfahren[958]. Dieses ergibt sich daraus, daß die Bewilligung von Prozeßkostenhilfe unmittelbar zu ihren Lasten erfolgt, und zeigt sich auch daran, daß die Staatskasse die Entscheidung des Richters nicht grundsätzlich hinnehmen muß, sondern in eingeschränktem Umfang gegen die Bewilligung der Prozeßkostenhilfe Beschwerde einlegen kann (vgl. § 127 III ZPO). Daß der Richter nicht eindeutig dem Fiskus zuzurechnen ist, ergibt sich auch aus dem Grundsatz der Gewaltenteilung. Der Richter ist, da es sich bei dem Prozeßkostenhilfeverfahren um ein gerichtliches Verfahren und nicht um ein Verwaltungsverfahren handelt, Teil der rechtsprechenden Gewalt, während die Staatskasse zur Exekutive gehört. Der Richter ist daher gegenüber der Staatskasse unabhängig. Er wendet bei seiner Entscheidung allein die gesetzlichen Vorschriften an und vertritt darüber hinaus keine fiskalischen Interessen. Allein die Tatsache, daß es sich bei dem Gericht um eine staatliche Stelle handelt, vermag eine Zurechnung zur Staatskasse nicht zu begründen[959]. Der Richter steht der Staatskasse nicht näher als dem Antragsteller. Er ist, ebenso wie in anderen Verfahren, auch im Prozeßkostenhilfeverfahren neutraler Dritter.

Da der Richter nicht der Sphäre des Fiskus zugerechnet werden kann, handelt es sich bei der Bewilligung von Prozeßkostenhilfe nicht um eine für die Annahme eines Betrugs erforderliche Selbstschädigung der geschädigten Staatskasse und damit nicht um eine betrugsrelevante Verfügung.

---

953 BGH, NJW 1984, 740 (741); NJW-RR 1989, 675.

954 OLG München, MDR 1982, 761; LAG SchlH, MDR 1988, 347.

955 Baumbach/Lauterbach-*Hartmann*, Übers § 114 Rn. 3.

956 Anders wohl BGH, NJW 1984, 740 (741), wo ausgeführt wird, daß sich in diesem Verfahren als Beteiligte nur der Antragsteller, der Prozeßkostenhilfe begehre, und das Gericht als "Bewilligungsstelle" gegenüberstünden.

957 LAG SchlH, MDR 1988, 347.

958 OLG München, MDR 1982, 761.

959 Es würde ja auch niemand auf die Idee kommen, den Richter im verwaltungsgerichtlichen Verfahren der Behörde oder sonstigen staatlichen Stelle, die am Verfahren beteiligt ist, zuzurechnen.

Daraus folgt, daß die grundsätzlichen Bedenken gegen die Konstruktion des Prozeßbetrugs auch für die Täuschung des Richters im Verfahren über die Bewilligung von Prozeßkostenhilfe gelten. Die Möglichkeit des Prozeßbetrugs muß – entgegen *Grünhut* – auch für diese Verfahrensart abgelehnt werden.

4. Teil: Weitere Möglichkeiten strafrechtlicher Erfassung der Täuschung des Gerichts durch die Partei

In den vorangegangenen Teilen ist begründet worden, daß die Täuschung des Richters durch die Prozeßpartei nicht unter den Betrugstatbestand fällt und daß, auch wenn man die grundsätzliche Möglichkeit des Prozeßbetrugs mit der h. M. bejaht, verschiedene täuschende Verhaltensweisen der Partei im Zivilprozeß den Tatbestand des § 263 StGB nicht erfüllen. Im folgenden soll dargestellt werden, wie das Verhalten der Prozeßpartei abgesehen vom Prozeßbetrug strafrechtlich zu würdigen ist.

Neben den bestehenden Möglichkeiten strafrechtlicher Erfassung soll in einem weiteren Abschnitt auf das Bedürfnis nach Einführung eines neuen Straftatbestands eingegangen werden.

A. De lege lata

Nach geltendem Recht kommt im Zivilprozeß die Verwirklichung verschiedener Straftatbestände durch die Prozeßpartei – wenn man mit der h. M. die grundsätzliche Möglichkeit des Prozeßbetrugs anerkennt, neben dem des Betrugs gemäß § 263 StGB – in Betracht. Die Prozeßpartei kann sich durch Täuschung des Richters oder durch ihr sonstiges Verhalten im zivilprozessualen Erkenntnis- oder Zwangsvollstreckungsverfahren oder auch nur aus Anlaß des Zivilprozesses strafbar machen.

I. Im Erkenntnisverfahren

1. Rechtspflegedelikte gemäß §§ 153 ff. StGB

Durch unwahres Vorbringen im Erkenntnisverfahren kann die Prozeßpartei insbesondere ein Rechtspflegedelikt gemäß §§ 153 ff. StGB verwirklichen. Zwar kann die Partei selbst, anders als Zeugen oder Sachverständige, sich nicht wegen einer falschen uneidlichen Aussage nach § 153 StGB strafbar machen[960], es kommt jedoch ein Meineid nach § 154 StGB durch eine falsche eidliche Aussage im Rahmen der Parteivernehmung nach §§ 445 ff. ZPO[961] in Betracht[962]. Außerdem kann sich die Partei durch die Einreichung einer falschen Versicherung an Eides Statt, z. B. im einstweiligen Rechtsschutzverfahren, nach § 156 StGB strafbar machen[963]. Sowohl

---

960 Vgl. zur falschen uneidlichen Aussage eines Zeugen im Zivilprozeß BGHSt 3, 160; OLG Celle, NJW 1959, 399 (400).

961 Vgl. § 452 ZPO.

962 RGSt 69, 191 (192); RG, JW 1938, 1515; vgl. auch BGH, NStZ 1992, 233. – Vgl. zur falschen eidlichen Aussage eines Zeugen im Zivilprozeß RGSt 69, 44; 72, 113; RG, DR 1939, 921.

963 BayObLG, NJW 1996, 406; vgl. auch RGSt 75, 399 (400); RG, JW 1936, 1376.

der Meineid als auch die falsche Versicherung an Eides Statt können gemäß § 163 StGB auch fahrlässig begangen werden.

Von den Rechtspflegedelikten haben im Zivilprozeß für die Partei weiterhin insbesondere die §§ 159, 160 StGB Bedeutung. § 159 StGB bestraft die versuchte Anstiftung zur Falschaussage, etwa wenn die Prozeßpartei versucht, einen Zeugen zu einer unrichtigen Aussage zu bewegen, damit aber scheitert[964]. Wenn die Partei hingegen Erfolg hat und der von ihr oder dem Prozeßgegner im Prozeß benannte Zeuge falsch aussagt, macht sie sich wegen Anstiftung zur falschen uneidlichen Aussage oder zum Meineid gemäß §§ 153, 154, 26 StGB strafbar. Wenn der Zeuge bereits zur Falschaussage entschlossen ist, kommt eine Beihilfe gemäß §§ 153, 154, 27 StGB in Betracht[965]. Die in § 160 StGB geregelte Verleitung zur Falschaussage betrifft insbesondere die Fälle, in denen die Aussageperson auf Veranlassung der Partei gutgläubig falsch aussagt.

2. Urkundsdelikte gemäß §§ 267 ff. StGB

Neben den Rechtspflegedelikten spielen die Urkundsdelikte nach §§ 267 ff. StGB eine wesentliche Rolle für die strafrechtliche Erfassung des Verhaltens der Partei im Zivilprozeß[966]. In den meisten Fällen erschöpft sich das Verhalten der Prozeßpartei nicht in dem bloßen Aufstellen unrichtiger Behauptungen oder dem Verschweigen wahrer Tatsachen, sondern die Partei legt zum Beweis ihrer Behauptungen unechte oder verfälschte Urkunden vor (§ 267 StGB)[967] oder sie gebraucht echte, aber inhaltlich unrichtige Urkunden. Letzteres ist nur bei öffentlichen Urkunden unter Strafe gestellt (§ 273 i. V. m. §§ 271 f. StGB)[968].

Die Partei könnte durch unrichtige Angaben im Zivilprozeß eine mittelbare Falschbeurkundung gemäß §§ 271 f. StGB begehen[969]. Um eine öffentliche Urkunde i. S. des § 415 ZPO handelt es sich z. B. bei dem Zivilurteil[970] oder dem Protokoll über die mündliche Verhandlung[971].

---

[964] RGSt 36, 114 (116).

[965] BGHSt 1, 22 (27 f.); 2, 129 (130 ff.); BGH, NJW 1953, 1399 (1400).

[966] Vgl. *Weismann*, ZStW 11 (1891), 1 ff., der auf den zwischen den die Beweiskraft der Urkunde normierenden Vorschriften der ZPO und den Bestimmungen des StGB zur Sicherung der Zuverlässigkeit der Urkunden bestehenden inneren Zusammenhang hinweist.

[967] RGSt 3, 169 (172 f.); 52, 88 (92); vgl. auch RG, JW 1936, 1376; BGH bei Dallinger, MDR 1956, 10.

[968] Vgl. RG, Rspr. 1, 479 (480 f.).

[969] Vgl. RGSt 46, 112 (113); vgl. auch RGSt 59, 13 (18 ff.). Anders RGSt 72, 226 (228) für falsche Angaben über die Person des Vertragschließenden in einer Vergleichsniederschrift.

[970] RGSt 59, 13 (18); LK-*Tröndle*, § 271 Rn. 24.

[971] RGSt 46, 112 (113); 59, 13 (18); 72, 226 (227); OLG Hamm, NJW 1977, 592 (593); LK-*Tröndle*, § 271 Rn. 24.

Der Tatbestand des Zivilurteils erbringt nach § 314 S. 1 ZPO Beweis für das mündliche Parteivorbringen. Die Beweiskraft "für und gegen alle" kommt allerdings nur den konstitutiven Zivilurteilen zu[972]. Bei den übrigen – deklaratorischen – Zivilurteilen beschränkt sich die Beweiskraft hingegen gemäß § 325 ZPO insbesondere auf die Parteien[973]. Außerdem beurkundet der Tatbestand lediglich, daß bestimmte Erklärungen abgegeben worden sind, nicht aber, daß sie inhaltlich der Wahrheit entsprechen. Daher bewirkt die Prozeßpartei allein durch unwahre Behauptungen, die in den Tatbestand des Zivilurteils Eingang finden, keine Falschbeurkundung i. S. von § 271 StGB.

Auch das Protokoll über die mündliche Verhandlung erbringt nur Beweis für die Einhaltung der für die mündliche Verhandlung vorgeschriebenen Förmlichkeiten[974]. Das Verhandlungsprotokoll beurkundet jedoch nicht, daß die in ihm enthaltenen Erklärungen der Parteien der Wahrheit entsprechen. Dieses gilt sowohl für die die Personalien als auch den Sachvortrag betreffenden Erklärungen[975]. Das Bewirken der Protokollierung inhaltlich unrichtiger Erklärungen führt daher nicht zu einer Falschbeurkundung i. S. von § 271 StGB. Eine Ausnahme soll nur für den Fall der Protokollierung eines gerichtlichen Vergleichs gelten[976]. Da es sich bei den in der Vergleichsniederschrift protokollierten Erklärungen zumindest auch um rechtsgeschäftliche Erklärungen handelt[977], erstreckt sich die Beweiskraft des Protokolls in diesem Fall auch auf die Angaben über die Person der Vertragschließenden. Bei einer Täuschung über die eigene Person kommt daher, wenn unrichtige Personalien durch den Richter in die Vergleichsniederschrift aufgenommen werden, eine mittelbare Falschbeurkundung nach § 271 StGB in Betracht[978].

§ 271 StGB ist hingegen nicht erfüllt, wenn der Kläger, der mündlich zum Protokoll der Geschäftsstelle eine Klage beim Amtsgericht erhebt[979], unrichtige Tatsachen behauptet und diese vom Geschäftsstellenbeamten aufgenommen werden. Zwar handelt es sich bei dem von dem Beamten der Geschäftsstelle gemäß § 496 ZPO aufgenommenen Protokoll ebenfalls um eine öffentliche Urkunde i. S. von § 415 ZPO. Die Beweiskraft dieses Protokolls erstreckt sich aber allein darauf, daß eine Person unter dem von ihr angegebenen Namen erschienen und die nachfolgende Klage erhoben hat, nicht aber, daß die von ihr angegebenen Personalien oder die zur Klagebegründung vorgetragenen Tatsachen sachlich richtig sind[980]. Das

---

972 RGSt 59, 13 (20).

973 RGSt 59, 13 (20).

974 Vgl. § 165 S. 1 ZPO. Nach RGSt 59, 13 (19) wirkt diese Beweiskraft aber "nicht für und gegen jedermann".

975 RGSt 46, 112 (113); OLG Hamm, NJW 1977, 592 (593).

976 RGSt 72, 226 (228).

977 RGSt 72, 226 (228); vgl. auch OLG Hamm, NJW 1977, 592 (593).

978 RGSt 72, 226 (228).

979 Vgl. § 496 ZPO als Ausnahme zu § 253 ZPO.

980 RGSt 39, 346; OLG Hamm, NJW 1977, 592 (593); LK-*Tröndle*, § 271 Rn. 32.

Protokoll des Beamten der Geschäftsstelle ist daher hinsichtlich der Tatsachen, für die es Beweis erbringt, richtig. Aus diesem Grund erfüllt selbst die Anbringung einer Klage zum Protokoll unter falschem Namen nicht den Tatbestand des § 271 StGB[981].

3. Falsche Verdächtigung gemäß § 164 StGB

Eine Prozeßpartei kann sich wegen falscher Verdächtigung nach § 164 StGB strafbar machen, wenn sie, um den Wahrheitsgehalt ihrer eigenen Angaben zu bekräftigen, in der mündlichen Verhandlung, also öffentlich (vgl. § 169 S. 1 GVG), einen Zeugen oder auch die andere Partei, die ihre gegenteiligen Angaben im Rahmen der Parteivernehmung beeidet hat, einer Falschaussage oder eines Meineids verdächtigt[982].

4. Personenstandsfälschung gemäß § 169 StGB

Gewisse Bedeutung für die Täuschung im Rahmen des Zivilprozesses hat desweiteren der Tatbestand der Personenstandsfälschung nach § 169 StGB. Sein wichtigster Anwendungsbereich ist die Behauptung der Kindesmutter (als Zeugin) in dem Unterhaltsrechtsstreit ihres Kindes gegen den angeblichen Kindesvater, daß sie in der gesetzlichen Empfängniszeit allein mit dem Beklagten verkehrt habe[983].

5. Amtsdelikte gemäß §§ 331 ff. StGB

In diesem Zusammenhang spielen außerdem die Anstiftung zur Rechtsbeugung nach §§ 336, 26 StGB[984] oder zur Falschbeurkundung nach §§ 348, 26 StGB oder die Bestechungsdelikte nach §§ 331 ff. StGB eine Rolle. Wenn die Partei eines dieser Delikte verwirklicht, macht sie sich allerdings – auch bei Zugrundelegung der h. M. – nicht auch wegen Prozeßbetrugs durch Täuschung des Richters strafbar, da es insoweit an einem Irrtum des – bösgläubigen – Richters fehlt.

Eine Rechtsbeugung in mittelbarer Täterschaft gemäß §§ 336, 25 I 2. Fall StGB begangen durch die Prozeßpartei scheidet aus, da es sich bei § 336 StGB um ein echtes Sonderdelikt handelt, bei dem Täter nur die im Tatbestand genannte Amts- oder amtsnahe Person sein kann[985].

---

981 RGSt 39, 346 (347); OLG Hamm, NJW 1977, 592 (593).

982 SchlHOLG, SchlHA 1952, 67 (68 f.).

983 RGSt 72, 113; RG, DR 1939, 921.

984 Vgl. zur "Anstiftung zur unvorsätzlichen Rechtsbeugung" *Lampe*, ZStW 77 (1965), 262 (264 ff.); *Welzel*, Lehrbuch, S. 113: "Das Erschleichen eines unrichtigen Urteils ist nicht Beihilfe, noch weniger gar "Anstiftung" zur "unvorsätzlichen" Rechtsbeugung (§ 336) – das wäre eine ganz lebensfremde, im schlechten Sinne "juristische Konstruktion" –, sondern Prozeßbetrug."

985 *Lackner*, § 336 Rn. 1 / Vor § 331 Rn. 2.

II. Im Zwangsvollstreckungsverfahren

Im Zwangsvollstreckungsverfahren kann sowohl der Vollstreckungsgläubiger, wenn es sich um die Vollstreckung aus einem mit der materiellen Rechtslage nicht übereinstimmenden Urteil handelt, als auch der Vollstreckungsschuldner, wenn es sich um die Vollstreckung eines sachlich richtigen Urteils handelt, einen Straftatbestand verwirklichen.

1. Diebstahl und Erpressung in mittelbarer Täterschaft gemäß §§ 242, 253, 25 I 2. Fall StGB

Durch die Vollstreckung eines der materiellen Rechtslage nicht entsprechenden Urteils kann sich der Vollstreckungsgläubiger wegen Diebstahls in mittelbarer Täterschaft gemäß §§ 242, 25 I 2. Fall StGB oder wegen Erpressung in mittelbarer Täterschaft gemäß §§ 253, 25 I 2. Fall StGB[986] strafbar machen. Dabei ist unerheblich, ob die Partei das Urteil durch unrichtige Angaben erschlichen oder die Unrichtigkeit des Urteils erst nach dessen Erlaß erkannt hat.

Ein Diebstahl in mittelbarer Täterschaft kommt in Betracht, wenn es in der Zivilklage um die Herausgabe einer Sache, etwa gemäß § 985 BGB oder im Rahmen einer Übereignung nach § 929 S. 1 BGB, geht und der von dem Gläubiger beauftragte Gerichtsvollzieher[987] dem Vollstreckungsschuldner die in seinem Gewahrsam befindliche und von diesem herauszugebende bewegliche Sache "wegnimmt"[988].

Eine Erpressung in mittelbarer Täterschaft nach §§ 253, 25 I 2. Fall StGB kommt insbesondere im Rahmen der Vollstreckung wegen Geldforderungen in Betracht, wenn der Gerichtsvollzieher dem Vollstreckungsschuldner für den Fall, daß dieser nicht freiwillig leistet[989], androht, in seinem Gewahrsam befindliche Sachen durch Inbesitznahme zu pfänden[990]. Diese Androhung stellt eine Drohung i. S. des § 253 StGB dar[991], da es sich bei der Pfändung um ein empfindliches Übel handelt[992].

---

986 Vgl. RGSt 26, 305; 34, 279, wo sich allerdings keine Ausführungen zur mittelbaren Täterschaft finden. Anders wohl RGSt 20, 391 (392), wo allein ein Betrug durch das Erschleichen des unrichtigen Urteils verneint, nicht aber die Verwirklichung des Tatbestands der Erpressung durch die Vollstreckung dieses Urteils geprüft wurde, obwohl das Gericht annimmt, daß der Vollstreckungsschuldner "zur Zahlung gezwungen" worden sei.

987 Vgl. § 753 ZPO.

988 Vgl. § 883 I ZPO.

989 Nach § 105 Nr. 2 GVGA hat der Gerichtsvollzieher den Schuldner zunächst zur freiwilligen Leistung aufzufordern.

990 Vgl. § 808 I ZPO.

991 Weiterhin als Drohungen kommen im Rahmen der Vollstreckung zur Erwirkung einer Handlung, Duldung oder Unterlassung die Androhung der Verurteilung zu einem Ordnungsgeld oder zur Ordnungshaft nach § 890 ZPO oder die mit einer Fristsetzung verbundene Festsetzung von Zwangsgeld oder Zwangshaft nach § 888 I ZPO durch das Prozeßgericht des ersten Rechtszugs in Betracht, durch die der Vollstreckungsschuldner veranlaßt werden soll, eine Handlung zu unterlas-

Unschädlich ist, daß der Gerichtsvollzieher, da er aus einem zwar unrichtigen, aber wirksamen Titel vollstreckt, rechtmäßig handelt[993], und daher weder die Aufforderung zur freiwilligen Leistung noch der zwangsweise Zugriff auf das Vermögen des Vollstreckungsschuldners unzulässig ist. Das Bestehen eines vollstreckbaren Anspruchs ist nicht Voraussetzung der Zwangsvollstreckung, das Nichtbestehen eines Anspruchs des Vollstreckungsgläubigers ist von den Vollstreckungsorganen erst zu beachten, wenn die Vollstreckung für unzulässig erklärt wird[994]. Der Erpressungstatbestand setzt jedoch nicht voraus, daß das eingesetzte Nötigungsmittel oder der angestrebte Nötigungszweck rechtswidrig ist. Der Tatbestand des § 253 StGB ist auch durch die Drohung mit einer nicht unberechtigten oder sogar rechtmäßigen Handlung gegeben, wenn diese geeignet und bestimmt ist, kraft der damit für den Bedrohten verbundenen Nachteile diesen in der Freiheit seiner Willensbetätigung zu beschränken und zu derjenigen Handlung, Duldung oder Unterlassung zu veranlassen, durch welche der Drohende die Erlangung des rechtswidrigen Vermögensvorteils erstrebt[995]. Der Erpressungstatbestand kann insbesondere auch mittelbar dadurch verwirklicht werden, daß der Täter sich einer anderen Person bedient, die gutgläubig ein empfindliches Übel androht und dabei selbst rechtmäßig handelt. Auch das äußerlich ordnungsgemäße Einschreiten öffentlicher Behörden kann als Mittel zur Verübung einer Erpressung benutzt werden[996].

Der Nötigungserfolg besteht in der "freiwilligen" Leistung des Schuldners. Durch die Zahlung des Geldbetrags, zu dem er verurteilt wurde, an den Gerichtsvollzieher verfügt der Vollstreckungsschuldner über sein Vermögen. Es kommt zu einer rechtsgeschäftlichen Übereignung an den Vollstreckungsgläubiger nach § 929 S. 1 BGB[997]. Der Gerichtsvollzieher ist aufgrund des Auftrags zur Zwangsvollstreckung insoweit ermächtigt, in Vertretung für den Gläubiger zu handeln (vgl. § 754 ZPO)[998]. Dieser Eigentumsverlust stellt einen Vermögensschaden des Vollstreckungsschuldners dar, da er kein gleichwertiges Äquivalent erhält. Auch wenn das Leistungsurteil einen Leistungsbefehl an den Beklagten enthält[999], so erleidet der Vollstreckungsschuldner doch durch die Zahlung wegen des Widerspruchs zur materiellen Rechtslage nicht lediglich eine Einbuße, die von ihm nach der Rechts-

---

sen oder zu dulden (§ 890 ZPO) bzw. eine unvertretbare Handlung vorzunehmen (§ 888 I ZPO). Die Verwirklichung des Tatbestands der Erpressung in mittelbarer Täterschaft setzt allerdings voraus, daß das dem Vollstreckungsschuldner abgenötigte Verhalten einen Vermögensbezug aufweist.

992 RGSt 26, 305 (307); 34, 279 (280 f.).

993 Vgl. RGSt 26, 305 (306 f.).

994 *Thomas/Putzo*, Vorbem § 704 Rn. 50.

995 RGSt 26, 305 (306 f.).

996 HansOLG Hamburg, JR 1950, 629 (630).

997 *Thomas/Putzo*, § 815 Rn. 4.

998 *Thomas/Putzo*, § 754 Rn. 3 / § 815 Rn. 4.

999 *Thomas/Putzo*, Vorbem § 253 Rn. 3.

ordnung hinzunehmen ist[1000]. Da nach der heute vertretenen prozeßrechtlichen Theorie der zu Unrecht zuerkannte Anspruch durch das Urteil nicht entsteht[1001], wird der Vollstreckungsschuldner durch die Zahlung nicht von einer gegenüber dem Vollstreckungsgläubiger bestehenden Verbindlichkeit befreit.

Dem Vollstreckungsgläubiger steht der in dem Erwerb des Eigentums an dem von dem Vollstreckungsschuldner gezahlten Geld liegende Vermögensvorteil nach materiellem Recht nicht zu, weshalb auch die erforderliche Bereicherungsabsicht gegeben ist. Daß ihm der Anspruch durch ein – gegebenenfalls bereits rechtskräftiges – Urteil zugesprochen ist, ändert nichts an der Rechtswidrigkeit des erstrebten Vorteils[1002]. Die Rechtswidrigkeit i. S. des § 253 II StGB ergibt sich daraus, daß die Androhung der Zwangsmaßnahmen im Vollstreckungsverfahren zu dem Zweck der Durchsetzung eines formell rechtmäßigen aber materiell unrichtigen Urteils als verwerflich anzusehen ist. Daß die Zwangsvollstreckungsmaßnahme an sich, insbesondere auch aus der Sicht des Gerichtsvollziehers, zulässig ist, steht dem nicht entgegen.

2. Vereitelung der Zwangsvollstreckung gemäß § 288 StGB

Weiterhin kommt eine Strafbarkeit der verurteilten Prozeßpartei wegen Vereitelung der Zwangsvollstreckung nach § 288 StGB in Betracht, was aber voraussetzt, daß der der Zwangsvollstreckung zugrundeliegende Titel der materiellen Rechtslage entspricht, der Anspruch des Klägers also tatsächlich besteht.

3. Betrug gemäß § 263 StGB

In dem sich dem Erkenntnisverfahren anschließenden Zwangsvollstreckungsverfahren kommt außerdem ein Betrug des Vollstreckungsschuldners durch Täuschung des Vollstreckungsgläubigers[1003] oder des Gerichtsvollziehers zum Nachteil des Vollstreckungsgläubigers[1004] in Betracht. Ein Betrug durch Täuschung des Voll-

---

[1000] In diesem Fall würde es an einem Schaden fehlen (vgl. BGHSt 31, 178 (180); *Lackner*, § 263 Rn. 47; LK-*Lackner*, § 263 Rn. 155).

[1001] *Thomas/Putzo*, § 322 Rn. 6. Unklar RGSt 34, 279 (281), wo darauf abgestellt wird, daß die Zwangsvollstreckung zumindest vor Eintritt der formellen und materiellen Rechtskraft des erschlichenen Vollstreckungsbefehls auf einen "gerichtlich nicht verfolgbaren Anspruch" ziele.

[1002] RGSt 34, 279 (283): Unter Hinweis auf § 826 BGB führt das Reichsgericht aus, daß die geflissentliche, auf fremde Kosten und ohne haltbaren Grund geschehene Bereicherung als verwerflich und unsittlich auch noch dann gebrandmarkt werden müsse, wenn im offenbaren Gegensatze zur wahren Rechtslage durch das Vorliegen eines äußerlich unanfechtbaren Vollstreckungstitels der Schein von Rechtmäßigkeit hervorgerufen werde. Nach dem von Rücksicht auf Billigkeit und guten Glauben beherrschten Standpunkte des Bürgerlichen Gesetzbuchs könne auch ein rechtskräftiger vollstreckungsreifer Anspruch das Wesen eines rechtswidrigen Vermögensvorteils an sich tragen.

[1003] Vgl. OLG Stuttgart, NJW 1963, 825.

[1004] Vgl. OLG Düsseldorf, NJW 1994, 3366.

streckungsgläubigers liegt etwa vor, wenn der Vollstreckungsschuldner durch unwahre Angaben erreicht, daß der Gläubiger die eingeleiteten Zwangsvollstreckungsmaßnahmen (einstweilen) einstellt, und sich dadurch die Befriedigungsmöglichkeiten des Gläubigers verschlechtern[1005]. Ein Betrug durch Täuschung des Gerichtsvollziehers zum Nachteil des Vollstreckungsgläubigers ist ebenfalls denkbar. Er scheitert – anders als der Prozeßbetrug durch Täuschung des Richters zum Nachteil des Prozeßgegners – nicht an dem erforderlichen Näheverhältnis zwischen dem Getäuschten und dem Geschädigten. Aufgrund des zwischen dem Vollstreckungsgläubiger und dem Gerichtsvollzieher bestehenden Auftrags[1006] steht letzterer, obwohl er bei der Durchführung der Zwangsvollstreckung hoheitliche Aufgaben wahrnimmt[1007], diesem näher als dem Vollstreckungsschuldner, er steht "im Lager" des Vollstreckungsgläubigers[1008]. Wenn der Vollstreckungsschuldner dem Gerichtsvollzieher etwa vorspiegelt, nicht im Besitz der zu pfändenden Sache zu sein, und der Gerichtsvollzieher daraufhin von der beabsichtigten Pfändung absieht, verfügt dieser unmittelbar zu Lasten des Vermögens des Vollstreckungsgläubigers, da sich dieses Unterlassen unmittelbar vermögensmindernd auswirkt. Durch die Verschlechterung der konkret gegebenen Vollstreckungsaussicht erleidet der Vollstreckungsgläubiger einen Vermögensschaden[1009]. Der von dem täuschenden Vollstreckungsschuldner beabsichtigte Vorteil besteht darin, weiterhin im Besitz der Sache zu bleiben. Dieser Vorteil ist stoffgleich mit dem Schaden des Vollstreckungsgläubigers.

III. Außerhalb des Verfahrens

Nicht durch das Verhalten etwa in der mündlichen Verhandlung, aber im Zusammenhang mit dem Zivilprozeß kommen z. B. die Unterdrückung von Urkunden gemäß § 274 StGB, Sachbeschädigung gemäß § 303 StGB oder Verwahrungsbruch gemäß § 133 StGB, insbesondere durch die Zerstörung oder sonstige Veränderung von Augenscheinsobjekten, in Betracht.

IV. Ergebnis

Die Täuschung der Partei in einem Zivilprozeß, der eine nichtvermögensrechtliche Streitigkeit betrifft, erfüllt im Normalfall keinen Straftatbestand, es sei denn, es handelt sich um eine beeidete Aussage im Rahmen der Parteivernehmung, die Partei legt zur Bekräftigung ihrer Behauptung unechte oder verfälschte Urkunden vor oder

---

1005 Vgl. OLG Stuttgart, NJW 1963, 825 für einen Fall, wo der Prozeßbevollmächtigte des Vollstreckungsgläubigers täuschungsbedingt darauf verzichtete, das bereits eingeleitete Offenbarungseidsverfahren gegen den Vollstreckungsschuldner weiter zu betreiben.

1006 Vgl. § 753 I ZPO.

1007 Vgl. *Thomas/Putzo*, § 753 Rn. 1.

1008 OLG Düsseldorf, NJW 1994, 3366 (3367).

1009 OLG Düsseldorf, NJW 1994, 3366 (3367).

ein Zeuge oder Sachverständiger sagt auf ihre Veranlassung hin falsch aus. Gleiches gilt für Täuschungen zur Abwehr vermögensrechtlicher Ansprüche und, wenn die Prozeßpartei es unterläßt, aus dem erschlichenen Urteil zu vollstrecken, etwa weil der Vollstreckungsschuldner leistet, um die ihm drohende Zwangsvollstreckung abzuwehren, für Täuschungen zur Durchsetzung vermögensrechtlicher Ansprüche. Dann bleibt sie de lege lata straflos.

Selbst bei Zugrundelegung der h. M., die die grundsätzliche Möglichkeit des Prozeßbetrugs anerkennt, ergeben sich Strafbarkeitslücken bei der strafrechtlichen Erfassung des Verhaltens der Prozeßpartei, da diese in vielen Fällen den Betrugstatbestand nicht verwirklicht. Die falsche Aussage der Prozeßpartei erfüllt in Streitigkeiten, die keinen Vermögensbezug aufweisen, also insbesondere in den meisten nichtvermögensrechtlichen Streitigkeiten, nicht den Betrugstatbestand. Auch in vermögensrechtlichen Streitigkeiten kommt eine Vollendungsstrafbarkeit zumindest dann in der Regel nicht in Betracht, wenn die Partei für ihre unwahre Behauptung keine Beweismittel beibringt, der Prozeßgegner das unwahre Parteivorbringen unbestritten läßt, oder der Richter nicht zu einer Überzeugung von der Wahrheit des Vorbringens kommt und nach Beweislastregeln entscheidet[1010]. Im Versäumnis- oder Mahnverfahren macht sich die Prozeßpartei bzw. der Antragsteller durch das wahrheitswidrige Behaupten anspruchsbegründender Tatsachen nicht strafbar[1011]. Im Prozeßkostenhilfeverfahren macht die Partei sich durch unwahre Angaben, die den Anspruch selbst betreffen, ebenfalls nicht strafbar[1012].

B. De lege ferenda

Nach der hier vertretenen Ansicht, aber auch bei Zugrundelegung der h. M., die die Konstruktion des Prozeßbetrugs grundsätzlich anerkennt, ergeben sich de lege lata im Bereich der Täuschung des Gerichts durch die Prozeßpartei erhebliche Strafbarkeitslücken. Es soll daher im folgenden dargestellt werden, in welcher Form de lege ferenda ein Straftatbestand für das täuschende Verhalten der Prozeßpartei sinnvoll erscheint.

I. Die Entwürfe eines Strafgesetzbuchs

Zu Beginn dieses Jahrhunderts gab es eine Vielzahl von Entwürfen eines Strafgesetzbuchs. Dort finden sich verschiedene Straftatbestände, die sich im weitesten Sinne mit der Täuschung des Gerichts durch die Prozeßpartei befassen. Von Inter-

[1010] Siehe dazu oben 2. Teil A II.

[1011] Siehe dazu oben 2. Teil B I und II.

[1012] Siehe dazu oben 2. Teil B VIII 1 b.

esse sind hier die Tatbestände der Fälschung und Unterdrückung von Beweismitteln und der Tatbestand der Erschleichung von Amtshandlungen.

1. Die Tatbestände der "Fälschung von Beweismitteln" und der "Unterdrückung von Beweismitteln"

Erstmals in dem Entwurf eines Allgemeinen Deutschen Strafgesetzbuchs von 1922 wurde in § 176 ein Tatbestand der "Fälschung von Beweismitteln" und in § 177 ein Tatbestand der "Unterdrückung von Beweismitteln" vorgesehen[1013]. Damit sollte die Fälschung, Verfälschung oder Unterdrückung von Beweismitteln, die keine Urkunden sind, und deren Gebrauch in einem Rechtsverfahren unter Strafe gestellt werden[1014].

Die Einfügung der Tatbestände der Fälschung und Unterdrückung von Beweismitteln wurde damit begründet, daß es sich dabei wegen der mit ihr verbundenen Gefährdung der Wahrheitserforschung um eine strafwürdige Schädigung der Rechtspflege handle[1015]. Damit solle die für die Fälschung sachlicher Beweismittel bestehende Lücke geschlossen werden. Es sei nicht ersichtlich, weshalb die Fälschung irgendeines Augenscheinsobjekts, das zum Beweis einer für die Entscheidung erheblichen Tatsache dienlich sei, oder die Benutzung eines solchen falschen Beweismittels zu dem Zweck, die richterliche Entscheidung zu beeinflussen, nicht strafbar sein solle, weshalb gerade nur die Fälschung eines Urkundenbeweises Strafe verdiene, wenn doch überall der Zweck der gleiche und die Verwerflichkeit und Gefährlichkeit der Tat die gleiche sei[1016].

Der Begriff Beweismittel sollte in einem weitesten Sinne verstanden werden und mit Ausnahme der mündlichen Aussage, der Urkunde und des öffentlichen Beglaubigungszeichens alles umfassen, was als Mittel dienen könne, die Behörde von der Wahrheit oder Unwahrheit einer Behauptung zu überzeugen[1017].

Die Tatbestände der Fälschung und Unterdrückung von Beweismitteln sind in diversen Entwürfen, die auf den E 1925 folgten, beibehalten worden[1018], finden aber im geltenden StGB oder dem E 1962 keine Entsprechung[1019].

[1013] Vgl. zu entsprechenden Straftatbeständen im Ausland *Weismann*, VDB VII, S. 243 (323/326 f.); *März*, Materialien, Bd. 2, II, S. 87 (106) und unten 4. Teil B II.

[1014] *Quellen*, I, Bd. 1, S. 165.

[1015] *Materialien*, Bd. 3, S. 89; *Materialien*, Bd. 4, S. 97.

[1016] Unter Berufung auf die entsprechenden Ausführungen *Weismanns* in VDB VII, S. 243 (353) *Materialien*, Bd. 3, S. 89; *Materialien*, Bd. 4, S. 98.

[1017] *Materialien*, Bd. 3, S. 89; *Materialien*, Bd. 4, S. 99.

[1018] Die §§ 176 f. E 1922 stimmen im wesentlichen überein mit §§ 177 f. E 1925 (*Materialien*, Bd. 3, S. 20), §§ 193 f. E 1927 (*Materialien*, Bd. 4, S. 21), §§ 193 f. E 1930 (*Materialien*, Bd. 15, S. 135), §§ 193 f. Referentenentwurf 1933, §§ 159 f. Entwurf 1. Lesung 1933/34, §§ 363 f. Entwurf 2. Lesung nach den Vorschlägen der Unterkommissionen vom 15.07.1935, §§ 357 f. Entwurf 2. Lesung

2. Der Tatbestand der "Erschleichung von Amtshandlungen"

Eine Strafnorm, die nicht allein, aber auch den von der h. M. als Prozeßbetrug bezeichneten Sachverhalt erfaßt[1020], findet sich mit dem Tatbestand der "Erschleichung von Amtshandlungen" im Entwurf 1. Lesung 1933/34 (§ 144). Er lautet: "Wer eigenen oder fremden Vorteils wegen einen Amtsträger oder eine Behörde durch arglistige Täuschung oder durch arglistiges Verschweigen zu einer amtlichen Handlung, Duldung oder Unterlassung bestimmt, wird, soweit die Tat nicht nach anderen Vorschriften mit schwererer Strafe bedroht ist, mit Gefängnis bis zu zwei Jahren oder mit Haft bestraft."[1021]

Dieser Straftatbestand wurde in weiteren Entwürfen beibehalten[1022], bis sein Wortlaut durch den Entwurf 2. Lesung nach den Vorschlägen der Unterkommissionen vom 01.07.1936 geändert wurde[1023]. Der in § 380 geregelte Tatbestand des "Erschleichens von Amtshandlungen" erfaßte nicht mehr, wie in den vorigen Entwürfen, das Erschleichen beliebiger Amtshandlungen, sondern beschränkte sich auf das Erschleichen von Rechten "aus einer Bestallung, einer Genehmigung, einer Konzession oder einer Erlaubnis zur Ausübung eines Gewerbes"[1024].

Auch der so eingeschränkte Straftatbestand ist nie Gesetz geworden.

II. Regelungen im Ausland

Im Ausland gibt es verschiedene Straftatbestände, die in unterschiedlichem Umfang den als Prozeßbetrug bezeichneten Sachverhalt erfassen.

---

nach den Vorschlägen der Unterkommissionen vom 01.02.1936, §§ 357 f. 2. Lesung nach den Vorschlägen der Unterkommissionen vom 01.05.1936, §§ 358 f. Entwurf 2. Lesung nach den Vorschlägen der Unterkommissionen vom 01.07.1936, §§ 349 f. 1. Entwurf vom Dezember 1936, (*Quellen*, II, Bd. 1, 1. Teil, S. 38, 120, 205, 259, 322, 385, 452), §§ 349 f. Entwurf zur Kabinettssitzung im Juni 1938, §§ 374 f. Entwurf vom Dezember 1939 (*Quellen*, II, Bd. 1, 2. Teil, S. 482 f., 562). Zur Begründung des Entwurfs eines Deutschen Strafgesetzbuchs von 1936 vgl. *Quellen*, II, Bd. 1, 2. Teil, S. 220 f.

1019 *Materialien*, Bd. 15, S. 135.

1020 *Dahm*, Bericht, S. 458 (471 f.) ging davon aus, daß die Vorschrift "Erschleichung von Amtshandlungen" auch den sogenannten Prozeßbetrug erfassen, dieser aber dennoch nicht aus dem Bereich des Betrugs verschwinden würde.

1021 *Quellen*, II, Bd. 1, 1. Teil, S. 118.

1022 Vgl. § 208 Entwurf 2. Lesung nach den Vorschlägen der Unterkommissionen vom 15.07.1935, § 379 Entwurf 2. Lesung nach den Vorschlägen der Unterkommissionen vom 01.02.1936, § 379 2. Lesung nach den Vorschlägen der Unterkommissionen vom 01.05.1936 (*Quellen*, II, Bd. 1, 1. Teil, S. 183, 262, 325).

1023 *Quellen*, II, Bd. 1, 1. Teil, S. 388.

1024 Insoweit übereinstimmend mit § 372 1. Entwurf vom Dezember 1936 (*Quellen*, II, Bd. 1, 1. Teil, S. 455), § 372 Entwurf zur Kabinettssitzung im Juni 1938, § 362 Entwurf vom Dezember 1939 (*Quellen*, II, Bd. 1, 2. Teil, S. 485, 561). Zur Begründung des Entwurfs eines Deutschen Strafgesetzbuchs von 1936 vgl. *Quellen*, II, Bd. 1, 2. Teil, S. 230.

Einen Tatbestand, der dem der "Fälschung von Beweismitteln" in den Entwürfen eines Strafgesetzbuchs vergleichbar ist, gibt es unter der Bezeichnung "Prozeßbetrug" in Italien (Art. 374 "Frode processuale")[1025] und Brasilien (Art. 347)[1026]. Durch diese Vorschriften wird u. a. die Veränderung von Augenscheinsobjekten während eines Zivilprozesses in der Absicht, bei dem Richter oder dem Sachverständigen einen Irrtum zu erregen, unter Strafe gestellt. Eine vergleichbare Vorschrift gibt es in Dänemark (§ 178)[1027] und Kanada. Nach § 137 des kanadischen StGB ("Fabricating evidence") macht sich strafbar, wer in Täuschungsabsicht etwas herstellt, um es in einem anhängigen oder beabsichtigten Gerichtsverfahren als Beweismittel zu verwenden[1028].

Nicht an die Fälschung der Beweismittel, sondern an die falsche Aussage der Partei knüpft der Straftatbestand "Falsche Beweisaussage der Partei" in der Schweiz an. Nach Art. 306 des schweizerischen StGB macht sich strafbar, "wer in einem Zivilrechtsverfahren als Partei nach erfolgter richterlicher Ermahnung zur Wahrheit und nach Hinweis auf die Straffolgen eine falsche Beweisaussage zur Sache macht"[1029]. Diese Vorschrift gilt auch im Adhäsionsverfahren[1030] und über Art. 309 u. a. auch im Verwaltungs- und Schiedsgerichtsverfahren. Taugliche Täter sind neben den Parteien, über den Wortlaut der Vorschrift hinaus, auch Organe einer juristischen Person, wenn letztere Partei ist[1031], nicht aber die Prozeßbevollmächtigten der Partei[1032]. Da die Vorschrift nur falsche Beweisaussagen erfaßt – vergleichbar mit den falschen uneidlichen Aussagen der Partei im Rahmen der Parteivernehmung nach § 445 ff. ZPO – bleiben einfache Parteibehauptungen straflos[1033]. Für den Fall der rechtzeitigen Berichtigung der falschen Aussage ist in Art. 308 I ein Strafaufhebungsgrund[1034] vorgesehen.

Einen der schweizerischen Vorschrift vergleichbaren Straftatbestand gibt es in Dänemark (§ 158 I)[1035] und Griechenland (Art. 225)[1036]. Auch in Österreich gab es

---

[1025] Im Original und in deutscher Übersetzung in: *Il Codice Penale Italiano*, Das Italienische Strafgesetzbuch, S. 268 f. – Vgl. dazu und zu dem Verhältnis dieses Tatbestands zum Betrug *Kohlmann*, Materialien, Bd. 2, II, S. 349 (358).

[1026] In deutscher Übersetzung in: *Das Brasilianische Strafgesetzbuch*, S. 102.

[1027] Vgl. *Marcus*, Ausländisches Strafrecht, Bd. 1, S. 67 (155).

[1028] Vgl. dazu *Martin's Criminal Code*, S. 233 f.

[1029] Für die Einführung einer entsprechenden Regelung in Deutschland *Stooß*, VDB III, S. 273 (393).

[1030] *Hafter*, BT 2, § 126 II 1; *Stratenwerth*, BT II, § 55 I 1 a.

[1031] *Hafter*, BT 2, § 126 II 1; *Stratenwerth*, BT II, § 55 I 1 a.

[1032] *Hafter*, BT 2, § 126 II 1.

[1033] *Hafter*, BT 2, § 126 II 2; *Stratenwerth*, BT II, § 55 I 1 b.

[1034] *Stratenwerth*, BT II, § 55 I 3: "Rücktritt vom vollendeten Delikt".

[1035] Vgl. *Marcus*, Ausländisches Strafrecht, Bd. 1, S. 67 (150).

[1036] Vgl. *Gafos*, Ausländisches Strafrecht, Bd. 3, S. 323 (358).

eine entsprechende Strafnorm zur Zeit Josefs II. mit § 151 des Josefinischen Strafgesetzes (13. Jänner 1787)[1037].

Nicht nur die falsche Beweisaussage der Partei, sondern jede falsche Parteibehauptung im Zivilprozeß wird in § 166 I des norwegischen StGB[1038] unter Strafe gestellt[1039]. Nach dieser Vorschrift macht sich u. a. strafbar, wer eine falsche Erklärung vor Gericht oder in Darstellungen abgibt, die er als Partei oder als Bevollmächtigter der Partei vor Gericht vorbringt. Gemäß Absatz 2 wird ebenso bestraft, wer bewirkt oder daran mitwirkt, daß eine Erklärung, deren Unwahrheit ihm bekannt ist, von einem anderen in einem der in Absatz 1 genannten Fälle abgegeben wird. Diese Bestimmung erfaßt u. a. die Verleitung einer gutgläubigen Aussageperson zur Abgabe einer unwahren Erklärung durch Täuschung[1040].

III. Die Forderungen der Literatur nach Einführung eines Straftatbestands der "Prozeßlüge"

Bereits in der Vergangenheit wurde wiederholt die Einführung eines neuen Straftatbestands für die Fälle des sogenannten Prozeßbetrugs gefordert[1041], sowohl von den Gegnern der Konstruktion des Prozeßbetrugs[1042], als auch von deren Befürwortern[1043], die in den Fällen, in denen sich der zu schaffende Tatbestand mit dem des Betrugs nach § 263 StGB überschneide, Tateinheit (§ 52 StGB) annehmen wollten[1044].

Das Erfordernis einer Regelung durch den Gesetzgeber wurde damit begründet, daß die Frage des Prozeßbetrugs "ungemein schwierig und sehr umstritten" sei[1045].

Im wesentlichen beruhte die bisherige Diskussion um die Einführung eines Straftatbestands der "Prozeßlüge" aber auf der Erkenntnis, daß das in der Verletzung der Wahrheitspflicht liegende Delikt als Prozeßbetrug "unter falscher Flagge" segelt[1046].

1037 *Stooß*, VDB III, S. 273 (315).

1038 In englischer Übersetzung in: *The Norwegian Penal Code*, S. 73.

1039 *Stooß*, VDB III, S. 273 (382) hält diese "Bestimmung des norwegischen Strafrechts für keineswegs nachahmenswert."

1040 Vgl. *Andenaes*, Ausländisches Strafrecht, Bd. 4, S. 263 (388) und dort Fn. 249.

1041 Dagegen *Philipsborn*, Festschrift für v. Liszt, S. 188 (197 ff.); kritisch auch *Eisenberg*, Festschrift für Salger, S. 15 (26 Fn. 73); vgl. auch *Schmoller*, JZ 1991, 117 (128) und dort Fn. 117.

1042 *Grünhut*, SchwZStr. 51 (1937), 43 (72 ff.); *Hartmann*, Vermögensverfügung, S. 65.

1043 *Binding*, DJZ 1909, 161 (166); *Brinkmann*, Wahrheitspflicht, S. 94; *Dahm*, Bericht, S. 458 (472); *Lenckner*, Prozeßbetrug, S. 37 ff.; *Nikisch*, Zivilprozeßrecht, § 53 IV 3; *Scheffler*, DStR 1939, 204 (208 f.); *Weimar*, MDR 1963, 189; *Wolf*, JW 1938, 1921 (1923).

1044 *Lenckner*, Prozeßbetrug, S. 39; *Wolf*, JW 1938, 1921 (1923).

1045 *Dahm*, Bericht, S. 458 (472).

1046 *Nikisch*, Zivilprozeßrecht, § 53 IV 3; ihm zustimmend *Weimar*, MDR 1963, 189. Nach *Dahm*, Bericht, S. 458 (472) bedarf "die grundsätzliche Frage der Klärung, ob der "Prozeßbetrug" wirklich Betrug ist".

Auch wenn der Betrugstatbestand des geltenden Strafrechts zwar ermögliche, die Unwahrhaftigkeit im Zivilprozeß zu strafen, führe dieser Weg jedoch "durch eine Hintertür"[1047].

Der Prozeßbetrug als Angriff gegen die Rechtspflege müsse vom gewöhnlichen Betrug getrennt werden[1048], da der auf den privaten Vermögensverkehr zugeschnittene Betrugstatbestand nicht auf den Mißbrauch der staatlichen Rechtspflegeeinrichtungen passe[1049]. Das abstrakte Gebilde des Prozeßbetrugs bringe Lebenserscheinungen in Verbindung miteinander, die ihrem Wesen nach voneinander verschieden seien. Es sei etwas ganz anderes, wenn jemand einen anderen durch arglistige Täuschung eines Privatmanns schädige, als wenn jemand den Richter, das Recht und den Staat als Werkzeug für seine Zwecke mißbrauche[1050].

Es wurde als bedenklich angesehen, daß gerade das besonders verwerfliche Mittel, mit dem der Zweck erreicht worden sei, strafrechtlich anonym bleibe, daß der Mißbrauch der Rechtspflege allenfalls bei der Strafzumessung berücksichtigt werden könne[1051]. Der Gesetzgeber solle für die Fälle des Prozeßbetrugs einen eigenständigen Tatbestand formulieren, der seinem eigentlichen Wesen – dem Mißbrauch und der Mißachtung des Gerichts und der Verletzung der Wahrheitspflicht nach § 138 ZPO – Rechnung trage[1052]. Das angegriffene Rechtsgut sei nicht oder jedenfalls nicht in erster Linie das Vermögen des Gegners. Der maßgebende Unrechtsgehalt der Handlung liege nicht in der Vermögensschädigung der Gegenpartei[1053], sondern in dem Mißbrauch und in der Mißachtung der Rechtspflege[1054].

Mit der Begründung, daß es sich bei den als Prozeßbetrug bezeichneten Fällen eigentlich um ein Delikt gegen die in § 138 ZPO für die prozeßführende Partei statuierte Wahrheitspflicht handle[1055], wurde teilweise die Schaffung eines besonde-

---

1047 *Scheffler*, DStR 1939, 204 (208).

1048 *Scheffler*, DStR 1939, 204 (208).

1049 *Grünhut*, SchwZStr. 51 (1937), 43 (72).

1050 *Dahm*, Bericht, S. 458 (472). Dagegen *Gebhardt*, Prozeßbetrug, S. 4: Der Mißbrauch von Richter, Recht und Staat möge den Prozeßbetrug als besonders schweren Fall des gewöhnlichen Betrugs im außergerichtlichen Verkehr erscheinen lassen, gestatte aber nicht, von einer Wesensverschiedenheit zu sprechen.

1051 *Lampe*, ZStW 77 (1965), 262 (264).

1052 *Wolf*, JW 1938, 1921 (1923). *Hartmann*, Vermögensverfügung, S. 65 läßt die Frage, ob der zu schaffende auf den Sachverhalt des Prozeßbetrugs zugeschnittene Straftatbestand die Rechtspflege oder auch das Vermögen des Geschädigten schützen solle, ausdrücklich offen.

1053 Vgl. aber *Binding*, DJZ 1909, 161 (166), der die Anerkennung der Strafbarkeit für die Erhebung einer bewußt unbegründeten zivilistischen Leistungsklage auch "wegen der Schikane, die darin gegen den Beklagten liegt, und die durch Jahre – ihm zum größten pekuniären und seelischen Schaden – fortgesetzt werden kann!" fordert.

1054 *Dahm*, Bericht, S. 458 (472); *Lampe*, ZStW 77 (1965), 262 (264); *Nikisch*, Zivilprozeßrecht, § 53 IV 3; *Scheffler*, DStR 1939, 204 (208); *Weimar*, MDR 1963, 189; *Wolf*, JW 1938, 1921 (1923). Vgl. auch *Binding*, DJZ 1909, 161 (166); *Eisenberg*, Festschrift für Salger, S. 15 (19); *Grünhut*, SchwZStr. 51 (1937), 43 (72).

1055 *Wolf*, JW 1938, 1921 (1923).

ren Prozeßbetrugstatbestands gefordert, der sich mit dem Vortrag bewußt unwahrer Tatsachen, also mit dem Angriff auf die Rechtspflege, vollende, ohne Rücksicht darauf, ob sich das Gericht täuschen lasse, ob ein rechtswidriger Vermögensvorteil erstrebt und der Gegner geschädigt werde[1056]. Der Gesetzgeber solle nicht lediglich einen durch den Mißbrauch der Rechtspflege qualifizierten Betrugstatbestand schaffen[1057]. In diesem Fall bliebe die gesetzliche Regelung weiterhin lückenhaft, da das Erschleichen eines unrichtigen Urteils in nichtvermögensrechtlichen Streitigkeiten nach wie vor straflos bliebe[1058]. Da für die Vollendung des Angriffs auf die Rechtspflege der Eintritt einer Schädigung des Vermögens der Gegenpartei nicht begriffswesentlich sei, wäre es möglich, durch die Einführung eines besonderen Tatbestands der Gefährdung der Rechtspflege durch bewußte Wahrheitsverletzung auch Angriffe auf die Rechtspflege einzubeziehen, die keine Vermögensbeschädigung zur Folge hätten[1059].

Lenckner[1060] ist der Ansicht, der in dem Entwurf 1936 vorgesehenen Tatbestand des "Erschleichens von Amtshandlungen" könne als Vorbild einer gesetzlichen Regelung dienen[1061]. Dieser Tatbestand würde zwar nicht speziell die Rechtspflege vor unerlaubten Eingriffen schützen, sondern ebenso auch die Verwaltung, der Mißbrauch der Rechtspflege durch Verletzung der Wahrheitspflicht ließe sich aber praktisch als Unterfall dieses allgemeinen Tatbestands formulieren. Bei Aufnahme eines derartigen Tatbestands ergäbe sich, daß für die Fälle der nichtvermögensrechtlichen Streitigkeiten, in denen ein Betrug in der Regel nicht in Betracht komme, eine Lücke geschlossen werden würde. Insoweit sei auch das Bedürfnis nach einem, im Augenblick völlig fehlenden Strafschutz am größten[1062]. Bei vermögensrechtlichen Streitigkeiten stünde das zu schaffende Delikt in der Regel gleichzeitig in Tateinheit zum Betrug. Da sich die wirklich strafwürdigen Fälle unter den Tatbestand des Betrugs subsumieren ließen, sei hier das praktische Bedürfnis nach einem neuen Tatbestand allerdings geringer[1063].

1056 *Scheffler*, DStR 1939, 204 (208 f.); *Wolf*, JW 1938, 1921 (1923).

1057 *Lenckner*, Prozeßbetrug, S. 37. Anders *Brinkmann*, Wahrheitspflicht, S. 84/94, der für die Einführung eines Tatbestands des "Betrugs durch Täuschung des Prozeßrichters" zum Zwecke der Berücksichtigung der erhöhten Strafwürdigkeit betrügerischer Manipulationen im Prozeß eintritt (S. 84). "Es würde damit dem Gefühl des anständigen Volksgenossen Rechnung getragen, dem die eigennützige hinterhältige Irreführung des Richters zum Zwecke der Schädigung des Gegners verwerflicher erscheint, als der gewöhnliche Betrug." (S. 94).

1058 *Lenckner*, Prozeßbetrug, S. 37 f. Darin sieht auch *Lampe*, ZStW 77 (1965), 262 (264) einen Nachteil der Bestrafung der Prozeßlüge nach dem Betrugstatbestand.

1059 *Scheffler*, DStR 1939, 204 (208).

1060 Prozeßbetrug, S. 38.

1061 *Lenckner* bezieht sich wohl auf die bis zum Entwurf 2. Lesung nach den Vorschlägen der Unterkommission vom 01.05.1936 geltende Fassung, vgl. *Quellen*, II, Bd. 1, 1. Teil, S. 325.

1062 *Lenckner*, Prozeßbetrug, S. 38.

1063 *Lenckner*, Prozeßbetrug, S. 39.

Auch *Grünhut*[1064] befürwortet die Einführung eines eigenen Tatbestands der deliktischen Prozeßbeeinflussung im Zivilprozeß[1065]. Seiner Ansicht nach liegt "echter Prozeßbetrug" überall dort vor, wo jemand mit einem anderen als falsche Partei oder als falscher Parteivertreter eine Entscheidung über die Rechte eines Dritten herbeiführe. Außerdem seien die Fälle der Fälschung der Beweisgrundlage strafwürdig. Darüber hinaus bedürften unehrliche Aussagen der Partei im Zivilprozeß keiner Ahndung durch das Strafrecht[1066]. Als Begründung dafür führt *Grünhut* an, daß "das Damoklesschwert der Anzeige wegen Betrugsversuchs" über jeder Äußerung, die der Gegner für unwahr halte, nicht dem Schutz loyaler Prozeßführung diene, sondern umgekehrt das fair play zugunsten eines ungesunden Querulantentums gefährden könne. Seiner Ansicht nach sollte ein neu zu schaffender "Tatbestand des Erschleichens unrichtiger Entscheidungen" lauten: "Wer es unternimmt, in einer bürgerlichen Rechtsstreitigkeit durch Täuschung über seine Person oder durch arglistige Beeinflussung der Beweisführung eine Entscheidung zum Nachteil des Berechtigten zu erwirken, wird ... bestraft."[1067]

Entschieden gegen eine "Pönalisierung der Prozeßschikane" spricht sich *Philipsborn*[1068] aus. Er erkennt ein entsprechendes Bedürfnis nicht an. Da *Philipsborn* die Konstruktion des Prozeßbetrugs grundsätzlich anerkennt und auch die einseitige Parteibehauptung unter den Betrugstatbestand fassen will[1069], ergeben sich aus seiner Sicht Strafbarkeitslücken nur für den Bereich, in denen mit der Klage keine vermögensrechtlichen Ansprüche verfolgt werden[1070]. Diese Lücke ist seiner Auffassung nach allerdings hinzunehmen, da durch die Neuschaffung eines Straftatbestands – wie jeder Praktiker wisse – "erheblichere Nachteile erwachsen würden". "Die Strafbarkeit der Prozeßschikane würde im höchsten Maße schädlich wirken. Sie würde, ebenso wie die Statuierung der Wahrheitspflicht[1071], einer geordneten und sicheren Rechtspflege hinderlich sein. Ja, mehr noch, sie würde nicht nur, wie diese, ein papiernes Leben fristen, sondern wie ein tatsächlich zu befürchtendes Damoklesschwert über jedem Zivilprozeß schweben und manchen an der berechtigten Geltendmachung seiner Ansprüche oder Einwendungen hindern."[1072]

1064 SchwZStr. 51 (1937), 43 (72 ff.).

1065 *Grünhut*, SchwZStr. 51 (1937), 43 (72).

1066 *Grünhut*, SchwZStr. 51 (1937), 43 (73).

1067 *Grünhut*, SchwZStr. 51 (1937), 43 (74).

1068 Festschrift für v. Liszt, S. 188 (205 f.).

1069 *Philipsborn*, Festschrift für v. Liszt, S. 188 (197 ff.).

1070 *Philipsborn*, Festschrift für v. Liszt, S. 188 (206).

1071 Diese war zu dem Zeitpunkt noch nicht in die ZPO eingefügt worden.

1072 *Philipsborn*, Festschrift für v. Liszt, S. 188 (206). Er schließt seinen Aufsatz: "Wahrheitspflicht und Prozeßstrafen gehören zusammen; beides sind Kinder der Inquisitionsmaxime. Lassen wir sie ruhen und machen wir nicht im 20. Jahrhundert die Fortschritte zu nichte, die uns das 19. Jahrhundert gebracht hat!"

IV. Stellungnahme

Die Ablehnung der Konstruktion des Prozeßbetrugs hat zur Folge, daß das täuschende Verhalten der Prozeßpartei in den überwiegenden Fällen straflos bleibt. Nur durch eine falsche eidliche Aussage im Rahmen der Parteivernehmung oder die Vorlage unechter oder verfälschter Urkunden im Prozeß verwirklicht die Partei nach geltendem Recht einen Straftatbestand. Selbst wenn man – entgegen der hier vertretenen Ansicht – die grundsätzliche Möglichkeit des Prozeßbetrugs anerkennt, ergeben sich insbesondere in Prozessen, die nichtvermögensrechtliche Streitigkeiten betreffen, im Versäumnis-, Mahn- und teilweise im Prozeßkostenhilfeverfahren Strafbarkeitslücken[1073].

1. Bedürfnis für die Normierung eines Straftatbestands der "Prozeßlüge"

Im folgenden ist der Frage nachzugehen, ob auch für diese de lege lata straflosen Fälle des täuschenden Verhaltens der Prozeßpartei ein Strafbedürfnis besteht.

Ein solches könnte sich aus den nur unvollständigen Regelungen im Bereich der Rechtspflegedelikte ergeben. Geschütztes Rechtsgut der Aussagedelikte ist die staatliche Rechtspflege, die durch falsche Aussagen gefährdet wird[1074]. Da Gegenstand der Beweiswürdigung nach § 286 I ZPO nicht nur das Ergebnis der etwaigen Beweisaufnahme, sondern der gesamte Inhalt der Verhandlungen und damit auch das gesamte Parteivorbringen ist, wird die Rechtspflege nicht allein durch falsche Aussagen von Zeugen oder Sachverständigen und falsche eidliche Aussagen einer Partei gefährdet, sondern ebenso durch jedes unwahre Parteivorbringen. Durch die bestehenden Vorschriften ist die falsche uneidliche Aussage von Zeugen und Sachverständigen in § 153 StGB und der Meineid in § 154 StGB unter Strafe gestellt. Die falsche uneidliche Aussage der Partei und die einfache falsche Parteibehauptung sind de lege lata – außer nach h. M. in Teilbereichen als Straftat gegen das Vermögen durch den Betrugstatbestand – nicht mit Strafe bedroht. Nur durch die Schaffung eines neuen Straftatbestands kann diese für den Schutz der Rechtspflege bestehende Lücke geschlossen werden.

Für die Einführung eines Straftatbestands der "Prozeßlüge" spricht außerdem die Bedeutung des § 138 I ZPO. Die in § 138 I ZPO normierte Wahrheits- und Vollständigkeitspflicht ist eine im Hinblick auf den Schutz der Rechtspflege vor Mißbrauch und den Schutz des einzelnen vor einer für ihn nachteiligen, unrichtigen Entscheidung wichtige zivilprozessuale Pflicht[1075].

[1073] Es fehlt dabei entweder an einem betrugsrelevanten Irrtum des Richters oder Rechtspflegers oder an einem Vermögensschaden des Prozeßgegners (siehe dazu oben 2. Teil).

[1074] GrSenBGHSt 8, 301 (309); BGHSt 10, 142 (143); RGSt 47, 156 (158).

[1075] Vgl. *Brinkmann*, Wahrheitspflicht, S. 44: "Hauptgrundsatz des heutigen Prozesses, unser heiliges Axiom ist die Wahrheitspflicht, leitendes Motiv ist das Prinzip der materiellen Wahrheit".

Allein das in § 138 I ZPO enthaltene Verbot der unwahren Behauptung im Zivilprozeß ist nicht geeignet, die Parteien und deren Vertreter, insbesondere deren Prozeßbevollmächtigte, von einer "Prozeßlüge" abzuhalten. Die wesentliche Sanktion eines Verstoßes gegen § 138 I ZPO, die Nichtberücksichtigung des bewußt unwahren Vorbringens im Rahmen der Beweiswürdigung nach § 286 I ZPO, ist nicht ausreichend, um die Einhaltung der Wahrheitspflicht zu gewährleisten. Dieses beruht vor allem darauf, daß es dem Richter verwehrt ist, eine Behauptung schon dann unberücksichtigt zu lassen, wenn er nur für möglich oder wahrscheinlich hält, daß sie unter Verstoß gegen § 138 I ZPO aufgestellt worden ist. Er muß von der objektiven Unwahrheit der behaupteten Tatsache und der Unwahrhaftigkeit der Partei überzeugt sein. Wegen des im Zivilprozeß geltenden Verhandlungsgrundsatzes ist es dem Richter nicht möglich, zur Frage der Unwahrhaftigkeit der Partei von sich aus Beweis zu erheben. Daher wird es in der Regel bei dem Verdacht der Lüge bleiben, was zur Folge hat, daß die Behauptung bei der Entscheidungsfindung berücksichtigt wird. Die Partei braucht aus diesem Grund Nachteile durch ihr bewußt unwahres Vorbringen im Rahmen des zivilgerichtlichen Verfahrens ernstlich nicht zu befürchten.

Auch wenn das mit dem Zivilrechtsstreit befaßte Gericht nicht zu einer Überzeugung von der Unwahrhaftigkeit der Partei gekommen ist, so schließt dieses doch nicht aus, daß in einem etwaigen, unter diesem Aspekt eingeleiteten Strafverfahren die Unwahrhaftigkeit mit der erforderlichen Sicherheit festgestellt wird, da dem Gericht dort wegen des im Strafprozeß geltenden Untersuchungsgrundsatzes weitere Erkenntnisquellen zur Verfügung stehen. Durch die strafrechtliche Sanktionierung des täuschenden Verhaltens der Partei hätte diese daher in erheblich größerem Umfang mit Nachteilen zu rechnen als allein durch die Sanktion der Nichtberücksichtigung des Vorbringens. Aus diesem Grund wäre eine Strafvorschrift geeignet, der zivilprozessualen Wahrheitspflicht zur Geltung zu verhelfen. Dieses spricht für die Strafbarkeit des entsprechenden Parteiverhaltens[1076].

Es ist nicht zu befürchten, daß durch die Einführung eines Delikts der falschen Parteibehauptung in das StGB eine redliche Partei von der Verfolgung der ihr zustehenden Rechte abgehalten wird[1077]. Der Partei muß im Strafverfahren nicht nur nachgewiesen werden, daß sie eine unwahre Tatsache behauptet hat, sondern, wenn man entsprechend der zivilprozessualen Wahrheitspflicht dolus directus hinsichtlich

---

[1076] Anders *Brinkmann*, Wahrheitspflicht, S. 59 f./81, der darauf hinweist, daß "die Festsetzung von unmittelbaren Straffolgen dem ethischen Gehalt des § 138" widerspreche (S. 81). Durch die Einführung der Wahrheitspflicht solle "der Gedanke des ehrenhaften Verhaltens der Prozeßpartei" wieder zur Geltung kommen (S. 59). "Es wäre aber merkwürdig, wenn die Verwirklichung einer dem deutschen Rechtsempfinden eigentümliche und entsprechende Prozeßethik nur mit einer Strafdrohung möglich wäre." Brinkmann ist allerdings der Ansicht, daß die meisten Prozeßlügen durch den Betrugstatbestand erfaßt werden könnten (S. 60).

[1077] So aber *Philipsborn*, Festschrift für v. Liszt, S. 188 (206).

der Unwahrheit der behaupteten Tatsache verlangt, auch, daß dieses absichtlich oder wissentlich geschehen ist. Ein entsprechender Beweis wird selbst in den Fällen, in denen es sich um eine unredliche Partei handelt, nur selten zu erbringen sein[1078]. Dieses kann aber nicht als Argument gegen die Einführung eines neuen Tatbestands angeführt werden, denn es liegt in der Natur der Sache, daß innere Tatsachen, also insbesondere der Vorsatz des Täters und seine Absichten, im Strafverfahren schwer nachzuweisen sind. Das ist jedoch, auch in den Fällen der Täuschung des Gerichts durch die Prozeßpartei, nicht ausgeschlossen, wie sich aus der Vielzahl der zum Prozeßbetrug veröffentlichten gerichtlichen Entscheidungen ergibt.

Die Strafbarkeit der falschen Parteibehauptung wird auch nicht dazu führen, daß der Zivilrichter das Verfahren bis zum Abschluß des unter diesem Aspekt eingeleiteten Strafverfahrens aussetzt. Zwar ist eine Aussetzung nach § 149 ZPO zulässig, von dieser Möglichkeit wird der Richter aber aus Gründen der Prozeßökonomie keinen Gebrauch machen. Für seine Entscheidung kommt es allein darauf an, ob er von der Unwahrhaftigkeit der Partei überzeugt ist. Wenn dieses nicht der Fall ist, wird er den entsprechenden Parteivortrag berücksichtigen. Wenn sich in einem späteren Strafverfahren herausstellt, daß die Partei bewußt die Unwahrheit gesagt hat, besteht die Möglichkeit der Wiederaufnahme des Verfahrens durch Restitutionsklage nach § 580 Nr. 4 ZPO. Gemäß § 581 I ZPO findet die Restitutionsklage in der Regel nur statt, wenn wegen der Straftat eine rechtskräftige Verurteilung ergangen ist.

Wegen der Bedeutung, die der Wahrheits- und Vollständigkeitspflicht im Rahmen des Zivilprozesses zukommt, ist eine deren Einhaltung unterstützende Strafvorschrift erforderlich. Da nach geltendem Recht verschiedene Fälle des täuschenden Verhaltens der Prozeßpartei straflos sind, ist daher die Einführung eines neuen Straftatbestands geboten. Dadurch entstehende Nachteile für den Gang des zivilgerichtlichen Verfahrens sind nicht zu befürchten.

Um die im Bereich der Rechtspflegedelikte bestehende Lücke zu schließen ist allein die Einführung eines besonderen Tatbestands der Fälschung oder Unterdrükkung von Beweismitteln, wie er in verschiedenen Entwürfen enthalten ist, nicht ausreichend, da dadurch weitgehend täuschende Verhaltensweisen der Prozeßpartei straflos bleiben würden. Der Gebrauch eines falschen Beweismittels ist zwar regelmäßig mit der Behauptung einer unwahren Tatsache verbunden, da dem Gericht nicht gestattet ist, aus der Beweisaufnahme erlangte Kenntnisse zu berücksichtigen, wenn die entsprechenden Tatsachen von keiner Partei vorgetragen worden sind. Es geht jedoch umgekehrt nicht jedes unwahre Vorbringen der Partei im Zivilprozeß mit der Fälschung oder der Unterdrückung eines sachlichen Beweismittels einher.

[1078] Vgl. *Eisenberg*, Festschrift für Salger, S. 15 (26 Fn. 73): Es erscheine "aus vielfältigen Erwägungen hinsichtlich Grenzen von Normsetzung und -durchsetzung zweifelhaft", ob durch die Einführung eines Straftatbestands der Prozeßlüge eine gegenüber § 263 StGB weiterreichende Bestrafung des im Zivilprozeß Täuschenden zu erlangen wäre.

Auch der Straftatbestand der "Erschleichung von Amtshandlungen", wie er in den Entwürfen bis zum Entwurf 2. Lesung nach den Vorschlägen der Unterkommissionen vom 01.05.1936 enthalten ist, kann nur bedingt als Vorlage für die Schaffung eines neuen Straftatbestands dienen, da er zwar die als Prozeßbetrug bezeichneten Sachverhalte erfaßt, aber auch weit darüber hinausgeht.

Entsprechend dem Gegenstand der Arbeit kann vorliegend nur die Normierung eines Straftatbestands vorgeschlagen werden, der sich allein mit der Täuschung des Gerichts durch die Prozeßpartei, der "Prozeßlüge", befaßt.

2. Die Reichweite des zu schaffenden Straftatbestands

Der maßgebliche Unrechtsgehalt des als Prozeßbetrug bezeichneten Sachverhalts liegt in einem "Mißbrauch der Rechtspflege durch Verletzung der zivilprozessualen Wahrheitspflicht"[1079]. Entsprechend ist der neu zu schaffende Tatbestand – wie bereits vielfach gefordert wurde – von den Vermögensdelikten gelöst als Delikt gegen die Rechtspflege zu formulieren.

Ebenso wie auch § 138 I ZPO nicht jede unwahre oder unvollständige Behauptung verbietet, sollten auch durch einen Straftatbestand nicht alle Fälle unwahren Parteivorbringens erfaßt werden. Es sind alle, aber auch nur diejenigen Fälle des Verstoßes gegen die in § 138 I ZPO normierte Wahrheits- und Vollständigkeitspflicht zu erfassen, die strafwürdig sind.

a) Falsche Beweisaussage versus falsche Parteibehauptung

Die Partei ist nicht nur im Rahmen der Parteivernehmung nach §§ 445 ff. ZPO zur Wahrheit verpflichtet. Die Wahrheitspflicht des § 138 I ZPO bezieht sich auf sämtliche Behauptungen der Partei im Verlaufe des Zivilprozesses. Auch wenn der Richter grundsätzlich der bestrittenen Parteibehauptung, die nicht bewiesen ist, keinen Glauben schenken darf, so ist doch nach § 286 I ZPO Entscheidungsgrundlage nicht nur das Ergebnis einer etwaigen Beweisaufnahme, sondern der gesamte Inhalt der Verhandlungen, also auch jede einfache Parteibehauptung. Aus diesem Grund wird die Rechtspflege durch jede unwahre Parteibehauptung gefährdet. Eine Beschränkung der Strafbarkeit auf falsche Beweisaussagen, wie in Art. 306 des schweizerischen StGB, erscheint daher nicht sachgerecht. Es ist die Lösung des norwegischen StGB (§ 166) vorzugswürdig. Durch den zu schaffenden Straftatbestand sollten grundsätzlich alle unwahren Parteibehauptungen erfaßt werden.

1079 *Wolf*, JW 1938, 1921 (1923); ihm folgend *Lenckner*, Prozeßbetrug, S. 35.

b) Verstoß gegen § 138 I ZPO

Behauptungen einer Partei, die keinen Verstoß gegen die prozessuale Wahrheitspflicht darstellen, sind jedoch von der Strafbarkeit auszunehmen. Dieses ist nach dem Grundsatz der Einheit der Rechtsordnung geboten, nach dem Wertungswidersprüche zwischen verschiedenen Rechtsgebieten möglichst zu vermeiden sind. Ein Verhalten, das der Prozeßpartei nach der maßgeblichen Verfahrensordnung gestattet ist, kann nicht mit Strafe bedroht werden.

Dem steht nicht entgegen, daß im Rahmen des Betrugstatbestands nach h. M. auch solche Behauptungen der Partei erfaßt werden, bei denen die Partei die Unwahrheit der behaupteten Tatsache nur für möglich hält, es also an einem Verstoß gegen § 138 I ZPO fehlt[1080]. Dieses beruht allein darauf, daß hinsichtlich des Prozeßbetrugs gegenüber dem gewöhnlichen Betrug keine Besonderheiten gelten können, wenn man die Täuschung des Richters durch die Prozeßpartei grundsätzlich als ein nach § 263 StGB strafbares Verhalten ansieht. Bei den Überlegungen für die Neuschaffung eines Straftatbestands der Prozeßlüge muß freilich etwas anderes gelten. Hier besteht die Möglichkeit, Widersprüche zwischen der zivilprozessualen und der strafrechtlichen Regelung zu vermeiden.

Die tatbestandsmäßige Handlung der Prozeßpartei muß daher gleichzeitig einen Verstoß gegen die zivilprozessuale Wahrheitspflicht darstellen.

Daraus folgt zunächst, daß nur die Behauptung solcher Tatsachen erfaßt wird, deren Unwahrheit die Partei positiv kennt, da § 138 I ZPO der Prozeßpartei nicht die Behauptung von Tatsachen verbietet, deren Unwahrheit sie nur für möglich hält[1081]. Die Partei muß sicher wissen, daß die von ihr behauptete Tatsache falsch ist. Strafbar macht sich die Partei nach dem zu schaffenden Straftatbestand nur, wenn sie hinsichtlich der Unwahrheit der von ihr behaupteten Tatsache mit dolus directus handelt, also wider besseres Wissen[1082].

Daraus, daß die mit Strafe bedrohte Handlung der Prozeßpartei einen Verstoß gegen § 138 I ZPO darstellen muß, folgt desweiteren, daß es sich um die bewußt wahrheitswidrige Behauptung von Tatsachen handeln muß, die der Partei günstig sind. Dieses ergibt sich daraus, daß § 138 I ZPO der Partei nicht verbietet, ihr ungünstige Tatsachen der Wahrheit zuwider zu behaupten[1083].

Die erforderliche Anpassung läßt sich dadurch gewährleisten, daß der neu zu schaffende Tatbestand die Absicht der Partei voraussetzt, eine für den Prozeßgegner oder einen Dritten nachteilige Entscheidung zu bewirken. Durch die Erwähnung des

[1080] Siehe dazu oben 2. Teil A IV 1.

[1081] Siehe dazu oben 2. Teil A IV 1.

[1082] Vgl. §§ 164, 187, 278 StGB.

[1083] Siehe dazu oben 2. Teil A I 2 b (3) (a).

Dritten werden sogenannte Scheinprozesse erfaßt, bei denen beide Parteien kollusiv zum Nachteil eines am Prozeß nicht beteiligten Dritten zusammenwirken[1084].

c) Mißbrauch der Rechtspflege

Auch eine Entscheidung, die mit der materiellen Rechtslage in Einklang steht, ist für die unterlegene Prozeßpartei bzw. den durch sie belasteten Dritten nachteilig. Daher ist die prozessuale Wahrheitspflicht verletzt, wenn die Partei bewußt eine unwahre Tatsache behauptet, um ein bestehendes Recht durchzusetzen oder die Durchsetzung eines nicht bestehenden Rechts abzuwehren. Solche von dem Zweck der Selbsthilfe motivierte Behauptungen wären von der Strafbarkeit auszunehmen, wenn – trotz des Verstoßes gegen § 138 I ZPO – ein strafwürdiger Mißbrauch der Rechtspflege nicht vorliegt.

Bei Zeugen und Sachverständigen wird jede unwahre Behauptung als strafwürdig angesehen (vgl. § 153 StGB). Anders als die Pflicht des Zeugen oder des Sachverständigen zur wahrheitsgemäßen Aussage, die sich aus §§ 390, 392, 395, 396 ZPO bzw. § 410 ZPO herleiten läßt, besteht die in § 138 I ZPO normierte Wahrheitspflicht der Parteien nicht in erster Linie gegenüber dem Gericht[1085], sondern gegenüber dem Gegner[1086]. Zeugen und Sachverständige sind, außer wenn ihnen ein Zeugnisverweigerungsrecht[1087] bzw. Gutachtenverweigerungsrecht[1088] zusteht, verpflichtet, vollständig wahre Angaben zu machen. Den Zeugen und Sachverständigen obliegt, anders als den Parteien, hinsichtlich dessen, was sie von dem Gericht oder den Parteien[1089] gefragt werden, eine umfassende Aufklärungspflicht. Im Gegensatz dazu ist der Inhalt der Wahrheits- und Vollständigkeitspflicht der Parteien nach § 138 I ZPO begrenzt durch die den Zivilprozeß beherrschende Verhandlungsmaxime[1090]. Damit wird dem Gedanken Rechnung getragen, daß der Zivilprozeß ein Rechtsstreit ist, in dem sich zwei Parteien mit entgegengesetzten Interessen gegenüberstehen. Aus diesem Grund ist die Stellung und Funktion der Partei – zumindest für den Bereich, in dem die Verhandlungsmaxime gilt – eine andere als die des Zeugen oder Sachverständigen.

Anders als bei falschen Aussagen von Zeugen oder Sachverständigen kommt der Unwahrheit als solcher im Bereich der Parteibehauptungen ein besonderer krimineller Unwertgehalt noch nicht zu. Es muß deshalb noch ein weiterer Umstand hinzukommen, der die Lüge als erhöhtes – strafwürdiges – Unrecht erscheinen läßt.

1084 Siehe dazu oben 2. Teil A I 2 b (4).

1085 *Ellmer*, Betrug, S. 113 Fn. 167 für die Wahrheitspflicht des Zeugen.

1086 Siehe dazu oben 2. Teil A I 3 a (1).

1087 Vgl. §§ 383 ff. ZPO

1088 Vgl. § 408, § 402 i. V. m. §§ 383 f. ZPO; vgl. auch § 407 ZPO.

1089 Vgl. §§ 397, 402 ZPO.

1090 Siehe dazu oben 2. Teil A I 2 b (3) (a).

Dieses ist der Fall, wenn die Partei durch ihre unwahren Behauptungen eine unrichtige, d. h. mit der materiellen Rechtslage nicht in Einklang stehende, Entscheidung zu erschleichen sucht[1091]. Nur dann liegt ein Mißbrauch der Rechtspflege zu verfahrensfremden Zwecken vor[1092]. Die Behauptung unwahrer Tatsachen zum Zwecke der Selbsthilfe, also zur Durchsetzung eines bestehenden oder zur Abwehr eines nicht bestehenden Anspruchs, ist daher als nicht strafwürdig[1093] aus dem neu zu schaffenden Tatbestand auszuscheiden. Die Partei muß handeln, um eine unrichtige, für den Prozeßgegner oder einen Dritten nachteilige Entscheidung zu bewirken.

d) Erfolgsdelikt versus schlichtes Tätigkeitsdelikt

Durch die Einordnung des zu schaffenden Straftatbestands als Rechtspflegedelikt, kommt es für die Vollendung der Tat weder auf den Eintritt eines Vermögensschadens noch auf eine Bereicherungsabsicht der Partei an[1094]. Gegen das Erfordernis des Eintritts eines Vermögensschadens – wie bei § 263 StGB – spricht, daß dadurch die – auch nach h. M. bestehende – Strafbarkeitslücke für Täuschungen im Rahmen von Streitigkeiten, die keinen Vermögensbezug aufweisen, nicht geschlossen werden würde. Das täuschende Verhalten der Prozeßpartei ist jedoch, sowohl im Hinblick auf den Mißbrauch der Rechtspflege als auch im Hinblick auf die Benachteiligung des Prozeßgegners, in vermögens- wie nichtvermögensrechtlichen Streitigkeiten gleichermaßen strafwürdig.

Eine Gefährdung der Rechtspflege tritt, wie sich insbesondere aus § 153 StGB ergibt, bereits mit der unwahren Behauptung selbst ein. Es ist kein Grund ersichtlich, warum im Gegensatz zu § 153 StGB die Vollendung der Tat zusätzlich den Erlaß der unrichtigen Entscheidung voraussetzen müßte. Es handelt sich daher um ein schlichtes Tätigkeits- im Gegensatz zum Erfolgsdelikt, bei dem allein das Handeln in der Absicht, eine unrichtige, für den Prozeßgegner oder einen Dritten nachteilige Entscheidung zu bewirken, ausreichend ist[1095].

Um unwahre Behauptungen zu erfassen, die in einem verfahrenseinleitenden Schriftsatz, also etwa in der Klageschrift oder in dem Antrag auf Erlaß eines Mahnbescheids, enthalten sind, ist in zeitlicher Hinsicht die Bestimmung der Tathandlung

---

1091 *Lenckner*, Prozeßbetrug, S. 35.

1092 *Lenckner*, Prozeßbetrug, S. 35 f. Vgl. auch *Brinkmann*, Wahrheitspflicht, S. 81: "Erst die Absicht der Erstrebung eines der Partei nicht zustehenden, persönlichen Nutzens macht das Verhalten verwerflich."

1093 Ebenso *Eisenberg*, Festschrift für Salger, S. 15 (24 Fn. 67). Vgl. auch *Weismann*, VDB VII, S. 243 (355/393) für die Fälschung sachlicher Beweismittel.

1094 *Scheffler*, DStR 1939, 204 (208 f.); *Wolf*, JW 1938, 1921 (1923); vgl. auch *Grünhut*, SchwZStr. 51 (1937), 43 (74); *Lenckner*, Prozeßbetrug, S. 37 f.

1095 Hinsichtlich des Verzichts auf das Vorliegen einer nachteiligen Entscheidung stimmt die hier vorgeschlagene Lösung mit der von *Grünhut*, SchwZStr. 51 (1937), 43 (74) überein, der verlangt, daß der Täter "unternimmt ... eine Entscheidung zum Nachteil des Berechtigten zu erwirken".

als eine Behauptung in einem zivilgerichtlichen Verfahren nicht ausreichend. Um eine Behauptung im Zivilprozeß handelt es sich streng genommen erst nach Anhängigkeit[1096] oder nach Rechtshängigkeit (§ 261 I ZPO)[1097] der Streitigkeit. Damit würden aber bei einer Beschränkung auf Behauptungen in einem gerichtlichen Verfahren die Fälle straflos bleiben, in denen es aufgrund der unwahren Behauptung in der Klageschrift zu dem Erlaß eines Versäumnisurteils im schriftlichen Verfahren oder aufgrund der unwahren Behauptung in dem Antrag auf Erlaß eines Mahnbescheids zu dem Erlaß eines entsprechenden Mahnbescheids kommt. Es sind daher ausdrücklich auch solche Behauptungen zu erfassen, die der Einleitung eines gerichtlichen Verfahrens dienen, also bereits vor Beginn eines Verfahrens gemacht werden[1098].

e) Strafaufhebungsgrund

Durch den Verzicht auf den Eintritt eines Erfolgs in Form einer unrichtigen Entscheidung kommt es zu einer gegenüber dem Betrug erheblichen Vorverlagerung des Vollendungszeitpunkts. Dadurch ist in der Regel ein Versuch und insbesondere ein Rücktritt vom Versuch gemäß § 24 StGB ausgeschlossen.

Dem ist dadurch Rechnung zu tragen, daß ein persönlicher Strafaufhebungsgrund für den Fall der rechtzeitigen Berichtigung der unwahren Tatsachenbehauptung vorgesehen wird. Dieses kann durch eine Aufnahme des zu schaffenden Straftatbestands in § 158 StGB erfolgen.

In Abweichung zu dessen Regelung in Absatz 3 ist allerdings zu bestimmen, daß eine Berichtigung allein gegenüber dem mit der Sache befaßten Gericht möglich ist. Diese Einschränkung ist sachgerecht, da die Parteien, anders als Zeugen oder Sachverständige, über den Zeitpunkt ihrer unwahren Behauptung hinaus an dem gerichtlichen Verfahren beteiligt sind und mit dem Gericht in Kontakt stehen.

f) Unterlassen

§ 138 I ZPO verpflichtet die Parteien nicht nur zur Wahrheit, sondern auch zur Vollständigkeit. Entsprechend sollte durch den zu schaffenden Tatbestand auch das bewußte Verschweigen entscheidungserheblicher Tatsachen mit Strafe bedroht

---

1096 Anhängigkeit tritt ein mit dem Eingang der Klage bei Gericht (OLG Frankfurt a. M., NJW 1965, 306) bzw. mit der Einreichung des verfahrenseinleitenden Antrags oder Gesuchs (*Thomas/Putzo*, § 261 Rn. 1).

1097 Rechtshängigkeit tritt ein mit der Erhebung der Klage (§ 253 I ZPO), der Zustellung der Klageschrift bei dem Beklagten.

1098 Diese werden wohl auch von § 166 des norwegischen StGB (in englischer Übersetzung in: *The Norwegian Penal Code*, S. 73) erfaßt, wenn dort neben der falschen Erklärung vor Gericht ausdrücklich die Erklärung in Darstellungen, die jemand als Partei oder als Bevollmächtigter der Partei vor Gericht vorbringt, genannt ist.

werden. Dazu bedarf es nicht der ausdrücklichen Aufnahme des Unterlassens in den Tatbestand. Das Behaupten durch Unterlassen wird bereits durch § 13 StGB erfaßt. Die erforderliche Garantenpflicht ergibt sich aus § 138 I ZPO[1099].

g) Tauglicher Täter

Tauglicher Täter des zu schaffenden Delikts sollte nicht nur die Partei selbst sein, sondern insbesondere auch der Vertreter der Partei. Die Aufnahme des Vertreters der Partei ist erforderlich, um in den Fällen, in denen eine prozeßunfähige Person, etwa eine juristische Person, eine Gesellschaft oder ein Minderjähriger, Partei ist, das Verhalten des für diese handelnden gesetzlichen Vertreters zu erfassen. Anders als in Art. 306 des schweizerischen StGB sollte dieses – wie in § 166 I des norwegischen StGB – im Tatbestand ausdrücklich klargestellt werden.

Häufig lassen sich die Parteien im Verfahren von ihren Prozeßbevollmächtigten vertreten. Diese tragen dann in der Regel den Sachverhalt vor, ohne daß die Parteien selbst daran beteiligt sind.

Der als Prozeßbevollmächtigte tätige Rechtsanwalt wäre in der Praxis zwar überfordert, wenn er nur tätig werden dürfte, wenn er von der Richtigkeit des Vorbrin gens seines Mandanten überzeugt ist. Er ist nicht in der Lage, den maßgeblichen Sachverhalt eigenständig zu erforschen, sondern ist insoweit auf die Auskünfte seines Mandanten angewiesen. Wenn diese unglaubwürdig oder widersprüchlich sind, muß der Anwalt Zweifel haben, ob der von dem Mandanten vorgetragene Sachverhalt zutrifft; dieses darf ihn jedoch nicht daran hindern, die Interessen seines Mandanten zu vertreten. Erst wenn er überzeugt ist, daß sein Mandant ihm den Sachverhalt bewußt falsch darstellt, ist er verpflichtet, sein Mandat niederzulegen. Solange es jedoch an einer entsprechenden Überzeugung fehlt, ist die Vertretung zulässig. Durch sein Tätigwerden setzt sich der Rechtsanwalt in diesen Fällen allerdings nicht der strafrechtlichen Verfolgung aus, da auch für ihn gilt, daß er die unwahre Tatsache wider besseres Wissen vortragen muß, um sich strafbar zu machen. Im Hinblick auf den Ausschluß des dolus eventualis begegnet die Erfassung des Prozeßbevollmächtigten als tauglichen Täter keinen Bedenken. Es ist nicht ersichtlich, wieso der Prozeßbevollmächtigte, wenn er wider besseres Wissen dem Gericht einen unwahren Sachverhalt unterbreitet, im Gegensatz zur Partei nicht strafrechtlich belangt werden sollte, zumal für ihn die in § 138 I ZPO normierte Wahrheits- und Vollständigkeitspflicht ebenfalls gilt[1100].

Neben den Parteien und ihren Vertretern sind außerdem auch sonstige Verfahrensbeteiligte im Zivilprozeß zu erfassen, wie z. B. der Nebenintervenient[1101], da § 138 I

1099 Siehe dazu oben 2. Teil A I 3 a (1).

1100 Siehe dazu oben 2. Teil A I 2 a.

1101 Vgl. §§ 66 ff. ZPO.

ZPO – jedenfalls in entsprechender Anwendung – auch für sonstige Prozeßbeteiligte gilt[1102].

h) Verleitung zur Falschbehauptung

Für den Fall, daß eine Partei eine Tatsache, von deren Unwahrheit sie Kenntnis hat, nicht selbst vor Gericht behauptet, sondern durch ihren (gutgläubigen) Prozeßbevollmächtigten vortragen läßt, sollte die gleiche Strafe wie für die eigenhändige falsche Behauptung angedroht werden[1103]. Diese mit § 160 StGB vergleichbare Verleitung zur Falschbehauptung sollte für sämtliche taugliche Täter gelten. Es kommt insbesondere auch eine falsche Behauptung des Prozeßbevollmächtigten durch seinen Unterbevollmächtigten in Betracht. Allein der Fall, daß ein Vertreter der Partei oder ein sonstiger Beteiligter eine unwahre Tatsache durch die gutgläubige Partei behaupten läßt, erscheint ausgeschlossen und braucht daher nicht aufgenommen zu werden. Das Bedürfnis nach einer ausdrücklichen Erwähnung der Verleitung zur Falschbehauptung beruht darauf, daß sich die falsche Parteibehauptung ebenso wie die übrigen Aussagedelikte als eigenhändiges Delikt einstufen läßt, weshalb eine falsche Parteibehauptung in mittelbarer Täterschaft nach § 25 I 2. Fall StGB ausgeschlossen ist.

i) Zivilprozeß und andere gerichtliche Verfahren

Die vorgeschlagene Regelung bezieht sich entsprechend des Gegenstands der Arbeit auf die falsche Parteibehauptung im Rahmen eines Zivilprozesses. Es ist zu erwägen, die Strafvorschrift auch auf unwahre Behauptungen der Beteiligten[1104] und deren Vertreter im verwaltungsgerichtlichen Verfahren zu erstrecken[1105]. Dafür spricht, daß gemäß § 173 VwGO die Vorschrift des § 138 I ZPO im Verwaltungsprozeß entsprechend anwendbar ist[1106]. Auch für das verfassungsgerichtliche Verfahren[1107] oder das Schiedsgerichtsverfahren käme eine entsprechende Regelung in Betracht.

j) Strafdrohung

Zur Strafdrohung des zu schaffenden Tatbestands soll hier nicht abschließend Stellung genommen werden. Zu beachten ist, daß die Gefahr der Irreführung der

---

1102 Baumbach/Lauterbach-*Hartmann*, § 138 Rn. 12.

1103 Vgl. die Regelung in § 166 II des norwegischen StGB (in englischer Übersetzung in: *The Norwegian Penal Code*, S. 73).

1104 Vgl. § 63 VwGO.

1105 Vgl. Art. 309 des schweizerischen StGB für die falsche Beweisaussage der Partei.

1106 BVerwG, NJW 1964, 786 (787); Baumbach/Lauterbach-*Hartmann*, § 138 Rn. 68.

1107 Zum Prozeßbetrug im verfassungsgerichtlichen Verfahren vgl. OLG Karlsruhe, NStZ 1996, 282; *Otto*, JK 1996, StGB § 263/45.

Rechtspflege bei der Falschaussage des Zeugen oder Sachverständigen größer ist als bei der falschen Parteibehauptung, da letztere in der Regel beweisbedürftig ist[1108] und das Gericht sie dann, im Gegensatz zu der Zeugenaussage oder den Angaben des Sachverständigen, nicht ohne weiteres seiner Entscheidung zugrundelegen darf[1109]. Sachgerecht erscheint daher für die falsche Parteibehauptung eine im Vergleich zu der des § 153 StGB geringere Strafdrohung[1110].

k) Deliktsbezeichnung

Für die Bezeichnung des neu zu schaffenden Straftatbestands gilt folgendes: Auch wenn damit die bisher als Prozeßbetrug bezeichneten Fälle erfaßt werden sollen, so kann doch, zumindest wenn man auf eine Irreführung des Richters, den Eintritt eines Vermögensschadens bei dem Prozeßgegner oder einem Dritten und eine Bereicherungsabsicht der täuschenden Partei verzichtet, nicht von einem besonderen Prozeßbetrugstatbestand gesprochen werden, da ein so verstandener Tatbestand mit dem Wesen des in § 263 StGB geregelten Betrugs nichts mehr gemein hat. Zwar hat der Gesetzgeber in den §§ 263 a ff. StGB besondere "Betrugs"fälle geregelt, für die diese Bezeichnung aus ähnlichen Gründen an sich nicht zutreffend ist[1111], insbesondere die Einordnung des zu schaffenden Delikts als Rechtspflegedelikt spricht jedoch dafür, daß eine andere Deliktsbezeichnung gefunden werden sollte. In Betracht käme die "Falsche Parteibehauptung", womit der wichtigste Anwendungsbereich benannt wäre.

V. Eigener Vorschlag: Der Straftatbestand der "Falschen Parteibehauptung"

1. Wortlaut / Änderungen des StGB

Das Strafgesetzbuch wird wie folgt geändert:

[1108] Dieses gilt im streitigen Verfahren zumindest dann, wenn die Behauptung vom Prozeßgegner bestritten worden ist.

[1109] Auf die sich in den verschiedenen Verfahrensarten ergebenden Unterschiede soll an dieser Stelle nicht näher eingegangen werden.

[1110] Zu der geringeren Strafdrohung für die falsche Beweisaussage der Partei (Art. 306) im Vergleich zu der für das falsche Zeugnis, das falsche Gutachten und die falsche Übersetzung (Art. 307) in der Schweiz vgl. *Hafter*, BT 2, § 126 II 2; *Stratenwerth*, BT II, § 55 II. – In Norwegen gilt für die falsche Parteibehauptung und die falsche uneidliche Aussage dieselbe Strafdrohung (vgl. § 166 des norwegischen StGB; in englischer Übersetzung in: *The Norwegian Penal Code*, S. 73).

[1111] § 263 a StGB verzichtet auf eine Täuschung, einen Irrtum und eine Vermögensverfügung, die §§ 264, 264 a, 265 b StGB verlangen insbesondere unrichtige oder unvollständige Angaben, ohne daß ein entsprechender Irrtum erregt, ein Vermögensschaden herbeigeführt werden oder eine Bereicherungsabsicht des Täters gegeben sein muß. Letztere ist teilweise durch das objektive Merkmal der "vorteilhaften Angaben" ersetzt (§ 264 a I StGB, vgl. auch §§ 264 I Nr. 1, 265 b I StGB).

1. Nach § 153 wird folgender neuer § 153 a eingefügt:

"§ 153 a

Falsche Parteibehauptung

Wer als Partei, Vertreter der Partei oder sonstiger Beteiligter in einem zivilgerichtlichen Verfahren oder zur Einleitung eines solchen wider besseres Wissen eine unwahre Tatsache behauptet, um eine unrichtige, für den Prozeßgegner oder einen Dritten nachteilige Entscheidung zu bewirken, wird ... bestraft.

Ebenso wird bestraft, wer als Partei, Vertreter einer Partei oder sonstiger Beteiligter eine unwahre Tatsache durch einen Vertreter oder einen sonstigen Beteiligten in einem zivilgerichtlichen Verfahren behaupten läßt, um eine unrichtige, für den Prozeßgegner oder einen Dritten nachteilige Entscheidung zu bewirken."

2. § 158 wird wie folgt geändert:

a) Im Absatz 1 werden die Wörter "oder falscher uneidlicher Aussage" durch die Wörter ", falscher uneidlicher Aussage oder falscher Parteibehauptung" ersetzt.

b) Absatz 3 wird durch folgenden neuen Satz 2 ergänzt: "Im Fall der falschen Parteibehauptung kann die Berichtigung nur bei dem Gericht, dem die falsche Angabe gemacht worden ist oder das sie im Verfahren zu prüfen hat, erfolgen."

Der § 158 StGB n. F. lautet daher wie folgt:

"§ 158

Berichtigung einer falschen Angabe

Das Gericht kann die Strafe wegen Meineids, falscher Versicherung an Eides Statt, falscher uneidlicher Aussage oder falscher Parteibehauptung nach seinem Ermessen mildern (§ 49 Abs. 2) oder von Strafe absehen, wenn der Täter die falsche Angabe rechtzeitig berichtigt.

Die Berichtigung ist verspätet, wenn sie bei der Entscheidung nicht mehr verwertet werden kann oder aus der Tat ein Nachteil für einen anderen entstanden ist oder wenn schon gegen den Täter eine Anzeige erstattet oder eine Untersuchung eingeleitet worden ist.

Die Berichtigung kann bei der Stelle, der die falsche Angabe gemacht worden ist oder die sie im Verfahren zu prüfen hat, sowie bei einem Gericht, einem Staatsanwalt oder einer Polizeibehörde erfolgen. Im Fall der falschen Parteibehauptung kann die Berichtigung nur bei dem Gericht, dem die falsche Angabe gemacht worden ist oder das sie im Verfahren zu prüfen hat, erfolgen.

2. Erläuterung

Im folgenden soll der Wortlaut des zu schaffenden Tatbestands erläutert werden, soweit sich dieses nicht schon aus den vorangegangenen Ausführungen ergibt.

1. *Geschütztes Rechtsgut* der Vorschrift ist die staatliche Rechtspflege und daneben die Rechte des einzelnen. Sie dient auch dem Schutz des einzelnen vor der Benachteiligung durch eine unrichtige gerichtliche Entscheidung. Entsprechend seiner Schutzrichtung ist die Vorschrift im Bereich der Rechtspflegedelikte im Anschluß an die vergleichbare "Falsche uneidliche Aussage" von Zeugen und Sachverständigen (§ 153 StGB) eingefügt.

2. *Täter* sein kann die Partei, der Vertreter der Partei oder ein sonstiger Beteiligter.

Parteien "sind diejenigen Personen, von welchen und gegen welche die staatliche Rechtsschutzhandlung ... im eigenen Namen begehrt wird"[1112]. Wer im einzelnen Rechtsstreit Partei ist, d. h. Kläger oder Beklagter (Urteilsverfahren), Gläubiger oder Schuldner (Zwangsvollstreckungsverfahren), Antragsteller oder Antragsgegner (übrige Verfahren), ist aus der den Rechtsstreit einleitenden Prozeßhandlung zu entnehmen. Partei ist immer der Vertretene, nicht der Vertreter.

Vertreter der Partei ist zum einen der Prozeßbevollmächtigte, in der Regel ein Rechtsanwalt, zum anderen der gesetzliche Vertreter prozeßunfähiger Personen, etwa der Geschäftsführer der GmbH (§ 35 I GmbHG), der Vorstand der AG (§ 78 AktG) oder des rechtsfähigen Vereins (§ 26 II BGB), die Partner der Partnerschaft (§ 7 III PartGG i. V. m. § 125 HGB), wenn die Gesellschaft selbst Partei ist, oder die Eltern für den Minderjährigen (§ 1629 BGB), der Nachlaßpfleger für die unbekannten Erben (§§ 1960 f. BGB).

Sonstiger Beteiligter ist insbesondere der Nebenintervenient (§§ 66 ff. ZPO).

3. *In einem zivilgerichtlichen Verfahren oder zur Einleitung eines solchen* muß der Täter handeln. Es wird damit jede Tätigkeit im Zusammenhang mit einem Zivilrechtsstreit, insbesondere auch die Behauptungen in der Klageschrift (§ 253 ZPO), dem Mahnantrag (§ 690 ZPO), dem Vollstreckungsantrag (§ 754 ZPO), dem Arrestgesuch (§ 920 ZPO) erfaßt. Rechtshängigkeit (§ 261 I ZPO) oder auch nur Anhängigkeit der Streitsache ist nicht erforderlich.

4. *Wider besseres Wissen* ist sichere Kenntnis der Unwahrheit. Daß der Täter diese nur für möglich hält, genügt nicht, wohl aber, daß er von der Unwahrheit einer aus der Luft gegriffenen Behauptung überzeugt ist[1113].

1112 *Thomas/Putzo*, Vorbem § 50 Rn. 2.

1113 *Lackner*, § 187 Rn. 1.

5. Eine *unwahre Tatsache* muß der Täter *behaupten.* Es muß feststehen, daß die behauptete Tatsache unwahr ist. Dabei kommt es auf den wesentlichen Kern an; geringfügige Abweichungen oder Übertreibungen sind unschädlich[1114].

Neben der ausdrücklichen Behauptung unwahrer Tatsachen wird auch eine konkludente Behauptung etwa durch schlichtes Bestreiten oder eine Erklärung mit Nichtwissen (§ 138 IV ZPO) erfaßt[1115].

Für die Strafbarkeit des Unterlassens kommt es nach § 13 StGB auf eine Garantenpflicht des Täters an. Diese ergibt sich aus § 138 I ZPO[1116].

6. *Um eine unrichtige, für den Prozeßgegner oder einen Dritten nachteilige Entscheidung zu bewirken*, muß der Täter handeln.

Es handelt sich um ein schlichtes Tätigkeitsdelikt. Die nachteilige Entscheidung braucht nicht bewirkt zu werden. Erforderlich ist die *Absicht*, die unrichtige Entscheidung zu bewirken, der auf diesen Erfolg zielgerichtete Wille.

Entscheidung ist jede gerichtliche Entscheidung, Urteil, Beschluß oder Verfügung.

Unrichtig ist die Entscheidung, wenn sie mit der materiellen Rechtslage nicht in Einklang steht.

Für den Prozeßgegner oder einen Dritten nachteilig ist sie, wenn der Prozeßgegner zumindest teilweise unterliegt oder die Partei zwar unterliegt, aber die Entscheidung für einen am Prozeß nicht beteiligten Dritten nachteilig ist. *Prozeßgegner* ist derjenige, dem die Partei, deren Vertreter oder der auf ihrer Seite stehende sonstige Beteiligte, die oder der die unwahre Tatsache behauptet, im Verfahren gegenübersteht.

Bewirken bedeutet Verursachen der unrichtigen Entscheidung[1117].

7. *Absatz 2* stellt die eigenhändige unwahre Behauptung der Behauptung durch einen anderen gleich. Damit sind die Fälle mittelbarer Täterschaft erfaßt, soweit es sich bei dem Handelnden um einen Vertreter der Partei oder einen sonstigen Beteiligten handelt. Für die Verleitung eines Zeugen oder Sachverständigen zur Falschaussage gilt § 160 StGB.

3. Abschließende Stellungnahme

Die vorliegende Untersuchung hat gezeigt, daß die Prozeßpartei, die das Gericht durch eine Täuschung über Tatsachen zu dem Erlaß einer für ihren Prozeßgegner oder einen am Prozeß nicht beteiligten Dritten nachteiligen Entscheidung veranlaßt, nicht den Tatbestand des Betrugs gemäß § 263 StGB verwirklicht. Mangels eines Näheverhältnisses zwischen dem Richter und der unterlegenen Partei bzw. dem Dritten kann dieser bzw. diesem die Entscheidung des Gerichts nicht zugerechnet

---

1114 *Lackner*, § 187 Rn. 1.

1115 Siehe dazu oben 2. Teil A I 2 b (1).

1116 Siehe dazu oben 2. Teil A I 3 a (1).

1117 Vgl. *Lackner*, § 271 Rn. 6.

werden, so daß von einer für das Wesen des Betrugs erforderlichen Selbstschädigung nicht die Rede sein kann.

Die Ablehnung der Konstruktion des Prozeßbetrugs hat zur Folge, daß erhebliche Strafbarkeitslücken im Bereich der Täuschung des Gerichts durch die Prozeßpartei entstehen. Da das täuschende Verhalten der Partei im Hinblick auf den Mißbrauch der Rechtspflege durch Verletzung der in § 138 I ZPO normierten Wahrheits- und Vollständigkeitspflicht strafwürdig erscheint, ist ein neuer Straftatbestand der "Falschen Parteibehauptung" in das StGB einzufügen.

Für die Verwirklichung des vorgeschlagenen Straftatbestands der falschen Parteibehauptung ist weder die Hervorrufung eines Irrtums des Rechtspflegeorgans noch die Herbeiführung eines (Vermögens-)Schadens erforderlich. Daher sind alle in bezug auf den Prozeßbetrug im Rahmen des Betrugstatbestands bestehenden Probleme beseitigt. Unproblematisch werden unrichtige Angaben im Versäumnis- und Mahnverfahren erfaßt, nicht jedoch die Fälle des nach § 263 StGB straflosen und m. E. auch nicht strafwürdigen Selbsthilfebetrugs. Ein weiterer Vorteil gegenüber § 263 StGB besteht darin, daß sich falsche Angaben in nichtvermögensrechtlichen Streitigkeiten erfassen lassen, da es allein auf die Absicht der Partei ankommt, eine unrichtige, (wie auch immer) nachteilige Entscheidung zu bewirken. Insbesondere kommt es bei dieser Regelung auch nicht auf ein Näheverhältnis zwischen der geschädigten Partei bzw. dem Dritten und dem Rechtspflegeorgan an.

Mit der vorgeschlagenen Regelung werden die strafwürdigen Fälle eines Verstoßes gegen die zivilprozessuale Wahrheitspflicht erfaßt und damit die de lege lata bestehende Strafbarkeitslücke geschlossen. Gleichzeitig geht diese Vorschrift aber nicht über § 138 I ZPO hinaus, so daß kein Widerspruch im Hinblick auf die Einheit der Rechtsordnung entsteht.

Literaturverzeichnis*

Alternativkommentar zur Zivilprozeßordnung, herausgegeben von Rudolf Wassermann, bearbeitet von Ernst Ankermann u. a., Neuwied/Darmstadt 1987 (zit.: AK-ZPO-Bearbeiter).

Amelung, Knut, Irrtum und Zweifel des Getäuschten beim Betrug, GA 1977, 1-17.

Andenaes, Johs., Das norwegische Strafrecht, in: Das ausländische Strafrecht der Gegenwart, herausgegeben von Edmund Mezger, Adolf Schönke, Hans-Heinrich Jescheck, Vierter Band, Amerika, Norwegen, Türkei, Berlin 1962, S. 263-415 (zit.: Ausländisches Strafrecht, Bd. 4).

Arens, Peter, *Willensmängel* bei Parteihandlungen im Zivilprozeß, Bad Homburg v.d.H./Berlin/Zürich 1968.

– Zur Aufklärungspflicht der nicht beweisbelasteten Partei im Zivilprozeß, ZZP Bd. 96 (1983), S. 1-24.

Arzt, Gunther/*Weber*, Ulrich, Strafrecht, Besonderer Teil, Lehrheft 3, Vermögensdelikte (Kernbereich), 2. Aufl., Bielefeld 1986 (zit.: LH 3).

Backmann, Leonhard, Die *Abgrenzung* des Betrugs von Diebstahl und Unterschlagung, Diss. Saarbrücken 1974.

Baumbach, Adolf/*Lauterbach*, Wolfgang/*Albers*, Jan/*Hartmann*, Peter, Zivilprozeßordnung, 56. Aufl., München 1998 (zit.: Baumbach/Lauterbach-Bearbeiter).

Baur, Fritz/*Grunsky*, Wolfgang, *Zivilprozeßrecht*, 9. Aufl., Neuwied/Kriftel/Berlin 1997.

Benkendorff, Die Folgen einer Verletzung der Wahrheitspflicht im Zivilprozeß, DRiZ 1934, 205-208.

Bergmann, Matthias/*Freund*, Georg, Zur Reichweite des Betrugstatbestandes bei rechts- und sittenwidrigen Geschäften, JR 1988, 189-193.

Bernhardt, Wolfgang, Die Aufklärung des Sachverhalts im Zivilprozeß, in: Beiträge zum Zivilprozeßrecht, Festgabe zum siebzigsten Geburtstag von Leo Rosenberg, von Wolfgang Bernhardt u. a., München/Berlin 1949, S. 9-50 (zit.: Festgabe für Rosenberg).

– Wahrheitspflicht und Geständnis im Zivilprozeß, JZ 1963, 245-247.

Bieber, Klaus-Dieter, Rechtsprobleme des ec-Geldautomatensystems, WM, Beilage Nr. 6/1987, 1-31.

Binding, Karl, Lehrbuch des Gemeinen Deutschen Strafrechts, Besonderer Teil, Band 1, 2. Aufl. Leipzig 1902, Neuauflage Aalen 1969 (zit.: BT 1).

* Die abgekürzte Zitierweise der Monographien, Kommentare u. ä. ist, soweit nicht ausdrücklich angegeben, durch Kursivdruck kenntlich gemacht.

– Die Wahrheitspflicht im Prozesse, DJZ 1909, Sp. 161-167.

Blei, Hermann, Prüfe dein Wissen, Strafrecht, Besonderer Teil/1, Straftaten gegen die Person, gegen die Sittenordnung und gegen das Vermögen, 10. Aufl., München 1996 (zit.: BT 1).

– Strafrecht II, Besonderer Teil, 12. Aufl., München 1983 (zit.: BT).

Bockelmann, Paul, Betrug verübt durch Schweigen, in: Festschrift für Eberhard Schmidt zum 70. Geburtstag, herausgegeben von Paul Bockelmann, Wilhelm Gallas, Göttingen 1961, Nachdruck Aalen 1971, S. 437-458 (zit.: Festschrift für Eb. Schmidt).

– Strafrecht, Besonderer Teil/1, Vermögensdelikte, München 1976 (zit.: BT 1).

Boldt, Anmerkung zum Urteil des RG v. 20.12.1937, ZAkDR Bd. 5 (1938), S. 441-442.

Brandl, Uwe, Aktuelle Probleme des Mahnverfahrens – Verfassungsmäßigkeit, Rechtskraft und Rechtskraftdurchbrechung, Diss. Regensburg 1989 (zit.: Mahnverfahren).

Das Brasilianische Strafgesetzbuch vom 7. Dezember 1940, übersetzt von Dietrich Lang-Hinrichsen, in: Sammlung Außerdeutscher Strafgesetzbücher, herausgegeben vom Institut für ausländisches und internationales Strafrecht, Universität Freiburg/Br., Berlin 1953.

Braun, Hans, *Versäumnisurteil* und Wahrheitspflicht, Diss. Tübingen 1955.

Braun, Johann, Die materielle Rechtskraft des Vollstreckungsbescheids – Ein juristisches Lehrstück, JuS 1992, 177-186.

– *Rechtskraft* und Rechtskraftdurchbrechung von Titeln über sittenwidrige Ratenkreditverträge, Köln/Berlin/Bonn/München 1986.

Brehm, Wolfgang, Die *Bindung* des Richters an den Parteivortrag und Grenzen freier Verhandlungswürdigung, Tübingen 1982.

Brinkmann, Werner, Die Neuaufrichtung der *Wahrheitspflicht* in § 138 Abs. 1 ZPO. und ihr Einfluß auf die Fragen des Prozeßbetruges, Diss. Köln 1939.

Büchel, Helmut, Probleme des neu geregelten Mahnverfahrens, NJW 1979, 945-951.

Bülow, Peter, Schlüssigkeitsprüfung im Verbraucherkredit-Mahnverfahren, RPfleger 1996, 133-136.

Bund Deutscher Rechtspfleger e.V., Erklärung, Gefährden die neuen gerichtlichen Mahnbescheide den Rechtsschutz der Bürger?, DRiZ 1978, 116.

Bundesregierung, Mitteilung vom 12.04.1978, Mahnverfahren, DRiZ 1978, 189-190.

– Mitteilung vom 30.06.1980, Kein Sonderstraftatbestand für Mißbrauch des Mahnverfahrens, DRiZ 1980, 395.

Burkhardt, Björn, Vorspiegelung von Tatsachen als Vorbereitungshandlung zum Betrug – OLG Karlsruhe, NJW 1982, 59, JuS 1983, 426-431.

Costede, Jürgen, Scheinprozesse, ZZP Bd. 82 (1969), S. 438-463.

Cramer, Peter, Grenzen des Vermögensschutzes im Strafrecht – OLG Hamburg, NJW 1966, 1525, JuS 1966, 472-477.

– Kausalität und Funktionalität der Täuschungshandlung im Rahmen des Betrugstatbestandes, JZ 1971, 415-416.

– *Vermögensbegriff* und Vermögensschaden im Strafrecht, Bad Homburg v.d.H./ Berlin/Zürich 1968.

Creifelds, Carl (Begründer), Rechtswörterbuch, herausgegeben von Hans Kauffmann, Klaus Weber, bearbeitet von Dieter Guntz u. a., 14. Aufl., München 1997.

Dästner, Christian, Straffreiheit für den Prozeßbetrug im automatisierten Mahnverfahren?, ZRP 1976, 36.

Dahm, Georg, Betrug, in: Das kommende deutsche Strafrecht, Besonderer Teil, *Bericht* über die Arbeit der amtlichen Strafrechtskommission, herausgegeben von Franz Gürtner, 2. Aufl., Berlin 1936, S. 458-473.

– Der *Tätertyp* im Strafrecht, in: Festschrift der Leipziger Juristenfakultät für Dr. Heinrich Siber zum 10. April 1940, herausgegeben von Ernst Rudolf Huber u. a., Band 1, Leipzig 1941, S. 183-246.

Deutscher, Jörg/*Körner*, Peter, Soziale Zweckverfehlung beim Spendenbetrug – BGH, NJW 1995, 539, JuS 1996, 296-303.

Dieckmann, Albrecht, Zur Rechtskraftwirkung eines Zug-um-Zug-Urteils, in: Gedächtnisschrift für Peter Arens, herausgegeben von Dieter Leipold, Wolfgang Lüke, Shozaburo Yoshino, München 1993, S. 43-64 (zit.: Gedächtnisschrift für Arens).

Dietze, Kurt, Anmerkung zum Urteil des RG v. 11.05.1934, JW 1934, 1853-1854.

Dölling, Dieter, Betrug und Bestechlichkeit durch Entgeltannahme für eine vorgetäuschte Dienstverletzung? – BGH, NJW 1980, 2203, JuS 1981, 570-574.

Dreher, Eduard, Anmerkung zum Urteil des OLG Stuttgart v. 14.07.1965, JR 1966, 29.

– Das Strafrecht hat seine eigene Methode – Eine Erwiderung auf den vorstehenden Aufsatz (von Schünemann), GA 1969, 56-61.

Ebermayer, Ludwig/*Lobe*, Adolf/*Rosenberg*, Werner, Reichs-Strafgesetzbuch unter besonderer Berücksichtigung der Rechtsprechung des Reichsgerichts, 4. Aufl., Berlin/Leipzig 1929 (später: LK).

Eckstein, Ernst, Strafrechtliche Studien, GS Bd. 78 (1911), S. 137-208.

Eisenberg, Ulrich, Wahrheitspflicht und Prozeßbetrug (§ 263 StGB) im Zivilrechtsstreit, in: Straf- und Strafverfahrensrecht, Recht und Verkehr, Recht und Medizin, Festschrift für Hannskarl Salger zum Abschied aus dem Amt als Vizepräsident des Bundesgerichtshofes, herausgegeben von Albin Eser, Hans Josef Kullmann, Lutz Meyer-Goßner, Walter Oderzky, Köln/Berlin/Bonn/München 1995, S. 15-29 (zit.: Festschrift für Salger).

Ellmer, Manfred, *Betrug* und Opfermitverantwortung, Berlin 1986.

Ellscheid, G., Das Problem der bewußten Selbstschädigung beim Betrug, GA 1971, 161-168.

Eser, Albin, Strafrecht IV, Schwerpunkt Vermögensdelikte, 4. Aufl., München 1983 (zit.: StR IV).

Fahl, Christian, Prozeßbetrug und "Lagertheorie", Jura 1996, 74-78.

Frank, Reinhard, Das Strafgesetzbuch für das Deutsche Reich, 5.-7. Aufl., Tübingen 1908.

Frank, Ulrich, Anmerkung zum Urteil des OLG Stuttgart v. 19.06.1979, NJW 1980, 848.

Franzheim, Horst, Probleme des Beitragsbetruges im Bereich der illegalen Arbeitnehmerüberlassung, wistra 1987, 313-316.

Frisch, Wolfgang, Funktion und Inhalt des "Irrtums" im Betrugstatbestand, in: Festschrift für Paul Bockelmann zum 70. Geburtstag, herausgegeben von Arthur Kaufmann, Günter Bemmann, Detlef Krauss, Klaus Volk, München 1979, S. 647-667 (zit.: Festschrift für Bockelmann).

Fuchs, Erwin, Darf der Advokat lügen?, AnwBl 1989, 353-359.

Gafos, Elias, Das griechische Strafrecht, Besonderer Teil, in: Das ausländische Strafrecht der Gegenwart, herausgegeben von Edmund Mezger, Adolf Schönke, Hans-Heinrich Jescheck, Dritter Band, Chile, England, Griechenland, Österreich, Berlin 1959, S. 323-413 (zit.: Ausländisches Strafrecht, Bd. 3).

Gallas, Wilhelm, Der Betrug als Vermögensdelikt, in: Festschrift für Eberhard Schmidt zum 70. Geburtstag, herausgegeben von Paul Bockelmann, Wilhelm Gallas, Göttingen 1961 (Nachdruck Aalen 1971), S. 401-436 (zit.: Festschrift für Eb. Schmidt).

Ganske, Horst, *Prozeßbetrug* und Adäquanz, StrAbh. Heft 280, Breslau 1931, Nachdruck Frankfurt am Main/Tokyo 1977.

Gebhardt, Otto, Der *Prozeßbetrug* durch die Partei, Diss. Erlangen 1935.

Geerds, Detlev, Schadensprobleme beim Betrug, Jura 1994, 309-321.

Geppert, Klaus, Die Abgrenzung von Betrug und Diebstahl, insbesondere in den Fällen des sogenannten "Dreiecks-Betruges", JuS 1977, 69-75.

Giehring, Heinz, Prozeßbetrug im Versäumnis- und Mahnverfahren – zugleich ein Beitrag zur Auslegung des Irrtumsbegriffs in § 263 StGB, GA 1973, 1-26.

Goedel, Prozeßbetrug, JW 1937, 1760-1761.

Görres, K. H., Über das Verschulden im Prozesse. (Culpa in processu.), ZZP Bd. 34 (1905), S. 1-106.

Gössel, Karl Heinz, Probleme notwendiger Teilnahme bei Betrug, Steuerhinterziehung und Subventionsbetrug – Zugleich ein Beitrag zur sogenannten Parteispendenaffäre, wistra 1985, 125-137.

Goldschmidt, James, Der *Prozeß* als Rechtslage, Eine Kritik des prozessualen Denkens, Berlin 1925, 2. Neudruck Aalen 1986.

Granderath, Peter, Das Zweite Gesetz zur Bekämpfung der Wirtschaftskriminalität, DB, Beilage Nr. 18/1986.

Graul, Eva, Können auch Erfahrungssätze und Rechtssätze Tatsachen i. S. des § 263 StGB sein?, JZ 1995, 595-603.

– Wider die Zweckverfehlung beim Vermögensschaden, Zur teleologischen Reduktion des § 263 StGB bei bewußter Selbstschädigung, in: Festschrift für Hans Erich Brandner zum 70. Geburtstag, herausgegeben von Gerd Pfeiffer, Joachim Kummer, Silke Scheuch, Köln 1996, S. 801-829 (zit.: Festschrift für Brandner).

Gribbohm, Günter, Die Abgrenzung des Diebstahls vom Betrug – BGHSt 18, 221, JuS 1964, 233-238.

– Gewahrsamsbruch und guter Glaube, NJW 1967, 1897-1898.

Groß, Karl-Heinz, Betrug ohne Irrtum?, NJW 1973, 600-603.

Grünhut, Max, Anmerkung zum Urteil des RG v. 24.01.1925, JW 1925, 1498-1499.

– Anmerkung zum Urteil des RG v. 05.11.1926, JW 1927, 905-906.

– Anmerkung zum Urteil des RG v. 19.05.1931, JW 1931, 3557-3558.

– Zur Lehre vom Prozeßbetrug, RhZZP Bd. 13 (1924), S. 127-155.

– Der strafrechtliche Schutz loyaler Prozeßführung, SchwZStr. Bd. 51 (1937), S. 43-79.

Grunsky, Wolfgang, Grundlagen des Verfahrensrechts, 2. Aufl., Bielefeld 1974 (zit.: Verfahrensrecht).

Grünwald, Gerald, Der Vorsatz des Unterlassungsdelikts, in: Beiträge zur gesamten Strafrechtswissenschaft, Festschrift für Hellmuth Mayer zum 70. Geburtstag, herausgegeben von Friedrich Geerds, Wolfgang Nauke, Berlin 1966, S. 281-303 (zit.: Festschrift für H. Mayer).

Haas, Günter, Der Sachbetrug im Dreiecksverhältnis, GA 1990, 201-206.

Haffke, Bernhard, Mitgewahrsam, Gewahrsamsgehilfenschaft und Unterschlagung, GA 1972, 225-234.

Haft, Fritjof, Strafrecht, Besonderer Teil, 6. Aufl., München 1997 (zit.: BT).

– Das Zweite Gesetz zur Bekämpfung der Wirtschaftskriminalität (2. WiKG) – Teil 2: Computerdelikte, NStZ 1987, 6-10.

Hafter, Ernst, Schweizerisches Strafrecht, Besonderer Teil, Zweite Hälfte, Berlin 1943 (zit.: BT 2).

Hagemann, Kriminal-Archiv, DJZ 1933, Sp. 1487-1489.

Hamm, Betrug gegen den Prozeßgegner durch Täuschung des Richters, DJZ 1908, Sp. 1020-1021.

Hardwig, Werner, Beiträge zur Lehre vom Betruge, GA 1956, 6-21.

Hartmann, Dierk, Die *Vermögensverfügung* bei Personenverschiedenheit des Getäuschten und Geschädigten (§ 263 StGB), Diss. Münster 1972.

Hartung, Fritz, Anmerkung zum Urteil des BGH v. 19.09.1952, NJW 1953, 552.

Haß, Gerhard, Der strafrechtliche Schutz von Computerprogrammen, in: Rechtsschutz und Verwertung von Computerprogrammen, herausgegeben von Michael Lehmann, 2. Aufl., Köln 1993, XII, S. 467-512 (zit.: Computerprogramme, XII).

Hassemer, Raimund, *Schutzbedürftigkeit* des Opfers und Strafrechtsdogmatik, Zugleich ein Beitrag zur Auslegung des Irrtumsmerkmals in § 263 StGB, Berlin 1981.

Hassemer, Winfried, Anmerkung zum Urteil des OLG Stuttgart v. 19.06.1979, JuS 1979, 907-908.

Hefendehl, Roland, *Vermögensgefährdung* und Exspektanzen, Das vom Zivilrecht konstituierte und vom Bilanzrecht konkretisierte Herrschaftsprinzip als Grundlage des strafrechtlichen Vermögensbegriffs, Berlin 1994.

Hegler, August, Betrug, in: Vergleichende Darstellung des Deutschen und Ausländischen Strafrechts, Vorarbeiten zur Deutschen Strafrechtsreform, herausgegeben von Karl Birkmeyer u. a., Besonderer Teil, VII. Band: Begünstigung und Hehlerei, Urkundenfälschung, Betrug, Nahrungsmittelfälschung, bearbeitet von Behling, Weismann, Hegler, Berlin 1907, S. 405-534 (zit.: VDB VII).

Hellwig, Konrad, Lehrbuch des Deutschen Zivilprozeßrechts, Band 2, Leipzig 1907 (zit.: Lehrbuch, Bd. 2).

Henckel, Wolfram, Stein-Jonas – ein Großkommentar zur Zivilprozeßordnung, JZ 1992, 645-656.

Herzberg, Rolf Dietrich, Betrug und Diebstahl durch listige Sachverschaffung, ZStW Bd. 89 (1977), S. 367-415.

– Bewußte Selbstschädigung beim Betrug, MDR 1972, 93-97.

– Funktion und Bedeutung des Merkmals "Irrtum" in § 263 StGB, GA 1977, 289-298.

– Konkurrenzverhältnisse zwischen Betrug und Erpressung – BGHSt 23, 294, JuS 1972, 570-573.

Hess, Burkhard, Das automatisierte Mahnverfahren, CR 1991, 245-250.

Hilgendorf, Eric, Zweckverfehlung und Vermögensschaden beim Betrug – BayObLG, NJW 1994, 208, JuS 1994, 466-469.

Hilger, H., Anmerkung zum Urteil des OLG Bamberg v. 22.12.1981, NStZ 1982, 248-249.

Hillenkamp, Thomas, *Vorsatztat* und Opferverhalten, Göttingen 1981.

Holch, Georg, Geändertes Mahnverfahren – neue Vordrucke, NJW 1991, 3177-3183.

Il Codice Penale Italiano, Das italienische Strafgesetzbuch vom 19. Oktober 1930, übersetzt von Roland Riz, Berlin 1969.

Jauernig, Othmar, *Zivilprozeßrecht*, 24. Aufl., München 1993.

Jecht, Hans, "Überhöhte" Preisforderung und Betrugstatbestand, GA 1963, 41-48.

Jenisch, Dieter, Geltendmachung von Inkassokosten und Schlüssigkeitsprüfung im gerichtlichen Mahnverfahren?, JurBüro 1989, Sp. 721-736.

Joecks, Wolfgang, Zur *Vermögensverfügung* beim Betrug, Köln 1982.

Keller, R., Anmerkung zum Urteil des OLG Zweibrücken v. 21.10.1988, JR 1989, 391-392.

Keunecke, Fritz, *Prozeßbetrug*, StrAbh. Heft 417, Breslau-Neukirch 1940, Nachdruck Frankfurt am Main/Tokyo 1977.

Kienapfel, D., Anmerkung zum Urteil des BGH v. 16.01.1991, JR 1992, 122-123.

Kindhäuser, Urs, Täuschung und Wahrheitsanspruch beim Betrug, ZStW Bd. 103 (1991), S. 398-424.

– Anmerkung zum Beschluß des OLG Karlsruhe v. 17.01.1996, JR 1997, 301-305.

Klimke, Olaf, Anmerkung zum Urteil des BGH v. 19.12.1979, JZ 1980, 581-582.

Köstlin, Christian Reinhold, System des Deutschen Strafrechts, *Abteilung II*: Abhandlungen aus dem Strafrechte, herausgegeben von Theodor Geßler, Tübingen 1858, Neudruck Aalen 1978.

Koffka, Else, Der Prozeßbetrug unter Berücksichtigung der neuen Zivilprozeßordnung, ZStW Bd. 54 (1935), S. 45-65.

Kohlmann, Ernst, Die strafrechtliche Behandlung des Betruges, in: Materialien zur Strafrechtsreform, 2. Band, Rechtsvergleichende Arbeiten, II, Besonderer Teil, Bonn 1955, S. 349-365 (zit.: Materialien, Bd. 2, II).

Kohlrausch, Eduard/*Lange*, Richard, Strafgesetzbuch, bearbeitet von Richard Lange, 43. Aufl., Berlin 1961.

Krack, Ralf, *List* als Tatbestandsmerkmal, Zugleich ein Beitrag zu Täuschung und Irrtum beim Betrug, Frankfurt am Main 1994.

Krack, Ralf/*Radtke*, Henning, Der Dreiecksbetrug oder die Fragwürdigkeit der "Befreiung des Strafrechts vom zivilistischen Denken" – OLG Celle, NJW 1994, 142, JuS 1995, 17-21.

Kraemer, Wilhelm, Besprechungen: Beiträge zum Zivilprozeßrecht, Festgabe zum siebzigsten Geburtstag von Leo Rosenberg, ZZP Bd. 64 (1951), S. 159-168.

Krey, Volker, Strafrecht, Besonderer Teil, Band 2, Vermögensdelikte, 11. Aufl., Stuttgart/Berlin/Köln 1997 (zit.: BT 2).

Küper, Wilfried, "Teilverwirklichung" des Tatbestandes: ein Kriterium des Versuchs? – Zugleich eine Besprechung des BGH-Urteils vom 16.1.1991, JZ 1992, 338-347.

Labsch, Karl-Heinz, Grundprobleme des Mißbrauchstatbestands der Untreue (Schluß), Jura 1987, 411-419.

Lackner, Karl, Strafgesetzbuch, 22. Aufl., München 1997.

Lampe, Ernst-Joachim, Über den Begriff und die Formen der Teilnahme am Verbrechen, ZStW Bd. 77 (1965), S. 262-311.

– Die strafrechtliche Behandlung der sog. Computer-Kriminalität, GA 1975, 1-23.

Leipziger Kommentar, Strafgesetzbuch, begründet von Ludwig Ebermayer, Adolf Lobe, Werner Rosenberg, bearbeitet von Eckhart von Bubnoff u. a., 10. Aufl., herausgegeben von Hans-Heinrich Jescheck, Wolfgang Ruß, Günther Willms, Erster Band, Einleitung, §§ 1 bis 31, Berlin/New York 1985 / Sechster Band, §§ 263 bis 302 a, Berlin/New York 1988 / Siebter Band, §§ 303 bis 358, Berlin/New York 1988 (zit.: LK-Bearbeiter).

– 11. Aufl., herausgegeben von Burkhard Jähnke, Heinrich Wilhelm Laufhütte, Walter Odersky, 11. Lieferung: §§ 13 bis 14, Berlin/New York 1993.

Lenckner, Theodor, Anmerkung zum Urteil des OLG Stuttgart v. 14.07.1965, JZ 1966, 320.

– Kausalzusammenhang zwischen Täuschung und Vermögensschaden bei Aufnahme eines Darlehens für einen bestimmten Verwendungszweck, NJW 1971, 599-601.

– Zum Problem des Vermögensschadens (§§ 253, 263 StGB) beim Verlust nichtiger Forderungen, JZ 1967, 105-110.

– Der *Prozeßbetrug*, Diss. Tübingen 1957.

– Vermögensschaden und Vermögensgefährdung beim sog. Eingehungsbetrug, JZ 1971, 320-324.

Lenckner, Theodor/*Winkelbauer*, Wolfgang, Computerkriminalität – Möglichkeiten und Grenzen des 2. WiKG (II), CR 1986, 654-661.

Linnemann, Kerstin, Zum Näheverhältnis beim Dreiecksbetrug – OLG Celle wistra 1994, 197, wistra 1994, 167-170.

von Liszt, Franz, *Lehrbuch* des Deutschen Strafrechts, 9. Aufl., Berlin 1899.

von Liszt, Franz/*Schmidt*, Eberhard, *Lehrbuch* des Deutschen Strafrechts, 25. Aufl., Berlin/Leipzig 1927.

Loos, Fritz, Anmerkung zum Urteil des OLG Stuttgart v. 19.06.1979, NJW 1980, 847-848.

Loos, Fritz/*Krack*, Ralf, Betrugsstrafbarkeit bei Versprechen der Teufelsaustreibung – LG Mannheim, NJW 1993, 1488, JuS 1995, 204-208.

Lorenz, Kurt, Rechtsfolgen der Verletzung der Wahrheitspflicht im Zivilprozeß, JW 1934, 875-877.

Maaß, Wolfgang, Die Abgrenzung von Tun und Unterlassen beim Betrug – Eine kritische Analyse von Rechtsprechung und Literatur, GA 1984, 264-284.

März, Gert, Strafbare Handlungen gegen die Rechtspflege, in: Materialien zur Strafrechtsreform, 2. Band, Rechtsvergleichende Arbeiten, II, Besonderer Teil, Bonn 1955, S. 87-110 (zit.: Materialien, Bd. 2, II).

Maiwald, Manfred, Belohnung für eine vorgetäuschte pflichtwidrige Diensthandlung, Zur Problematik von Bestechlichkeit und Betrug, NJW 1981, 2777-2781.

Marcus, Franz, Das Strafrecht Dänemarks, in: Das ausländische Strafrecht der Gegenwart, herausgegeben von Edmund Mezger, Adolf Schönke, Hans-Heinrich Jescheck, Erster Band, Argentinien, Dänemark, Japan, Jugoslawien, Berlin 1955, S. 67-207 (zit.: Ausländisches Strafrecht, Bd. 1).

Markwardt, Manfred, Verbraucherkredite raus aus dem Mahnverfahren?, NJW 1991, 1220.

Martin´s Annual Criminal Code, Annotations by Edward L. Greenspan and Marc Rosenberg, Canada Law Book Inc., Aurora (Ontario) 1998 (zit.: Martin´s Criminal Code).

Materialien zur Strafrechtsreform, 3. Band: Amtlicher Entwurf eines Allgemeinen Deutschen Strafgesetzbuchs nebst Begründung 1925 (Reichsratsvorlage), Berlin 1925, Nachdruck Bonn 1954 (zit.: Materialien, Bd. 3).

– 4. Band: Entwurf eines Allgemeinen Deutschen Strafgesetzbuchs 1927 mit Begründung und 2 Anlagen (Reichstagsvorlage), Reichstagsdrucksache Nr. 3390 vom 19. Mai 1927, Nachdruck Bonn 1954 (zit.: Materialien, Bd. 4).

– 15. Band: Gegenüberstellung des Entwurfs eines Strafgesetzbuches (E 1962) und der Stellungnahme des Bundesrates mit dem Entwurf eines Allgemeinen Deutschen Strafgesetzbuches (E 1930) und dem geltenden Strafgesetzbuch, Bonn 1962 (zit.: Materialien, Bd. 15).

Maurach, Reinhart, Deutsches Strafrecht, Besonderer Teil, 4. Aufl., Karlsruhe 1964 (zit.: BT).

Maurach, Reinhart/*Schroeder*, Friedrich-Christian/*Maiwald*, Manfred, Strafrecht, Besonderer Teil, Teilband 1, Straftaten gegen Persönlichkeits- und Vermögenswerte, 8. Aufl., Heidelberg 1995 (zit.: BT 1).

Merkel, Adolf, Kriminalistische Abhandlungen, II. Die Lehre vom strafbaren Betruge, Leipzig 1867, Nachdruck Glashütten im Taunus 1971 (zit.: Abhandlungen II).

Meyer, Otto, Strafbarer Prozeßbetrug, DRiZ 1934, 203-205.

Mezger, Edmund, Anmerkung zum Urteil des RG v. 15.03.1938, JW 1938, 1515.

Michel, Otto, Der strafbare *Betrug* im Civilprozess, StrAbh. Heft 13, Breslau 1898.

Mohrbotter, Kurt, Grenzen des Vermögensschutzes beim Betrug, GA 1975, 41-52.

Möhrenschlager, Manfred, Das neue Computerstrafrecht, wistra 1986, 128-142.

Mühlmann, Erich/*Bommel*, Gert, Das Strafgesetzbuch an Hand der höchstrichterlichen Rechtsprechung für die Praxis, Regensburg 1949.

Müller, Bernd, Betrug durch Geltendmachung von Ehemaklerlohn? – OLG Stuttgart, NJW 1979, 2573, JuS 1981, 255-259.

Müller-Guggenberger, Christian (Herausgeber), Wirtschaftsstrafrecht, Eine Gesamtdarstellung des deutschen Wirtschaftsstraf- und -ordnungswidrigkeitenrechts, bearbeitet von Klaus Bieneck u. a., 2. Aufl., Münster 1992 (zit.: Müller-Guggenberger-Bearbeiter).

Münchener Kommentar zur Zivilprozeßordnung, herausgegeben von Gerhard Lüke, Alfred Walchshöfer, bearbeitet von August Belz u. a., Band 1, §§ 1-354, München 1992 (zit.: MüKo-ZPO-Bearbeiter).

Musielak, Hans-Joachim, *Grundkurs* ZPO, 3. Aufl., München 1995.

Nauke, Wolfgang, Zur Lehre vom strafbaren *Betrug*, Berlin 1964.

Das niederländische Strafgesetzbuch vom 3. März 1881, übersetzt von Dieter Schaffmeister, in: Sammlung außerdeutscher Strafgesetzbücher in deutscher Übersetzung, herausgegeben vom Max-Planck-Institut für ausländisches und internationales Strafrecht in Freiburg i. Br. durch Hans-Heinrich Jescheck und Gerhard Kielwein, 3. Aufl., Berlin/New York 1977.

Nierwetberg, Rüdiger, Die Behandlung materiellrechtlicher Einreden bei Beantragung des Versäumnisurteils gegen den Beklagten, ZZP Bd. 98 (1985), S. 442-447.

– Strafanzeige durch das Gericht, NJW 1996, 432-436.

Nikisch, Arthur, *Zivilprozeßrecht*, 2. Aufl., Tübingen 1952.

The Norwegian Penal Code, translated by Harald Schjoldager and Finn Backer, in: The American Series of Foreign Penal Codes, New York 1961.

Offermann-Burckart, Susanne, *Vermögensverfügungen* Dritter im Betrugstatbestand, Diss. Köln 1994.

Olshausen, Justus, Kommentar zum Strafgesetzbuch für das Deutsche Reich, Zweiter Band, 8. Aufl., Berlin 1910.

Olzen, Dirk, Die Wahrheitspflicht der Parteien im Zivilprozeß, ZZP Bd. 98 (1985), S. 403-426.

Orfanides, Georgios, Die Berücksichtigung von Willensmängeln im Zivilprozeß, Köln/Berlin/Bonn/München 1982 (zit.: Willensmängel).

– Probleme des gerichtlichen Geständnisses, NJW 1990, 3174-3178.

Otto, Harro, Zur Abgrenzung von Diebstahl, Betrug und Erpressung bei der deliktischen Verschaffung fremder Sachen, ZStW Bd. 79 (1967), S. 59-102.

– *Grundkurs* Strafrecht, Die einzelnen Delikte, 4. Aufl., Berlin/New York 1995.

– Prozeßbetrug mittels des Bundesverfassungsgerichts, JK 1996, StGB § 263/45.

– Die neuere Rechtsprechung zu den Vermögensdelikten – Teil 2, JZ 1993, 652-663.

– Die *Struktur* des strafrechtlichen Vermögensschutzes, Berlin 1970.

Palandt, Bürgerliches Gesetzbuch, bearbeitet von Peter Bassenge u. a., 57. Aufl., München 1998 (zit.: Palandt-Bearbeiter).

Pawlowski, Hans-Martin, Keine Bindung an "Geständnisse" im Zivilprozeß?, MDR 1997, 7-10.

Philipsborn, Alexander, Wahrheitspflicht, Prozeßbetrug und Prozeßschikane, in: Festschrift, Franz von Liszt zum 60. Geburtstage, von P. C. Bisoukides u. a., Berlin 1911, Neudruck Aalen 1971, S. 188-208 (zit.: Festschrift für v. Liszt).

Preisendanz, Holger, Strafgesetzbuch, Lehrkommentar, 30. Aufl., Berlin 1978.

Quellen zur Reform des Straf- und Strafprozeßrechts, herausgegeben von Werner Schubert, Jürgen Regge, Peter Rieß, Werner Schmid, I. Abteilung, Weimarer Republik (1918-1932), Band 1, Entwürfe zu einem Strafgesetzbuch (1919, 1922, 1924/25 und 1927), herausgegeben von Werner Schubert, Jürgen Regge, Berlin/New York 1995 (zit.: Quellen, I, Bd. 1).

– II. Abteilung, NS-Zeit (1933-1939) – Strafgesetzbuch, Band 1, Entwürfe eines Strafgesetzbuchs, 1. Teil, herausgegeben von Jürgen Regge, Werner Schubert, Berlin/New York 1988 (zit.: Quellen, II, Bd. 1, 1. Teil).

– II. Abteilung, NS-Zeit (1933-1939) – Strafgesetzbuch, Band 1, Entwürfe eines Strafgesetzbuchs, 2. Teil, herausgegeben von Jürgen Regge, Werner Schubert, Berlin/New York 1990 (zit.: Quellen, II, Bd. 1, 2. Teil).

Ranft, Otfried, Grundfälle aus dem Bereich der Vermögensdelikte, JA 1984, 723-732.

Reese, Jürgen, *Täuschung* und Irrtum beim Betrug, Diss. Kiel 1975.

Rengier, Rudolf, "Dreieckserpressung" gleich "Dreiecksbetrug"?, JZ 1985, 565-569.

RGRK, Das Bürgerliche Gesetzbuch, Kommentar, herausgegeben von Mitgliedern des Bundesgerichtshofes, Band V, 2. Teil (§§ 2147 bis 2385), bearbeitet von Herbert Johannsen, Wilhelm Kregel, 12. Aufl., Berlin/New York 1975 (zit.: RGRK-Bearbeiter).

Rietzsch, Prozeßbetrug und Wahrheitspflicht, DStR 1934 (Bd. 1), 9-20.

Rimpau, Dietrich, Über die Strafbarkeit des Betrugs nach geltendem Rechte beim Mangel der Identität des Getäuschten und des Geschädigten, Diss. Tübingen 1892 (zit.: Betrug).

Rosenberg, Leo/*Schwab*, Karl Heinz, *Zivilprozeßrecht, 14. Aufl.*, München 1986.

Rosenberg, Leo/*Schwab*, Karl Heinz/*Gottwald*, Peter, *Zivilprozeßrecht*, 15. Aufl., München 1993.

Roth, Peter, Die *Wahrheitspflicht* der Parteien im Zivilprozeß, Diss. Erlangen-Nürnberg, 1991.

Roxin, Claus, Strafrecht, Allgemeiner Teil, Band I, Grundlagen – Der Aufbau der Verbrechenslehre, München 1992 (zit.: AT I).

Roxin, Claus/*Schünemann*, Bernd, Strafrecht: Der falsche Kommilitone, JuS 1969, 372-378.

Rubo, Ernst Traugott, Kommentar über das Strafgesetzbuch für das Deutsche Reich, Berlin 1879, Nachdruck Frankfurt am Main 1992.

Rudolphi, Hans-Joachim, Anmerkung zum Urteil des BGH v. 10.11.1994, NStZ 1995, 289-290.

– Das Problem der sozialen Zweckverfehlung beim Spendenbetrug, in: Festschrift für Ulrich Klug zum 70. Geburtstag, herausgegeben von Günter Kohlmann, Band II, Köln 1983, S. 315-327 (zit.: Festschrift für Klug).

Samson, Erich, Grundprobleme des Betrugstatbestandes, 1. Teil, JA 1978, 469-475.

– Grundprobleme des Betrugstatbestandes, 2. Teil, JA 1978, 564-570.

– Grundprobleme des Diebstahls, JA 1980, 285-292.

Schäfer, Leopold/*Lehmann*, Rudolf/*Dörffler*, Fritz, Die *Novellen* zum Strafrecht und Strafverfahren von 1935, Berlin 1936.

Schaffstein, Anmerkung zum Urteil des RG v. 20.12.1937, JW 1938, 1386-1387.

Scheffler, Friedrich, Prozeßgesinnung und Prozeßbetrug, DStR 1939 (Bd. 6), 204-210.

Schellhammer, Kurt, *Zivilprozeß*, Gesetz – Praxis – Fälle, Ein Lehrbuch, 7. Aufl., Heidelberg 1996.

Scherer, Inge, Zweifel des Gerichts an der Wahrheit unstreitiger Tatsachenbehauptungen, DRiZ 1996, 58-62.

Schmidhäuser, Eberhard, Strafrecht, Besonderer Teil, 2. Aufl., Tübingen 1983 (zit.: BT).

Schmidt, Eberhard, Literatur-Besprechung, JZ 1952, 542-543.

Schmoller, Kurt, Betrug bei bewußt unentgeltlichen Leistungen, JZ 1991, 117-129.

Schneider, Egon, Das Geständnis im Zivilprozeß, MDR 1991, 297-300.

– Die neuere Rechtsprechung zum zivilprozessualen Beweisrecht (I), MDR 1975, 444-449.

– Prozessuale Folgen wahrheitswidrigen Vorbringens?, DRiZ 1963, 342-344.

Schönke/Schröder, Strafgesetzbuch, Kommentar, begründet von Adolf Schönke, fortgeführt von Horst Schröder, bearbeitet von Theodor Lenckner, Peter Cramer, Albin Eser, Walter Stree, 25. Aufl. München 1997 (zit.: Schönke/Schröder-Bearbeiter).

Schröder, Horst, Über die Abgrenzung des Diebstahls von Betrug und Erpressung, ZStW Bd. 60 (1941), S. 33-114.

– Anmerkung zum Urteil des BGH v. 26.07.1972, JZ 1972, 707-709.

– Grenzen des Vermögensschadens beim Betrug, NJW 1962, 721-722.

– Zum Vermögensbegriff bei Betrug und Erpressung, JZ 1965, 513-516.

Schünemann, Bernd, Methodenprobleme bei der Abgrenzung von Betrug und Diebstahl in mittelbarer Täterschaft, GA 1969, 46-56.

Schwarze, Ueber die Strafbarkeit unwahrer Behauptungen der Parteien im Civilprozesse, GS 1866, 105-134.

Schweichel, Heinrich, Anmerkung zum Urteil des OLG Köln v. 07.11.1967, JZ 1968, 340-341.

Seelmann, Kurt, Betrug beim Handel mit Rohstoffoptionen, NJW 1980, 2545-2551.

– Grundfälle zu den Straftaten gegen das Vermögen als Ganzes, JuS 1982, 268-272.

Seetzen, Uwe, Die Kontrollrechte des Handelsvertreters nach § 87 c HGB und ihre Durchsetzung, WM 1985, 213-220.

Seier, Jürgen, Der *Kündigungsbetrug*, Zum Schutz der Wohnraummiete aus zivil- und strafrechtlicher Sicht, Köln/Berlin/Bonn/München 1989.

– Prozeßbetrug durch Rechts- und ungenügende Tatsachenbehauptungen, ZStW Bd. 102 (1990), S. 563-595.

– Strafrecht: Ganovengeschäfte, JuS 1996, L 21-24.

– Strafrecht: Der gehässige Kunstexperte, JuS 1993, L 75-78.

Sieber, Ulrich, *Computerkriminalität* und Strafrecht, 2. Aufl., Köln/Berlin/Bonn/München 1980.

SK-StGB, Systematischer Kommentar zum Strafgesetzbuch, von Hans-Joachim Rudolphi, Eckhard Horn, Erich Samson, Hans-Ludwig Günther, Andreas Hoyer, 6. Aufl., Neuwied/Kriftel/Berlin, Band I, Allgemeiner Teil (§§ 1-79 b), Stand: 27. Lieferung (November 1997) / Band II, Besonderer Teil (§§ 80-358), Stand: 41. Lieferung (November 1997) (zit.: SK-StGB-Bearbeiter).

Sonnen, Bernd-Rüdeger, Anmerkung zum Urteil des BGH v. 09.07.1987, StV 1989, 479-481.

– Strafrechtliche Grenzen des Handels mit Optionen auf Warentermin-Kontrakte, wistra 1982, 123-129.

Stein/Jonas, Kommentar zur Zivilprozeßordnung, 20. Aufl., bearbeitet von Wolfgang Grunsky u. a., Zweiter Band, Teilband 1, §§ 253-299 a, Tübingen 1987 / Zweiter Band, Teilband 2, §§ 300-510 b, Tübingen 1989 (zit.: Stein/Jonas-Bearbeiter).

– 21. Aufl., bearbeitet von Reinhard Bork u. a., Zweiter Band, §§ 91-252, Tübingen 1994.

Stenglein, M. (Herausgeber), Lexikon des Deutschen Strafrechts nach den Entscheidungen des Reichsgerichts zum Strafgesetzbuche, Erster Band A-H, Berlin 1900.

Stooß, Carl, Meineid, in: Vergleichende Darstellung des Deutschen und Ausländischen Strafrechts, Vorarbeiten zur Deutschen Strafrechtsreform, herausgegeben von Karl Birkmeyer u. a., Besonderer Teil, III. Band: Religionsvergehen, falsche Anschuldigung, Zweikampf, Münzdelikte, Meineid, bearbeitet von Kahl, Heilborn, Kohlrausch, Kohler, Stooss, Berlin 1909, S. 273-412 (zit.: VDB III).

Stratenwerth, Günther, Schweizerisches Strafrecht, Besonderer Teil II, Straftaten gegen Gemeininteressen, 2. Aufl., Bern 1978 (zit. BT II).

Tenckhoff, J., Anmerkung zum Urteil des BGH v. 28.04.1987, JR 1988, 126-128.

Thomas, Heinz/*Putzo*, Hans, Zivilprozeßordnung, 20. Aufl., München 1997.

Tiedemann, Klaus, Examensklausur Strafrecht, Fall zu Spezialfragen des materiellen und des Strafverfahrensrechts, Jura 1981, 24-33.

Tröndle, Herbert, Strafgesetzbuch, 48. Aufl., München 1997.

Volk, Klaus, Täuschung durch Unterlassen beim Betrug – OLG Köln, NJW 1980, 2336, JuS 1981, 880-883.

Vollkommer, Max, Erste Zweifelsfragen aus dem neuen Mahnverfahren – Zur Prüfungskompetenz des Rechtspflegers gem. § 690 Abs. 1 Nr. 5, § 692 Abs. 1 Nr. 1 und 6, § 696 Abs. 1 ZPO, RPfleger 1978, 82-85.

Wach, Adolf, *Grundfragen* und Reform des Zivilprozesses, Berlin 1914.

Weh, Albert, Anmerkung zum Urteil des RG v. 21.12.1934, JW 1935, 956-957.

Weidemann, Jürgen, Die funktionale Beziehung zwischen Irrtum und Schaden beim Betrug, GA 1967, 238-243.

Weimar, Wilh., Darf das Gericht unwahre Behauptungen des Klägers bei Säumnis des Beklagten als zugestanden ansehen?, MDR 1963, 189-190.

Weismann, Jakob, Der Thatbestand der Urkundenfälschung, ZStW Bd. 11 (1891), S. 1-88.

– Urkundenfälschung, in: Vergleichende Darstellung des Deutschen und Ausländischen Strafrechts, Vorarbeiten zur Deutschen Strafrechtsreform, herausgegeben von Karl Birkmeyer u. a., Besonderer Teil, VII. Band: Begünstigung und Hehlerei, Urkundenfälschung, Betrug, Nahrungsmittelfälschung, bearbeitet von Behling, Weismann, Hegler, Berlin 1907, S. 243-403 (zit.: VDB VII).

Welzel, Hans, Das Deutsche Strafrecht, 11. Aufl., Berlin 1969 (zit.: Lehrbuch).

– Die *Wahrheitspflicht* im Zivilprozeß, Berlin/Leipzig 1935.

Wessels, Johannes, Strafrecht, Allgemeiner Teil, Die Straftat und ihr Aufbau, 27. Aufl., Heidelberg 1997 (zit.: AT).

– Strafrecht, Besonderer Teil/2, Straftaten gegen Vermögenswerte, 20. Aufl., Heidelberg 1997 (zit.: BT 2).

Weyers, Hans-Leo, Über Sinn und Grenzen der Verhandlungsmaxime im Zivilprozeß, in: Dogmatik und Methode, Festschrift für Josef Esser zum 65. Geburtstag, von Roland Dubischar u. a., Kronberg/Ts. 1975, S. 193-224 (zit.: Festschrift für Esser).

Wieczorek, Bernhard, Zivilprozeßordnung, Erster Band §§ 1-252, Zweiter Band §§ 253-510 c, 2. Aufl., Berlin/New York 1976.

Wimmer, August, Schutzbedürfnis – Schutzwürdigkeit – Strafwürdigkeit, Beitrag zur Beurteilung von Schwarzmarktdelikten, DRZ 1948, 116-119.

Winkler, Harald, Der *Vermögensbegriff* beim Betrug und das verfassungsrechtliche Bestimmtheitsgebot, Zur Auslegung des Merkmals "Vermögen" in § 263 StGB unter dem Aspekt der Rechtssicherheit, Frankfurt am Main 1995.

Wöhrmann, Ulrich, Anmerkung zum Urteil des OLG Hamm v. 26.01.1989, NStZ 1990, 342-343.

Wolf, Erik, Zum gegenwärtigen Stand der Lehre vom Prozeßbetrug, JW 1938, 1921-1923.

Wurzer, Gustav, Die Lüge im Prozesse, ZZP Bd. 48 (1920), S. 463-508.

Zöller, Zivilprozeßordnung, begründet von Richard Zöller, bearbeitet von Reinhold Geimer u. a., 20. Aufl., Köln 1997 (zit.: Zöller-Bearbeiter).